法学教室
LIBRARY

Cases and Problems on Civil Procedure
Natsui Yoshihiro / Tsuruta Shigeru
Hatta Takuya / Aoki Satoshi

事例
民事

名津井吉裕／鶴田 滋
八田卓也／青木 哲

有斐閣

はしがき

　本書は，法学教室 2018 年 4 月号（451 号）から 2020 年 3 月号（474 号）にかけて連載された「事例で考える民事訴訟法」24 編と，書籍化が決まってから新たに書き下ろした事例問題 4 編からなるものである。本書を世に送り出す意図は，法学教室の連載の予告編で述べたところと基本的に同じである。そこでは，次のように述べていた。

　　教科書（体系書）と判例を往復する学習法は，民事訴訟法を学ぶ際にも有益である。ところが，事例問題を解いてみると，思ったほど書けないのではなかろうか。これは，知識の吸収と，事例に知識をあてはめて結論を導くこととの間に大きな「溝」があるからである。本連載の目的は，この「溝」を埋めるお手伝いにある。読者には，事例問題について答案を作成し，自己の到達点を見定めてから，解説に目を通してほしい。末尾には，自己点検ができるよう「答案作成時の要点」も用意した。我々がこのスタイルを採用した理由はこうである。大学で民訴法の教師をしていると，時折「民訴が分かりません」と言う学生に出会う。そうした学生の答案は確かによくない。けれども，繰り返し事例問題と真摯に向き合えば，断片的だった知識が一気につながり，視界が開けることがあり，実際にこの経験をした学生を少なからず見てきた。本連載を通じ，一人でも多くの読者に同じ経験をしてほしい。これが執筆者一同の願いである。

　　当時の執筆者一同の願いは叶っただろうか。答えは，事例問題を解いた読者の成長ぶりを観察してみない限り，分かりそうもない。もっとも，連載開始から書籍化が決定するまでの間，われわれ執筆者は，各自が所属する大学において，「事例で考える民事訴訟法」の問題を使って授業をする機会を作るようにした。その結果，よく伸びた受講者もいたが，いくつかの課題も見つかった。書籍化にあたっては，このようにして蓄えられた経験を踏まえ，事例問題への取り組み方，答案作成時の留意点などを事例問題に絡めて解説した「答案作成の作法」を収録することとした。

　　以上のように，本書は，法学教室の連載をさらに充実させた内容となってい

る。本書を手にした読者は，基本的には，どの事例問題から取り組んでもらっても構わない。もっとも，実際にそうした使い方ができる読者は，かなりの上級者だろう。多くの読者は，むしろ，本書の使い方について多少なりとも案内が必要ではないかと思われる。そこで，「はしがき」としてはやや異例ではあるが，本書の使い方について簡単な解説を加えておきたい。

　本書が対象としている読者は，民事訴訟法の講義を一通り受講し，定期試験の準備を始めている法学部生や法科大学院の未修者，民事訴訟法の単位を取得し，さらに論述問題への対応力を高めようとしている法科大学院の既修者，基本書等で民事訴訟法を学習し，腕試しの素材を必要としている学習者等である。民事訴訟法に関する基本的な用語を未だ習得していない読者は，本書に取り組む前に，まずは基本書等を精読して基礎固めに専念することをお勧めする。

　本書に収録した事例問題は，新たに追加した4編を含め，おおむね標準的な体系書の目次の配列に従って並べた。すなわち，前半には，二当事者間の第一審判決手続に関する問題，後半には，複数請求訴訟，上訴および多数当事者訴訟を配置してある。

　演習用の教材としての利便性を考慮し，答案作成時に解説が目に入らないよう，（事例）と（設問）は見開き1頁に掲載した。他方，本書に収録した事例問題のテーマは，（事例）の番号の横に小さい文字で明記することとした。上級者が本書を利用する場合には，付箋などで事例問題のテーマに目隠しをして利用することをお勧めする。

　また，（事例）を掲載した頁には，答案作成の目安となる時間を明示した。法学部や法科大学院などの定期試験を意識しつつ，難易度により微調整を施し，80分前後の標準解答時間を設定した。もっとも，本書が主な対象とする読者が，最初からこの時間で解答するのは困難なこともあろう。そのような場合でも，すぐに諦めることなく，2回目，あるいは，3回目には，標準解答時間内で解答できるように努めていただきたい。

　事例問題を用いた演習は，本来，数人のグループで時間を計って取り組み，答案を交換して相互に論評することが望ましい。他者の答案との比較を通じて，自己の答案の問題点を発見しやすいからである。しかし，やむなく一人で本書に取り組む読者もいるだろう。また，民事訴訟法の講義を受講したばかりの読

者にとって，本書の事例問題は難しく感じられるかもしれない。そのような読者が一人で本書に取り組む場合には，ある程度自力で答案構成を考えたうえで，「答案作成時の要点」に目を通していただきたい。「答案作成時の要点」は，答案構成のサンプルとして活用することができるものである。これを自分の答案構成と比較し，何をどのような手順で論じなければならないかを明確にしたうえで，答案作成に取りかかっていただきたい。さらに，ᴇ例と設問を読んだだけでは，何を書くべきかがさっぱり分からないという読者も，「答案作成時の要点」を手がかりに設問の趣旨を把握し，もう一度自力で答案構成を試みていただきたい。

　いずれにせよ，解説を読むのは，自分なりに答案を作成した後にすべきである。たとえ満足できる答案を作成することができなくても，一々落ち込む必要はない。そのような場合には，解説をしっかり読み，設問で何が問われているかを把握し，場合によっては解説で引用された文献をも駆使して，設問で取り上げられた事項に対する理解を深めることに努めていただきたい。巻末には「論点対応表」を付したので，解説相互間のリファーのために積極的に活用してほしい。他方，個々の論点を理解するための作業と並行して，なぜ自分がその設問に答えられなかったのかについて，できる限り原因を突き止めることをお勧めする。数人のグループで学習する場合には，こうした原因究明は自然とできることが少なくないだろう。これに対し，独習者の場合，原因究明は自分と向き合う内省的な作業になるため，往々にして中途半端になりがちである。しかし，これではせっかく答案を作成した効果が半減してしまう。独習者は，このことをよく自覚し，原因究明を入念に行っていただきたい。この作業を終えたら，もう一度答案を作成していただきたい。これは，ある程度の時間を空けて行った方がよいだろう。これを行うメリットは，最初の答案と 2 回目の答案を比較することにより，書けるようになった点，なお不十分に止まった点がどこかについて自己点検することができることにある。これらの一連の作業を通じて，自己の答案作成力の伸びを実感することができれば，学習に向けたモチベーションを維持しやすくなるだろう。

　さて，以上に述べた本書の使い方に関連して，一つ忠告がある。それは，解説（あるいは教科書の説明）をそのまま答案にしようという試みは，答案作成力の向上にとって害になる，という点である。というのも，このような試みは，

多くの場合，解説の丸写しになり，2回目の答案作成時には，いきおい暗記した答案を吐き出すだけの作業に陥ってしまうからである。このようなことを繰り返すだけでは，事例問題を通じて答案作成力を鍛えるという，本書の目標を達成することは困難である。特に基礎知識が不足している初学者は，この種の悪循環に陥りがちである。事例問題に付された解説は，あくまで個々の論点を 事例 に即して適切に理解するためのものだという点に留意していただきたい。

　ところで，本書に収録された事例問題の中には，解答の道筋が見えにくい難問も含まれている。特に問題演習の経験が浅い初学者が，この種の問題を含む事例問題に取り組んだ場合，設問の難易度をうまく判定できない結果，答案構成すら覚束ないまま，いたずらに時間を費やしてしまいがちである。初学者が解答不能に陥る原因の多くは，インプットの不足にある。そこで，このような場合には，いったん答案作成を中止して，基本書等で基本知識を確認し，さらに関連判例を読んで具体的な事案とその処理の在り方について自分なりのイメージを獲得する作業に専念した方が，答案作成力を効率よく強化することができるだろう。これに対し，標準的な事例問題に自分なりの解答を用意することのできる中級者以上は，多少自信がないときでも，果敢に難問に取り組んでみてほしい。難問と対峙することができるということは，それ相応の基礎力がついたことを意味する。裏を返せば，ある程度基礎力が身についた者は，様々な事例問題に積極的に取り組んで，考える力を伸ばす学習を取り入れることを意識していただきたい。

　要するに，本書は，答案作成のパターン（型）を呈示してそれを反復することを推奨するタイプの問題集ではない。むしろ，読者が事例とがっぷり四つに組み合い，あれこれ思考を巡らし，自分なりに答案の道筋を考え，過不足なく文章化できるように手助けをすることを目指している。事例問題に真摯に取り組めば，知識の吐き出しに終始し，問題解決のための思考が上手くできなかった読者にも，いつか道が開ける時が来るだろう。読者の奮起を期待するとともに，一人でも多くの読者にその時が訪れることを祈念する。

2021 年 7 月

執筆者を代表して　名津井吉裕

目　次

細 目 次

事例 15　既判力の主観的範囲 ─────────── 230

事例 16　争点効と信義則 ─────────────── 246

事例 22　類似必要的共同訴訟 —————————— 346

事例 23　独立当事者参加 ————————————— 362

事例26　職権調査事項と上訴 ─────────── 416

執筆者紹介

名津井吉裕 （なつい・よしひろ）
　大阪大学大学院高等司法研究科教授
　《執筆担当》事例 1, 事例 4, 事例 5, 事例 10, 事例 15, 事例 20, 事例 24
　民事訴訟法における答案作成の作法②

鶴 田　　滋 （つるた・しげる）
　大阪公立大学大学院法学研究科教授
　《執筆担当》事例 8, 事例 9, 事例 14, 事例 19, 事例 22, 事例 26, 事例 27
　民事訴訟法における答案作成の作法④

八 田 卓 也 （はった・たくや）
　神戸大学大学院法学研究科教授
　《執筆担当》事例 3, 事例 7, 事例 13, 事例 17, 事例 18, 事例 23, 事例 28
　民事訴訟法における答案作成の作法③

青 木　　哲 （あおき・さとし）
　京都大学大学院法学研究科教授
　《執筆担当》事例 2, 事例 6, 事例 11, 事例 12, 事例 16, 事例 21, 事例 25
　民事訴訟法における答案作成の作法①

凡　　例

1.　法令名の略語

　民事訴訟法については，原則として，条文番号のみを引用する。その他の法令名略語は，原則として，有斐閣刊行の法令集の巻末に掲載されている略語に従う。

2.　判例集・判例評釈書誌の略語

民録	大審院民事判決録
民集	大審院・最高裁判所民事判例集
集民	最高裁判所裁判集民事
高民集	高等裁判所民事判例集
下民集	下級裁判所民事裁判例集

3.　法律雑誌・判例評釈書誌等の略語

金判	金融・商事判例
金法	旬刊金融法務事情
最判解民事篇	
平成(昭和)○年度	最高裁判所判例解説民事篇平成(昭和)○年度
ジュリ	ジュリスト
曹時	法曹時報
判時	判例時報
判タ	判例タイムズ
判評	判例時報添付の判例評論
評論	法律学説判例評論全集
平成(令和)○年度	
重判解(ジュリ△号)	平成(令和)○年度重要判例解説　(ジュリスト△号)
法協	法学協会雑誌
法教	法学教室
法時	法律時報

法セ	法学セミナー
民商	民商法雑誌
民訴	民事訴訟雑誌
リマークス	私法判例リマークス
論ジュリ	論究ジュリスト
論叢	法学論叢

4.　主要な書籍の略語

アルマ	山本弘ほか『民事訴訟法〔第3版〕』（有斐閣，2018年）
伊藤	伊藤眞『民事訴訟法〔第7版〕』（有斐閣，2020年）
上田	上田徹一郎『民事訴訟法〔第7版〕』（法学書院，2011年）
川嶋概説	川嶋四郎『民事訴訟法概説〔第3版〕』（弘文堂，2019年）
基礎演習	長谷部由起子ほか編著『基礎演習民事訴訟法〔第3版〕』（弘文堂，2018年）
重点講義(上)	高橋宏志『重点講義民事訴訟法(上)〔第2版補訂版〕』（有斐閣，2013年）
重点講義(下)	高橋宏志『重点講義民事訴訟法(下)〔第2版補訂版〕』（有斐閣，2014年）
新堂	新堂幸司『新民事訴訟法〔第6版〕』（弘文堂，2019年）
高橋概論	高橋宏志『民事訴訟法概論』（有斐閣，2016年）
中野ほか	中野貞一郎ほか編『新民事訴訟法講義〔第3版〕』（有斐閣，2018年）
長谷部	長谷部由起子『民事訴訟法〔第3版〕』（岩波書店，2020年）
百選	高橋宏志ほか編『民事訴訟法判例百選〔第5版〕』（有斐閣，2015年）
松本＝上野	松本博之＝上野泰男『民事訴訟法〔第8版〕』（弘文堂，2015年）
LQ	三木浩一ほか『民事訴訟法〔第3版〕』（有斐閣，2018年）

Cases and Problems
on Civil Procedure

事　例

1

[解答時間 60 分]

事例

　個人タクシー事業を営むＸは，同事業に供する車両に乗客Ｙを同乗させて同車両を走行させ，交差点を右折しようとしたところ，Ｚが運転する直進車両と衝突し，ＹおよびＺに対して傷害を負わせた（以下「本件交通事故」という）。Ｙは直後に病院で検査をしたところ特に異常は見当たらなかったが，後日ＸがＹと示談交渉をした際，Ｙは多大な損害を被ったと言い張った。そこでＸは，Ｙを被告として，「ＸはＹに対する別紙交通事故目録記載の交通事故に基づく不法行為を原因とする損害賠償債務は存在しないことを確認する。」との判決を求める訴えを提起した。訴状には，請求の原因として本件交通事故の詳細，Ｙの通院状況を踏まえ，Ｙが被った損害である検査費３万円はＸにおいて病院に支払済みであり，Ｙは無職であるから休業損害もなく，その他Ｙが主張する多大な損害を証明する資料はＹから示されていない旨が記載されている[1]。

設問

　(1)　Ｘの請求を認容する判決が確定した場合，確定判決の既判力の内容はどのようなものになるか。また，請求棄却判決の場合はどうか。

　(2)　Ｘは，Ｚと示談交渉をした際，Ｚが本件交通事故の損害賠償として 300万円の支払を求めたことに疑問を抱いた。弁護士と協議した結果，Ｘは，100万円を超える部分には理由がないと考え，Ｚを被告として，「ＸはＺに対する別紙交通事故目録記載の交通事故に基づく不法行為を原因とする 300 万円の損害賠償債務は 100 万円を超えては存在しないことを確認する。」との判決を求める訴えを提起した。〔1〕裁判所が残債務を 100 万円と認め，請求認容判決をした場合，確定判決の既判力はどのように生じるか。また，〔2〕裁判所が残債

---

1)　事例および訴状記載の請求の趣旨は，東京地判平成 4・1・31 判時 1418 号 109 頁①事件を参考にしたものである。

務を 150 万円と認め，X の損害賠償債務は 150 万円を超えては存在しないことを確認する判決をした場合，〔3〕裁判所が残債務を 500 万円と認め，X の請求を全部棄却する判決をした場合はどうか。

■ 解説

Ⅰ．問題の所在

　民事訴訟法の事例には，一定の事実関係に基づいて提起された訴えが登場する。設問ではしばしば，当事者が提出する主張や証拠の申出をどのように取り扱い，訴えをどのように処理すべきかが問われる。事例によっては，その訴えに関連した確定判決が出ていることもある。こうした事例問題に解答するには，その訴えにつき何が訴訟物であるかを把握しなければならない（事例問題における訴訟物把握の重要性については，本書作法②［名津井吉裕］も参照）。ところが，訴訟物自体が多義的であるため，思うように行かないこともあろう。この状況を乗り切るには，訴訟物の多義性について理解を深める必要がある。ここでは債務不存在確認の訴えを素材として訴訟物の捉え方を考えてみよう。

Ⅱ．訴訟物の多義性

1．請求との関係

　訴訟物が多義的になる理由の一つは，訴えや訴訟上の請求（通常は，単に「請求」と表記される）と部分的に重なるその用語法にある。そこで，訴訟物とその隣接概念を整理しておくとしよう。訴えとは，原告の裁判所に対する請求の当否の判断を求める申立てをいう。これに対し，請求は，訴えによって原告が裁判所に審判を求める内容を意味するものと位置付けられるが，これを定式化すれば，原告の被告に対する特定の権利主張である。そして訴訟物は，「請求」と同義に用いるのが基本である。

　以上の用語法は，わが国が母法国ドイツから民事訴訟法を継受した経緯に由来する。すなわち，訴訟物は，直訳すれば「訴訟の対象」を意味するドイツ語（"Streitgegenstand"）の訳語であるところ[2]，訴訟の対象（＝訴訟物）は当初，

---

2) この時点で，"Streitgegenstand"に対する日本語訳として，「訴訟の対象」と「訴訟物」があることに注意されたい。なお，前者は「審判の対象」とも言われる。

実体法上の請求権と考えられていた。その後，訴権学説[3]が私法的訴権説から公法的訴権説へと変遷した際，「訴訟上の請求」という概念が実体法上の請求権から派生し，これと区別されるに至った。この結果，訴訟の対象（＝訴訟物）は，実体法上の請求権から訴訟上の請求（請求）に取って代わられ，訴訟の対象（＝訴訟物）とは「訴訟上の請求」を指すことになる（訴訟の対象〔訳：訴訟物〕と「訴訟上の請求」が同義と言われるのはこの意味であり，訴訟の対象〔＝訴訟物〕の本来的用語法である。以下「狭義の訴訟物」という）。

　上記によれば，実体法上の請求権は訴訟の対象（＝訴訟物）ではない。しかし，「訴訟上の請求（請求）」の内容，つまり，請求において主張される権利それ自体を指す用語があれば便宜であるため，そのために「訴訟物」が用いられた（以下「最狭義の訴訟物」という）。前述した経緯に照らせば，これには違和感があるだろう。実際，この用語法はかつて誤用とも言われた。にもかかわらず，我が国の実務では長らく慣用され，すでに定着しているほか，「訴訟の対象」と「訴訟物」とは元は同じドイツ語の訳語であるものの，日本語としては別の言葉であるため，紛れがない。しかも，対応するドイツ語が私法的訴権説の頃は実体法上の請求権を指していたことの名残りという側面もあり，無碍に排除し難いところがある。こうした事情から，訴訟物は，最狭義では「実体法上の権利」（以下において，請求権，債務および法律関係等を含む意味で用いる）を指し，狭義では「訴訟上の請求」と同義として整理される。なお，訴訟物には，原告の被告に対する権利主張と裁判所に対する一定の形式による判決要求とを含む広義の用語法もあるが，これは「訴え」と同義である[4]。

　以上を踏まえると，給付訴訟について「訴訟物は何か」と問われたとき，本来，原告の被告に対する○○請求権の主張，と答えるべきである。端的に○○請求権と答えても誤りではないが，その場合「訴訟物」を最狭義に解したことになる。もっとも，最狭義よりも狭義の方を優先した上記の説明に疑問を抱く読者もあろう。しかしその場合には，訴えが原告の被告に対する実体権の主張の当否の審判を裁判所に求める申立てである以上，この申立てに対応する訴訟の対象（訴訟物）は「原告の被告に対する権利主張の当否」になるという手続構造に忠実なのが狭義の用語法であることに留意されたい。最狭義の訴訟物は，

3）　伊藤 17 頁等。
4）　LQ 46 頁等。

訴訟上いかなる法規を適用して権利主張の当否を判断すべきかを当事者や裁判所が直截に認識するうえで確かに有用であるが，理論的には，訴訟の構造に忠実な狭義の訴訟物の方が正確なのである。この意味で，「訴訟上の請求（訴訟物）」が敢えて問われ，狭義の訴訟物を問うことが明白である場合には，原告の被告に対する○○請求権の主張のみが正解である。

2．請求の趣旨

Ｘの訴えは，確認の訴えである。確認の訴えにおける請求（訴訟物）は，請求の趣旨のみによって特定される。確認の対象は，実体法上の権利の存在または不存在の主張でなければならないところ，これが請求の趣旨に記載される限り，訴訟物は特定される。所有権確認の訴えのような物権関係の場合，「原告が，Ａ市Ｂ区Ｃ町○丁目○番○号の土地につき，所有権を有することを確認する。」という請求の趣旨の記載において，㋐権利の主体，㋑目的物および㋒権利の種類が明示されることにより，訴訟物が特定される。他方，賃借権確認の訴えのような債権関係の場合，「原告が，Ａ市Ｂ区Ｃ町○丁目○番○号の土地につき，原被告間の令和○年○月○日締結の賃貸借契約に基づく賃借権を有することを確認する。」という請求の趣旨において，㋐～㋒に加え，㋓権利関係の発生原因となる事実（契約の種類，締結の日時，場合によってはその他の特定に必要な事実）が明示されることにより，訴訟物が特定される。また，貸金債務の不存在確認の訴えの場合も，「原被告間の令和○年○月○日締結の消費貸借契約に基づく原告の被告に対する元金○○円の返還債務が存在しないことを確認する。」と請求の趣旨において，㋐～㋓が明示されることにより，訴訟物が特定される。

以上を踏まえ，**設問**⑴を検討しよう。ＸのＹに対する債務不存在確認の訴えには，債務額が明示されていないが，それでも訴訟物の特定に問題はないだろうか。一般に交通事故において損害賠償の総額を把握することは，加害者はもちろんのこと被害者にも困難である。治療費は本来，治療が継続する間は正確な損害額は明らかにならない。もっとも，請求の原因の記載から，Ｙは病院で検査した結果，治療の必要がないとされ，またＹは無職で休業損害がなく，その他の損害費目は示談交渉においてＹも主張していない。そこでＸは，損害額として検査費３万円を掲げつつも，支払済みであるからこれを除外

して，損害賠償債務は不存在と主張していることが分かる。他方で Y は，多大の損害を主張しているものの，示談交渉の場でそれを裏付ける資料を何ら提出していない。本件交通事故に基づく Y の損害額が客観的に検査費 3 万円のみか，他に損害がないかどうかは，Y が主張立証しない限り，X には分からない。にもかかわらず，処分権主義の名の下に，訴訟物を特定するのは原告の責務であるとして債務額の明示がない債務不存在確認の訴えを不適法却下してよいだろうか。

　この点につき，判例（最判昭和 27・12・25 民集 6 巻 12 号 1282 頁）は損害賠償請求権の存在確認の訴えについて「訴訟物が金銭債権であれば必ずその金額を一定してこれが範囲を明確にすることを要する」として必要説に立つ。金銭債権の存否の争いにおいて金額不明のままでは決着がつかないこと，訴訟手続を利用する際には訴額も算定できないこと等がその理由である。もっとも，昭和27 年最判は，損害賠償請求権の積極的確認が求められた事案であった。これに対し，事例のような消極的確認の訴えも同様に考えてよいだろうか。

　消極的確認の訴えの一種である債務不存在確認の訴えについても，昭和 27年最判の必要説が妥当すると考えることも可能だろう。しかし，実務は必ずしも必要説の通りではないとされる。すなわち，実務では，訴訟の入り口では適法と扱って訴訟を進行させ，被告からの主張等に基づき，原告に請求の趣旨を訂正させ，債務額を特定するとされる[5]。この見解も，最終的には債務額を請求の趣旨に明示させる以上，必要説の一種と言えるが，必要説のデメリットは，事案に即した柔軟な運用を認めることにより最小化されている（以下，「修正必要説」という）。もっとも，修正必要説は，訴え提起時には治療費等の損害額が不明で，口頭弁論終結時までにはそれが明らかにされる事案を想定したものと言える。これに対し，事例には Y が治療中であるといった事情がないため，修正必要説が機能するとは考えにくい。たとえ裁判所が請求の趣旨（訴状）の補正を命じても，X がこれに応じられないならば，訴訟物は特定されず，訴えは不適法却下となる。とすると，Y に対する訴えを適法と扱って訴訟を進行させるには，債務額の明示を不要とする解釈が必要になる（以下「不要説」という）。この見解は，債務額を請求の趣旨に掲げなくても，債務の発生原因

5）　林道晴「申立事項と裁判事項論と訴訟の審理」高橋宏志 = 加藤新太郎編『実務民事訴訟講座〔第 3 期〕第 2 巻』（日本評論社，2014 年）143 頁。伊藤 228 頁注 104 もこれを支持する。

から確認の対象となる債務を特定することができること，債務が特定できれば，債務額が明示されなくても被告の防御権は害されないこと，訴額の算定は算定不能な場合に準じて処理する余地があること[6]等を理由とする[7]。不要説も有力であるが，不要説に従う場合，裁判所は債務額が不明なまま本案判決をすることができる。 設問 (1)はこの場合において，確定判決の既判力の内容がどうなるかを問うものである。

事例 の請求の趣旨によって特定される訴訟物は，XのYに対する本件交通事故に基づく不法行為を原因とする損害賠償債務の不存在の主張であるから，請求認容判決の既判力は，当該債務の不存在について生ずる（114条1項）。これに対し，請求棄却判決は，その主文が「原告の請求を棄却する。」となる以上，請求の趣旨により特定された上記債務が存在することに既判力が生ずる。請求の趣旨には債務額が明示されないにもかかわらず，訴えを適法と扱うのだから，債務額不明の債務が存在することだけが既判力をもって確定されることになる。このような既判力は，中間判決（245条。とりわけ請求権の存在のみにかかる「原因判決」〔同条後段〕）に類似したものと言えよう。

　問題は，とりわけこの請求棄却判決によっても，当事者間の紛争が解決されることになるのかという点である。解決しないならば，そもそも請求棄却（つまり全部棄却）判決などすべきではない。この点，請求棄却判決を許容した裁判例においては，当事者間で同一の事件につき民事調停が行われていた。とすれば，裁判所は，請求棄却判決が上記の意味しかもたないことを承知のうえで，真の解決を民事調停に委ねたものと解することができる[8]。しかしながら，およそ当事者間に解決をもたらさない判断を判決手続の結果として容認すること自体，問題があると言わねばならない。すなわち，原告が債務不存在の確認を求めたにもかかわらず，残存する債務があるときは，その額を判決主文に掲げたうえでその額を超える債務の不存在を確認する旨の一部認容判決の必要性が見出される契機はここにある。もっとも，原告の意思が，訴訟物となる債務が0円であることを確認する点にあることが明確であるときにまで，一部認容判決による抜本的解決に拘る必要はない。この場合には，特定の金銭債務が0円

6）　前掲注1）平成4年東京地判も同旨を述べている。

7）　アルマ70頁，川嶋135頁，酒井一「債務不存在確認訴訟」高橋＝加藤編・前掲注5）124頁等。

8）　詳細は不明だが，前掲注1）平成4年東京地判の事案はそのような事案と見受けられる。

である旨の主張を訴訟物と捉えることになる[9]。この場合，訴訟物の性質上，一部認容を観念する余地がない。したがって，裁判所として残債務があるとの心証が得られたとしても，請求棄却判決をすることが申立拘束（246条）に忠実な処理と言えよう。

3. 請求の原因

　確認訴訟では，請求の趣旨の記載により請求（訴訟物）を特定することができると解されている（2参照）。訴訟物が特定され，申立事項が定まれば，判決すべき事項も自ずと決まる。その反面，確認訴訟においては請求の原因として何を記載すべきかが問題になる。しかしその前に，請求の原因について基本的なことを整理しておくことにする。

　訴状の必要的記載事項である「請求の原因」（133条2項）は，「請求を特定するのに必要な事実」のことである（民訴規53条1項かっこ書）。したがって，請求の趣旨のみで請求が特定される場合には不要である。請求の趣旨のみで請求を特定できない場合，「請求の原因」の記載が必要であるから，これに不備があるとき，裁判長は，原告に訴状の補正を促す（民訴規56条）。原告が任意にこれに応じない場合，裁判長は相当な期間を定めて補正を命じ（137条1項），それでも原告が不備を補正しないとき，裁判長は訴状を却下する（同条2項）。訴状審査を通過しても，請求の原因の記載が不十分なため，請求を特定することができず，もはや補正することができない場合，裁判所は訴えを却下することができる（140条）。請求の特定に必要な事実の不備は，以上のように原告に深刻な結果をもたらす可能性がある。

　他方，訴状には請求を理由づける事実の記載が求められる（民訴規53条1項）。これは，特定された請求の当否を審理するために必要な事実つまり主要事実のことであり，この事実の主張立証責任は原告にあることから，請求原因事実と呼ばれる（再抗弁事実も原告に主張立証責任がある。これに対し，被告が主張立証責任を負う主要事実は抗弁事実，再々抗弁事実と呼ばれる）。

　以上から明らかなように，「請求の原因」と「請求原因事実」とは，概念上区別される。敷衍すれば，「請求の原因」は処分権主義に関連して必要となる

9）　酒井・前掲注7)124頁。

事実であるのに対し，「請求原因事実」は弁論主義が適用される事実であり，裁判所はこの事実に法を適用して判決するのであるから，判決の基礎となる事実である。したがって，後者は，究極には口頭弁論終結時までに出揃っていれば足りる。しかしながら，裁判所が早期に紛争の実体ないし争点を把握するには，請求原因事実はもちろん，それ以下の抗弁事実[10]等の主要事実をも早期に把握する必要がある。前掲民事訴訟規則53条1項は，この見地から「請求を理由づける事実」（請求原因事実等）を訴状に記載することを訓示的に求める趣旨である。したがって，「請求を理由づける事実」が訴状に記載されず，あるいは，訴状の記載に不備があっても，前述した訴状補正の対象にはならない。ただし，「請求を理由づける事実」は，「請求の原因」と重なるものも多いのが実情であり，重なる限りでは訴状補正の対象になる[11]。なお，重ならない事実は準備書面（161条）に記載すべきである[12]。

　設問(1)の訴えにかかる訴状には「請求の原因」の記載がある。しかし，Xの訴えの訴訟物は請求の趣旨の記載のみにより特定することができるため，本来その記載は不要と言わねばならない。なお，実務では，さらに進んで「別紙交通事故目録記載の交通事故に基づく損害賠償債務は存在しないことを確認する。」といった請求の趣旨も適法とされている[13]。しかし，**事例**のXY間には請求権競合の関係が成立し，旅客運送契約に基づく債務不履行による損害賠償債務が存在しない旨の主張もあり得るため，上記の請求の趣旨のみによって債務不履行に基づく損害賠償債務の可能性を排除することができるか疑わしい。上記の請求の趣旨のみでは不法行為に基づく損害賠償債務であると識別し切れないとすれば，請求の原因の記載により訴訟物を特定しなければならない。この場合，請求の原因の記載は，請求を特定するために必要な事実のそれとして

10)　後述の民事訴訟規則53条1項と同じ趣旨で，抗弁事実は答弁書に記載が求められている（民訴規80条1項）。
11)　「請求の原因」の訴状における記載の在り方については，識別説（請求を特定できる事実で足りる）と理由説（請求を理由づける事実まで必要）の対立があり，請求を理由づける事実（請求原因事実）の記載に不備がある場合には，識別説ではそれでも請求を特定できる限り適法であるのに対し，理由説では違法になる。本文に述べたように，わが国の実務では，請求の原因のみならず，請求を理由づける事実まで記載させる運用がされており，実際にこれに対応した訴状が提出される限り，識別説と理由説の違いはほとんど表面化しない。
12)　それもなければ，請求を理由づける事実の主張が欠ける結果（弁論主義），請求は棄却される。
13)　裁判所職員総合研修所監修『民事実務講義案Ⅰ〔5訂版〕』（司法協会，2016年）46頁。

必要的である[14]。

4. 申立事項

　訴訟物は，本来，実体法上の権利の主張のことである。しかし，権利主張の量的な範囲を含む意味で用いられることもある。この点にかかわるのが，[設問](2)である。すなわち，[設問](2)に登場する債務不存在確認の訴えにおけるＸの権利主張は，ＸのＺに対する不法行為に基づく 300 万円の損害賠償債務の不存在の主張ではあるが，そのうちＸは 100 万円の損害賠償債務が存在することを自認している。つまり，100 万円の損害賠償債務の不存在につき，Ｘは確認判決を要求していないため，数量的に認識し得る権利関係が権利主張（＝債務不存在の主張）の対象である場合における自認額は，数量的な権利主張の下限を意味することになる。また，請求の趣旨において債務不存在の主張の対象である債務の額が明示されている（300 万円の損害賠償債務。明示のない場合につき，2 参照）。この場合，債務額は，数量的な権利主張の上限を意味することになる。つまり，[設問](2)の訴えの請求の趣旨によって特定される訴訟物は，債務不存在の主張の対象となる不法行為を原因とする損害賠償債務が，上限額 300 万円から下限額 100 万円を控除した残額 200 万円の範囲で存在しない旨の主張であると解される。この点，[設問](1)と同様，[設問](2)の訴えの請求の趣旨によって特定される訴訟物も，不法行為を原因とする 300 万円の損害賠償債務が 100 万円を超えて存在しないことであると解する余地がない訳ではない。この場合には，裁判所の認定額が 120 万円であれ，280 万円であれ，等しく請求棄却判決になるが，果たしてそれが原告の意思に沿った処理であると言えるだろうか。訴訟物つまり申立事項をこのように捉えた場合には，裁判所の応答は，そもそも請求棄却になりやすい。現に請求が棄却された場合，原告は，判決理由から裁判所の認定額を認知し，その額を債務額として改めて債務不存在確認の訴えを提起しなければならない。原告がこの不便（負担）を覚悟していることが明らかならば，裁判所は，上記のように訴訟物を捉えたうえで，認定額が 100 万円を超える限り，請求を棄却すべきだろう。しかしながら，原告の合理的な意思としては，審理の結果，認定額が上限額と下限額の範囲内に納

---

14)　前掲注 1)平成 4 年東京地判にかかる訴えの請求の原因においても，不法行為に基づく損害賠償債務である旨が記載されている。

まることが判明したときは，訴訟物として主張された 300 万円の損害賠償債務
が，その認定額を超えては存在しない旨の判決（一部認容判決）を期待するで
あろう。このように考える場合，[設問](2)の訴えにおける申立事項つまり訴訟
物が何かを改めて問う必要がある。

　この点について，判例（最判昭和 40・9・17 民集 19 巻 6 号 1533 頁〔百選 76 事
件〕）は，貸金債務の不存在確認の訴えにつき，「本件請求の趣旨および請求の
原因ならびに本件一件記録によると，上告人らが本件訴訟において本件貸金債
務について不存在の確認を求めている申立の範囲（訴訟物）は……その元金と
して残存することを自認する金 14 万 6,465 円を本件貸金債権金 110 万円から
控除した残額金 95 万 3,535 円の債務額の不存在の確認であ〔る〕」と判示した。
引用した判旨における「申立の範囲（訴訟物）」にいう「訴訟物」は，必ずし
も権利主張そのものではなく，原告によって主張された権利（ただし，本件で
は債務）が数量的判断になじむことを前提として，当該権利（＝債務）につき
原告が確認判決を要求する数量的範囲を加味したものと解釈することができ
る [15]（なお，「訴訟物の範囲」との表現も同旨と解してよいだろう）。

　「訴訟物」を上記のように捉える場合，[設問](2)の訴えの訴訟物は，交通事
故に基づく不法行為を原因とする損害賠償債務が，上限額 300 万円から下限額
100 万円を控除した 200 万円の範囲で存在しない旨の主張と解さなければなら
ない。この訴訟物が申立事項であるから，裁判所は，本件債務が申立事項の範
囲において存在しない旨の X の主張の当否を判断する責務を負うことになる
（246 条）。

　以上のように解する限り，原告が自認した部分（当該債務が 100 万円存在す
ること）は，訴訟物には含まれない。したがって，この点に既判力は生じない
（114 条 1 項）。また，[設問](2)の訴えのように，確認を求める債務の金額が請
求の趣旨に明示されている場合，裁判所により認定される債務額が，明示され
た債務額 300 万円を超えるとしても，その超過部分は申立の範囲（訴訟物）外

---

15)　「訴訟物」の本文のような捉え方は，一部請求の判例にも見られる。300 万円の金銭債権の一
　部であることを明示して 200 万円を訴求した場合，訴訟物は，300 万円の請求権の主張ではなく，
　その請求権の一部である 200 万円の部分である。不訴求部分 100 万円にかかる後訴の扱いは，一
　部請求に対する裁判所の判決により異なる。詳しくは，本書事例 14「既判力の客観的範囲・一
　部請求」［鶴田滋］を参照。

である。したがって，裁判所が請求棄却判決をすることによって存在が認められ，よって既判力が生ずるのは債務額 300 万円までであり，それ以上の部分には既判力は生じない。例えば，裁判所が 500 万円の損害賠償債務を認めたことが判決理由中の判断から明らかになっても，既判力が生ずるのは，上限額（債務額）から下限額（自認額）を控除した 200 万円の存在についてだけであり，自認部分 100 万円の存在および超過部分 200 万円の存在には既判力は生じない。

　以上を踏まえて **設問** (2)を検討しよう。〔1〕請求認容判決の場合，既判力は，債務額 300 万円から自認額 100 万円を控除した残額 200 万円の不存在について生じる。認定額と一致する自認部分 100 万円の存在，および，債務額 300 万円を超えた部分の不存在に既判力は生じない[16]。〔2〕一部認容判決の場合，既判力は，債務額 300 万円から認定額 150 万円を控除した残額 150 万円の不存在，および，認定額 150 万円から自認額 100 万円を控除した残額 50 万円の存在について生じる。自認部分 100 万円の存在，および，債務額 300 万円を超えた部分の不存在に既判力が生じない点は〔1〕と同様である。〔3〕請求棄却判決の場合，既判力は，債務額 300 万円から自認額 100 万円を控除した残額の存在について生じる。自認部分 100 万円の存在，債務額 300 万円を超えた部分の存在に既判力は生じない。なお，〔2〕および〔3〕の判決には，上記の範囲で既判力が生じるのみであり，執行力は生じない。既判力の内容を強制的に実現するには，被告から同一の債務（債権）について給付の反訴を提起し，請求認容判決を得ておく必要がある。その際，被告が原告の自認部分を含めて給付の反訴請求をしておけば（通常，そのような請求の仕方になる），〔1〕～〔3〕の自認部分に加え，債務額を超えるが故に既判力が生じない部分にも，既判力とともに執行力が生ずることになる[17]。

5. 訴訟物理論との関係

　本項のテーマは訴訟物であるにもかかわらず，いわゆる訴訟物理論はこれま

---

16)　**設問** (2)〔1〕と異なり，認定額が 30 万円であった場合も，それは自認部分の範囲内であるから，70 万円の不存在，30 万円の存在に既判力が生じないことに変わりはない。

17)　債務不存在確認の訴えに対する判決に生ずる既判力は，確認の対象とされた債務の一部にいわば虫食い的に生じるため，確認判決に基づいて任意履行が期待される場合ならばともかく，そうでない場合にはやはり給付の反訴について勝訴判決を得ておく必要があろう。

で棚上げしてきた。訴訟物理論の主戦場は給付訴訟と形成訴訟にあり，確認訴訟では対立がないとされるところ，(事例)に登場する訴えが確認の訴えであることがその理由である。しかしながら，債務不存在確認訴訟に限って言えば，これが給付訴訟の反対形相とされる関係で，訴訟物理論の対立を反映する余地がある点には注意を要する。実際，新訴訟物理論に従い，債務不存在確認訴訟の訴訟物をして一定の給付を求める地位の不存在の主張と捉える見解がある[18]。しかし，確認訴訟の目的は，特定の実体権の存在または不存在を判決主文で判断し，これに既判力を生じさせる点にあるため，そのような地位の不存在を確認しても，肝心の債務の不存在には既判力が生じず，確認訴訟はその目的を果たせない。もっとも，実務を支配する旧訴訟物理論に従い，給付訴訟において，原告が一個の社会生活関係から生じた二つの競合する請求権を同時に主張した場合は選択的併合になると解する限り，二つの債務不存在確認請求も選択的併合と構成する余地はある。しかしながら，これを認めた場合に生ずる訴訟物の特定問題は，確認訴訟の目的に照らせば，給付訴訟におけるよりも遥かに深刻である。したがって，二つの債務不存在確認請求の関係は，単純併合と解さざるを得ないだろう[19]。

(事例)の訴えは，どちらも請求の趣旨において債務の法的性質が明らかである以上，訴訟物の特定問題は生じない。これに対し，3で引用した債務の法的性質を省いた請求の趣旨の例では，請求の原因において不法行為と債務不履行の両方を主張する余地がある。これらが同時に主張された場合，給付訴訟の反対形相という理由のみから二つの確認請求の選択的併合と結論することには，前述した疑問がある。したがって，請求の趣旨の体裁との整合性には若干難があるものの，理論的には単純併合と見るべきである[20]。

---

[18]　酒井・前掲注7)121頁は，「審理対象」をこのように解しつつ，本案判決では債務の存否の判断が示されると論じており，折衷的な立場と見られる。

[19]　債務不存在確認請求の認容判決は，給付訴訟の請求棄却判決に相当するところ，選択的併合を認める旧訴訟物理論において，請求を棄却する場合には，すべての請求について判断しなければならないとされている。

Ⅲ．結び

　以上の考察から，一口に訴訟物と言っても，様々な意味に用いられることが分かるであろう。しかし，この多義性は，この概念が民事訴訟手続の中核に位置する以上，やむを得ないことも同時に理解できたのではなかろうか。それだけに読者が事例問題を解こうとする際には，何が訴訟物であるかを注意深く検討する姿勢を持つようにして欲しい。

---

20)　ただし，給付の反訴が提起され，併合審理される場合には，給付訴訟に合わせて選択的併合の審理を進める必要がある。反訴が認容される場合，認容されない方の請求の訴訟係属は最初からなかったものと扱うのが選択的併合の帰結である。しかし，当該請求に対応する本訴の確認請求も当然に訴訟係属が消滅するかは問題である。債務不存在確認請求に対し，同一の債権関係につき反訴が提起された場合，確認の利益を否定するのが判例（最判平成 16・3・25 民集 58 巻 3 号 753 頁〔百選 29 事件〕）であるところ，この判例法理は，認容される反訴請求に対応する本訴の確認請求にのみ妥当するから，認容されない反訴請求に対する本訴の確認請求の確認の利益には影響しない。したがって，裁判所は，認容されない反訴請求に対応する本訴の確認請求につき，反訴の提起がなかった場合と同様，判決をする必要がある。これに対し，反訴が棄却される場合には，選択的併合の関係にあるすべての請求の審判をしなければならないため，前掲判例法理に従えば，本訴の確認の利益は単純併合の関係にあるいずれの請求についても否定される。

■ **答案作成時の要点** ▬▬▬▬▬▬▬▬▬▬▬▬▬▬▬▬▬▬▬▬▬▬▬▬▬▬▬▬▬▬▬

⑺ **設問**⑴について

 ✓ 債務額の明示がない債務不存在確認の訴えの訴訟物について，原告の意思を踏まえた検討を加える。

 ✓ 確認訴訟の訴訟物がどのようにして特定されるかを理解し，事案の訴状の記載から訴訟物を特定する。

⑷ **設問**⑵について

 ✓ 権利主張に判決要求の数量的範囲を加味した訴訟物概念（訴訟物の範囲）を理解し，事例の訴えの訴訟物を特定する。

 ✓ 特定された訴訟物の範囲（申立事項）に対応する形で，確定判決の既判力の範囲を明らかにする。

2

事例

　2020 年 6 月 7 日，X は Y を被告として，X が甲建物について所有権を有することの確認を求める訴え（本件訴訟）を提起した。

　X が提出した訴状には，当事者の記載のほか，請求の趣旨として，「原告が別紙物件目録記載の建物につき，所有権を有することを確認する。」との判決を求める旨が記載されている（別紙物件目録において，甲建物が，所在，家屋番号等により特定されて，記載されている）。また，「請求の原因」という見出しの下に，2016 年 12 月 3 日当時，A が甲建物を所有していたこと，同日，A が，X との間で甲建物の売買契約（本件売買契約）を締結し，X に甲建物を売却したことが記載されている。

　訴状の送達を受けた Y は，答弁書において，請求の趣旨に対する答弁として，原告の請求を棄却する判決を求め，2016 年 12 月 3 日当時，A が甲建物を所有していたことは認めるが，本件売買契約の契約書（本件契約書）には買主として B が記載されていることを理由に，本件売買契約の買主は亡 B であることを主張した。

　これに対して，X は，本件売買契約について，便宜上 B の名義で締結したが，買主は X である旨を主張する準備書面を提出した。

　第 1 回口頭弁論期日において，X と Y は，訴状，答弁書，準備書面の記載を陳述し，裁判所は，X が提出した本件契約書，および X が証人として申請した A を証拠として採用した。

　第 2 回口頭弁論期日において A に対する証人尋問が行われ，A は，本件売買契約の買主が亡 B であることを証言した。裁判所は，証拠調べの結果，本件売買契約を買主として締結したのは B であり，B はすでに死亡しているとの心証を得た。

　裁判所が当事者に釈明を求めたところ，Y は，甲建物について，本件売買契

約によりBが所有権を取得し，2019年4月5日にBが死亡し，X，Yおよび Cが B の子として共同で相続した旨を述べた。Xは，同日にBが死亡し，X， YおよびCがBの子であることは認めるが，本件売買契約の買主はXであり， Xの単独所有権が認められないのであれば請求棄却判決を求めると述べた。

（設問）

　裁判所は，甲建物について，Bが本件売買契約により所有権を取得したこと を認めて，Xが共有持分を有することを確認する旨の判決をすることができる か。この問題について，Xが請求棄却判決を求めた趣旨が，(1)共有持分を確認 の対象としない趣旨である場合と，(2)Xに共有持分が認められる場合であって も，共有持分の確認請求について請求棄却判決を求める趣旨である場合とに分 けて，説明しなさい。

■ **解説**

I. 問題の所在

　民事訴訟において審判対象の設定を当事者に委ねる処分権主義から，裁判所は当事者が申し立てていない事項について判決をすることができない（申立事項と判決事項の一致の原則。246条）。本件においては，原告Xの所有権確認を求める申立てに対して，裁判所がXの共有持分を確認する判決をすることができるのかが問題である。

　第1に，所有権確認訴訟の訴訟物に共有持分が含まれるのかが問題になる。含まれないとする見解に立つと，原告が予備的請求として共有持分の確認を求めない限り，原告の共有持分を確認する判決をすることはできない。

　所有権確認訴訟の訴訟物に共有持分が含まれるとする見解に立つと，第2に，原告がその単独所有権が認められないのであれば請求棄却判決を求める旨を述べた場合に，裁判所が共有持分を確認する判決をすることができるのかが問題になる。この問題について，原告が請求棄却判決を求める趣旨に応じて，**設問**(1)の場合には，原告が所有権確認訴訟の訴訟物から共有持分を除外することができるのかが問題になり，**設問**(2)の場合には，所有権の確認請求に含まれる共有持分の確認請求について請求棄却判決を求める原告の意思に裁判所が拘束されるのかが問題になる。

　原告が請求棄却判決を求めても裁判所は共有持分を確認する判決をすることができるという見解に立つと，裁判所は原告に共有持分が認められるかどうかについて，審理をし，判決をする。民事訴訟においては，当事者が主張しない主要事実は判決の基礎とすることができない（弁論主義の第1テーゼ，主張原則）。そこで，第3に，原告である相続人が被相続人の所有権取得原因事実を主張しない場合に，裁判所が，被告の主張に基づいてこの事実を認め，原告の相続による共有持分の取得を認める判決をすることができるのかが問題になる。

　処分権主義は請求レベルの問題であり，訴えの申立てと判決主文の判断が比較されるのに対して，弁論主義の第1テーゼは主張レベルの問題であり，当事者の事実の主張（訴訟資料，主張資料）と判決主文の判断の基礎となる事実が比較される。

Ⅱ．訴訟物

1．訴訟上の請求および訴訟物の意義

　訴訟上の請求とは，訴えにおける原告の被告に対する一定の権利関係の主張をいう[1]。訴訟物は，訴訟上の請求のことを指すことがあるが，訴訟上の請求として主張される権利関係を指すことも多く，本稿でも後者の意味で用いる。

　権利関係の主張は，例えば，所有権に基づく物の引渡請求訴訟における原告の所有権の主張のように，訴訟における攻撃防御方法としてもなされる。このような権利関係は，訴訟において前提問題として審理され，判決の理由中において判断が示される。これに対して，訴訟上の請求は，原告が裁判所に対して本案判決の主文において判断することを求めるものであり，訴訟物は本案判決の主文においてその存否が判断されるべき権利関係[2]である。

2．訴訟物の枠の捉え方

　申立事項と判決事項の一致（246条）を判断する際には，原告が裁判所に対して判決主文において判断することを求めた権利関係と判決主文において判断された権利関係とが同一かどうかが問題になる。また，既判力は確定判決の「主文に包含するもの」（114条1項），すなわち，本案判決においては訴訟物たる権利関係の存否の判断に生じるところ，後の訴訟において既判力が作用するかどうかを判断する際には，確定判決の主文において判断された権利関係と，後訴において主張される権利関係の同一性が問題になる。これらの問題においては，本案判決の主文において判断されるべき事項の基本単位をどのように捉えるのかにより，訴訟物の同一性の判断基準が異なる。

　訴訟物の同一性の判断基準については，給付訴訟において実体法上の給付請

1）　訴訟上の請求は，被告に対する権利関係の主張を認容して特定の判決を求める，原告の裁判所に対する裁判要求を含めた意味で用いられる場合もある。LQ 33 頁以下，長谷部 64 頁，高橋概論 27 頁以下。

2）　もっとも，請求棄却判決の主文には，「原告の請求を棄却する。」とのみ記載され，訴訟物たる権利関係が表示されるわけではない。

求権を単位として訴訟物の枠を捉える旧訴訟物理論と，複数考えられる実体法上の請求権を包括する給付を求める法的地位（受給権）を単位として訴訟物の枠を捉える新訴訟物理論の対立がある[3]。これに対して，確認訴訟における訴訟上の請求は，その対象となる特定の権利関係の存否の主張であり，このことは旧訴訟物理論と新訴訟物理論で異ならない。**事例**のような所有権確認訴訟における訴訟上の請求は原告が確認を求める特定物の所有権の主張であり，所有権を売買により取得したのか，相続により取得したのかという，所有権の取得原因によって訴訟物は異ならない[4]。

3. 訴状における訴訟物の特定

原告が裁判所に対してどのような権利関係について判決主文において判断を求めているのかは，訴えの申立てにおいて明らかにされる。訴えは，原則として，訴状と呼ばれる書面を裁判所に提出して提起する（133条1項）。訴状には「請求の趣旨及び原因」を記載しなければならない（同条2項2号。必要的記載事項）[5]。

請求の趣旨は，原告の求める判決の内容および形式の表示をいい，原告の求める請求認容判決の主文を示し，そのような判決を求める旨を記載する（**事例**を参照）。請求の趣旨の記載により，原告が訴訟物について，どのような範囲・限度において，どのような権利保護形式の判決（給付判決，確認判決，形成判決）を求めるのかを明らかにする。

請求の原因は，広義では，原告が訴訟上の請求として主張する権利関係の発生原因をなす事実をいうが，民訴法133条2項が定める訴状の必要的記載事項としては「請求を特定するのに必要な事実」をいい（民訴規53条1項），請求の趣旨の記載と合わせて，他の訴訟物と識別することができる程度に請求を特定することを要する。**事例**のような所有権確認訴訟については，原告が特定物につき所有権を有することの確認を求める旨の請求の趣旨の記載によって確

---

3) 訴訟物理論について，アルマ87頁以下，LQ 48頁以下，長谷部64頁以下，高橋概論35頁以下を参照。

4) 長谷部70頁。重点講義(上)737頁以下も参照。

5) 訴状における請求の趣旨および原因の記載につき，アルマ66頁以下，87頁以下，LQ 42頁以下，長谷部49頁以下，高橋概論42頁以下を参照。

認の対象となる権利が特定され，請求の原因の記載は訴訟物の特定のためには必要がない。

Ⅲ．申立事項と判決事項の一致の原則と一部認容判決

1．申立事項と判決事項の一致の原則

　処分権主義の下では，裁判所は，当事者の申立ての内容および範囲に拘束され，当事者が申し立てていない事項を判決することができない（246条）[6]。訴えの申立てと判決主文における判断とを比較し，①原告により特定された訴訟物とは異なる権利関係について判決をすることができず，②原告が求める範囲・限度を超えて判決をすることができず，③原告が求める権利保護形式とは異なる判決をすることができない。この申立事項と判決事項の一致の原則は，原告が審判対象を特定する権限を有することを根拠とし，被告に対して，訴訟物たる権利関係と不利な判決の範囲・限度を示すことで，防御対象を限定する機能を有する。

2．一部認容判決

　原告の訴訟上の請求（訴訟物たる権利関係の存否の主張）が全く認められなければ，裁判所は原告の請求の全部を棄却する判決をする。被告による請求棄却判決を求める申立ては必要ではない。原告の請求が，その申立ての範囲内で部分的に認められる場合には，原告の請求の一部を認容し，その余の請求を棄却する判決をする。これを一部認容判決という[7]。判決が原告の申立ての範囲内であるためには，判決の主文において判断される権利関係が，原告が訴訟物として主張した権利関係と同一または包含される関係にあることを要する。判決

---

[6]　申立事項と判決事項の一致の原則について，アルマ 297 頁以下，LQ 414 頁以下，長谷部 90 頁以下，高橋概論 101 頁以下を参照。

[7]　一部認容判決について，アルマ 299 頁以下，LQ 418 頁以下，長谷部 95 頁以下，高橋概論 104 頁以下を参照。詳細に論じたものとして，名津井吉裕「一部認容判決について——いわゆる質的一部認容の構造」同志社法学 62 巻 6 号（2011 年）205 頁，畑瑞穂「一部認容判決に関する総論的覚書」徳田和幸先生古稀祝賀論文集『民事手続法の現代的課題と理論的解明』（弘文堂，2017年）331 頁，高田裕成「申立事項と判決事項について」民訴 64 号（2018 年）1 頁，8 頁を参照。

が原告の申立ての範囲内であれば，原告が審判対象を限定する権限を認める処分権主義に反しないし，被告にとっても予告された防御対象を超えることにはならない。さらに，請求の一部に理由があるかどうかについての判断を示すことで，訴訟による紛争解決の範囲を広く確保することができる（長谷部96頁参照）。

　金銭の支払を求める給付訴訟において，原告の申立てを下回る金額の請求権が認められる場合には，その金額の支払を命じる判決をすべきである（量的一部認容判決）。また，所有権確認訴訟において共有持分の確認をする判決のように，申立てよりも原告に不利な判決をすべきであるのかについては，場面ごとに議論がされている（質的一部認容判決）。このような判決が認められるかどうかは，申立てに示された通常の原告の合理的な意思の範囲内かどうか，被告の予測の範囲内かどうかという観点から判断するとされる（LQ 418頁）が，これらの観点に加えて，民事訴訟制度の効率的運営や紛争の適切な解決という観点も重要である[8]。共有持分の確認についていうと，所有権確認訴訟において原告の単独所有権が認められない場合に，当該訴訟において原告の共有持分について判断をするのか，あるいは，判断せずに，将来争いが生じた場合における別訴に委ねるのかは，一回の訴訟においてどの範囲で審理し，判決をするのかという訴訟制度の運営の問題である。

　事案類型としては以上の観点から一部認容判決をすべきであるが，具体的事案において原告が全部認容でなければ請求棄却判決を求める場合に，裁判所が一部認容判決をすべきかどうかという問題がある。この問題は，所有権確認訴訟における共有持分を確認する判決について後述する（**V**）。

IV. 共有持分は所有権確認訴訟の訴訟物に含まれるのか

1. 所有権確認訴訟の訴訟物と共有持分の関係

　一つの物を複数人が共同で所有することを共同所有という。このうち，一つ

---

[8]　鈴木正裕＝青山善充編『注釈民事訴訟法(4)』（有斐閣，1997年）115頁［長谷部由起子］，長谷部96頁，畑・前掲注7)334頁。高橋概論104頁は，一部認容判決をするかどうかは，訴訟制度の合理的利用の問題であり，個別事件での具体的原告の意思は決定的ではないと述べる。

の物を複数人が割合的に分有する関係が（狭義の）共有であり，民法249条以下に規定されている。共有において，共有者は共有物について割合的権利である持分権を有し[9]，この持分権は共有物の全体に及ぶが，その利用管理において制約がある。また，共有者はその持分権を単独で処分（例えば，譲渡）することができる。共有における持分権（共有持分）の性質について[10]は，単独所有権と同じ性質・内容であり[11]，複数の所有権が併存し，相互に制約しているという理解と，一つの所有権の分量的一部であるという理解があるが，いずれの理解によっても，単独所有権と共有持分の間で実体的な包含関係を肯定することができる。

　所有権確認訴訟の訴訟物と共有持分の関係について，判例[12]は，事案が明らかでないが，「不動産の単独所有を主張して，その所有権確認を求めたのに対し，裁判所が，右単独所有の事実を否認するとともに，これが相手方との共有に属することを認定して，その持分の割合に応じた持分権を有する旨確認……〔す〕ることは，その申立の範囲内で請求の一部を認容したものにほかならないものというべきである。」と判示している。

　相続人が複数であるときは，相続財産はその共有に属し（民898条），各相続人は個々の相続財産について持分を有する。遺産分割前の共有（遺産共有）について，基本的には，民法249条以下に規定する共有としての性質を有するとされる[13]。そうであるとすれば，所有権確認訴訟の訴訟物には遺産共有持分も含まれ，係争物が遺産に属すると実体的に判断されれば，裁判所は一部認容判決として，原告の共有持分を確認する判決をすることができる。

　これに対して，遺産共有は，目的物が遺産に帰属することを前提とするものであることから，単独所有権と遺産共有持分とで実体的な包含関係を否定する

9）　持分権について，佐久間毅『民法の基礎(2)物権〔第2版〕』（有斐閣，2019年）195頁以下，安永正昭『講義 物権・担保物権法〔第3版〕』（有斐閣，2019年）164頁以下，河上正二『物権法講義』（日本評論社，2012年）300頁以下，大村敦志『新基本民法(2)物権編〔第2版〕』（有斐閣，2019年）121頁以下，松岡久和『物権法』（成文堂，2017年）43頁以下を参照。

10）　佐久間・前掲注9)194頁以下，松岡・前掲注9)43頁以下を参照。

11）　大判大正8・11・3民録25輯1944頁。

12）　最判昭和42・3・23集民86号669頁。

13）　最判昭和50・11・7民集29巻10号1525頁など。遺産共有の法的性質について，潮見佳男『詳解相続法』（弘文堂，2018年）137頁以下，窪田充見『家族法〔第4版〕』（有斐閣，2019年）500頁以下を参照。

考え方もありうる[14]。また，実体的な包含関係を肯定しつつ，訴訟法的な考慮から[15]，例えば，共同訴訟人の一部の間での遺産共有持分を確定することが適切でない[16]といった理由から，所有権確認訴訟の訴訟物に遺産共有持分は含まれないとする考え方もありうる。**事例**のように，共同相続人内部で争いがあり，原告が単独所有権を主張し，被告が遺産だと主張する場合や，単独所有権の取得原因が認められない場合に共有持分の取得原因が認められるという関係にある場合には，所有権確認訴訟の訴訟物に遺産共有持分は含まれない，とする考え方もありうる[17]。

　所有権確認訴訟の訴訟物に遺産共有持分が含まれないという見解を採ると，**事例**において，裁判所は原告 X の共有持分を認める判決をすることはできない。原告が，単独所有権が認められない場合に共有持分を確認する判決を得るためには，予備的請求として共有持分の確認を求める必要がある。

2. 所有権確認訴訟の請求棄却判決の既判力の客観的（客体的）範囲

　所有権確認訴訟の訴訟物に共有持分の確認が含まれるとすれば，請求を全部棄却する判決は，原告が共有持分を有しないという判断を含むことになり，この確定判決の既判力により，原告の所有権が問題になる後訴において，原告が基準時前に共有持分を取得した事実の主張は遮断される。

　最判平成 9・3・14 判時 1600 号 89 頁①事件（百選 A27 事件）（以下「平成 9 年 3 月判決」という）[18]は，共同相続人の一部の間で提起された所有権確認訴訟（前訴）の請求棄却判決の確定後に，前訴原告が，係争地は被相続人の遺産であり，相続によりその共有持分を取得したと主張して，前訴被告に対して所有権一部移転登記手続を求める訴訟（後訴）を提起したという事案において，

---

14)　徳田和幸①「遺産確認の訴えと共有持分確認の前訴の既判力」『複雑訴訟の基礎理論』（信山社，2008 年）434 頁，442 頁（初出，1994 年）。同②「遺産確認の訴えの特質に関する一考察」同書 48 頁，60 頁（初出，2002 年）も参照。

15)　畑・前掲注 7)333 頁以下参照。

16)　重点講義(上)736 頁注 167 は，共有持分の確認訴訟は共同相続人全員の間の固有必要的共同訴訟だと解することが望ましいとする。固有必要的共同訴訟ではないとしても，共同相続人の一部の間で共有持分を確認することに（特に，原告がその確認を求めていない場合に）確認の利益があるのかは問題である。

17)　徳田・前掲注 14)① 422 頁以下，重点講義(上)744 頁参照。

18)　平成 9 年 3 月判決について，重点講義(上)733 頁以下を参照。

「所有権確認請求訴訟において請求棄却の判決が確定したときは，原告が同訴訟の事実審口頭弁論終結の時点において目的物の所有権を有していない旨の判断につき既判力が生じるから，原告が右時点以前に生じた所有権の一部たる共有持分の取得原因事実を後の訴訟において主張することは，右確定判決の既判力に抵触する」と述べた。この平成 9 年 3 月判決は，所有権確認訴訟の訴訟物に遺産共有持分が含まれることを前提としている。

Ⅴ．原告が共有持分を確認する判決を求めていないこと

　所有権確認訴訟の訴訟物に共有持分が含まれるという見解に立つとして，原告が，単独所有権が認められないのであれば請求棄却判決を求める場合に，裁判所はどのような判決をすべきだろうか。

　共同相続人間で所有権確認訴訟が提起され，係争地が遺産に属すると判断される場合の判決について判示した最判平成 9・7・17 判時 1614 号 72 頁（百選50 事件）（以下「平成 9 年 7 月判決」という）において，藤井正雄裁判官の補足意見は，原告に「何らの釈明も求めることなく，直ちに所有権等の分量的一部として共有持分権の限度でこれを認容してよいということにはならない。」とし，「相続分の限度での一部認容判決をするためには，裁判所としては，上告人〔原告〕に対し，9 分の 1〔原告の相続分に相当する割合——引用者〕の共有持分権の限度の請求としてもこれを維持する意思があるかどうかについて釈明を求めた上，予備的に請求の趣旨を変更させる措置をとるのが普通である。」と述べている。明確ではないが，原告が共有持分の限度の請求として維持する意思がなければ，一部認容判決をすることができないということが示唆されている。

　原告が所有権確認訴訟において共有持分の確認を求めず，単独所有権が認められないのであれば請求棄却判決を求める場合には，(設問)において場合分けがされているように，(1)原告が共有持分を確認の対象としない趣旨である場合と，(2)共有持分の確認請求について請求棄却判決を求める趣旨である場合とがある。

1. 所有権確認訴訟の訴訟物から共有持分を除外すること （ 設問 (1)）

　所有権確認訴訟の訴訟物に共有持分が含まれるとしつつ，当事者の処分権として，単独所有権の存否の争いのみに限定して判決主文における判断を求めることを認める見解がある[19)20)]。この見解は，係争物の遺産帰属性を確定するには相続人全員を当事者とする遺産確認の訴えが必要であり，共同相続人の一部の間での所有権確認訴訟において原告が相続により共有持分を取得したかどうかについて解決する必要性は大きくないことから，共有持分の争いについて，当然に所有権確認訴訟の訴訟物の範囲に含まれると固定的に考えず，原告の意思によって，後の遺産確認の訴えに留保することを認めることも，訴訟運営政策として十分に考えられる，という。

　この見解に対しては，訴訟物から共有持分を除外するかどうかを原告の意思に委ねるのでは，遺産共有持分の争いは相続人全員を当事者として確定する必要があるという問題の本質的解決にはならないという批判がある[21)]。

2. 共有持分の確認請求について請求棄却判決を求めること （ 設問 (2)）

　原告は，所有権確認訴訟の訴訟物から共有持分を除外することなく，所有権確認請求に含まれる共有持分の確認請求について請求棄却判決を求めることができるだろうか。この場合には，所有権確認訴訟の請求棄却判決の主文における判断内容に，原告が共有持分を有しないという判断が含まれる。原告が，後訴における共有持分の主張が既判力により遮断されることを承知のうえで請求棄却判決を求めた場合に，裁判所は原告の共有持分を確認する一部認容判決をすることができるだろうか。

　一部認容の場面の一般的な議論として，一部認容判決の根拠が原告の意思の推測にあることから，原告が一部認容判決を求めない場合には，裁判所は請求の全部を棄却すべきであるとする見解が多数である[22)]。これに対して，実体

---

19)　新堂幸司「既判力と訴訟物再論」原井龍一郎先生古稀祝賀『改革期の民事手続法』（法律文化社，2000 年）247 頁，257 頁，265 頁以下。東京高判昭和 41・11・25 判時 469 号 43 頁は，傍論であるが，「共有持分権の確認請求は特に単独所有権以外の所有権確認を求めない意思でない限り単独所有権確認請求のうちに包含される」と述べている。

20)　高田・前掲注 7)14 頁，16 頁，23 頁注 40 を参照。

21)　八田卓也「演習」法教 290 号（2004 年）136 頁，137 頁。

判断（真実）に基づく判決を優先させるという考え方も示されている[23]。

　原告が一部認容部分について実体的な処分権限を有するのであれば，裁判所は原告の意思に基づいて請求棄却判決をすべきである[24]が，このような原告の意思の裁判所に対する拘束が，原告の申立ての裁判所に対する拘束（246 条）による[25]のか，請求の放棄（266 条）による[26]のか（申立ての拘束と請求の放棄がどのような関係にあるのか）は検討を要する[27]。

　他方で，一般的には，裁判所の実体判断によれば一部認容判決をすべき場合に原告の意思に基づいて請求棄却判決をしても，再訴が封ぜられるのであれば紛争解決の実効性は損なわれないということができる[28]が，所有権確認訴訟における共有持分について，係争物が遺産に帰属するにもかかわらず，共同相続人の一部の間で，相続人の一人の共有持分を否定する判断に既判力が生じると，遺産帰属性や遺産分割をめぐる共同相続人間の紛争の解決が複雑になるという問題が生じる[29]。もっとも，この問題は，共同相続人の一部の間で提起された共有持分の確認訴訟においても生じうる問題である。

---

22)　松本＝上野 586 頁，高田裕成ほか編『注釈民事訴訟法(4)』（有斐閣，2017 年）962 頁以下［山本和彦］。最判昭和 24・8・2民集 3 巻 9 号 291 頁は，家屋の明渡請求訴訟において一部明渡しを命じた原判決について，「原告がその理由ある部分のみならば請求認容の判決を求めないことが明らかな場合は請求全部を棄却する外ない」と述べたうえで（傍論），原告が一部だけでも明渡しを求める意思であったことは明らかであるとして，原判決に違法はないと判断している。

23)　重点講義(下)248 頁注 13 は，金銭請求の一部認容の場面を想定し，原告が既判力で再訴が封ぜられることを承知している場合を前提としつつ，実践的には，原告が紛争を蒸し返すおそれがあることから，真実に基づく判決を優先させる方が妥当であるとする。

24)　畑・前掲注 7)335 頁注 15 参照。

25)　斎藤秀夫ほか編著『注解民事訴訟法(4)〔第 2 版〕』（第一法規，1991 年）401 頁［斎藤ほか］は，請求の全部を棄却するのが，旧民訴法 186 条（現行 246 条）の趣旨に適合するという。

26)　畑・前掲注 7)335 頁注 16，高田・前掲注 7)11 頁参照。

27)　さらに，被告が一部認容判決を求めている場合にどのような判決をすべきなのかも問題になる。

28)　畑・前掲注 7)335 頁参照。

29)　平成 9 年 3 月判決の事案について，重点講義(上)736 頁注 167，741 頁以下を参照。共同相続人の一部の間の既判力の遺産確認訴訟への作用について，笠井正俊「共同相続人間の所有権紛争訴訟の訴訟物と既判力に関する一考察」徳田和幸先生古稀祝賀論文集・前掲注 7)625 頁，635 頁以下を参照。

Ⅵ. 原告が被相続人の所有権取得原因事実を主張していないこと

　[事例]において，[設問](1)の場合に，原告が所有権確認訴訟の訴訟物から共有持分を除外することができるという見解に立ち，[設問](2)の場合に，原告が共有持分の確認請求について請求棄却判決を求めることができるという見解に立てば，それぞれの場合に，裁判所は原告Ｘの共有持分を確認する判決をすることはできない。これに対して，[設問](1)の場合に，原告が確認の対象から共有持分を除外することはできないとする見解に立てば，原告は予備的に共有持分の取得原因事実を主張するのが通常であるが，原告Ｘが本件売買により所有権を取得したのはＸであると固執すると，Ｘが主張しない被相続人Ｂの所有権取得原因事実を判決の基礎とすることができるのかが問題になる。また，[設問](2)の場合に，原告が共有持分の確認請求について請求棄却判決を求めることができないという見解に立つと，主張レベルの問題として，裁判所が，原告Ｘが主張しない被相続人Ｂの所有権取得原因事実を判決の基礎とすることができるのかが問題になる。

1. 弁論主義の第1テーゼ（主張原則）・主張責任

　民事訴訟においては，当事者が主張しない主要事実は判決の基礎とすることができない（弁論主義の第1テーゼ，主張原則）[30]。どのような事実を判決の基礎とするのかについて当事者に委ねるものである。

　主張原則から，当事者から主要事実が主張されないと，判決においてその主要事実を要件とする法律効果を認めることはできない。主要事実は，「訴訟物たる権利関係の存否を直接基礎づける事実，すなわち，権利の発生・変更・消滅という法律効果を判断するのに直接必要な事実」（長谷部23頁）であり[31]，法律効果を定める法規範の法律要件に該当する具体的事実をいう。主要事実が主張されないために法律効果が認められない結果，訴訟物たる権利関係が肯定

---

30)　弁論主義の第1テーゼ（主張原則），主張責任および主張共通の原則について，アルマ178頁以下，196頁，LQ203頁以下，206頁以下，長谷部18頁以下，高橋概論116頁以下を参照。

31)　主要事実は，「法律要件に該当する具体的事実」と定義されるが，訴訟物たる権利関係との関係で捉える必要がある。

または否定されるという不利益を，いずれか一方の当事者が負う。この不利益を主張責任といい，不利益を負う当事者が主張責任を負うという。

2.　主張共通の原則と相手方が援用しない自己に不利益な事実の陳述

弁論主義の第 1 テーゼ（主張原則）は，裁判所と当事者の役割分担として，当事者が主張しない主要事実を判決の基礎とすることができないとするものであり，主張責任は，いずれの当事者も主要事実を主張しない場合にその事実を要件とする法律効果が認められないことによるいずれか一方の当事者の不利益である。主張責任を負わない当事者がその事実を主張した場合であっても，裁判所はその事実を要件とする法律効果を認めることができる。これを主張共通の原則という。

法規範が定める法律要件に該当する具体的事実である主要事実を主張するのは，通常は，その法規範が定める法律効果が有利な当事者（主張責任を負う当事者）であるが，その法律効果が不利な当事者（主張責任を負わない当事者）がその主要事実を陳述する場合もある。この場合に，主張責任を負う当事者がその事実を援用すれば，その事実については裁判上の自白が成立する（179 条）。これに対して，この場合に主張責任を負う当事者がその事実を援用しないこともある。これを相手方の援用しない自己に不利益な事実の陳述（不利益陳述）という[32]。

このような場合として，(a)自己に有利な法律効果を導く法規範の法律要件に該当する事実が，相手方当事者に有利な法律効果を導く法規範の法律要件にも該当する場合[33]や，(b)相手方当事者の主要事実の主張に対して理由付き否認として主張された間接事実が，同時に，相手方当事者に有利な法律効果を導く法規範の法律要件に該当する場合がある[34]。

(b)の場合について，前掲の平成 9 年 7 月判決がある。この判決は，単純化すると，原告 G が，土地賃借権および建物所有権の確認訴訟を提起し，係争土地（本件土地）を賃借し，本件土地上に係争建物（本件建物）を建築したのは G であると主張したのに対して，被告 H らは，本件土地を賃借し，本件建物

を建築したのはGの亡父Fであると主張したという事案である。

　原判決は，本件土地を賃借し，本件建物を建築したのはGの亡父Fであるとして，Gの請求を全て棄却した。これに対して，最高裁は，「Gが，本件建物の所有権及び本件土地の賃借権の各9分の1〔Gの相続分に相当する割合——引用者〕の持分を取得したことを前提として，予備的に右持分の確認等を請求するのであれば，Fが本件土地を賃借し，本件建物を建築したとの事実がその請求原因の一部となり，この事実についてはGが主張立証責任を負担する。本件においては，Gがこの事実を主張せず，かえってHらがこの事実を主張し，Gはこれを争ったのであるが，原審としては，Hらのこの主張に基づいて右事実を確定した以上は，Gがこれを自己の利益に援用しなかったとしても，適切に釈明権を行使するなどした上でこの事実をしんしゃくし，Gの請求の一部を認容すべきであるかどうかについて審理判断すべきものと解するのが相当である」と判示して，Gの相続分に相当する部分につき，原判決を破棄して，原審に差し戻した。

3.　事例について

　事例は，原告Xが，単独所有権が認められない場合に請求棄却判決を求めている点を除くと，上記の平成9年7月判決の事案と類似する。甲建物について，本件売買契約がAB間で締結されたことは，Xの所有権取得原因となる本件売買契約のAX間での締結を否定する間接事実であるが，Xの共有持分との関係では，被相続人Bの所有権取得原因事実であり，原告XがBを相続したこととともに，Xの共有持分の取得原因事実であるから，Xが主張責任を負う主要事実である。Xはこの事実を主張していないが，主張共通の原則により，裁判所は，Yの主張に基づいてBの甲建物の取得を認め，ひいては，相続によるXの共有持分の取得を認めることができる。

■ **答案作成時の要点** ━━━━━━━━━━━━━━━━━━━━━

㋐ 所有権確認訴訟の訴訟物に共有持分が含まれるのか
　　✓ 所有権の取得原因によって訴訟物は異ならないこと。
　　✓ 単独所有権と共有持分の間に実体的な包含関係を肯定することができること。
　　✓ 所有権確認訴訟の訴訟物に遺産共有持分が含まれるのか。
㋑ 原告 X が共有持分を確認する判決を求めていないこと
　　（所有権確認訴訟の訴訟物に共有持分が含まれるという見解に立つ場合に問題になる。）
　　✓ 原告は，所有権確認訴訟の訴訟物から共有持分を除外することができるのか（ 設問 (1)の場合）。
　　✓ 原告が，共有持分の確認請求について請求棄却判決を求めた場合，裁判所は原告の意思に拘束されるのか（ 設問 (2)の場合）。
㋒ 原告 X が被相続人 B の所有権取得原因事実を主張していないこと
　　（原告が請求棄却判決を求めても，裁判所は共有持分を確認する判決をすることができるという見解に立つ場合に問題になる。）
　　✓ 当事者が主張しない主要事実は判決の基礎とすることができないこと。
　　✓ 共有持分の確認請求との関係では，被相続人 B の所有権取得原因事実は主要事実であり，原告 X が主張責任を負うこと。
　　✓ 主張責任を負わない当事者が主張する主要事実も判決の基礎とすることができること。

3

［解答時間 90 分］

事例

　Ａは甲建物を所有している。甲建物にはＡとＡの内縁の妻Ｙが同居している。Ａには，亡き妻Ｂとの間の息子Ｘがいる。ＸはＡの唯一の推定相続人である。Ａは甲建物をＹに遺贈する旨の遺言を作成した（以下，この遺言を「本件遺言」という。なお，甲建物以外に本件遺言の対象となっている財産は存在しない）。Ｘは本件遺言はＡが意思無能力の状態で作成したものであり無効であると主張している。Ａは現在，アルツハイマーで回復の見込みがないと診断されている。以上を前提に以下の問いに答えなさい。

設問

　(1)　Ａが死亡した。ＸはＹを被告として，〔1〕本件遺言が無効であることの確認請求，〔2〕甲建物の明渡請求および，〔3〕Ａ死亡時から明渡済みまでの賃料相当額の損害金の支払請求を併合した訴えを提起した。これらの請求には訴えの利益が認められるか。

　(2)　Ａがまだ存命中に，ＸはＡとＹを共同被告とする〔1〕本件遺言が無効であることの確認請求，Ｙを被告とする〔2〕Ａが死亡したことを条件とする甲建物の明渡請求，〔3〕Ａ死亡時から明渡済みまでの賃料相当額の損害金の支払請求を併合した訴えを提起した。これらの請求には訴えの利益が認められるか。

■ **解説** ━━━━━━━━━━━━━━━━━━━━━━━━━━━━

Ⅰ. 問題の所在

　この〔**設問**〕で問われているのは，訴えの利益である[1]。

　訴えの利益は，民事訴訟において訴えが適法であるために必要である。すなわち，訴訟要件である。訴えの利益は，原告の法律上保護に値する地位が危険に晒されており，その危険を除去するのに原告主張の判決を得ることが必要かつ有効・適切である場合に，認められる[2]。訴えの利益が訴訟要件として要求されるのは，審理に付き合うという負担を裁判所・被告に負わせるにはそれなりの意義が必要だという理由に基づく[3]。であるとすれば訴えの利益は本案判決の要件でよいのか，本案審理の要件でなければならないのではないか，という疑問もわくが，それはここではおく。

　この訴えの利益の判断枠組みは，給付・確認・形成という訴えの3類型ごとに異なっている[4]。さらに給付の訴えでも現在給付の訴えか，将来給付の訴えかで，その要件を異にする。このことを踏まえて〔**設問**〕を眺めた場合，(1)〔1〕および(2)〔1〕の請求は，確認請求である。〔**設問**〕(1)〔2〕は，現在の給付を求める請求である。〔**設問**〕(1)〔3〕および(2)〔2〕〔3〕は，将来の給付を求める請求である。これらの類型の違いに対応した考察が必要となる。

　以下では，現在給付の訴え（請求）[5]，将来給付の訴え（請求），確認の訴え（請求）について，それぞれの訴訟類型における訴えの利益の判断枠組みを比

---

[1]　訴えの利益はLQでは356頁以下，アルマでは73頁以下，高橋概論では74頁以下，伊藤では177頁以下で扱われている。加えて重点講義㊤343頁以下の記述が，厚く，熱い。

[2]　アルマ73頁は，「審判の対象とされた請求について本案判決をすることが，紛争の解決にとって必要かつ有効・適切である場合に，訴えの利益が認められる」とする。LQ 356頁は「請求の内容や原告の地位，被告の行動に照らして，本案判決をすることによって解決すべき紛争が現に存在すると認められる場合に，認められる」とする。高橋概論74頁は，「本案判決をしたとしても紛争解決の実効性がないときは訴えの利益がない」とする。

[3]　LQ 356頁。

[4]　3類型に共通の訴えの利益の要件も存在するとされていた時期もあったが，現在ではこの内容とされてきたものは，訴えの利益とは別個の訴訟の要件を構成すると理解すれば足りるとする見解が一般化している。重点講義㊤348頁，高橋概論75頁，LQ 357頁以下ほか。

較的網羅的に紹介しながら，その文脈に即して 設問 に対する解答の内容について考察を加える。このような形式を本書でとる理由は，訴えの利益の議論相互の結びつきがとりわけ強く，したがって体系的理解を前提とした上で個別論点を検討する必要性が強いこと，にある。

Ⅱ. 現在給付の訴えの利益

　現在給付の訴えについては，原告が現在給付を求めているということから，訴えの利益が原則として当然に認められると解されている。原告の主張に従えば，既に履行義務が生じている請求権が存在しそれが履行されていないというのであり，したがって，原告の法的保護に値する地位（当該請求権の主体としての地位）が危険に晒されておりその危険を除去するのに現在の給付判決を得ることが必要かつ有効・適切だからである。よって 設問 (1)〔2〕の明渡請求には，訴えの利益が認められる。

Ⅲ. 将来給付の訴えの利益

1. あらかじめその請求をする必要

　給付判決は，通常は，請求権が現実化してから得れば，原告の地位に生じた不安を除去するのに十分である。したがって，将来給付の訴えは特に「あらかじめその請求をする必要がある場合に限り」（135 条）提起することができる。「あらかじめその請求をする必要」は，①被告が現段階で訴訟物たる債務の存在を争っている等，履行期到来時の不履行が予想される場合，②履行が少しでも遅れると債務の本旨に従った給付にならない場合（いわゆる定期行為の場合）や履行遅滞による損害が重大な場合（例：扶養料），③代償請求を本来の給付請求に併合して訴えを提起している場合，のいずれかの場合には，満たされると言われている6)。 設問 では，(1)〔3〕・(2)〔2〕〔3〕のいずれも①に該当しこ

---

5)　訴えと請求の両概念の関係については，教科書の該当項目を参照されたい。その違いを意識せずに使われていることも実は多い。本問でも「請求」と「訴え」の用語の違いに本質的な意味はない。

の要件を満たす。

2. 請求権としての適格

　1に加え，判例は，「将来の給付の訴えにおける請求権としての適格」性という要件を課す[7]。

　すなわち，昭和56年最判はまず一般論として，「既に権利発生の基礎をなす事実上及び法律上の関係が存在し，ただ，これに基づく具体的な給付義務の成立が将来における一定の時期の到来や債権者において立証を必要としないか又は容易に立証しうる別の一定の事実の発生にかかっているにすぎず，将来具体的な給付義務が成立したときに改めて訴訟により右請求権成立のすべての要件の存在を立証することを必要としない」請求権についてのみ将来給付の訴えの対象となる請求権としての適格は認められるとする。

　同最判は，さらに，この理を継続的不法行為に基づき将来発生すべき損害賠償請求権の場合に当てはめ，同請求権については「請求権の基礎となるべき事実関係及び法律関係が既に存在し，その継続が予測されるとともに，右請求権の成否及びその内容につき債務者に有利な影響を生ずるような将来における事情の変動としては，債務者による占有の廃止，新たな占有権原の取得等のあらかじめ明確に予測しうる事由に限られ，しかもこれについては請求異議の訴えによりその発生を証明してのみ執行を阻止しうるという負担を債務者に課しても格別不当とはいえない」場合に限り，請求権としての適格が認められるとする。判例によるこの規律の背景には，本来であれば実際に不法行為がなされた場合に被害者が損害賠償請求訴訟を提起していく起訴・証明の負担を負うところを，将来の不法行為に基づく将来給付の訴えを許容すると，不法行為が行われなくなった場合に被告が請求異議の訴えを提起するという起訴（・証明）負

6）　LQ 361-362頁。

7）　最大判昭和56・12・16民集35巻10号1369頁（百選22事件）法廷意見（以下「昭和56年最判」という。判例はこの立場をその後も踏襲している。最判平成5・2・25民集47巻2号643頁，最判平成19・5・29判時1978号7頁，最判平成28・12・8判時2325号37頁等）。なお，この将来給付の訴えの請求権としての適格を，将来給付の訴えの利益の中でどう位置づけるかという問題があるが（重点講義(上)357頁参照），本稿では，「あらかじめその請求をする必要」（135条）と並んだ（そしてこれとは独立した）将来給付の訴えの利益の要件として捉えておくこととする。

担[8]を負うことになることを前提に，かかる負担の転換を被告に強いることを正当化できるのはどのような場合か，という思慮がある。

　この要件を満たす具体例として同最判が挙げるのは「不動産の不法占有者に対して明渡義務の履行完了までの賃料相当額の損害金の支払を訴求する場合」である。反対に，空港を運航の用に供し続けることにより生じる近隣住民の将来の損害賠償請求権はこの要件を満たさないとする[9][10]。この基準に照らせば，**(設問)** (1)〔3〕の賃料相当額損害金支払請求は，請求権としての適格があるということになる。他方，(2)〔2〕のA死亡を条件とする甲建物明渡請求および，(2)〔3〕のA死亡を条件とする賃料相当額損害金支払請求については，請求権としての適格が否定されよう。Aの生前はXの推定相続人として将来甲建物をAから相続するという地位は事実上の期待的地位に過ぎず，これらの請求は「既に権利発生の基礎をなす事実上及び法律上の関係が存在」するという要件を欠くからである。このことは，Aが意思無能力（アルツハイマー）で回復の見込みがないとしても異ならない。その場合でも，Aに後見人が選任され，当該後見人がAの生活費捻出等のため甲建物を処分するという可能性は十分に存在し，その場合Xは甲建物を取得できなくなるからである。

Ⅳ. 確認の訴えの利益（確認の利益）

　確認の訴えの利益（単に「確認の利益」ともいう）は，<u>原告の法律上保護に値</u>

---

8)　証明負担の転換が生じるのかは疑問がないではないが，昭和56年最判の判旨はこのことを前提とするように読める。

9)　かかる昭和56年最判の厳格な態度には批判が強い。百選50頁以下［長谷部由起子］，アルマ76頁以下，長谷部142頁以下参照。

10)　その他，土地共有者の一人が土地を駐車場として第三者に賃貸することにより賃貸料として収益を得てこれを独占していたところ，この収益中当該共有者の共有持分割合を超える部分について，同土地の他の共有者が不当利得返還請求をしたという事案でも，当該不当利得返還請求中，事実審口頭弁論終結後の分については，将来給付の訴えの請求適格を有しないと判断されている。最判昭和63・3・31判時1277号122頁，最判平成24・12・21判時2175号20頁（ただし昭和63年最判の射程につき千葉勝美裁判官の補足意見あり）。

　将来給付の訴えを許容した場合，その判決の既判力をどう把握すればよいのかという問題がある。この問題は，将来給付の訴えに対する判決中の将来の予測に係る判断と異なる事象経過が実際には生じたという場合に顕在化する。最高裁が将来給付の訴えの許容性の間口を狭く取る背景には，このような困難な問題が生じることを可及的に避けたいという思慮も透けて見える。

する地位が，危険に晒されており①，その危険を除去するのに，原告・被告間で②原告主張の確認対象について③原告主張の確認判決を④出すことが，必要かつ有効・適切である場合に，認められる[11]。

　①の「原告が法律上保護に値する地位を有し，その地位が危険に晒されていること」を「即時確定の利益」という。④の「確認判決を出すこと（＝確認訴訟という訴訟類型）が，その危険の除去に必要かつ有効・適切であること」を「方法選択の適否」という。②の「原告・被告間で（＝当該被告を相手に）判決をすることが，その危険の除去に必要かつ有効・適切であること」を「被告選択の適否」という。③の「原告主張の確認対象（＝訴訟物）について確認判決をすることが，その危険の除去に必要かつ有効・適切であること」を「対象選択の適否」という[12]。確認の利益は，これら4要件が具備されると認められることになる。これら4要件は，論理的には①が②③④の前提に立つ関係にある。しかし，これはすべての事案において①を②③④の前に検討しなければならないことを意味するものではない。仮に即時確定の利益があっても，原告の選択した確認対象が，即時確定の利益を基礎づけるとされている危険の除去にとって必要または有効・適切でないといえれば，確認の利益は否定できるからである。②③④相互においても，強いていえば④が③の，③④が②の前提に立つ関係にあると思われるが，この順に考察しなければならないわけではない。すなわち，確認の利益が否定されるという結論に至るのであれば，確認の利益否定を導く要件のみ検討すればよい。

1. 即時確定の利益

　「原告が法律上保護に値する地位を有し，その地位が危険に晒されていること」が，即時確定の利益の存在の要件である。この要件はさらに，(i)原告が法律上保護に値する地位を有すること，(ii)その地位が危険に晒されていることの2要件に分解できる[13]。

　すなわち，まず(i)原告が保護を求めている地位（＝原告が危険に晒されていると考える地位）が法律上保護に値する地位でなければならない。したがって，

---

11)　LQ 364 頁，重点講義(上)363 頁。
12)　LQ 364 頁，重点講義(上)363 頁。
13)　アルマ 81 頁，長谷部 146-147 頁。

単なる期待的地位（例：推定相続人の被相続人の個別財産の相続による取得に対する利益〔最判昭和30・12・26民集9巻14号2082頁〕，特別縁故者として財産分与を得る地位〔最判平成6・10・13判時1558号27頁〕）は即時確定の利益を基礎づけない。これにより，**設問**(2)〔1〕は即時確定の利益を欠くために，確認の利益を欠く（Aがアルツハイマーで回復の見込みがないとしても変わらないことは，(2)〔2〕〔3〕の請求と同様である）。対象選択の適否で切れるわけではない点に注意が必要である（この点は3(2)(b)で後述する）。

　次に，(ⅱ)かかる地位が現に危険に晒されていないといけない。故に，遺言者生存中にその遺言を所持する遺言者がする遺言無効確認の訴えは，即時確定の利益を欠く。この場合，遺言が効力を有しないことをはっきりさせたいのであれば，遺言者はその遺言書を破いて廃棄すればよいのであり（民1024条前段）[14]，したがって当該遺言による法律関係の発生を望まないという原告の地位は危険に晒されているとはいえないからである[15]。また，単に相手方が原告の法律上の地位を否定しているというだけでも恐らく即時確定の利益が基礎づけられるとはいえない。被告が原告の権利と相容れない権利主張をしている等，それにより，原告の地位に現実に危険が生じている必要がある。さらに，危険は「現に」生じていなければならない。将来生じる危険であれば，危険が生じた時点で除去すれば足りるからである。

　なお，この危険の存在は，被告が当該確認対象を争っていなくても，戸籍等訂正のために確認判決が必要だということによっても満たされる。最判昭和31・6・26民集10巻6号748頁（離婚無効確認の訴え），最大判昭和32・7・20

---

14)　遺言者が生存中は当該遺言者が何時でも遺言の方式で既にした遺言の全部または一部の効力を法律的に取り消すことができること（民1022条。同1023条も参照）を即時確定の利益否定の理由に挙げる見解もあるが（中野貞一郎『民事訴訟法の論点Ⅱ』〔判例タイムズ社，2001年〕72頁ほか），新遺言の有効性が後で争われる余地があることを視野に入れると，そのようには言い切れないと思われる（なお，民法1025条本文は，「前三条の規定により撤回された遺言は，その撤回の行為が，撤回され，取り消され，又は効力を生じなくなるに至ったときであっても，その効力を回復しない」と規定するが，新遺言が遺言者の意思無能力等によって当初から無効である場合は，この規定の対象外であると考えられている。中川善之助＝加藤永一編『新版注釈民法(28)〔補訂版〕』〔有斐閣，2002年〕420頁〔山本正憲〕。しかし，遺言書を物理的に廃棄できる状況にあるのであれば別論であろう。

15)　最判昭和31・10・4民集10巻10号1229頁（以下「昭和31年最判」という）参照。ただし，この判例は対象選択の適否の問題として処理している。この点については3(2)(b)で後述する。

民集 11 巻 7 号 1314 頁（国籍訴訟）[16]，最大判昭和 45・7・15 民集 24 巻 7 号
861 頁（百選 A9 事件）（子死亡後の親子関係確認の訴え），最判昭和 62・7・17 民
集 41 巻 5 号 1381 頁（離縁無効確認の訴え），といった判例がある[17]。

2. 方法選択の適否および被告選択の適否

　確認訴訟よりも有効・適切な原告の地位の保護手段がある場合には，前者の
要件が否定される。また，当該被告を相手に原告主張の確認対象について確認
判決を出すことが，原告の法律上保護に値する地位に生じている危険の除去に
とって有効適切であることが，後者の要件の中身である。**設問** における確認
請求がこれらの要件を満たすことに問題はない[18]。

3. 対象選択の適否

　対象選択の適否は，当該確認対象（＝訴訟物）について確認判決を出すこと
が，原告の法律上保護に値する地位に生じている危険の除去にとって有効適切
かどうか，という相対的考慮により判断される。言い換えれば，原告が保護を
求めている地位に生じている不安の除去との関係を離れて，当該確認対象の特
性自体から絶対的に判断されるわけではない。したがって，確認対象選択の適
否については以下の四つの原則があると言われるが，これらは例外を許さない
絶対的ルールではなく，あくまで例外の余地を残す「一応の原則」に過ぎな
い：(1)事実ではなく権利または法律関係でなければならい，(2)過去・将来では
なく現在の法律関係でなければならない，(3)第三者ではなく原告の権利または
原告・被告間の法律関係でなければならない，(4)消極的確認ではなく積極的確
認でなければならない[19]。これらのうち **設問** との関係で問題となるのは
(1)(2)である。順にみていこう。

(1)　事実ではなく権利または法律関係を

　保護対象が法律上保護に値する地位であることが前提となる以上，その地位

---

16)　なお，国籍訴訟には，「過去の」「事実の」確認なのではないか，戸籍訂正の必要性が真の即時
　　確定の利益肯定の理由か，という論点があり，奥が深い。重点講義(上)371 頁以下。後掲注 20) も
　　参照。
17)　ただし，重点講義(上)371 頁以下，379 頁以下，高橋概論 83 頁参照。
18)　両要件の詳細については，各教科書を参照されたい。
19)　重点講義(上)367 頁，373 頁。

に生じている不安を除去するのに，事実自体よりもその事実に法律を適用した結果である権利または法律関係を確認した方が，原告の地位に生じている危険を除去するのに通常は適切だ，というのがこの原則が認められる根拠である。したがって，例外的に事実の確認の方が有効適切であれば，事実関係の確認の訴えは適法である[20]。この様に考えると，民訴法 134 条の証書真否確認の訴えは，あくまで例示だとみることになる。最高裁も最判平成 12・2・24 民集 54 巻 2 号 523 頁（百選 25 事件）において具体的相続分確認の訴えの利益を否定するにあたり，具体的相続分はそれ自体を実体法上の権利関係であるということはできないと位置づけているが，これのみで確認の利益否定を基礎づけているわけではなく「これのみを別個独立に判決によって確認することが紛争の直接かつ抜本的解決のため適切かつ必要であるということはできない」ことを理由に据えている。同じ理解に立つものと思われる[21]。

　中野・前掲注 14) 38 頁以下は，事実関係の確認の訴えは，法律上の争訟性を欠くという。しかし，法律上の争訟性は，訴訟が対象としている紛争が法律の適用によって解決できるものであることを要求しているに過ぎず，訴訟物も法律の適用によって結論が出るものであることを要求しているものではないと考えれば，事実関係の確認の訴えであるからといって法律上の争訟性を欠くということはできないことになろう。

(2)　過去・将来ではなく現在を

　(a)　(2)のうち，まず過去の法律関係の確認は許されないという原則も法律関係は刻一刻と変化するから，原告の法律上の地位に現在生じている不安を除去するには，過去よりも現在の法律関係を捉えた方が適切な場合が通常であることから認められるというに過ぎない。したがって過去の法律関係を捉えた方がより有効適切な場合には，過去の法律関係を確認対象とすることを妨げない[22]。

　この点については判例に変遷がある。すなわち，最高裁は，当初，過去の法

---

20)　いわゆる国籍訴訟はこの例といえる。重点講義(上)371 頁。前掲注 16) も参照。

21)　ただし，調査官解説は，最高裁は，具体的相続分が（実体法上のものでないとしても）「一種の法律関係，法的地位を表すものともいえ，確認訴訟の対象適格をおよそ欠くものとはいえないことになるから」即時確定の利益にも検討を加えたのだと整理する。生野考司「判解」最判解民事篇平成 12 年度(上)68 頁以下，特に 81 頁。もっとも，事実か法律関係かの区別が曖昧でそれを細かく吟味することがそもそも生産性を欠くことにつき，LQ 367 頁。

律関係を確認対象として認めていなかった（最判昭和31・10・4民集10巻10号1229頁〔遺言者の生存中に提起された遺言無効確認の訴え〕；最判昭和41・4・12民集20巻4号560頁〔売買契約無効確認の訴え〕）。しかし，その後，前掲昭和45年最大判（子死亡後の親子関係確認の訴え）において大隈健一郎裁判官が補足意見として「過去の法律関係であっても，それによって生じた法律効果につき現在法律上の紛争が存在し，その解決のために右の法律関係につき確認を求めることが必要かつ適切と認められる場合には，確認の訴の対象となるものといわなければならない。すなわち，現在の権利または法律関係の個別的な確定が必ずしも紛争の抜本的解決をもたらさず，かえって，それらの権利または法律関係の基礎にある過去の基本的な法律関係を確定することが，現に存する紛争の直接かつ抜本的な解決のため最も適切かつ必要と認められる場合のあることは否定しがたいところであって，このような場合には，過去の法律関係の存否の確認を求める訴であっても，確認の利益があるものと認めて，これを許容すべきものと解するのが相当である」と述べるに至る。これを経て最高裁は最判昭和47・2・15民集26巻1号30頁（百選23事件）（遺言無効確認の訴え）において法廷意見としても「いわゆる遺言無効確認の訴は，遺言が無効であることを確認するとの請求の趣旨のもとに提起されるから，形式上過去の法律行為の確認を求めることとなる」という整理をした上でその確認の利益を肯定した。もっとも当該最判の確認の利益肯定の論拠には矛盾する二つの契機が内在していた。すなわち，当該最判は一方で①「判決において，端的に，当事者間の紛争の直接的な対象である基本的法律行為たる遺言の無効の当否を判示することによって，確認訴訟のもつ紛争解決機能が果たされることが明らか」であることを論拠としつつ，他方では②本件の請求の趣旨が形式上過去の法律行為の確認という「形式をとっていても，遺言が有効であるとすれば，それから生ずべき現在の特定の法律関係が存在しないことの確認を求めるものと解される」ことをも論拠として挙げていた。①には過去の法律関係の確認は許されないというそれまでのドグマからの脱却の萌芽が見られるが，②は依然このドグマに縛られている。しかし後の最高裁はこのうち①を生かす道を選択する。すなわち，

22）　なお，ここに「過去の」とは，時間的に過去の場合のほか，当該法律関係が別の法律関係の前提問題を形成している場合も含むとされる。伊藤眞ほか編『民事訴訟法判例百選〔第3版〕』（有斐閣，2003年）64頁以下〔中西正〕参照。

最判昭和 47・11・9 民集 26 巻 9 号 1513 頁（百選 A10 事件）（学校法人理事会決
議無効確認の訴え）において「ある基本的な法律関係から生じた法律効果につ
き現在法律上の紛争が存在し，現在の権利または法律関係の個別的な確定が必
ずしも紛争の抜本的解決をもたらさず，かえって，これらの権利または法律関
係の基本となる法律関係を確定することが，紛争の直接かつ抜本的な解決のた
め最も適切かつ必要と認められる場合においては，右の基本的な法律関係の存
否の確認を求める訴も，それが現在の法律関係であるか過去のそれであるかを
問わず，確認の利益があるものと認め」られるとし（強調筆者），明示的に過
去の法律関係を確認対象とする余地を認めるに至るのである。以上要するに，
最高裁も，現在では，過去の法律関係であるだけで確認対象適格性を欠くこと
はないと認めているということができる[23]。

　(b)　次いで将来の法律関係の確認が認められないのも，将来の法律関係の確
認が原告の法律上の地位に現に生じている危険を除去するのに有効適切でない
場合が通常であるからに過ぎない。よって，将来の法律関係を捉えた方が，原
告の法律上の地位に現に生じている危険を除去するのに有効適切である場合に
は，それを確認対象とすることを認めるべきである。例えば，被告たる会社が
将来の一定時点で廃止することにした特定の雇用契約上の地位を，当該時点が
到来しても原告が有していることを当該時点の到来前に確認する利益は肯定さ
れるべきである（東京地判平成 19・3・26 判時 1965 号 3 頁〔百選 28 事件〕。当該
雇用契約上の地位を当該時点以降有しないというのであれば，それなりの対応を原
告として現時点で講じる必要がある）。また，原告が建設計画中の工場の技術が
被告の特許権を侵害することがないことの確認（原告の営業の自由に対する利益
が現に危険に晒されており，その危険を除去するには将来の権利関係である特許権
不侵害を確認する必要がある[24]）を求める利益も同様である。

　しかし，最高裁は，将来の法律関係は確認対象適格性を欠くというドグマの
方は例外を許さないルールとして依然維持している。古くは昭和 31 年最判[25]

---

23)　LQ 366 頁。
24)　兼子一原著『条解民事訴訟法〔第 2 版〕』（弘文堂，2011 年）774 頁以下［竹下守夫］，重点講
　　義㊤381 頁以下が挙げる例である。これに対し，中野・前掲注 14)62 頁は，被告の特許権侵害に
　　基づく差止請求権不存在確認の訴え（これは現在の法律関係の確認を対象とする訴えである）を
　　認めれば足りる以上，確認の利益を認める必要はないとされるが，被告による損害賠償請求まで
　　視野に入れれば，そうとも言い切れないように思われる。

が，遺言者生存中の遺言者による遺言無効確認の訴えを確認対象が将来の法律
関係であることを理由に不適法としたほか，最判平成11・6・11判時1685号
36頁（百選26事件）（以下「平成11年最判」という）が，遺言者生存中の推定
相続人による遺言無効確認の訴えの確認の利益を否定するにあたり，当該訴訟
における確認対象が被告の将来の受遺者の地位と位置づけられ，それが遺言者
の生存中は権利または法律関係といえないことを理由としたが，遺言者が死亡
すれば受遺者の地位は権利・法律関係になる以上，この判示は遺言者の生存中
は受遺者の地位は将来の法律関係であることを理由に確認対象適格性を否定し
たものと理解できる[26]。また，最判平成11・1・21民集53巻1号1頁（百選
27事件）が賃貸借契約係属中の敷金返還請求権存在確認の訴えの確認対象適格
性を肯定するにあたりわざわざそれが条件付きの権利として現在の権利または
法律関係であるということができるとしているのも，将来の権利または法律関
係としか位置づけられないのであれば，確認対象適格性を欠くという前提に立
つからであろう[27]。

　昭和31年最判，平成11年最判に考察を限定すると，両最判が対象とする遺
言者生存中の遺言無効確認の訴えが，それが遺言者によるものであるにせよ，
推定相続人によるものであるにせよ，確認の利益を欠くという結論自体に異論
はない。しかし，いずれについても，確認対象適格性を欠くという理由づけは
不適切であり，即時確定の利益を欠くという理由づけによるべきである。どち
らの事案においても，仮に原告の法律上保護に値する地位に現在不安が生じて
いるといえるのであれば，それを除去するのに，遺言無効確認判決を得ること
が必要かつ有効適切だといえることに相違無いはずだからである。すなわち，
昭和31年最判の事例では，仮に遺言者の当該遺言上の受遺者に財産を与えた
くないという利益が遺言の存在により危険に晒されているとすれば（物理的廃
棄により遺言を無効にすることができないとすれば），遺言無効という確認対象が
その除去にとり必要かつ有効適切といえるし，平成11年最判の事例では，原
告たる推定相続人の，被相続人死亡時の遺贈対象財産の所有権取得に対する期
待が遺言者の生存中も法律上保護に値するとすれば，その期待は遺言の存在に

25）　注15）で言及した。

26）　百選58頁以下，特に59頁［今津綾子］，野村秀敏「訴えの利益」基礎演習57頁参照。

27）　百選60頁以下，特に61頁［佐藤鉄男］，LQ 369頁も参照。

より危険に晒されている以上，当該遺言の無効を確認することがその危険の除去にとり必要かつ有効適切といえる（そして，このことは，確認対象が実質上遺言上の受遺者の地位の不存在であることに帰するとしても，異ならない）。これらの事案ではむしろ，遺言者は自ら遺言書を破棄すれば当該遺言が効力を有しないことを一義的に明らかにできること（昭和 31 年最判），推定相続人は遺言者の生存中は相続財産に対する法律上保護に値する地位を有しない（その地位は事実上の期待的地位に過ぎない）こと（平成 11 年最判），が確認の利益否定の理由になるというべきである。

　翻って考えてみると，判例が将来の法律関係は一般的に確認対象適格性を欠くというドグマを維持しているのは，恐らく確認対象とできるものとできないものが客観的に決まっているとした上で，確認の利益を否定する場合には原告が確認対象とできないものを確認対象に据えている，と論理構成をした方が確認の利益を否定する理屈として一見明白だからではなかろうか。即時確定の利益で切ろうとすると「法律上保護に値するか」という評価の問題になるので理屈が一義的に明確でなくなるからである[28]。しかし，それが道理を曲げる理由とはならないことは明らかであろう。

　(c)　なお，遺言者の死亡後に遺言無効確認の訴えが適法になるのは，詳論すれば以下のような理由づけによることになろう。すなわち，原告がこの訴えで保護を求めているのは相続により取得した遺言対象財産に対する所有権であると考えられる。仮に遺言無効確認の訴えが許されないとした場合，原告がかかる利益の保護を実現するためには，遺言対象財産を列挙した上でその所有権の確認を求める訴えを提起することになると思われる。そうすると，例えば遺言が被相続人の「全遺産の遺贈」を内容とするものである場合には，原告としては，被相続人が死亡時に有していた財産の全てを列挙してその所有権確認を求める必要があろう。しかし，①全財産を列挙して所有権確認を求めるのは煩雑であるほか（もっともこれを避けたいという利益が保護に値するものかどうかには議論の余地がある。財産を列挙する煩ごときを厭うべきではないという評価も可能だからである），②原告が全財産を列挙して所有権確認の訴えを提起したつもりでいても，請求認容判決確定後に列挙し漏れた財産の存在が発覚するリスクは

---

[28]　この他，将来の権利関係の確認の訴えを適法とすると，その判決の既判力をどう把握するかという問題も生じる。これを避けるという意図もあるかもしれない。注 10) も参照。

常に存在し得，その場合には原告は改めて当該財産の所有権確認の訴えを提起
して一から遺言の無効を主張・立証していく必要があり，被相続人の全財産に
対する所有権を安心して確定させることが結局できないことに帰着してしまう。
これら①②が，遺言無効確認の訴えの利益を基礎づけるわけである。

　であるとすれば，(設問)のように遺贈対象財産が甲建物のみであるという場
合には，Ｘとしては端的に所有権確認の訴えを提起すべきである，と評価す
る余地もある。遺言の無効が確認されても別の理由（例えば生前贈与）により
Ｙが甲建物の所有権を有しているという可能性を否定できないからである。
このような評価を前提とすれば，(設問)(1)〔1〕は対象選択の適否の観点から
確認の利益が否定されると解することになる29)。

■ 答案作成時の要点

(ア) 訴えの利益について

(イ) 設問 (1)〔1〕・(2)〔1〕請求（遺言無効確認請求）について
- ✓ 確認の利益が認められるのはどのような場合か（同時に 4 要件を抽出する）。
- ✓ 設問 (1)〔1〕（遺言者死亡後の遺言無効確認請求）：確認対象選択の適切性はみとめられるか（所有権確認の訴えとの対比）。
- ✓ 設問 (2)〔2〕（遺言者生存中の遺言無効確認請求）：即時確定の利益はみとめられるか。

(ウ) 設問 (1)〔2〕請求（建物明渡請求）について
- ✓ 現在給付の訴えであること。
- ✓ 現在給付の訴えにおける訴えの利益はどの様に判断されるか。
- ✓ 事例にあてはめるとどうなるか。

(エ) 設問 (2)〔2〕請求（A 死亡を条件とする明渡請求）について
- ✓ 将来給付の訴えであること。
- ✓ 将来給付の訴えの利益の要件は何か（：(a)「あらかじめその請求をする必要」；(b)請求権としての適格）。
- ✓ 事例にあてはめるとどうなるか（特に(b)について）。

(オ) 設問 (1)〔3〕請求（明渡済みまでの賃料相当額損害金支払請求）中，事実審口頭弁論終結時までの占有に対する請求について
- ✓ 現在給付の訴えであること。それに即して検討するとどうなるか。

(カ) 設問 (1)〔3〕請求中，事実審口頭弁論終結時以後の占有に対する請求について
- ✓ 将来給付の訴えであること。
- ✓ 「あらかじめその請求をする必要」はみとめられるか。
- ✓ 請求権としての適格はみとめられるか。

(キ) 設問 (2)〔3〕請求（A 死亡を条件とする明渡済みまでの賃料相当額損害金支払請求）について
- ✓ 全体が将来給付の訴えであること。
- ✓ 請求権としての適格はみとめられるか。

4

当事者の確定

［解答時間 70 分］

事例

　Ｙは，Ｘに対して 500 万円を貸し付けたが，期限になってもＸが返済しないため，Ｘに対して同額の貸金返還請求訴訟を提起した（以下「前訴」という）。訴状は，被告Ｘの訴訟代理人であるＢの事務所に送達されたが，ＸのみならずＢも第 1 回口頭弁論期日に出頭しなかったため，裁判所はＹの請求を認容する判決をし，控訴期間の経過により同判決は確定した。その後，Ｙは確定した前訴判決を債務名義とする強制執行を申し立てたところ，裁判所はＸ所有の甲土地を対象とする強制競売開始決定をし，差押命令がＸに送達された。Ｘは自己の敗訴判決を知り，急いで甲土地が差し押さえられた経緯を調べたところ，前訴の訴状にはＸの訴訟代理人として面識のないＢが表示されていたこと，前訴の訴状は訴訟代理人Ｂの事務所に送達されていたこと等が判明した。

　そこで，Ｘは，前訴につきＢに訴訟代理権を授与していない以上，確定した前訴判決には再審事由（338 条 1 項 3 号）があると主張して，Ｙを相手に再審の訴えを提起した（以下「本訴」という）。Ｘは，(1)前訴ではＹの知人と見られるＣという人物がＸの名義を冒用し，訴訟委任状を偽造してＢを訴訟代理人に選任した際，Ｂの事務所が送達場所とされ，Ｂの事務所に訴状が送達された結果，Ｘは前訴の提起を知らず，手続関与の機会を完全に奪われた，(2)Ｙに対する借金は身に覚えがなく，Ｙはその知人と見られるＣと通謀して，甲土地を狙ってＸを陥れた等と主張した。これに対し，Ｙは，(1)Ｃという人物は知らない，(2)送達場所の届出にあたり訴状送達前に裁判所に提出されていた訴訟委任状にはＸのＢに対する訴訟代理権の授与が明記されていた等と答弁し，Ｘが主張する再審事由を争った。

　裁判所は，審理の結果，Ｘの主張をすべて認め，再審開始を決定した（346 条 1 項）。

(設問)

　確定した前訴判決の既判力はＸに及ぶか。裁判所が本訴を適法と認めて再審開始を決定したことは妥当か。

■ 解説

I. 問題の所在

　[事例]は，氏名冒用訴訟と呼ばれる事件類型にあたる[1]。すなわち，本来当事者となるべき者（本人）の氏名を，他人が本人の承諾なしに用いて訴えを提起し，あるいは，応訴した場合である。[事例]では，前訴の被告となるべきXの氏名がCによって冒用され，Xの訴訟代理人としてBが選任されている。Bが真にXから訴訟委任を受けていれば，Xが口頭弁論期日に出頭しなくても，BがXの訴訟代理人として出頭して応訴すれば，その効果はXに帰属する。ところが，Xの主張によると，XはBと面識がなく，訴訟委任に基づく訴訟代理権の授与もしていない。とすれば，Bの訴訟行為の効果をXに帰属させるわけにはいかない。むしろ，Bに訴訟代理権を実際に授与した者がCであるならば，BはCの訴訟代理人であり，前訴被告もCではないかとの疑問が生ずる。しかし，前訴裁判所に提出された訴状および訴訟委任状の表示によれば，被告はXである。そこで，[事例]においては，前訴の被告（当事者）は誰であったか，つまり，訴状および訴訟委任状において氏名が冒用されたX（被冒用者）か，氏名を冒用したC（冒用者）かが問題となる。[事例]では，XがYに対して本訴（再審の訴え）を提起しているため，この問題が本訴においてどのような形で現れ，裁判所はこれにどのように対処すべきかが問われる。

II. 訴訟代理人に対する訴状の送達

　本論に入る前に，[事例]を読み解く上で必要な予備知識をあらかじめ確認しておくことにする。

1）　当事者の確定については，新堂133頁，伊藤117頁，重点講義(上)152頁，松本＝上野100頁，小島武司『民事訴訟法』（有斐閣，2013年）120頁，上田83頁，河野正憲『民事訴訟法』（有斐閣，2009年）92頁，中野ほか91頁，アルマ92頁，LQ94頁，長谷部116頁，川嶋概説57頁等。学説を整理したものとして，松原弘信「当事者の確定」伊藤眞＝山本和彦編『民事訴訟法の争点』（有斐閣，2009年）56頁等を参照。

(事例)において，前訴の訴状（副本）は訴訟代理人Bに送達されている。当事者等は送達場所を届け出る義務があるが（104条1項），この義務は原則として原告では訴え提起時，被告では訴状の送達を受けた後に生ずるものとされる。しかし，被告等は，訴え提起後，訴状の送達に先立って送達場所を届け出ることもできる[2]。(事例)はこの場合であるが，このような届出は訴状の送達前に原告による提訴の動きを知ることができない限り，不可能である。とすると，Bが前訴の訴状送達前に送達場所の届出を済ませ，Bの事務所に訴状が送達されたという経緯に照らせば，前訴の提起がXに知られないよう，送達場所の届出の仕組みが悪用された可能性が高い。しかも，Xが主張するようにCが冒用者であるならば，Bの協力もうかがえる。一方，(事例)においては，X所有の甲土地を対象とした強制競売開始決定（差押命令）がXに送達されている（民執45条2項）。執行手続は判決手続とは別個の手続であるため，差押命令の送達は，執行手続の原則に従い，Bではなく債務名義上の債務者であるXに送達する必要がある。

Ⅲ．当事者の確定の必要とその基準

1．当事者の特定と確定の違い

裁判所に訴状を提出して訴え提起をする者は，訴状において原告・被告が誰であるかを記載しなければならない（必要的記載事項。133条2項1号）。この規律から明らかなように，裁判所に審判が求められた請求が誰の誰に対するものであるかは，訴え提起行為をした者が訴状の記載を通じて特定しなければならない[3]。このように訴え提起の際に当事者を特定して表示することは，訴訟手続を開始する者の権限かつ責務であり，処分権主義に由来する。したがって，当事者が特定されている限り，裁判所が当事者を確定する必要はない[4]。他方，

---

[2]　賀集唱ほか編『基本法コンメンタール民事訴訟法(1)〔第3版〕』（日本評論社，2008年）264頁〔小川英明〕，秋山幹男ほか『コンメンタール民事訴訟法Ⅱ〔第2版〕』（日本評論社，2006年）368頁等。

[3]　新堂134頁，LQ 94頁等。なお，松本＝上野102頁は，従来当事者の確定と呼ばれてきたものを当事者の特定の問題として再構成しようとする。

当事者を確定する必要があるのは，訴状の当事者欄に表示された者が特定できない場合や，誰が当事者として表示されたかは特定できるが，その者が真に当事者であるかどうかにつき疑義が生じた場合である。以上を踏まえて　事例　に戻ると，前訴の原告がYであり，被告がXであることは，訴状の表示によって特定されていたと考えられる。換言すれば，少なくとも前訴の提起から判決の確定に至るまでの間，当事者の確定の必要は生じていなかったのである。

これに対し，　事例　では，甲土地に対する差押えを契機として，自己の敗訴判決の存在に気づいたXが本訴（再審の訴え）を提起し，Bの訴訟代理権の欠缺にかかる再審事由（338条1項3号）に該当する事実を主張した。そして，裁判所も前訴ではCがXの氏名を冒用してBに訴訟代理権を授与した事実を認識し，前訴の被告がXであることに疑義が生じた。つまり，本訴の提起に伴って，前訴の被告は実はCだったのではないか，という疑問が浮上したのである。前訴判決はすでに確定しているが，仮に前訴の真の被告をCと確定するとどうなるだろうか。この場合，Xは当事者（前訴被告。115条1項1号）ではなかったことになるから，確定した前訴判決の既判力はXに及ばない（詳細は，**IV 2**を参照）。このように，当事者の確定はその必要が生じたときに裁判所が当事者を決めることを意味するから，当事者の特定とは区別しなければならない。

2. 当事者の確定の基準

訴状の記載を通じて特定表示された当事者について，何らかの事情でその者が真の当事者かどうかに疑義が生じた場合，裁判所はいかなる基準で当事者を定めるべきだろうか。この点には古くから見解の対立が見られ，現在も議論が続いている。まず基本的な考え方として，意思説，行動説，表示説を見ておこう[5]。

意思説は，当事者を原告の主観的意思（内心）を基準として決定する。これには，内心をいかにして把握できるか（つまり把握できない），原告が誰である

4）　詳しくは，名津井吉裕「訴訟開始段階における当事者の確定について(1)」民商153巻3号（2017年）365頁以下を参照。

5）　その他の学説については，重点講義(上)152頁以下，松原・前掲注1)56頁以下等で整理されている。

かを原告の意思で決定することはできない[6]等の批判がある[7]。

　行動説は，当事者として行動したことを基準として当事者を決定する。これには，どのような行動（訴状を提出したこと，送達を受けたこと，期日に出頭したこと等）によって当事者を見極めるかが不明確である[8]等の批判がある。

　表示説は，訴状の記載（表示）を基準として当事者を決定する。もっとも，表示説には，訴状の当事者欄の表示のみを基準とする形式的表示説，請求の趣旨・原因その他の附属書類を含めた訴状の全趣旨を勘案して当事者を決定する実質的表示説の区別がある[9]。形式的表示説は基準として明確である反面，融通が利かない。表示説が通説とされるが，正確には実質的表示説であり[10]，これを明示的に採用する下級審裁判例も散見される[11]。

　以上のほかにも多様な見解があるが，学説状況を把握する上で注意を要するのは，二重規範説[12]（規範分類説ともいう）である。この説によれば，すでに進行した手続を振り返ってその手続の当事者が誰であったかを回顧的に考える局面（評価規範と呼ばれる）では，訴状の表示に限らず，意思説，行動説も当事者確定基準になり得る。他方，これから手続を進めるにあたり誰を当事者として扱うかを考える局面（行為規範と呼ばれる）では，「単純明快な表示説」が当事者確定基準になるとされる。「単純明快な表示説」とは形式的表示説のこと

6）　その他，訴状の提出を原告以外の者（代理人等）がした場合，訴状提出者と原告本人いずれの意思を基準にするかという問題も指摘されている。

7）　意思説において「意思」を裁判所のそれと解した場合には，「処分権主義に反する」との批判が妥当する。小島・前掲注1）121頁注14，中野ほか92頁，重点講義(上)153頁。

8）　例えば，訴状を提出したから原告である，あるいは，訴状が送達されたから被告であるといった決め方は本末転倒であろう。

9）　前掲注1）に掲げた文献を参照。

10）　LQ 95頁，秋山幹男ほか『コンメンタール民事訴訟法Ⅰ〔第2版追補版〕』（日本評論社，2012年）266頁（ただし，実質的表示説を表示説と呼んでいる），中野ほか94頁，上田86頁等。もっとも，川嶋概説58頁は，現在のところ，通説といえるものはないと評価する。それほど諸説が乱立しているのは確かであるが，他方で，表示説は「不動の通説」と表されることもある（重点講義(上)154頁注1の2）。二重規範説の行為規範は，本文で述べるように形式的表示説の再生であり，二重規範説がいまだ通説ではない以上，本文のような評価で差し支えなかろう。

11）　東京地判昭和31・3・8下民集7巻3号559頁，大阪地判昭和39・10・30判タ170号248頁等。これらの評価については，名津井吉裕「訴訟開始段階における当事者の確定について(2・完)」民商153巻4号（2017年）510頁以下を参照。

12）　新堂136頁以下。

である¹³⁾。前述の通り，通説は実質的表示説であるが¹⁴⁾，二重規範説が有力化するにつれ，行為規範の基準とされた形式的表示説が，あたかも原則的な当事者確定基準であるかのように説明される例が見られる¹⁵⁾。

　しかし，これでは「実質的表示説＝通説」とは名ばかりである。そもそも当事者の確定は，誰が当事者であるかに疑義が生じた場合にすべきであり，疑義がないならば当事者は十分特定されたと解しておけば足りる。ところが，二重規範説は，行為規範における当事者確定基準の存在を措定し，これを形式的表示説と解した結果，実は当事者が特定されたにすぎない場合まで当事者の確定の枠組みで捉えている。これに対して，当事者の特定と確定を区別する場合（1参照）には，訴状の表示によって当事者が特定され，その特定性に疑義がない限り，当事者を確定する必要はないのであるから，当事者が特定された状態を形式的表示説による確定の結果と説明する必要はない¹⁶⁾。

3. 判例（氏名冒用訴訟）

　事例と同様の氏名冒用訴訟につき，判例はどのような立場であろうか。原告側の氏名冒用として，典型的には，第三者であるP（冒用者）がQの名をかたって訴えを提起した場合が考えられるところ，〔1〕大判大正4・6・30民録21輯1165頁，〔2〕大判昭和2・2・3民集6巻13頁は，PがQに無断で弁護士Sに訴訟を委任して訴えを提起した点で類似しており，いずれもQに確定判決の効力は及ばないとする。この結論を導く過程で，〔1〕は，民事訴訟の当事者として確定判決の効力に服するには，当該判決に当事者として表示されただけでは足りず，現に原告として訴えを提起しまたは被告として相手取られたことを要すると論じ，被冒用者Qには確定判決の効力は及ばないとした¹⁷⁾（〔2〕も同旨）。これによれば，**事例**の被冒用者Xによる再審の訴え¹⁸⁾は，前

---

13)　これを明確に述べるのは，アルマ94頁，長谷部118頁。

14)　前掲注10)参照。

15)　重点講義(上)162頁等多数。

16)　詳細につき，名津井・前掲注4)355頁以下を参照。

17)　〔1〕では，被冒用者が欠席判決の送達を受け，故障の申立てをしただけでは当事者とならず，その意味で当事者ではない被冒用者の故障申立てが却下された。

18)　〔1〕では故障の申立てがされているが，本文では，現行法を前提として再審の訴えに置き換えて説明する。

訴の判決効が X に及ばない[19](また，判決は無効とも表現される[20]）以上，X に
は当事者適格がなく不適法となるはずである。ところが，X を名宛人とする
判決は，それが内容上の効力（既判力，執行力，形成力等を指すが，ここではさ
しあたり既判力）を有しない（無効）としても，事実としては存在するため，
再審の訴えを通じた被冒用者の救済の途を確保すべきものと解する見解が多
い[21]。これによれば，X による再審の訴えは適法とされる。もっとも，X に
は既判力が及ばないと解するならば，X は前訴判決の既判力に妨げられるこ
となく，自ら別途訴えを提起する[22]ことも許される[23]。

　これに対し，被告側の氏名冒用として，第三者である P（冒用者）が R の名
をかたって応訴した場合が考えられる。〔3〕大判昭和 10・10・28 民集 14 巻
1785 頁（百選 5 事件）は，P が R に無断で弁護士 S に訴訟を委任して応訴させ
た事案であり，〔1〕〔2〕と同様の氏名冒用が被告側で生じた。ところが，〔3〕
は，〔1〕〔2〕と異なり，裁判所が，氏名冒用の事実に気づかず，被冒用者 R
を名宛人とした判決をしたときは，判決の効力は R に及ぶと判示した上で，R
の再審の訴えを適法とした。理論的には，原告側の氏名冒用と同様に解する余
地があったにもかかわらず，既判力は R に及び，R が前訴被告とされた点が
対照的である（詳細は，**Ⅳ2** 以下を参照）。

　なお，判例〔1〕〔2〕の処理は，被冒用者 Q に既判力が及ばないとした点に
着眼し，表示説ではないと解されている[24]。とはいえ，意思説では前述 2 の

19)　新堂 137 頁，伊藤 120 頁，重点講義㊤163 頁等。
20)　松本＝上野 104 頁。
21)　新堂 137 頁，伊藤 120 頁，重点講義㊤163 頁，松本＝上野 104 頁等。
22)　再審の訴えを経由しないで損害賠償請求訴訟等を提起できるかどうかについては議論があるが
　　（松本＝上野 714 頁，長谷部 274 頁等），最判昭和 44・7・8 民集 23 巻 8 号 1407 頁（百選 86 事
　　件）は，いわゆる確定判決の不当取得（騙取）の事例でこれを許容した例である。学説上，損害
　　賠償請求訴訟を認めても，判決無効の判断に際して再審事由を慎重に判断すれば既判力制度を動
　　揺させないとして肯定説（新堂 682 頁等）も主張されているが，既判力の除去は再審の訴えを経
　　由すべきとする消極説が伝統的な通説であり，同最判は批判されている（詳しくは，加波眞一
　　「判批」百選 182 頁）。
23)　重点講義㊤163 頁。なお，**事例** の被冒用者 X が前訴の手続を追認することも可能であり（参
　　考：最判平成 2・12・4 判時 1398 号 66 頁は被冒用者の控訴による追認・補正を肯定），その際に
　　は本文で述べた救済手段は問題にならない。
24)　伊藤 120 頁，中野ほか 96 頁等。なお，重点講義㊤162 頁は，二重規範説の行為規範（形式的
　　表示説）を表示説のそれに見立てている。

批判が妥当し，基準性を主張できないおそれがある[25]ところ，行動説ならば
P（冒用者）を原告と確定することができる。他方，〔3〕の処理は，被冒用者
Rに既判力が及ぶとした点に着眼し[26]，表示説によったものと解されてい
る[27]。このほかに意思説でもRを被告とする原告の意思が認められる限り，
被告をRと確定することができるのに対し，行動説ではP（冒用者）を被告と
確定することになる。

Ⅳ. 氏名冒用訴訟の取扱い

1. 救済のあり方

　(事例)における問題は，Xが前訴において手続関与の機会がないまま敗訴判
決を受けたことに起因する。よって，Xに生じた問題を除去し，Xを救済す
ることが最終目標となる。では，これを実現するにはどうすべきか。(事例)で
は，Xは再審の訴えを通じてその救済を求めている。しかし，Xが適法に再
審の訴えを提起できるかどうかは，必ずしも自明ではない。Ⅲの検討によれば，
前訴で手続関与の機会がなかったXに既判力が及ぶことを否定しつつも，再
審の訴えを便法的に許容する見解（以下「否定説」という）が学説上有力であ

---

25)　LQ 96 頁は，意思説でも原告側の氏名冒用を処理可能（表示説と同じ結論）とし，上田 86 頁
　　も判決確定後に疑義が生じた場合につき同様であるが，訴訟係属中は行動説と並んで冒用者を当
　　事者と確定できるとする。これに対し，川嶋概説 61 頁，63 頁は，意思説では原告側の氏名冒用
　　において確定不能と断じている。なお，松本＝上野 103-104 頁は当事者の特定において意思を重
　　視するが，内心的意思ではなく，「訴状等から推断される意思」に着眼することで，従来の意思
　　説に対する批判に応答する。これによると，被冒用者Xは原告となる意思がない，と評価され
　　る（手続中にこれが判明すれば，訴えは却下される）。この見解は，松原弘信「死者名義訴訟お
　　よび氏名冒用訴訟の判決確定後の取扱いとその理論的基礎」青山善充先生古稀祝賀論文集『民事
　　手続法学の新たな地平』（有斐閣，2009 年）438 頁以下により，「新意思説」と呼ばれている。
26)　新堂 138 頁は，判例〔1〕〔2〕の処理を支持する前提から，判例〔3〕が判決効を被冒用者に及
　　ぼした点につき，「現に被冒用者に対して強制執行が開始されており，判決の効力が事実上被冒用
　　者に及ぼされつつあったことを表現したものと解することができよう」と論じており，被冒用
　　者に判決効が及ぶことを否定する立場を徹底する。
27)　伊藤 120 頁，小島・前掲注 1）125 頁，中野ほか 96 頁等。なお，賀集ほか編・前掲注 2）87 頁
　　〔加藤新太郎〕は，この結論（表示説のそれ）にしか言及しないが，実務上の標準的な処理を強
　　く意識したものとみられる。

る（判例〔1〕〔2〕を基調とする）。他方，前訴判決の既判力が X に及ぶことを前提に，再審の訴えを本来の救済手段とみる見解（以下「肯定説」という）もある（判例〔3〕を基調とする）。肯定説では，前訴判決の既判力が及ぶ X は，適法に再審の訴えを提起できそうである。これに対し，否定説では，一見有効な判決が存在するので，その判決の既判力が及ばない X にも再審の訴えを許容するといった屈折した説明が必要となる。しかも，前訴手続では，X が被告であることに疑義がなかったにもかかわらず X に既判力が及ぶことを拒否し，前訴の訴状および判決に記載（表示）のない C を被告と確定しようとする。そのため，否定説による場合には，再審裁判所[28]が本訴をどのように判断すべきかが問われる。(事例)では，本訴は適法とされているが，問題はその中身である。

2. 前訴被告の見直し（当事者の確定）

　否定説が，被冒用者に既判力が及ぶことを拒否するのは，被冒用者が前訴で当事者として手続に関与する機会を不当に奪われたので，（事実として一見有効な判決はあるが）前訴判決は無効とみるからである（Ⅲ3参照）。これを(事例)にあてはめるとどうなるか。X の主張によれば，C が X の氏名を冒用して B に前訴を委任し，訴訟代理権を授与したとされるが，これが真実ならば，かかる C の行動を被告らしい行為と評価し，C を被告と確定することができそうである。つまり，表示上の前訴被告 X は被告ではないとの判断を前提に，前訴において被告らしい行為をした者を探索し，C がこれに当たるとの判断から，C を前訴被告と確定するには，行動説を基準とすることになる。しかし，前訴被告が C だとすると，再審裁判所は X の原告適格を否定し，訴えを不適法なものとして却下せざるを得ない。なぜなら，再審の訴えの当事者適格，ここではとくに原告適格は，不服のある確定判決の敗訴当事者に認められるのが原則だからである[29]。とするとこの場合，X に原告適格はない。ところが，否定説は，この問題を（自覚的に）度外視し，X には原告適格があり，再審の

---

28)　不服申立てにかかる判決をした裁判所（(事例)では，前訴判決をした裁判所）が再審の訴えの専属管轄裁判所である（340 条 1 項）。

29)　新堂 978 頁，伊藤 784 頁，松本＝上野 708 頁，重点講義(下)793 頁，中野ほか 696 頁，長谷部 435 頁等，とくに異論はみられない。

訴えは適法と結論する[30]。要するに，否定説は，Xを被告とする前訴において何ら当事者の確定の必要が生じなかったにもかかわらず，判決確定後にCによる氏名冒用の事実が判明したことを契機に前訴被告の見直しを行い，XではなくCが前訴被告であったと確定するのである。そして，この見直しの結果，Xは再審の訴えの原告適格を喪失するところ，一見有効なX敗訴の判決を除去するための便法として，例外的にXに再審の原告適格を認める点に否定説の特徴がある。(事例)の再審裁判所は再審開始の決定[31]をしたが，否定説でもこの決定を支持できる理由はここにある。

　他方，肯定説によるときは，前訴被告の見直し（当事者の確定）は問題にならない。前訴でXが手続関与の機会を奪われた点は，B（さらにC）が無権代理人であった場合と同様と解することになる[32]。換言すれば，肯定説は，確定した前訴判決を当然に無効と解さず，再審事由（338条1項3号）がある瑕疵のある判決とするのであるが，そうであっても効力面では何ら不足のない判決であることに変わりはない。Xは前訴被告であるから，前訴判決の瑕疵はXが再審の訴えを通じて除去することができる。

3. 被冒用者の救済手段

　前訴で手続関与の機会を不当に奪われたXを救済する手段は，再審の訴えに限られるだろうか。この点，否定説のように前訴判決の既判力がXに及ばないと解する場合には，Xの救済は（例外的な）再審の訴えに限られない。なぜなら，前訴判決の既判力がXに及ばない以上，Xは別途損害賠償等の訴えを提起することも前訴判決の既判力に妨げられないからである。一見有効な給付判決がある以上，判決無効を理由とした請求異議の訴え（民執35条）等による執行関係訴訟も視野に入る。他方，手続関与の機会が奪われたことをXが

---

30)　新堂980頁は，例外として氏名冒用訴訟の被冒用者の原告適格が認められる旨明確に指摘している。

31)　現行法における再審制度は二段階構造を有し，再審事由を判断する再審開始決定手続（346条1項）と，再審事由を認める旨の再審開始決定の確定を待って開始される本案の再審理手続（348条2項・3項）により構成される。先行する前者の手続では，再審の訴えの適法性と再審事由の存否が判断されるが，再審開始決定がされたということは，再審の訴えは適法と判断されたことを意味する（345条1項）。

32)　賀集ほか編・前掲注2)87頁［加藤］。

甘受するときは，Bの訴訟行為を追認する余地もある（注23）参照）。確かにこれではXは救済されないが，Xが納得する限りこれも一つの決着である。要するに否定説は，多様な救済手段をXに提供することができる。これに対し，肯定説は，瑕疵ある判決でも当事者にその効力が及ぶことを前提とするため，否定説のような損害賠償等の訴えは訴訟物が異なる限り不可能ではないものの，消極的な評価となり，請求異議の訴え等の執行関係訴訟も債務名義自体には問題がないため認められない結果，救済手段としては再審の訴えに絞られる。以上のように比較すると，肯定説は救済手段が限定的であり，被冒用者に酷であるという評価もあり得る。しかしながら，前訴で手続関与の機会を不当に奪われた被冒用者に対して，まさに奪われたものを現実に回復する手段としては，再審の訴えが最適である。すなわち，再審の訴えが適法に提起され，再審事由の有無を審理して再審開始決定がされると，確定した前訴判決の既判力は除去され，終結した前訴手続を再開し，本案の再審理をすることができる[33]ので，被冒用者に対して本来の手続関与の機会を提供することができる。なお，〔事例〕ではYが強制執行を開始しているが，Xは再審の訴えとともに強制執行の停止・取消し（403条1項1号）を求めることができる。

4. 発展的検討——否定説の分析

　確定した前訴判決の被冒用者に対する効力をめぐる否定説と肯定説は，被冒用者による再審の訴えを（原告適格につき）適法とする点は同じである。否定説は，前訴判決の既判力はXに及ばないが，Xの原告適格を例外的に認めている（2参照）。しかしながら，前訴判決の確定後に氏名冒用の事実が判明した場合において，当事者の確定（前述した前訴当事者の見直し）をすること自体，果たして妥当だろうか。否定説は学説上有力であり，この〔事例〕では深入りする必要のない論点ではあるが，若干検討してみたい。

　否定説が，判決確定後に当事者の確定をするのは，前訴でXが手続関与の機会を不当に奪われたことを理由にXに既判力が及ぶことを否定するからである。一般に既判力は手続保障によって正当化されると解されるが，民訴法338条1項3号という再審事由の存在は，代理権や訴訟行為を行うのに必要な

---

33)　再審開始決定に対しては即時抗告ができるため（347条），本案の再審理手続は再審開始決定の確定を待って開始される。

授権を欠いた当事者にも制度的効力たる既判力が及ぶことを前提とするはずである。しかし，手続保障を欠いた当事者に対する判決には瑕疵があるため，再審の訴えによってこれを是正する途を開いたのが，上記再審事由である。このように考えると，肯定説のようにXにも既判力が及ぶと考える方が妥当である。

　これに対し，否定説のように既判力はXに及ばないと解する場合，このことを手続に反映する端的な方法は，前訴被告の見直し（2を参照）であるのは確かである。しかしながら，前訴の訴状等のみならず，判決書にまでXが被告と表示されている事件で，被告をCと確定する（XではなくCと見直す）こと自体，相当無理な解釈と言わざるを得ない。とくに判決確定後に判明した氏名冒用を再審事由（338条1項3号）と構成して再審の訴えを提起する局面では，前訴被告の見直しを行ってXは前訴被告ではなかったと判断する一方で，再審の訴えの原告適格についてはXの原告適格の欠缺を度外視し，訴えを適法と認める論旨には違和感がある。

　関連して，否定説では，再審原告となる被冒用者は，原告適格につきどのように主張すべきかも判然としない。再審裁判所は，前訴被告をCと確定すべきだとしても，再審原告であるXは，X自身が前訴判決の被告であると主張しない限り，原告適格に関するXの主張は失当となるおそれがある。仮に否定説では，原告適格の有無を問わないと解すべきだとすれば，再審の訴えの際にXがなすべき主張は再審事由（338条1項3号）に絞られる。この点，(事例)のXは現に(1)(2)の事実を主張しているが，再審事由の判断に直接関係するのは，Cによる訴訟委任状の偽造を含む(1)であり，(2)はYの関与を指摘したものにすぎない。とすると，否定説によれば，再審裁判所は，ひとまず原告適格を度外視し，再審事由の審査を通じて氏名冒用の事実を把握していくことになるが，これができた場合には，訴状・判決書に当事者として表示された被冒用者ではなく，背後の冒用者を探索してこれを当事者と確定しつつ，他方で再審原告である被冒用者の原告適格を例外的に[34]認めるという判断をすることになる[35]。しかし，第三者再審[36]を一般的には許容しない現行法の下で，再審裁判所に前訴当事者でない者がした再審の訴えを適法と判断することを強

---

34)　肯定説が前提とするような通常の判断枠組みでは，再審原告が前訴の当事者であることを否定する場合，原告適格は認められないはずである。

いることは困難ではなかろうか。

　さらに，強制執行との関係でも気になる問題がある。(事例)では，Y が X を債務者とする強制執行を始めているが，否定説に従い，再審裁判所が前訴被告を C と確定する場合，前訴判決の被告の表示を X から C に訂正する必要が生ずる（257 条 1 項。なお，職権でも更正決定ができる）。しかしながら，執行手続の開始後になって，債務名義となった確定判決（民執 22 条 1 号）の表示を訂正するのは現実的ではない。確かに，否定説が説くように，事実上有効な X 敗訴判決の存在が X にとって不利益となる事柄には，敗訴判決の既判力のみならず，X を債務者とする強制執行も含まれる。そこで否定説を徹底し，前訴確定判決の被告を X から C に訂正すれば，X に対する強制執行は（事後的に）不適法となる[37]。しかし，執行の阻止が目的ならば，X は再審の訴えと並行して執行停止・取消しを求めることもできるのであるから，確定した判決の表示を訂正する実益は原則としてないだろう[38]。

---

35)　裁判所も否定説を採用した場合の話である。この前提がないと，再審原告が前訴当事者ではないと主張する場合，原告適格は認められないだろう。

36)　第三者再審の可否が問われた最決平成 25・11・21 民集 67 巻 8 号 1686 頁（百選 118 事件）も，第三者が再審の訴えとともに独立当事者参加をする限りで，第三者の再審原告適格を認めたにすぎない。

37)　差押申立書の債務者表示は X であり，債務名義上の債務者 C と一致しない。

38)　もっとも，Y が強制執行を申し立てる前であれば，前訴判決の被告表示を C に訂正しておくことにより，Y が強制執行を申し立てることの利点が失われる（重点講義(上)163 頁も同旨を指摘している）ため，実益を観念することができる。しかし，まさに(事例)がそうであるように，被冒用者が氏名冒用の事実に気づくのは，強制執行が開始された段階であることが少なくないのではなかろうか。

■ 答案作成時の要点 ━━━━━━━━━━━━━━━━━━━━━━

(ア) ［事例］における問題点の指摘
  ✓ Xが前訴で手続関与の機会を奪われたこと（氏名冒用事例であることの同定）。
  ✓ 氏名冒用訴訟の事例では，当事者の確定が問題となり得ること。

(イ) 当事者の確定の意義
  ✓ 当事者の特定との概念上の区別。
  ✓ 当事者の確定は，当事者の特定に疑義がある限りで必要となり，裁判所が当事者を決めることであること。

(ウ) 当事者の確定の基準
  ✓ ［事例］で問題となり得る学説（表示説，行動説等）の説明。
  ✓ 各学説と［事例］の処理との結びつき（あてはめ）の指摘。

(エ) 再審開始決定の妥当性（肯定説の立場から）
  ✓ 問題となる再審事由の指摘，［事例］へのあてはめ。
  ✓ 再審原告の原告適格の基準。
  ✓ 氏名冒用にもかかわらず前訴判決は無効でないこと（瑕疵のある判決）。
  ✓ 前訴被告はXであるから，既判力がXに及び，本訴は適法であること。
  ✓ 再審開始決定に基づく本案の再審理により，Xは前訴で奪われた手続保障を回復できること。

(オ) 反対の見解（否定説）に対する批判
  ✓ 既判力をXに及ぼさない見解（否定説）の指摘。
  ✓ 否定説の［事例］へのあてはめ（前訴被告はCと確定）。
  ✓ 否定説にもかかわらずXには再審の原告適格があり，本訴は適法であること。
  ✓ 否定説は論旨が屈折し，妥当でないこと。
  ✓ （発展）否定説が前提とする前訴判決の無効に合理性はあるか。
  ✓ （発展）氏名冒用訴訟において当事者の確定は必要か。

〔補足〕否定説を基調として答案を作成する際には，(エ)の3・4点目を(オ)の1〜3点目と差し替え，肯定説に対する批判として，手続保障の欠如による判決の無効を指摘する。

5

当事者能力・訴訟能力

[解答時間 80 分]

事例

　SはAの夫であるが，横断歩道を歩行中に信号を無視したYが運転する乗用車に衝突し，数日後病院で死亡した。当時AはSとの子Xを懐妊していたところ，生前Sと相談して決めた名をXに付け，Xを原告，Aをその法定代理人とする訴状を作成し，Yを相手に損害賠償を求める訴え（以下「本訴」という）を提起した。裁判所はXの訴状をYに送達し，第1回口頭弁論期日が開催された。同期日にはA・Yともに出頭し，Aは訴状記載の内容を陳述したのに対し，Yは本訴の請求棄却を求める答弁をした。

設問

　(1)　第1回の口頭弁論期日後，AはXを出産したが，死産だったため，Aはこのことを裁判所に伝えた。裁判所は，本訴に対してどのように対処すべきか。裁判所が判決をした場合，敗訴当事者はこれに対して控訴することができるか。

　(2)　Xは死産だったが，Aはこの事実を秘匿して本訴を提起していたところ，裁判所は，Xの死産を看過してXの請求を認容する判決をし，同判決が確定したものとする。AがXを代理して同判決を債務名義とする強制執行を始めた場合，Yはいかにして執行を排除することができるか。また，Yは再審の訴えを提起できるか。

■ 解説 ▬▬▬▬▬▬▬▬▬▬▬▬▬▬▬▬▬▬▬▬▬▬▬▬▬▬▬

Ⅰ. 問題の所在

　本問は当事者能力[1]および訴訟能力[2]が主な課題であるが，**事例**では胎児の当事者能力という一風変わった問題を取り上げた[3]。**設問**(1)は，訴訟係属中に胎児の死産が判明した場合の処理および上訴の可否，**設問**(2)は，胎児の死産を看過した給付判決の確定後，同判決に基づく執行からの救済手段および再審の可否を問うものである。以下では，胎児の地位および死産の効果等を整理した後，各設問に検討を加える。

Ⅱ. 胎児

1. 法的地位

(1) 権利能力の擬制

　自然人は出生により権利能力を取得するから（民3条1項），胎児には権利能力がないが，損害賠償請求（同721条）等の関係では（同886条1項・965条）既に生まれたものとみなされる。ただし，胎児が死体で生まれた（死産の）場合，権利能力は擬制されない（同886条2項。他の関係も同様）。かかる規律が，胎児のままで法律関係が形成されることを認めているかどうかをめぐり，停止条件説と解除条件説が対立する。

(2) 停止条件説

　判例（大判昭和7・10・6民集11巻2023頁）は，父親の生命侵害による損害賠償につき母親が胎児を代理して加害者と示談契約を締結し，胎児の権利を処

---

1) 新堂143頁，伊藤124頁，高橋概論7頁，中野ほか102頁，長谷部122頁等。

2) 新堂151頁，伊藤132頁，高橋概論11頁，中野ほか112頁，長谷部127頁等。

3) **事例**の素材は，判例ではない。当事者能力の欠缺を看過した確定判決の具体例としては，母親が死産を秘匿して訴えを提起し，給付判決を確定させた場合を指摘する学説（新堂〔第5版〕152頁注1〔新堂151頁では削除〕等）が有力であるため，これを素材として**事例**を作成した。

分することはできないと判示し，停止条件説に立つ。この説は，胎児が生きて生まれたことを条件に胎児の当時に権利能力を有していたものと扱うことはできるが，出生前は胎児の権利行使ないしその代理を認めない。この規律が訴訟関係に反映されるから（28 条），出生前の胎児は，たとえ何らかの名をもって訴状に表示されていても，その名によって特定・表示される当事者は実在しない。よって，胎児を原告とする訴えは実在を欠く主体（当事者）[4]の訴えとなるから，自然人や法人が背後に控えない動物を原告とする訴えと同様であり，裁判所は訴状却下（137 条）するまでもなく[5]，立件を取り消して[6]訴訟を終了させれば足りる。

(3) 解除条件説

民法学では解除条件説が有力である[7]。例えば，出生を待っていては証拠調べができない場合の証拠保全（234 条以下），出生前に保全の必要性が生じた場合の仮差押え（民保 20 条・47 条）・仮処分（同 23 条・52 条）において実益[8]があるため，訴訟法学ではこれが通説である[9]。この説によれば，胎児は権利能力を有する限り法律関係を形成することができ（権利行使・代理），またこの限りで当事者能力も認められる（28 条）。ところで，胎児は生きて生まれると未

4）胎児の保護者が解除条件説に基づいて訴訟を追行していても，裁判所が停止条件説を採用する限り，権利能力・当事者能力を享受できる自然人は実在しない（死産の効果につき，後述 2(1)参照）。

5）動物を原告とする訴えの処理として訴状却下を説く見解もあるが（賀集唱ほか編『基本法コンメンタール民事訴訟法(2)〔第 3 版追補版〕』〔日本評論社，2012 年〕30 頁〔畑郁夫〕），裁判長の訴状却下命令を告知すべき相手が存在しないことに加え，停止条件説においては胎児の保護者による即時抗告を許すこともできない。動物裁判の実務処理につき，岩井一真「訴状審査に関する実務上の諸問題」松本博之先生古稀祝賀論文集『民事手続法制の展開と手続原則』（弘文堂，2016 年）289 頁。

6）訴状等の申立書を受領した後，種類ごとに事件簿に登載し，事件記録符号および番号（合わせて事件番号）を付すことを「立件」といい，後日，裁判長の指示により裁判所の応答を要しないとしてこれを取り消すことを「立件取消し」という。これについては，裁判所職員総合研修所監修『民事実務講義案Ⅰ〔5 訂版〕』（司法協会，2016 年）10 頁，岩井・前掲注 5)289 頁を参照。

7）山本敬三『民法講義Ⅰ総則〔第 3 版〕』（有斐閣，2011 年）35 頁等。

8）保全命令（仮差押命令・仮処分命令）は，本案訴訟が提起されないときは取り消されるから（民保 37 条），**事例**では，例えば仮差押命令にもかかわらず A が本訴を提起しないので，Y の申立てにより保全裁判所が起訴命令（同条 1 項）を発した場合を想定されたい。

9）秋山幹男ほか『コンメンタール民事訴訟法Ⅰ〔第 2 版追補版〕』（日本評論社，2014 年）261 頁以下が詳細だが，一般に胎児の当事者能力は肯定されている（前掲注 1）に掲げた文献を参照）。

成年者になる。未成年者は，制限行為能力者（民5条）として法律行為には法定代理人の同意が条件となるが，訴訟法では手続の安定性・画一性が重視されるから，訴訟無能力者とされ，法定代理人によらなければ訴訟行為はできない（31条。一部例外がある）。つまり，未成年者は，法律関係の主体になることができても手続上は申立てや弁論が許されない場合がある。ここで胎児の地位を詰めておくと，胎児は生きて生まれると未成年者になるから，未成年者に準ずる地位が妥当と解される。よって，胎児（≒未成年者）が訴訟行為をするには法定代理人によることになる。ところが，訴訟法が参照する民法（28条）には，胎児の法定代理人を定めた規定がない[10]。解除条件説は，これを立法の不備と捉え，解釈により法定代理人を補う（解釈上の法定代理人）。具体的には，出産後に親権者として法定代理権を有するに至る者（便宜上，「保護者」という〔例：本件胎児 X を懐胎する妊婦 A〕）が胎児の法定代理人になる。訴訟法は以上の解釈に準拠して保護者を胎児の法定代理人と捉えるから，胎児は保護者を通じて訴訟行為をすることができる（28条・31条の類推適用。なお，保護者の代理権には訴訟行為も含まれる）。

2. 死産

(1) 当事者能力

　停止条件説は胎児の権利行使・代理を否定するから（1(2)参照），訴訟係属中の死産の問題は生じない。事例問題への解答には，解除条件説に従い，胎児を原告とする訴えは，当事者能力の擬制により適法と見ることが出発点となる。訴訟係属中に胎児が死体で生まれると，権利能力の擬制が解除されると同時に権利能力に基づく当事者能力の擬制も解除されるから（28条），胎児の当事者能力は最初からなかったことに帰する。これは「擬制の解除」だから，死産により従前存在した能力が「消滅」するのではない。よって，訴訟係属中に死産が判明しても訴訟手続は中断しない[11]（124条1項1号の不適用）。他方，当事者能力の擬制の解除（＝当事者能力の欠缺）は，死産が事実である限り補正[12]（34条）の余地がない。よって，裁判所は本訴を不適法として却下する判決を

---

10)　停止条件説では，この点が胎児の代理を否定する論拠になる。

11)　同様に，人事訴訟係属中の原告の死亡による訴訟の当然終了（人訴27条1項）も（類推）適用されない。

すべきである[13]。

(2) 当事者の実在

　死産は，当事者能力の擬制を解除するだけではない。訴状に表示された胎児の名は，生きて生まれた自然人に付けるものであるところ，死産の場合，胎児と同一性のある自然人は社会的に一瞬たりとも実在しない以上，「当事者の実在」という訴訟要件が欠缺する[14]。この状況は，胎児を原告とする訴えを停止条件説（1(2)参照）に従って処理する場合と同様であるから，立件取消しが妥当であるが，被告がすでに応訴している以上裁判所の判断を告知すべきだから，訴訟終了宣言判決が必要となる（詳細は，Ⅲ3）。他方で，実在しない原告による訴えや訴状陳述が行われた事実があることに着眼し，訴訟行為の有効要件の欠缺と解することもできる。この場合，当事者の実在を欠く者は当事者能力も有しないと解される。よって胎児を原告とする訴えは，その死産により（当事者の実在に加えて）当事者能力が欠缺して不適法となるため，却下判決を免れない。以上に述べた，訴訟終了宣言判決と訴え却下判決はともに訴訟判決であり，どちらの処理も理論的には成り立つ。ただ，後者は原告の敗訴を明確に示すことができるため，訴訟費用の負担者（61条・70条）や不服の在処（304条）を決める際には多少なりとも有意義だろう。

(3) 代理権

　死産により，胎児の当事者能力の擬制を前提とした訴訟無能力者の法定代理の擬制が解除されるから，保護者の法定代理権も最初からなかったことに帰する。しかし，この場合でも，保護者が現実の訴訟追行者として訴え提起をはじめとする一連の訴訟行為を積み重ねてきた事実は消えない。よって，保護者が胎児を代理して行った一連の行為の効力が問われるが，これは結局，無権代理

---

12)　34条の補正は当事者能力の不備にも適用される。例えば，動物を当事者と表示した訴状について背後の自然人や法人が判明した場合，「アマミノクロウサギこと○○」と補正させる（岩井・前掲注5)289頁）。

13)　[設問](1)と異なり，第1回口頭弁論期日前に死産が判明した場合も，補正の余地はないから口頭弁論を経ないで訴えを却下することができる（140条）。

14)　この関連で，二当事者対立構造が崩壊するから不適法という見方もあるかもしれない。しかし，この構造は訴訟手続の説明概念にほかならず，一般には独立の訴訟要件とまで解されていない。また，どちらか一方の当事者の実在の欠缺が，訴えの不適法却下をもたらす以上，当事者の実在という訴訟要件には，二当事者対立構造の趣旨が含まれると解して差し支えない。

人の訴訟行為の後始末[15]である。しかも，死産によって無権代理人となった保護者の訴訟行為は，代理権欠缺の原因がまさに死産である以上，追認可能性[16]がなく無効（民113条，民訴28条）は確実である[17]。この場合，「訴訟関係が有効に形成されたこと」[18]という訴訟要件が欠缺する。これを若干敷衍すると，通説は，訴訟能力や法定代理権を訴訟行為の有効要件とし，訴訟要件とは見ない[19]から，訴訟行為の有効要件の欠缺一般を包括した訴訟要件を観念し，代理権の欠缺等はこの訴訟要件の欠缺と捉えて訴えは不適法と考える。これに対し，訴訟能力や法定代理権を端的に訴訟要件と見る有力説[20]では，代理権の欠缺は直ちに訴訟要件の欠缺だから，当然訴えは不適法である。なお，死産による代理権の「擬制の解除」も代理権の「消滅」ではないから，訴訟手続の中断は生じない（124条1項3号の不適用）。

⑷　二重（三重）欠缺の取扱い

通説によれば，訴訟係属中の死産は，胎児の「当事者能力」と「訴訟関係の有効な形成」という訴訟要件を同時に欠缺させる（二重欠缺。なお，当事者の実在も視野に入れると三重欠缺）。この点は，訴訟能力・法定代理権を訴訟要件とする有力説では当事者能力と法定代理権が同時に欠缺する。しかし，訴えの不適法を基礎づける訴訟要件の欠缺は一つあれば十分である。従来は，胎児の当事者能力の欠缺に着眼されてきた[21]。筆者もこれに反対する意図はなく，以

---

15) 死産までは有権代理の手続が，死産により無権代理（追認の余地もなく無効）の手続に一変し，結果的に代理権欠缺を看過した手続の様相を呈することに留意したい。

16) 補正対象の行為を有効になすことのできる者が追認すべきところ，死産の場合，本人（胎児）の能力，保護者の代理権ともに回復不能だから，追認権者がいない。

17) なお，訴訟代理権は当事者が死亡しても消滅しない（58条1項1号）が，この規律は 事例 に関係がない。すなわち，Aが弁護士を選任したとしても，本人はXの代理人たるAであってXではない。この結論は，Aの代理権が訴訟行為に及ぶとしても左右されない。秋山ほか・前掲注9）558頁。

18) その他，「訴え提起の適式性（適式な訴状の提出・有効な訴状の送達）」，「有効な訴訟係属」等と表現されるが，いずれにせよ独立の訴訟要件とするのが通説である。伊藤176頁，高橋概論70頁，中野ほか460頁，松本＝上野246頁等。

19) 兼子一『新修民事訴訟法体系〔増訂版〕』（酒井書店，1965年）117頁，125頁。

20) この説によれば，当事者能力・訴訟能力は，個々の訴訟行為の有効要件であると同時に訴訟要件と位置づけられる。ドイツの通説であるが，わが国にも支持者は多い。中野貞一郎「当事者が訴訟能力を欠く場合の手続処理」同『民事訴訟法の論点Ⅰ』（判例タイムズ社，1994年）81頁，伊藤138頁注47，松本＝上野256頁，中野ほか116頁等。

下では，死産は胎児の当事者能力を欠缺させるものとして叙述を進める。

3.　判決の送達と確定

⑴　**判例**

　胎児を原告とする訴えにつき，死産による当事者能力欠缺を理由に裁判所が訴えを却下した判決も送達しなければならない（255 条 1 項。ただし，胎児〔準未成年者〕に対する送達は法定代理人に対してする〔102 条 1 項類推〕）。しかし，この判決は有効に送達できるだろうか。理由はさておき，送達が有効でない限り，上訴期間（285 条・313 条・331 条等）が進行せず，判決は確定しない（116条）。あいにく当事者能力の欠缺者に対する訴え却下判決の送達に関する判例はない。他方，未成年者に対して判決が送達された事案[22]において，判決の送達は無効だから上訴期間は進行せず[23]，判決はなお未確定の状態にあると判示した判例（大決昭和 8・7・4 民集 12 巻 1745 頁）がある。本件事案では法定代理人が終始登場せず，訴状・期日呼出状のほか，判決（欠席判決〔注 23〕参照〕）も未成年者に送達された。子細に見れば，訴訟係属（訴え提起・訴状送達）も判決言渡しも無効であるが，それならば判決の送達も無効とするのが一貫する。ところが，第 1 審および原審は被告（未成年者）の期日不出頭に基づく欠席判決をしており，これは「訴訟能力の欠缺を看過した判決」（外観上有効な判決）にほかならない。ここで欠席判決の送達を無効とすると，訴訟係属・判決言渡しに関しては被告の訴訟能力を肯定し，判決の送達に関しては訴訟能力を否定することになる[24]。

⑵　**訴訟能力の欠缺を看過した判決**

　判例を支持する学説（送達無効＝非確定説。以下，「非確定説」という）は，訴

---

21)　新堂・前掲注 3）参照，上田 96 頁，高見進「当事者能力・訴訟能力」新堂幸司監修『実務民事訴訟講座〔第 3 期〕第 2 巻』（日本評論社，2014 年）256 頁等。

22)　本件は，別件給付訴訟の被告である未成年者およびその法定代理人の欠席により原告勝訴判決（欠席判決）があり，執行文が付与されたため（参考：民執 25 条・26 条），債務者（未成年者）が同判決の無効，判決送達の無効および上訴期間（故障期間）の未進行（判決の未確定）を主張して執行文付与に対する異議の申立て（参考：民執 32 条）をしたのに対し，第 1 審が異議を棄却し原審がこれを是認した事件の上告審である。

23)　大審院は，法定代理人または訴訟能力を取得した本人が責問権（90 条）を放棄すれば，判決送達の無効は治癒し，上訴期間は進行するが，かかる事実はなく，また未成年者への送達完了をもって責問権の放棄とは認める訳にもいかないとした。

訟能力の欠缺を再審によってしか主張しえないのは不都合（判決は確定しないものと扱い，上訴を許容すべき[25]）であること，能力欠缺者に再審提起の負担を課すのは能力欠缺者保護の趣旨に合わないこと，判決の確定を否定すれば，控訴に基づく第1審判決の取消し，原審差戻しを経て，能力欠缺を補正できるから簡便であること等を根拠に挙げる[26]。これに対し，通説（送達有効＝確定説。以下「確定説」という）は，判決が確定しても再審による救済があること，判例のように判決の未確定が延々続くのでは法的安定が害されることを主な根拠とする。確かに外国のように，判決の言渡し後に一定の期間が経過すると当然に上訴期間が進行を開始する制度[27]の下では，判決の送達を無効と解しても当該制度によって判決は必ず確定するから，非確定説も通用するだろう。しかし，わが国にはかかる制度は存在しない[28]。とすれば，確定説に従わないと訴訟手続が構造的に不安定となる。また，法定代理権の欠缺が再審事由である以上（338条1項3号），本人の訴訟無能力が原因である瑕疵ある判決が再審の対象になること（送達有効＝確定）は，民訴法の想定内[29]であることも根拠になる[30]。

---

24)　通説の原型とされる兼子説（中野・前掲注20)87頁）は，判例が判決の送達のみを他の諸点と区別して無効とするのは矛盾と批判する（兼子一『民事訴訟法概論〔5版〕』〔岩波書店，1941年〕114頁）が，この批判には疑問がある。欠席判決は，訴訟能力の欠缺を看過した結果なのであり（さもなければ訴え却下），大審院は，本来は訴訟係属の初めから無効であり，判決の送達も例外ではないと判示しただけだから，前後に矛盾などなく，むしろ（本文で述べた通り）一貫している。

25)　判決の送達が無効で，上訴期間が進行しない場合，上訴の提起もできないと思われるかもしれない。しかし，上訴期間の進行前でも，判決の言渡し後ならば，有効に上訴することができる（285条ただし書・312条）。判決送達の無効により上訴期間が進行しない場合もこれに準じて上訴の提起は有効とされる（285条ただし書類推。大判昭和14・11・27評論29巻民訴14頁，東京高判昭和37・10・29高民集15巻7号567頁）。秋山幹男ほか『コンメンタール民事訴訟法Ⅵ』（日本評論社，2014年）71頁参照。

26)　坂原正夫「訴訟能力の欠缺を看過した判決の効力」『慶應義塾大学法学部法律学科開設百年記念論文集　法律学科篇』（慶應義塾大学法学部，1990年）12頁，小田司「訴訟能力をめぐる諸問題」民訴56号（2010年）199頁。高橋概論15頁もこれを支持する。

27)　ちなみにドイツ民事訴訟法517条は，控訴期間（1か月の不変期間）は適式な判決の送達によって進行を開始すると定める一方で，判決の言渡し後，遅くとも5か月が経過したときにも進行を開始すると定めている。

28)　中野・前掲注20)87頁。

29)　中野・前掲注20)88頁。

確かに，非確定説によれば判決は確定しないから，能力欠缺者には上訴後の差戻審で不備を補正する機会がある。しかし確定説によっても，確定判決の再審手続で本案の再審理（348条）をする際には補正の機会があるのだから，両者に大差はないとも言える。むしろ，胎児が死産した事例では，死産による当事者能力の欠缺等を補正する余地がないため，訴訟能力の補正に関する議論は「死産による胎児の当事者能力欠缺を看過した判決」には通用しないという点が重要である。

(3)　当事者能力の欠缺を看過した判決

当事者能力の欠缺を看過した判決には，前述の通り判例はないが，確定説が通説とされている。通説を代表する兼子説（注24）参照）によれば，当事者能力の欠缺を看過した判決は，確定前は上訴により取り消すことができるが，確定後は当事者能力が再審事由ではないから，再審による取消しはできない。しかし，「判決は当然に無効ではなく，むしろその事件の解決に関する限り，当事者能力あるものとして取扱われる結果となる」[31]，とされる。第1に，通説（兼子説）は，当事者能力の欠缺について29条の団体の要件欠缺を想定する。よって，その論旨が，胎児の死産の欠缺に妥当するか否かが問題となる。兼子説は，29条の要件を欠く団体が当事者となった瑕疵ある判決につき，当該団体が同一の状態で更に争うことは無意味と述べるが，この指摘は胎児の死産の補正不能にも通ずる。第2に，兼子説は，29条の要件を欠く団体は「実在するが当事者能力を欠く主体」であるとの前提から，これと「当事者としての実体が実在しない場合」とを区別して，前掲の引用部分を説いている。とすると，当事者能力の欠缺を看過した判決も確定するが，再審は許されず，事件限りでは当事者能力が認められるという引用部分の論旨は，死産した胎児（当事者は実在しない）には当てはまらないと考えられる。つまり，死産による当事者能力欠缺を看過した判決は無効と見られているのである。この見立ては，兼子説に準拠しながら判決無効説を説く新堂説が，本問の　事例　を判決無効の具体例

---

30)　このほか，訴訟能力を欠く者に対する判決は手続保障に瑕疵があるから既判力の生じない無効な判決とする見解（判決無効説。新堂160頁，重点講義(上)201頁注22）もあるが，判決の送達・確定は通説と同旨であり，再審も認める。判決無効説は無効な判決には執行力がないとの理由で執行の排除（執行文付与に対する異議，請求異議）を正当化するところに主眼がある。

31)　兼子・前掲注19)112頁，高見・前掲注21)256頁等。

に掲げたこととも整合する。

Ⅲ．　設問 (1)の検討

1.　問題状況の確認

　本問は，本訴の係属中にXの死産が判明した場合の判決主文と上訴の可否である。Xの死産は原告と表示されたXの当事者能力の擬制を解除し，当事者能力（さらに実在・Aの代理権）を欠缺させ，しかもこの不備は死産に由来して補正不能だから，本訴は不適法である。しかし，本訴の手続は，提訴から被告の答弁まで進んでいる以上，裁判所による対処は必ずしも一義的ではない。次の二通り（Ⅱ 2 (2)参照）が考えられる[32]。

2.　訴え却下判決

(1)　判決主文と判決の有効性

　本訴の瑕疵は，死産により当事者能力の擬制が解除された結果，実在も当事者能力もないXが原告と表示された状態になった点にある。しかしこの場合でも，Xの代理人と称するAは存在し，訴訟追行の結果に重大な関心を有する以上，裁判所は判決をもってこれに応答する責務を免れない。判決前にXの死産が判明した場合，死産による当事者能力の欠缺かつ補正不能という裁判所の判断を反映したものが訴え却下判決という応答であり，判決の内容は正当だから，同判決は有効である。

(2)　送達の有効

　Xの死産に基づく訴え却下判決はAに伝える必要があるが，同判決はAに有効に送達できるか。死産したXは当事者として実在しないが，Xの法定代理人を自称するAは存在し，現実の訴訟追行者はAであるから，Aには本訴に対する裁判所の応答を受け取る権利が認められるべきであり，裁判所はこの応答を確実にAに伝える責務がある[33]。よって，Xの死産によりAの代理権は欠缺するにもかかわらず，判決の送達は有効である。さもなければ訴え却下

---

[32]　本問の状況は，訴え取下げの合意の効力を認めた場合の裁判所の対処に類似する。

判決がいつまでも確定せず，法的安定が害される。

⑶ 上訴

訴訟能力に関する通説は訴訟無能力者による上訴提起を適法とするが，これには訴訟能力を否定した第 1 審判決を争う機会を能力欠缺者に保障する意味がある。これに対し，X の死産による当事者能力（実在・A の代理権）の欠缺（擬制の解除）は補正不能だから，実在すらしない X に上訴の機会を保障する意味はなく，X が第 1 審で敗訴したことはこの結論を左右しない。よって，X（法定代理人 A）による上訴提起は，訴訟行為の有効要件に立ち返って無効と解すべきである。

⑷ 確定・既判力

X による上訴提起が無効である以上，本訴を却下した X 敗訴の判決は上訴期間の進行を待つまでもなく判決の送達時に確定する。この確定判決には X の当事者能力欠缺の判断について既判力が生ずる。なお，死産の補正不能と同様，X が生きて生まれたとの主張は失当であり，確定した訴え却下判決の内容は正当だから，同判決に再審の余地はない。

3. 立件取消しに基づく訴訟終了宣言判決

X の死産が判明したのは判決前の段階であるから，停止条件説（Ⅱ 1 ⑵参照）と同様に考え，提訴から被告の応訴に至る一連の行為はすべて無効と扱い，一旦受理した本訴の立件を取り消し，その時点で訴訟を即時終了させることが考えられる。しかし，事例では Y が応訴している以上，原告と裁判所の間の処分をもって訴訟を終了させるときは，当事者として手続に関与する Y の権利が害される。そこで，裁判所は，立件取消しに基づく措置として訴訟終了宣言判決を位置づけて，同判決をもって A（2⑵参照）および Y に訴訟終了を告知すべきである。訴訟終了宣言判決並びにその送達の有効，上訴および確定は上記 2 と同様だが，既判力は訴訟の終了についてのみ生ずる[34]。

---

33) この論旨は，裁判所が本訴を不適法として訴え却下判決をしても，肝心の原告 X が実在しないため，告知の相手がいない，あるいは，A はあくまで X の代理であり，X の死産判明後は無権代理だから，告知の相手が A でも同じである，といった批判に対する応接である。

34) 最判平成 27・11・30 民集 69 巻 7 号 2154 頁。

Ⅳ. 設問(2)の検討

1. 判決の確定

　胎児を原告とした損害賠償請求訴訟で死産が秘匿され，これを看過した給付判決が確定し，債権者が執行を申し立てた場合，債務者はいかにして対抗すべきか。本問では，Ｘの死産を看過した判決はＸの請求を認容した給付判決である。これが債務名義となるには確定しなければならない（民執22条1号）。訴状に原告と表示されたＸは，提起前に死産し，提訴時はもはや実在しない。この状況は停止条件説を採用した場合と同様だから，本来は立件取消しにより訴訟を終了すべきであるにもかかわらず，裁判所はＸの死産を看過して請求認容判決をしている。これは，実在しないＸを原告，Ａをその法定代理人とした提訴から判決に至る一連の行為および判決の送達が行われた事実が存することを意味する。そこで，同判決はＸの当事者能力（実在，Ａの代理権）の欠缺を看過した無効な判決であってその送達も無効だから，同判決は確定しないとするか（非確定説），それとも，Ｘの能力等の欠缺を看過した瑕疵ある判決だが，それ自体は無効ではなく送達も有効だから，同判決は確定すると考えるか（確定説）が問われる。ところで，訴訟能力に関しては，法的安定を重視すると確定説（さらに再審による補正），能力欠缺者保護を重視すると非確定説（さらに上訴による補正）といった対立構図があった（Ⅱ3(2)参照）。しかし，Ｘの死産による当事者能力の欠缺は，補正不能な致命的な瑕疵であり，上訴にせよ再審にせよ，手続を再開しても本訴の不適法は免れない。とすると，上訴に基づく簡易な補正に利点を見出す非確定説よりも，再審に伴う執行停止・取消し（403条1項1号）により救済の幅が広がる確定説の方が，Ｙには望ましい。この点にかんがみ，確定説が妥当であるが，確定説の下では，設問(2)の判決が上訴期間の経過により確定し，債務名義となる（民執22条1号）。

2. 執行の排除

　ＡがＸを代理して申し立てた強制執行をＹは排除できるか。Ａが債務名義としたＸの請求を認容した確定判決は，実在しないＸの権利を認めた内容に

問題がある。にもかかわらず，Y は A による強制執行を甘受せざるを得ない
か。X の死産は前訴判決の既判力の基準時（民執 35 条 2 項）前の事実だから，
前訴判決の既判力により（X の権利を認めた主文の判断を覆す事実として）遮断
されると解する限り，Y は請求異議の訴えにおいて X の死産（能力等の欠缺）
を主張して争うことはできない（判決有効説[35]）。それでも Y は，A による強
制執行に対し，X に執行当事者能力がない旨の執行異議（同 11 条 1 項）により
執行手続を停止（同 11 条 2 項・10 条 6 項）させる余地はある。これに対し，確
定説を前提として，X の死産を看過した判決の無効を説く見解がある（判決無
効説[36]）。判決有効説との違いは，「無効な判決の有効な送達」を受容する点に
ある。すなわち，判決有効説では，A による執行を Y が争う手段としては執
行異議に限られるのに対し，判決無効説では，X の死産を看過した判決も形
式的には確定するが，内容上の効力（既判力・執行力）を生じない無効な判
決[37]と考える。この判決無効説によれば，Y は，X の死産を看過した無効な
（既判力も執行力もない）判決に基づく強制執行に対し，執行文付与に対する異
議の訴え（同 34 条）や請求異議の訴え（同 35 条）により争うことができる（執
行異議は，判決有効説と同様）。

3.　再審

本問の債務名義は，X の死産を看過して X の権利を認めた内容に問題があ
る判決である。にもかかわらず，通説（兼子説＝確定説）は再審を認めない
（Ⅱ 3(3)参照）。しかし，当事者能力・訴訟能力は個々の訴訟行為の有効要件で
あると同時に訴訟要件であるとする見解[38]が有力化した現在，訴訟能力の欠
缺を看過した判決は再審可能であること[39]と比較し，均衡を失しないだろう
か。そこで検討してみると，X の死産を看過した確定判決に関して最も有望
な 3 号の再審事由（338 条 1 項）は，沿革的には判決の取消（無効）原因であ

---

[35]　兼子説が，29 条の団体に関して当事者能力の欠缺を看過した判決も，事件限りで団体の当事
者能力が認められるとするのは，この状態を指すものと考えられる。

[36]　新堂・前掲注 3)参照，上田 92 頁，高見・前掲注 21)256 頁等。

[37]　新堂 151 頁。なお，「無効な判決」と言っても，当該審級を終結させる効力はあり，確定判決
は外観上有効な判決だから，裁判所は，通常通り既済事件として処理する。

[38]　中野・前掲注 20)等，同所に掲げた文献を参照。

[39]　兼子・前掲注 19)121 頁，新堂 161 頁，伊藤 138 頁等。

る[40]。その理由は手続保障の欠缺に求める見解[41]が有力であるから，Ｘの死産の看過が当事者の手続関与の機会を奪ったと評価できれば，3号を類推できよう[42]。ところが，死産はＸの当事者能力の擬制を解除し，Ｘは当事者として実在すらしないから，手続を保障すべき主体が見当たらず，3号類推の基礎がない。通説が再審を否定し，判決の当然無効を示唆する理由はここにあろう（判決無効＝再審否定説）。もっとも，実在しないＸを名宛人とする判決をして当然無効と評価できるのならば，一部の再審事由は判決の取消（無効）原因に由来することにかんがみ，どの再審事由に該当するかを棚上げしつつ，再審は可能と考える余地がある[43]。近時，当事者能力の欠缺を看過した判決に再審を許容しながら，再審事由を明示しない見解[44]が生ずる理由はここにあろう（判決有効＝再審許容説）。本問の場合，判決無効＝再審否定説によってもＹは2の方法で執行排除が可能である。しかし，判決有効＝再審許容説によれば，これに加えてＹは再審に伴う執行停止・取消し（403条1項1号）による救済手段も利用できる。Ｘの権利を認めた確定判決の残存は，Ｙにとって好ましくないはずだから，判決有効＝再審許容説が妥当であるが，本案の再審理ではＸの死産に補正の余地はないから，裁判所は訴え却下判決をすることになる。

---

40) 338条1項3号は，旧々民訴法（明治23年法）における判決取消しの訴えの事由であったものが，旧民訴法（大正15年法）により原状回復事由と統合されて再審事由になったものを現行法が引き継いだ経緯から，当該事由に基づく取消しによって判決の無効をもたらす重大な瑕疵である。アルマ434頁，伊藤777頁注1)等。

41) 重点講義(下)785頁注8，中野ほか698頁等。

42) 伊藤132頁等。

43) 再審の訴えを認める理由として，一見有効な判決の外観を除去する必要性を指摘する見解もあるが（伊藤132頁等），十分とは言い難い。むしろ，本問の判決は「名宛人が実在しないから無効」なのであり，このこと自体は判決に影響を及ぼすかどうかを問わない深刻な瑕疵であるから，明文の再審事由に該当しなくても，再審の訴えは許されると解すべきだろう。この解釈は，実在しない債権者による執行からＹを救済する意味をもつ。もっとも，ＹはＡの代理権欠缺を理由に338条1項3号を主張することもできるため，いずれにせよ再審は可能と考えた場合，再審事由を明示しない見解（本文）の意図がより明確になるだろう。

44) 高見・前掲注21)256頁等。

■ **答案作成時の要点**

㋐ **胎児の権利能力・当事者能力・訴訟能力**
　✓　損害賠償請求における胎児の権利能力の擬制，当事者能力の擬制。
　✓　胎児は未成年者に準じて訴訟無能力者，母親は解釈上法定代理人。
㋑ **死産**
　✓　死産により胎児の権利能力の擬制が解除されると，X につき当事者の実在および当事者能力，A につき代理権が欠缺すること（訴えの不適法を導くには当事者能力の欠缺で足りる）。
㋒ **訴訟係属中に死産が判明した場合の処理**
　✓　死産による能力欠缺の瑕疵は補正不能のため本訴は不適法であること。
　✓　訴え却下判決による場合（判決・送達の有効，上訴の無効，既判力）。
　✓　立件取消しに基づく訴訟終了宣言判決による場合（同上）。
㋓ **当事者能力の欠缺を看過した判決の処理**
　✓　死産を看過した給付判決の確定（死産の補正不能＝補正機会の不要。確定説の優位）。
　✓　執行の排除（判決有効説と執行異議。判決無効説と請求異議・執行文付与に対する異議）。
　✓　再審の可否（判決無効＝再審否定説の論旨〔338 条 1 項 3 号類推の基礎の欠如〕。再審許容説の論旨〔再審事由の捉え方の見直し，救済の幅の拡大〕）。

民事訴訟法における答案作成の作法①

青木　哲

1. 問いに答える

(1) 問題文の問いに答える

　課題や試験においては，その問題文で示された問いに形式的に対応した解答をすることが求められている。例えば，一部請求後の残部請求に関する事例問題において，残部請求について「裁判所はどのような判決をすべきか。」という問いに対しては，「訴えを却下する」とか「請求を棄却する」というような判決の結論を，その理由とともに示すことになる。

　問いに答えるということには，①問いに対する解答の結論部分を示すという意義があるだけでなく，②問題文で示された問いと答案で論じたこととの関係を示すこと，③問いに対して，検討すべき事項を過不足なく解答することという意義もある。上記の例で，「裁判所はどのような判決をすべきか。」という問いに対して，「……本件残部請求は前訴確定判決の既判力に抵触するので許されない。」という解答は，既判力に抵触する場合にどのような判決をすべきなのか（請求や主張が既判力に抵触することと，その場合にすべき判決との関係）についての理解が示されていない（上記②）。また，「……本件残部請求は前訴確定判決の既判力に抵触しない。」という解答は，残部請求が既判力以外の理由で許されないのではないかについての検討や，残部請求が既判力に抵触しない場合にすべき判断についての検討を落としてしまうおそれがある（上記③）。

⑵　自ら提起した問題に答える

　答案において，ある論点を論じる際にその冒頭で問題提起がされることがある。問題提起は必要というわけではないが，具体的な事例における一般的な論点の位置づけ（その事例と設問との関係で，なぜその論点が問題になるのか）を示す方法として有用である。問題提起をした場合には，その問題を論じ，その問題に対応する結論を示すべきである。例えば，「一部請求後の残部請求は既判力に抵触するか。」という問題提起をするのであれば，そこでは一部請求の確定判決の既判力について論じ，既判力に抵触するかどうかの結論を示すべきである。また，このような問題提起をするのであれば，数量的一部請求において敗訴した原告が残部請求の訴えを提起することが信義則に反するのではないかということについては，残部請求が既判力に抵触するのかについての結論を示したうえで，段落を改めて論じた方が良い。

⑶　出題趣旨に答える

　問いに答えるということは，出題趣旨に即した解答をするということでもある。問題文から出題趣旨（何を論じることが求められているのか）を読み取り，その問題において実質的に問われていることを論じる必要がある。

　課題や試験の問題には，事例問題ではあるが，実質的には「一行問題」であるものがある。事例問題は具体的な事例について設問に答えることが求められている問題であり，一行問題というのは，ある事項や論点について一般的に説明することや，論じることが求められている問題である。例えば，事例問題として，XがYを被告として，売買を取得原因とする所有権確認の訴え（前訴）を提起し，売買契約の成立が争われたが，これを認めて請求を認容する判決が確定した後に，こんどはYがXを被告として所有権確認の訴え（後訴）を提起し，Yが売買契約の詐欺による取消しを主張したという事例において，「Yの詐欺取消しの主張は前訴確定判決の既判力により遮断されるか。」という問題が出題された場合，実質的には，「既判力の基準時後の形成権行使を，契約の詐欺取消しについて論ぜよ。」という問題に答えることが求められている。

　しかし，出題趣旨を把握するために，例えば，類似の事例についての判決を（記憶から）探し出して，その判決で扱われていた論点について論じれば良いのかというと，そうではない。この方法は，論ずべき点を探る手がかりとして

は良いが，出題趣旨を見誤るおそれがある。重要なのは，その事例において設問に答えるために何を論じる必要があるのかである。設問が「Yの詐欺取消しの主張は前訴確定判決の既判力により遮断されるか。」というものであれば，既判力の基準時後の形成権行使を論じる前提として，前訴確定判決の既判力が訴訟物たる権利関係についての判断に生じ，その権利関係が再び問題となる（判断されるべき）後訴において，前訴における判断と矛盾する主張が，前訴確定判決の既判力により遮断されることを論じることが求められている。

2. 論点については，条文の定めや一般原則からの帰結だけではなく，利益状況や価値判断を示す

　事例問題において，ある論点について見解の対立があり，どの見解に拠るのかにより結論が異なる場合には，原則として，その論点についてどの見解を支持するのかを理由を示して論じることが求められている。この場合に，条文の定めや一般原則は重要な根拠となるが，それだけでは決め手にならないからこそ見解の対立があるので，それとともに実質的な理由付けとして利益状況や価値判断を示すと説得的である。例えば，一部請求後の残部請求の許否を論じる場合に，明示の一部請求の訴訟物が訴求された債権の一部であることと，既判力が訴訟物についての判断について生じること（114条1項）から，残部請求が既判力に抵触しないことを導くだけでなく，一部請求における審理・判断のされ方，原告が債権の一部を訴求することの必要性，再度の応訴を強いられる被告の不利益，原告による請求の拡張の可能性や被告による残債務不存在確認の反訴を提起することの可能性や負担などを示して論じると説得的である。

3. 原則の例外を認める場合には，例外を認めることの必要性とともに，例外を認めることの許容性を示すと説得的である

　例えば，入会集団の構成員が，特定の土地が入会地であることを，その土地の所有権を主張する被告との間で確認を求める入会権確認訴訟は，構成員全員が原告となるべき固有必要的共同訴訟であると解されている（最判昭和41・

11・25民集20巻9号1921頁）。ところが，最判平成20・7・17民集62巻7号1994頁（百選97事件。平成20年判決）は，入会権確認訴訟を構成員全員が当事者として関与すべき固有必要的共同訴訟であるとしつつ，入会集団の構成員のうちに入会権の確認訴訟を提起することに同調しない者（非同調者）がいる場合について，入会権の存在を主張する構成員が原告となり，非同調者を被告に加えて，訴えを提起することが許されると判示した。原告側の固有必要的共同訴訟においては，一定範囲の者の全員が原告とならないと当事者適格を欠くのが原則である。これに対して平成20年判決がその例外を認めたのは，非同調者がいる場合であっても，入会権の存在を主張する構成員の裁判を受ける権利を保障するために，構成員全員が原告とならなくても訴えの提起を認める必要があるからであるが，構成員全員が原告となるべきという原則に対する例外を認めることが許容されるのかも考える必要がある。上記の原則の理由として，構成員全員に原告としての手続関与の機会を与えること，構成員全員について，所有権を主張する本来的被告との間で，同一内容の判決を確定させることが挙げられるが，前者については，非同調者に対して被告として手続に関与させることで足りるのか，後者については，被告とされた非同調者と本来的被告との間では既判力が生じないのではないかが問題になる。このように，原則の理由を踏まえて，なぜ例外を認めることが許容されるのかを検討すると，説得的な論述になる。

6

任意的訴訟担当

［解答時間 60 分］

事例

A企業体（建設共同企業体）は，Y県発注の特定の建設工事の請負事業を共同で営むことを目的とし，X，Z，B，CおよびDの5社の建設会社を組合員として組織された民法上の組合である。A企業体は，組合規約において，Xを業務執行組合員とすること，業務執行組合員は，建設工事の施工に関し，発注者および監督官庁等と折衝する権限，ならびに請負代金の請求，受領および企業体に属する財産（組合財産）を管理する権限を有すること，業務執行組合員がその責務を果たせなくなった場合には，他の組合員全員の承認により，業務執行組合員を他の組合員に変更することができることなどを定めている[1]。

A企業体は，Y県との間に建設工事の請負契約を締結し，工事に取りかかったが，途中でY県により工事は中止された。そこで，Xは，A企業体の組合員全員のために原告となり，Y県に対して，工事の中止により被った損害の賠償を求める訴えを提起した（本件訴訟）。Xは，組合規約により，組合員全員から，自己の名で損害賠償請求権を行使し，自己の名で訴訟上これを行使する権限を与えられたと主張しているが，Dは本件訴訟についてXによる訴訟追行に反対であった。Xは，弁護士である訴訟代理人を選任して，訴訟を追行している。

設問

(1) 本件訴訟において，Xは組合員全員のために原告となる当事者適格を有するだろうか。

(2) 本件訴訟の係属中に，A企業体のX以外の組合員Z，B，CおよびDは，Xがその経営の悪化のために業務執行組合員の責務を果たせなくなったと考え，

1） 国土交通省「共同企業体標準協定書」（特定建設工事共同企業体協定書（甲））を参照（国土交通省ウェブサイト http://www.mlit.go.jp/common/000004810.pdf〔2021 年 3 月 27 日閲覧〕）。

　上記の規約に基づき，業務執行組合員を，XからZに変更した。本件訴訟の手続はどのように進められるだろうか。

■ **解説**

Ⅰ. 問題の所在

1. 設問 (1)について

訴訟物として主張された特定の権利関係について，当事者として訴訟を追行し，本案判決を求めることのできる資格を当事者適格といい，原告については原告適格，被告については被告適格という。当事者適格は，訴訟の結果について独立の訴訟を認めて保護すべき程度に重要な利益を有する者に認められる（アルマ 110 頁）。給付訴訟については，訴訟物たる請求権の主体であると主張する者に原告適格が認められ，請求権の相手方であると原告が主張する者に被告適格が認められる（このように訴訟物たる権利関係について本来的に当事者適格が認められる者を，本稿では「本来の当事者適格者」という[2]）。

本来の当事者適格者のために訴訟を追行する第三者に当事者適格が認められる場合があり，この場合を第三者の訴訟担当という。第三者の訴訟追行権が，法律の規定に基づく法定訴訟担当と，本来の当事者適格者の授権に基づく任意的訴訟担当[3]がある。任意的訴訟担当は，選定当事者（30 条）のように明文の規定により定められている場合もあるが，明文の規定のない場合にどのような要件の下で許容されるのかが問題になる。

また，選定当事者においては特定の訴訟についての個別的な授権を要すると解されているところ，民法上の組合における組合規約による組合財産の管理および対外的業務執行の授権に訴訟追行の授権も含まれるのか，組合規約による事前の一般的な授権により任意的訴訟担当の前提となる授権を肯定することができるのかが問題になる。

---

2) 「本来の適格者」の表現は，兼子一原著『条解民事訴訟法〔第 2 版〕』（弘文堂，2011 年）161 頁〔新堂幸司ほか〕にみられる。八田卓也「入会集団を当事者とする訴訟の形態」法時 85 巻 9 号（2013 年）22 頁，23 頁および本書事例 7「法定訴訟担当」〔八田〕を参照。

3) 任意的訴訟担当について，アルマ 116 頁以下，LQ 130 頁以下，長谷部 158 頁以下，高橋概論 96 頁以下を参照。詳しくは，八田卓也「任意的訴訟担当論の現況についての一考察」神戸法学雑誌 60 巻 3 = 4 号（2011 年）256 頁を参照。

2.　設問(2)について

　A 企業体における業務執行組合員の変更により，X は当事者適格を失い，X に代わって業務執行組合員となった Z が当事者適格を取得する。このように当事者が訴訟係属中に当事者適格を失った場合に，新たに当事者適格を得た者がどのように当事者となり，訴訟手続がどのように進行するのかを問う問題である。

Ⅱ．任意的訴訟担当について

1．訴訟上の代理および信託との違いについて

　訴訟担当と類似する制度として，訴訟上の代理や信託の制度がある。これらの制度における第三者関与の規律を参照する前提として，これらの制度および訴訟担当の特徴を明らかにする。

　訴訟上の代理においては，本人 P に帰属する権利を主張して，P が当事者となり，Q が訴訟代理人として訴訟を追行する。訴訟代理人 Q の訴訟行為の効力は本人である P に帰属し，判決効は当事者である P に及ぶ（115 条 1 項 1 号）。

　訴訟担当においては，P に帰属する権利を主張して，Q が P のために当事者として訴訟を追行する。訴訟担当者 Q が当事者として受けた判決の効力は，被担当者である P にも及ぶ（115 条 1 項 2 号）。

　信託において，委託者 P は，その権利を受託者 Q に移転し，受益者としてその経済的利益を受けることができる。受託者 Q は，当該権利が自らに帰属することを主張して，本来の当事者適格者として訴訟を追行する。Q の敗訴判決が確定すると，その後に信託の終了により当該権利が Q から P に移転した場合であっても，Q の受けた判決の効力は当事者の「口頭弁論終結後の承継人」である P に及ぶ（115 条 1 項 3 号）。

【表】

	訴訟上の代理	訴訟担当	信託
訴訟物たる権利関係の主体	P	P	Q
訴訟の当事者	P	Q	Q

2. 明文の定めがある場合について

任意的訴訟担当について，明文の定めがない場合における要件を考える際の参考として，明文の定めがある場合にどのような要件が定められているのかをまとめる。

(1) 選定当事者

選定当事者[4]とは，共同の利益を有する多数の者がその中から全員のために当事者となる者を選定し，選定された者（選定当事者）が訴訟を追行することを認める制度である（30条）。選定当事者の要件として，第1に，多数の者が共同訴訟を提起することができる場合であることを要する。すなわち，多数の者の請求が38条の要件を具備する必要がある。この場合に，選定当事者だけを当事者とすることで，共同訴訟における訴訟関係を単純化，簡素化するのが，選定当事者制度の趣旨である。第2に，多数の者が共同の利益を有することを要する。共同の利益は主要な攻撃防御方法が共通である場合に認められる。第3に，選定当事者は，共同訴訟人となるべき共同の利益を有する者の中から選定されなければならない。共同の利益を有する選定当事者が，自らの請求とともに，選定者の請求について訴訟を追行することで，選定当事者が選定者の利益を適切に代表することが期待でき，弁護士代理の原則（54条1項本文）の回避および訴訟信託の禁止（信託10条）の潜脱にならない。

選定行為により選定者に係る請求について選定当事者に訴訟追行の授権がされる。選定は書面で証明されなければならない（民訴規15条後段）。訴訟追行の授権は，特定の訴訟について個別的になされる必要があり，裁判上の行為についての事前の一般的な授権は選定当事者の選定として認められない（最判昭和37・7・13民集16巻8号1516頁〔本稿では「昭和37年判決」という〕）。また，選定者による選定の取消し（撤回）[5]も認められている（30条4項）。

(2) サービサー法の債権回収会社

債権管理回収業に関する特別措置法（サービサー法）11条1項により，債権

---

4) 選定当事者について，アルマ116頁以下，LQ 134頁以下，長谷部158頁以下，高橋概論314頁以下を参照。

5) 選定の取消し（撤回）は相手方に通知しなければ，その効力を生じない（36条2項）。また，相手方に通知をした旨は，裁判所に書面で届け出なければならない（民訴規17条後段）。

回収会社（サービサー）は，委託を受けて債権の管理または回収の業務を行う場合に，委託契約に基づいて，委託者のために自己の名で裁判外の法律行為等を行い，その効果を委託者に帰属させることができ，また，任意的訴訟担当として，委託者のために自己の名で裁判上の行為を行うことができる[6]。債権回収会社は，委託者と共同の利益を有する者ではないが，同法は，一定の裁判上の行為について，弁護士に追行させることを義務づけて（同11条2項），債権回収の適正を確保している[7]。

⑶　区分所有法の管理者

　マンションの区分所有者の団体（建物の区分所有等に関する法律〔区分所有〕3条）のうち法人化されていないもの[8]は，集会の決議により管理者を選任することができる（同25条）。管理者は，共用部分等の保存，集会の決議の実行，規約で定めた行為の実行のほか，損害保険契約に基づく保険金額の請求および受領，共用部分等に損害が生じた場合の損害賠償金ならびに不当利得による返還金の請求および受領について，区分所有者を代理する権限を有する（同26条1項・2項）。そのうえで，管理者は，規約または集会の決議により，その職務に関し，区分所有者のために，原告または被告となることができる（同条4項）。管理者が原告または被告となった場合には，遅滞なく区分所有者に訴訟係属を通知しなければならない（同条5項）。

　管理者は区分所有者である必要はないが，管理組合の組合員（区分所有者）から選任される理事長が管理者とされるのが通例である[9]。管理者が訴訟追行をするには，前述の実体的な代理権限を前提として，区分所有者による訴訟追行の授権を要するが，個々の権利者により授権がされるのではなく，団体的意思決定により授権がされる。これは区分所有建物およびその共同関係の維持と管理を団体的に行うべきものとする考え方に基づく。事前の一般的な授権は規約の設定という厳格な手続によることを要するが，特定事案に対する個別的な

6）　黒川弘務＝石山宏樹『実務サービサー法225問〔改訂3版〕』（商事法務，2011年）209頁。

7）　さらに，債権回収会社の取締役の一人は，その職務を公正かつ的確に遂行することができる知識および経験を有する弁護士でなければならない（サービサー法5条4号）。

8）　区分所有者の団体が法人化されている場合には，管理組合法人に管理者と同様の権限が与えられている（区分所有47条5項・6項・8項）。

9）　国土交通省・マンション標準管理規約（単棟型）38条2項（国土交通省ウェブサイト。http://www.mlit.go.jp/common/001202416.pdf〔2021年3月27日閲覧〕）。

授権は集会の普通決議をもって足りるとされる[10]。

3. 判例

次に，判例において，明文の定めのない任意的訴訟担当につき，どのような場合に訴訟追行の授権が認められ，どのような要件の下で許容されてきたのかをみる。

(1) 昭和 45 年判決以前

最判昭和 35・6・28 民集 14 巻 8 号 1558 頁は，頼母子講（金銭の融通をする互助的な組織）の世話人について，講金（掛金）の取立て，支払等について一切の権限を有するとして，講金の支払を求める訴訟の原告適格を認めた。この判決では，講金の取立て，支払等についての一切の権限に，訴訟追行の権限も含まれることが前提とされている。

これに対して，昭和 37 年判決（2(1)）は，民法上の組合の清算人について，裁判上および裁判外の行為をする権限が付与されていたとしても，選定当事者の選定によらない任意的訴訟担当は認められないとした。

(2) 昭和 45 年判決

その後，最大判昭和 45・11・11 民集 24 巻 12 号 1854 頁（百選 13 事件。本稿では「昭和 45 年判決」という）は，昭和 37 年判決を判例変更し，民法上の組合の業務執行組合員による任意的訴訟担当（「任意的訴訟信託」[11]）を認めた。

昭和 45 年判決は，第 1 に，訴訟における当事者適格は，特定の訴訟物について，誰を当事者として訴訟を追行させ，誰に対し本案の判決をすることが必要かつ有意義であるかの観点から決められることを述べる。この観点から，管理処分権を有する権利主体に当事者適格が認められるのが原則であるが，権利主体の授権による任意的訴訟担当が認められる場合もあるという。

第 2 に，任意的訴訟担当は，弁護士代理の原則，訴訟信託の禁止の趣旨に照らし，一般に無制限にこれを許容することはできないが，このような制限を回避，潜脱するおそれがなく，かつ，これを認める合理的必要がある場合に許容される，という判断枠組みを示した。

---

10) 濱崎恭生『建物区分所有法の改正』（法曹会，1989 年）221 頁以下，229 頁注(6)。
11) かつては訴訟担当の意味で「訴訟信託」の語が用いられていた。兼子一『民事訴訟法概論』（岩波書店，1937 年）180 頁以下参照。

　第3に，業務執行組合員による任意的訴訟担当について，実体上の管理権，対外的業務執行権とともに訴訟追行権が授与されていることを理由に，弁護士代理の原則を回避し，訴訟信託の禁止を潜脱するものとはいえず，また，特段の事情のないかぎり，合理的必要を欠くものとはいえないという判断を示した。

　第4に，当該事案における業務執行組合員について，組合規約によって，自己の名で請負代金の請求，受領，組合財産の管理等の対外的業務を執行する権限を与えられていることから，自己の名で損害賠償請求権を行使し，自己の名で訴訟上これを行使する権限を有するとした。

　第5に，組合員による授権について，特定の訴訟についての個別的な授権ではなく，組合規約による事前の一般的な授権により，任意的訴訟担当の前提となる訴訟追行の授権を肯定した。

(3)　平成28年判決

　最判平成28・6・2民集70巻5号1157頁（本稿では「平成28年判決」という）[12]は，外国国家（H）が発行した円建て債券（本件債券）に係る償還等請求訴訟につき，本件債券の管理会社（Gら）による，本件債券の債権者のうち特定の債券または利札の保有者（本件債券等保有者）のための任意的訴訟担当を肯定した。

　平成28年判決は，第1に，任意的訴訟担当について，本来の権利主体からの訴訟追行権の授与があることを前提として，弁護士代理の原則を回避し，または訴訟信託の禁止を潜脱するおそれがなく，かつ，これを認める合理的必要がある場合には許容することができると述べ，昭和45年判決の枠組みに従ってその許容性を判断することを確認した。

　第2に，本件債券等保有者によるGらに対する訴訟追行の授権について，次のように述べた。HがGらを債券の管理会社として締結した管理委託契約には，債券の管理会社が本件債券等保有者のために弁済受領や債権保全のために必要な一切の裁判上，裁判外の行為をする権限および義務を有する旨の授権条項が定められ，これは第三者である本件債券等保有者のためにする契約である。本件債券等保有者は，本件債券の購入に伴い，本件債券に係る償還等請求訴訟の提起を含む本件債券の管理をGらに委託することについて受益の意思

---

12)　松永栄治「判解」最判解民事篇平成28年度336頁を参照。

表示をしたものであり，Gらに対し当該訴訟について訴訟追行権を授与したものと認めるのが相当である。

　第3に，任意的訴訟担当の許容性について，次のように述べた。①本件債券は多数の一般公衆に対して発行され，本件債券等保有者が自ら適切に権利を行使することは合理的に期待できないこと，②債券の管理会社に，本件債券について実体上の管理権のみならず訴訟追行権をも認める仕組みが構築されたこと，③Gらが銀行法に基づく規制や監督に服し，本件管理委託契約上，本件債券等保有者に対して公平誠実義務や善管注意義務を負うものとされ，本件債券等保有者のために訴訟追行権を適切に行使することを期待することができることから，Gらに当該訴訟についての訴訟追行権を認めることは，弁護士代理の原則を回避し，訴訟信託の禁止を潜脱するおそれがなく，かつ，これを認める合理的必要がある。

4. 検討

(1) 組合規約による訴訟追行の授権[13]

　(a) 対外的業務執行の授権による訴訟追行の授権　　業務執行組合員に対する訴訟追行の授権について，昭和45年判決においては，組合規約に裁判上の行為についての授権に関する明示的な定めはなく，請負代金の請求，受領，組合財産の管理等の対外的業務執行権の授与の定めから，自己の名で訴訟上損害賠償請求権を行使する権限が認められており，包括的な対外的業務執行権を与えたと解される場合には，裁判外の行為の延長として裁判上の行為をする権限もそれに含まれるということができる[14]。

　(b) 事前の一般的な授権　　選定当事者において，特定の訴訟についての個

---

13)　任意的訴訟担当における「授権」について，堀野出「任意的訴訟担当の意義と機能(1) (2・完)」民商120巻1号34頁，120巻2号263頁（1999年），垣内秀介「任意的訴訟担当における授権をめぐって」高橋宏志先生古稀祝賀論文集『民事訴訟法の理論』（有斐閣，2018年）211頁を参照。

14)　昭和45年判決について，山本克己「民法上の組合の訴訟上の地位(1)——業務執行組合員による任意的訴訟担当」法教286号（2004年）72頁，76頁は，包括的な実体法上の管理権の授与は裁判上の行為についての授権を当然に伴っているという考え方に立っていると理解する。谷口安平『口述民事訴訟法』（成文堂，1987年）263頁以下は，同判決の事案について，一定の実体関係があってその延長として訴訟をする必要がある場合であり，実体上の法律関係から訴訟上の権限も与えられていると解されるとする。

別的な授権が必要とされる趣旨[15]は，訴訟追行の授権をするかどうかを個別の訴訟ごとに選定者に判断させることにあると考える。これに対して，昭和45年判決は，組合規約による事前の一般的な授権により，任意的訴訟担当の前提となる授権を認めた[16]。これは，民法上の組合において，裁判上の行為を含む対外的業務執行が組合における意思決定[17]に基づいてなされるべく，組合規約による事前の一般的な授権を認めたものであると考える。

　(c)　訴訟追行の授権の撤回　　任意的訴訟担当において担当者の当事者適格は本来の当事者適格者による訴訟追行の授権に基づくから，授権が撤回されれば担当者の当事者適格は失われる[18]。しかし，裁判上の行為を含む対外的業務執行が組合における意思決定に基づいてなされることが組合規約により合意されているとすれば（民670条参照），組合員は組合規約の定めによることなく訴訟追行の授権を撤回することはできないと考える[19]。

(2)　弁護士代理の原則，訴訟信託の禁止の趣旨に反しないこと

　任意的訴訟担当が許容されるためには，弁護士代理の原則や訴訟信託の禁止の趣旨に反しないことを要する。

　弁護士代理の原則[20]は，地方裁判所以上の裁判所において，法令上の訴訟代理人を除き，弁護士でなければ訴訟代理人となることができないという原則をいう（54条1項）。劣悪な代理人により当事者の利益が損なわれるのを防ぐととともに，手続の円滑な進行を図る趣旨である（LQ 116頁）。第三者が訴訟委任に基づく訴訟代理人として訴訟行為をする場合には，その第三者は弁護士でなければならないが，本人訴訟は許容されている（弁護士強制主義は採られて

---

15)　本文の理解とは異なり，山本克己・前掲注14)73頁は，昭和45年判決の判示を勘案して，包括的な授権（裁判上の行為についての一般的な授権）よりも個別的な授権の方が弁護士代理の原則や訴訟信託の禁止を潜脱するおそれが少ないという趣旨に出たものであるとの可能性を指摘する。

16)　名津井吉裕「判批」金法2073号（2017年）70頁，72頁は，昭和45年判決について，組合員は提訴に際して訴訟追行の授権をしていないことから，具体的訴訟を意識した提訴時の授権は「擬制」であるという。

17)　組合の業務の決定および執行は業務執行組合員に委任することができる（民670条2項）。

18)　重点講義(上)307頁以下注57参照。

19)　垣内・前掲注13)224頁，236頁以下参照。

20)　弁護士代理の原則について，アルマ52頁以下，LQ 116頁以下，長谷部34頁以下，高橋概論20頁以下を参照。

いない）ので，第三者が当事者として訴訟行為をする場合には，その第三者は弁護士である必要がない。このため，第三者が，訴訟代理人としてではなく，当事者（訴訟担当者）として訴訟追行をすることで，弁護士代理の原則が回避されるおそれがある。弁護士代理の原則は弁護士でない第三者の訴訟への関与を排除するものであるが，本件のように第三者（訴訟担当者）が弁護士である訴訟代理人に訴訟行為をさせる場合にも，その訴訟代理人は当該第三者の利益のために訴訟を追行するので，第三者の関与という問題が残る。

　弁護士代理の原則から除外されている法令上の訴訟代理人（54条1項本文）[21]は，本人の意思に基づいて一定の法的地位につく者に対して法令が訴訟代理権を認めているために，訴訟代理権を取得する者をいう。その例である商人の支配人（商20条）および会社の支配人（会社10条）は，商人の営業所における営業ないし会社の本店または支店における事業に関する一切の裁判外の行為をする権限とともに，裁判上の行為をする権限を有する（商21条1項，会社11条）[22]。支配人が，法令上の訴訟代理人といえるためには，形式的に支配人として登記されていれば足りるのではなく，実質的にみても，営業ないし事業に関する包括的な権限を与えられている必要がある[23]。支配人は，営業ないし事業に関する包括的な権限が与えられ，裁判外の行為の延長として裁判上の行為をすることから，弁護士代理の原則との関係では本人または法定代理人が訴訟行為をする場合に準ずるものということができる[24]。

　訴訟信託は，訴訟行為をさせることを主たる目的とする信託をいう（信託10条）。訴訟信託の禁止の趣旨は，他人の権利について訴訟行為をなすことが不当な場合に，それを信託の形式を用いて回避することを禁止するものであり，そのような場合として，①弁護士代理の原則に反する場合，②非弁護士の法律

[21]　法令上の訴訟代理人について，アルマ53頁以下，LQ 123頁以下，長谷部35頁以下，高橋概論24頁以下を参照。

[22]　営業ないし事業に関するある種類または特定の事項の委任を受けた使用人は，当該事項に関する一切の裁判外の行為をする権限を有するが，裁判上の行為をする権限は有しない（商25条，会社14条）ので，法令上の訴訟代理人として認められない。

[23]　富山地中間判平成17・5・25判例集未登載（LEX/DB25437153）。会社が，実質的には支配人ではない従業員を，支配人として選任した旨の登記をし，法令上の訴訟代理人としてさせた訴訟行為の効力について，仙台高判昭和59・1・20下民集35巻1＝4号7頁（百選A7事件），千葉地判平成14・3・13判タ1088号286頁を参照。

[24]　重点講義(上)232頁。

事務取扱いの禁止（弁護 72 条）に反する場合，③他人間の紛争に介入し不当な利益を追求する場合があるとされる[25]。

民法上の組合において，業務執行組合員が組合財産について包括的に実体上の管理権，対外的な業務執行権限を与えられ，裁判外の行為の延長として裁判上の行為をする場合[26]には，弁護士代理の原則との関係では本人または法定代理人が訴訟追行をする場合に準ずるものということができる。また，訴訟追行のみが授権される場合ではないので，訴訟信託の禁止の趣旨にも反しない。

(3) 合理的必要

任意的訴訟担当が許容されるためには，さらに，担当者が当事者として訴訟を追行し，担当者に対して本案判決をすることに合理的必要が認められることを要する。民法上の組合の業務執行組合員については，団体の目的遂行のための業務上の必要性が指摘されている[27]。すなわち，組合の目的（共同の事業）の遂行のために，裁判上の行為を含む対外的業務執行が組合における意思決定に基づいてなされるべく，業務執行組合員が裁判外の行為の延長として訴訟追行をすることには，合理的必要が認められる。

5. 本件について

A 企業体においては，請負代金の請求，受領，組合財産の管理等の対外的業務執行権の授与の定めがあり，業務執行組合員に対して，組合財産について包括的に，対外的業務執行権が授与され，裁判外の行為の延長として裁判上の

---

25)　四宮和夫「信託法第 11 条にいう訴訟行為の意義——信託法第 11 条にいう訴訟行為には，破産申立，強制執行をも含むと解すべきである」同『信託の研究』（有斐閣，1965 年）247 頁，254 頁。

26)　松本＝上野 266 頁は，任意的訴訟担当を，純然たる訴訟追行のみの授権の場合と，実体的地位に基づく任意的訴訟担当の場合を区別し，後者の場合には，訴訟担当者は財産の管理権を与えられており，このような固有の実体的地位を付与された場合には，弁護士代理の原則を問題にする基礎が欠けているし，信託法 10 条の法意にも抵触しないとされる。これに対して，福永有利「任意的訴訟担当の許容性」同『民事訴訟当事者論』（有斐閣，2004 年，初出 1969 年）294 頁，309 頁以下は，訴訟担当者のための訴訟担当と権利主体のための訴訟担当に分類したうえで，後者については，単に実体法上の包括的な管理権が授与されるだけでなく，現実に管理行為をなし，訴訟物たる権利関係について権利主体と同等以上の知識を有する程度に関与していることを要求する。

27)　宇野栄一郎「判解」最判解民事篇昭和 45 年度 813 頁，822 頁。

行為をする権限が含まれていると解される。このような組合規約による事前の一般的な授権により，任意的訴訟担当の前提となる訴訟追行の授権を肯定することができる。組合員Dは，業務執行組合員Xによる訴訟追行に反対であるが，組合規約により，業務執行組合員が，A企業体における意思決定（業務執行組合員Xの決定）に基づいて，裁判外の行為の延長として訴訟追行をすることが合意されていると解され，組合員は組合規約の定めによることなく訴訟追行の授権を撤回することはできない。

　Xは，組合財産について包括的に，実体上の管理権，対外的業務執行権とともに，訴訟追行権の授与がされているから，弁護士代理の原則や訴訟信託の禁止の趣旨に反しない。また，業務執行組合員であるXが，A企業体における意思決定に基づいて，裁判外の行為の延長として訴訟追行をすることに，合理的必要が認められる。

Ⅲ．当然承継と中断（設問）(2)

1．訴訟承継（当然承継）

　訴訟係属後に当事者の地位について包括承継が生じたり，係争物の譲渡などの特定承継が生じたりした場合に，従前の訴訟手続を承継人に引き継がせることを，訴訟承継という。訴訟承継には，当然承継と参加承継・引受承継（49条〜51条）[28]がある。当然承継[29]においては，承継原因があれば法律上当然に，当事者が交替し，被承継人は当事者の地位を失い，承継人が当事者の地位を取得する。

　後述する訴訟手続の中断事由（124条1項）のうち，当事者が交替する場合には，当然承継が生じる。一定の資格に基づく訴訟担当者（資格当事者）の資格の喪失の場合（同項5号）や選定当事者全員の資格の喪失の場合（同項6号）にも，当事者の交替が生じ，当然承継が生じる。これらの場合には，当該訴訟担当者が当事者の地位を失い，同一の資格を有する者（5号の場合），選定者の

---

28)　参加承継・引受承継については，本書事例25「訴訟承継」[青木哲] を参照。

29)　当然承継について，アルマ401頁以下，LQ593頁以下，長谷部385頁以下，高橋概論340頁以下を参照。

全員または新たな選定当事者（6号の場合）が，法律上当然に当事者の地位を取得する。

2. 訴訟手続の中断と受継

⑴　訴訟手続の中断

訴訟手続の中断（124条）[30]とは，訴訟係属中に訴訟追行者を交替すべき事由が生じた場合に，新たな訴訟追行者（新追行者）が訴訟に関与することができるようになるまで，手続の進行を停止することをいう。訴訟手続が中断している間は，原則として，当事者も裁判所も訴訟行為をすることができない。

中断事由（124条1項各号）のうち，当事者の交替（当然承継）を伴うものには，死亡（1号），法人の合併による消滅（2号），受託者等の信託に関する任務の終了（4号），一定の資格に基づく訴訟担当者の資格の喪失（5号），選定当事者全員の資格の喪失（6号），破産手続の開始・終了（破44条1項・4項）がある。また，当事者の交替を伴わないものには，当事者の訴訟能力の喪失，法定代理人の死亡，法定代理権の消滅（124条1項3号）がある。

⑵　訴訟手続の受継

中断が生じた場合，新追行者または相手方は，受継の申立てをすることができる（124条1項・126条）。裁判所は，期日を指定して当事者を呼び出し，審理を続行する[31]。受継の申立てがなされない場合，裁判所は，職権で，訴訟手続の続行を命じることができる（129条）。

⑶　中断事由が生じても中断しない場合

中断事由が生じても，その当事者に訴訟代理人がいる場合には，訴訟手続は中断しない（124条2項。破産手続開始・終了の場合を除く）。当該訴訟代理人が新追行者の代理人として訴訟追行をすることができる（58条）ので，新追行者が関与できるようになるまで手続の進行を停止する必要がないからである。この場合に，訴訟代理人は中断事由が生じた旨を裁判所に書面で届け出なければならない（民訴規52条）。

---

[30]　訴訟手続の中断について，アルマ366頁以下，LQ 177頁以下，長谷部379頁以下，高橋概論159頁以下を参照。

[31]　口頭弁論終結前の中断において受継申立てを認める場合には，明示的な決定を必要としない（兼子原著・前掲注2)608頁)。

3. 民法上の組合の業務執行組合員の交替について

民法上の組合における業務執行組合員の任意的訴訟担当について，対外的業務執行権に裁判上の行為の権限が含まれるとすると，業務執行組合員であることにより訴訟追行権が認められるから，業務執行組合員を 124 条 1 項 5 号の資格当事者に含めることが考えられる[32]。これに対して，任意的訴訟担当が訴訟追行の授権を基礎としていることから，同項 6 号の選定当事者に準じて考えることもできる。いずれにしても，業務執行組合員の資格の喪失[33]は中断事由であり，当事者の交替（当然承継）を伴う。

4. 本件について

本件において，A 企業体の業務執行組合員の交替により，Z は当然に当事者の地位を取得する（当然承継）。業務執行組合員の交替は中断事由であると解されるが，X の選任した訴訟代理人が Z の代理人として訴訟追行をすることができるので（58 条 2 項または 3 項類推），訴訟手続は中断しない（124 条 2 項）。

---

32) 兼子原著・前掲注 2)661 頁以下，秋山幹男ほか『コンメンタール民事訴訟法 II〔第 2 版〕』（日本評論社，2006 年）548 頁以下，笠井正俊 = 越山和広編『新・コンメンタール民事訴訟法』（日本評論社，2013 年）479 頁以下〔笠井〕。

33) 選定当事者の取消し（撤回）・変更に準じて，業務執行組合員の訴訟追行権の消滅は，相手方に通知しなければ，その効力を生じないと解する（36 条 2 項類推）。

■ **答案作成時の要点** ━━━━━━━━━━━━━━━━━━━━━━

㋐ 民法上の組合における業務執行組合員の任意的訴訟担当について （**設問**(1)）
  ✓ 組合規約による対外的業務執行の授権に訴訟追行の授権が含まれること。
   この場合に，組合規約による事前の一般的な授権により任意的訴訟担当の
   前提となる訴訟追行の授権が認められること。
  ✓ 組合員の一人が業務執行組合員による訴訟追行に反対の場合に，当該組
   合員の訴訟追行の授権を認めることができるか。当該組合員は，訴訟追行
   の授権を撤回することができるか。
  ✓ 弁護士代理の原則および訴訟信託の禁止の趣旨に反しないこと。
  ✓ 任意的訴訟担当を認める合理的必要が認められること。

㋑ 業務執行組合員の交替による当然承継について （**設問**(2)）
  ✓ 当然承継が生じ，新たな業務執行組合員が当然に当事者の地位につくこ
   と。
  ✓ 業務執行組合員の資格の喪失が中断事由であること。
  ✓ 従来の業務執行組合員に訴訟代理人がいる場合，その代理権は失われず，
   中断が生じないこと。

7

法定訴訟担当

［解答時間 90 分］

事例

　2021 年 9 月 10 日に X は，自分は Z に対し弁済期の到来した貸金債権 200 万円（以下「本件被保全債権」という）を有しており，Z は Y に対し弁済期の到来した売掛債権 200 万円（以下「本件被代位債権」という）を有しているが Z は現在無資力だとして，Y を相手に，本件被代位債権を自己に弁済するように求める訴えを提起した（以下「本件前訴」という）。

設問

　(1)　X は本件前訴の提起後に Z に訴訟告知をしなかった。この場合に受訴裁判所は本件前訴にかかる訴えを訴訟要件を欠くとして却下しなければならないか。仮に受訴裁判所が本件前訴の訴えを却下せずに本案審理を行い，請求棄却判決を出してそれが確定した場合，その既判力は Z に及ぶか。

　(2)　本件前訴の提起後遅滞なく X は Z に訴訟告知をしたが Z は本件訴訟に参加しなかった。本件前訴では X の請求を棄却する判決が出て確定した。その後 Z が Y に対し本件被代位債権の自己への弁済を求めて訴えを提起した（以下「本件後訴」という）。本件前訴判決の既判力は本件後訴に及ぶか。とりわけ Z は，前訴事実審口頭弁論終結時の X の当事者適格の不存在（例えば本件被保全債権の不存在）を主張して本件後訴への本件前訴判決の既判力の拡張を否定できるか。

　(3)　本件前訴の提起後遅滞なく X は Z に訴訟告知をした。本件前訴の係属中に Z が Y に対し自己への本件被代位債権の弁済を求める訴えを別訴として提起することはできるか。Z が本件前訴への参加を希望した場合，Z はどのような参加類型を利用できるか。Z が代位要件の存在を否定する場合と肯定する場合とで違いはあるか。

　(4)　(3)にいう参加を Z がしたとする。この参加訴訟において Y が Z に対する

弁済を主張しＺがこれを自白したがＸはこれを争ったという場合，Ｚの自白は
効力を生じるか。

■ 解説

Ⅰ. 問題の所在

1. 当事者適格

　特定の訴訟物について当事者（原告／被告）として訴訟を追行し本案判決を受ける資格を当事者適格（原告適格／被告適格）という[1]。では，この当事者適格を有する者は誰か。教科書により様々な見解が開陳されているが[2]，本稿では「本来の当事者適格者」[3]という概念を用いこれを以下のように整理する。

⑴　本来の当事者適格者

　まず当事者適格は，給付訴訟では訴訟物たる権利関係の積極的主体と主張する者・消極的主体と主張される者に，確認訴訟では確認の利益の積極的・消極的帰属主体に，形成訴訟では形成結果の実現に法律上保護に値する利益を有する者（通常形成結果の実現に法律上保護に値する利益を有するとされ形成訴訟の当事者適格が認められる者は法定されているが，解釈により定める必要がある場合もある[4]）に認められるのが原則である。以上により当事者適格が認められる者を本来の当事者適格者という。確認訴訟における本来の当事者適格者はこのように確認の利益の積極的・消極的帰属主体であるが，これには，第三者の権利関係に関する確認の訴えも認められる場合があることとの関係で，確認対象

---

1)　アルマ 108 頁以下，LQ 373 頁，長谷部 151 頁，中野ほか 170 頁ほか。当事者適格は，特定の訴訟物の本案について当事者として訴訟を追行する権限や資格という意味で「訴訟追行権（限）」「訴訟追行資格」という呼び方もされる（そのため，本稿では当事者適格，訴訟追行権限，訴訟追行資格の用語を互換性をもって用いる）。なお，当事者適格を有する者（当事者適格者）を「正当な当事者」ということもある。

2)　アルマ 110 頁，LQ 375 頁以下，高橋概論 91 頁以下，長谷部 152 頁以下，中野ほか 171 頁以下ほか。

3)　後述の訴訟担当と対比して原則的な，という程度の意味である。より詳しくは八田卓也「入会集団を当事者とする訴訟の形態」法時 85 巻 9 号（2013 年）22 頁参照。兼子一原著『条解民事訴訟法〔第 2 版〕』（弘文堂，2011 年）161 頁［新堂幸司ほか］にも「本来の適格者」という表現があり，本稿の用語はこれと同旨である。また，本書事例 6「任意的訴訟担当」［青木哲］も参照。

4)　アルマ 111 頁，長谷部 154 頁。

（＝確認訴訟の訴訟物）たる権利義務関係の積極的・消極的主体（と主張する／される者）の他，確認対象たる権利義務関係の積極的・消極的主体ではないが確認の利益が帰属する者がある。そして給付訴訟においても第三者の権利関係について自己固有の利益に基づき訴訟を追行することが認められる場合がある旨の指摘がなされており[5]，この指摘に従うとすれば，給付訴訟における本来の当事者適格者としても，上述の訴訟物たる権利関係の積極的・消極的主体（と主張する／される者）の他に，訴訟物たる権利義務関係の積極的・消極的主体ではないが自己固有の利益に基づき訴訟追行資格が認められる者を数えることができることになる。そうすると結局，給付訴訟・確認訴訟を通じて，本来の当事者適格者は，①訴訟物たる権利関係の積極的・消極的主体（と主張する／される者）および②訴訟物たる権利義務関係の積極的・消極的主体ではないが自己固有の利益に基づき訴訟追行資格が認められる者から構成されるということが可能になる[6]。

(2)　本来の当事者適格者に代わる当事者適格者（訴訟担当）

　そして以上の原則に対する例外として，本来の当事者適格者に代わって第三者が当事者適格を有する場合がある（本来の当事者適格者の当事者適格は，これと併存する場合と，否定される場合の双方がある）。これが訴訟担当であり，ここで本来の当事者適格者に代わって当事者適格を有する者を（訴訟）担当者，訴訟担当を受ける本来の当事者適格者を被担当者という。そして 115 条 1 項 2 号にいう「当事者が他人のために原告又は被告となった場合」とは訴訟担当の場合をいうと理解されており，担当者の受けた判決の既判力は被担当者に及ぶ[7]。

　この訴訟担当には，本来の当事者適格者の意思に基づく任意的訴訟担当と，本来の当事者適格者の意思にかかわらず認められる法定訴訟担当がある[8]。両者の区別は法律上の規定に基づくかにあるのではなく[9]，担当者の当事者適格

5）　福永・後掲注 15）は，債権者代位訴訟をこの場合の 1 例に位置づける。通説がこれと異なり，債権者代位訴訟を後述する訴訟担当に位置づけていることは直後に見る通りである。

6）　旧訴訟物理論による限りは形成訴訟の訴訟物は形成原因であり，当事者の権利という形では構成されないので，形成訴訟の当事者適格を給付訴訟・確認訴訟と同じように整理することはできないように思われる。

7）　正確には，訴訟担当者＝前訴相手方当事者間の既判力が，被担当者＝前訴相手方当事者間に及ぶことになる。

8）　任意的訴訟担当については，本書事例 6［青木］を参照されたい。

が本来の当事者適格者の同意・授権が存在しないと基礎づけられないか（←任意的訴訟担当），本来の当事者適格者の同意・授権の存否にかかわらず（つまりその意思に反してでも）認められるか（←法定訴訟担当），という点にある（任意代理／法定代理の区別とパラレルと考えれば分かりやすい）10)。

2. 法定訴訟担当

　このうち本稿の対象は法定訴訟担当である。日本法上認められる法定訴訟担当には様々なものがあるが，これを「訴訟担当者のための訴訟担当」と「被担当者のための訴訟担当」（または「職務上の当事者」）に分類するのが現在の教科書類の一般的傾向である11)。「訴訟担当者のための訴訟担当」とは，訴訟担当者の利益のために認められている訴訟担当であり，債権者代位訴訟（民423条），債権質権者による取立訴訟（同366条1項），差押債権者による取立訴訟（民執155条・157条），株主代表訴訟（会社847条）がこれに該当する。「被担当者のための訴訟担当」は，被担当者が訴訟をすることが不可能または不適当である場合に法律上一般的に当該被担当者を保護すべき職務にある者が訴訟担当をする場合とされ12)，倒産処理手続における管財人等（破80条，民再67条1項，会更74条1項），相続財産管理人（民918条3項・936条1項等）13)，遺言執行者（同1012条），人事訴訟において成年被後見人に代わって当事者となる成年後見人または成年後見監督人（人訴14条），同じく人事訴訟において本来の当事者適格者の死亡後に当事者となる検察官（同12条3項），海難救助料の債務者である船主や荷主に代わって救助料支払請求訴訟の被告となる被救助船の船長（商803条2項）等が挙げられる。もっともこの分類から何かの効果面での違いが出てくるわけではなく，必ずしも意義の大きい分類とは思われない。

　法定訴訟担当における分類としては，むしろ担当者が，訴訟物たる権利関係（ないし当該訴訟にかかる被担当者の利益）について処分権限を有しているかの観

9）　任意的訴訟担当でも，例えば選定当事者（30条）は法律上の規定に基づくからである。

10）　当事者適格の規律としては，以上の他に，確定判決が例外的に対世効を有する訴訟についての特殊な規律が存在するが，これについては各教科書を参照されたい。

11）　アルマ112頁，LQ 125頁，高橋概論91頁以下，長谷部151頁。

12）　高橋概論92頁。

13）　相続財産管理人については法定代理人になるという理解もある。民法936条の相続財産管理人につき最判昭和47・11・9民集26巻9号1566頁（百選A5事件）。

点からの区別が重要かつ有意義であるように思われる。上述のように担当者の訴訟追行の結果たる判決の既判力が被担当者に及び，被担当者は相手方当事者との関係で権利主張等ができなくなる結果，（被担当者＝本来の当事者適格者が訴訟物たる権利関係の積極的・消極的主体の場合には）権利自体を処分したのと，（被担当者＝本来の当事者適格者が訴訟物たる権利関係の積極的・消極的主体以外の第三者である場合には）当該訴訟にかかる本来の当事者適格者の利益を処分したのと，同じ効果が生じる。担当者が訴訟物たる権利関係（ないし当該訴訟にかかる被担当者の利益）について実体法上の処分権限を有している場合にはこれが容易に正当化できるのに対し，処分権限を有していない場合にはこれをどのように正当化するかという問題が生じるからである。このような観点からすると，担当者が処分権限を有する訴訟担当は，倒産処理手続における管財人等，（包括的清算型の遺言等，一部の遺言の場合の）遺言執行者，人事訴訟法 14 条の成年後見人または成年後見監督人等に限られ，大多数の訴訟担当が担当者が処分権限を有しない類型であることが分かる。

3. 本問の目的

　そうすると，これら大多数の担当者が処分権限を有しない類型の訴訟担当では，訴訟担当者たる第三者の訴訟担当資格はどのように基礎づけられるのか，という問題が生じる。本稿ではこの問題を，債権者代位訴訟を手がかりに見ていきたい。債権者代位訴訟の規律は平成 29 年の民法（債権法）改正で大きく変更されている。訴え提起時の年月日からして 事例 にもちょうど改正法が妥当する。そこで，本稿では改正後の規律がどうあるべきかにも着目する（以下，平成 29 年改正後の民法を「新民法」と呼ぶ。改正前の民法を「旧民法」と呼ぶ）。

　X が Z に対し債権を有しており，Z が Y に対し債権を有している場合に，X が Z の Y に対する債権を Z に代わって Y に対し行使する訴えを自らを原告として提起する，というのが債権者代位訴訟である。本稿ではここにいう X を代位債権者，Z を債務者，Y を第三債務者と表現する。また X の Z に対する権利を被保全債権，Z の Y に対する権利を被代位債権と呼ぶ。債権者代位訴訟の原告は代位債権者（X），被告は第三債務者（Y），その訴訟物は Z の Y に対する被代位債権である。

II. 債権者代位訴訟における訴訟告知の意義

新民法423条の6は，代位債権者が債権者代位訴訟を提起した場合には遅滞なく債務者に対し訴訟告知をしなければならない旨規定する。この規定の意味，すなわち代位債権者が訴訟告知を怠った場合にどのような効果が認められるかが問題となる。

1. 旧民法下での議論

この規定は旧民法下では存在しなかった。そして，伝統的な通説・判例は，債権者代位訴訟の訴訟係属を債務者が知らずに確定判決が出ても，債務者に既判力は拡張すると理解してきた（法定訴訟担当とすることおよび115条1項2号の論理的帰結である。判例として大判昭和15・3・15民集19巻586頁〔中田淳一＝三ケ月章編『民事訴訟法判例百選』（有斐閣，1965年）74事件〕がある）。

これに対し債権者代位訴訟のような訴訟担当では担当者と被担当者は敵対関係にあるとして（「拮抗型」と呼ばれる），かかる拮抗型の訴訟担当では，担当者が被担当者の利益を適切に代表しているとは言えないので担当者敗訴の確定判決の既判力は被担当者に及ばないと理解するべきであるという見解が登場した[14]。この見解に対しては被告になる第三債務者の立場から観察し，第三債務者が代位債権者に対して勝訴確定判決を得てもその後債務者に再度訴えられる負担（多重応訴の負担）を負うのは不当である旨の批判が集中した。ここから代位債権者敗訴判決からの債務者の保護と多重応訴の負担からの第三債務者の保護をどう調和させるかという問題意識が生じた（以下「ジレンマ問題」という）。

最初にこの問題の解決を提示したのは福永論文[15]である。福永論文はまず，債権者代位訴訟では代位債権者は自己固有の利益に基づき訴えを提起するのでこれは訴訟担当の一種ではない（むしろ本来の当事者適格者による訴訟追行の一

---

14) 三ケ月章「わが国の代位訴訟・取立訴訟の特異性とその判決の効力の主観的範囲」同『民事訴訟法研究(6)』（有斐閣，1972年，初出1969年）1頁以下。

15) 福永有利「当事者適格理論の再構成」同『民事訴訟当事者論』（有斐閣，2004年，初出1974年）126頁以下。

例である[16]）とし（したがって 115 条 1 項 2 号の適用対象外ということになる），（少なくとも）代位債権者敗訴の確定判決の既判力は債務者には及ばないとした。その上で福永論文は，多重応訴の負担を回避するために債権者代位訴訟の提起を受けた第三債務者は債務者を当該債権者代位訴訟に引き込むことができるとした。

　この福永論文によるジレンマ問題の解決については一定の評価がなされる一方で，被告として巻き込まれる第三債務者の負担で問題の解決を図る点が批判された[17]。そこで，むしろ権利行使をする代位債権者側に負担を課すべきであるとして，債権者代位訴訟の訴訟担当の一種としての位置づけは維持しつつ，代位債権者に債権者代位訴訟を提起するに当たり債務者に対する訴訟告知をすることを要求し，これをしてはじめて代位債権者は債権者代位訴訟の当事者適格を取得するという見解が登場した[18]（債務者に対する訴訟告知がなされない限り債権者代位訴訟の結果としての確定判決の既判力は債務者には拡張せず，したがって多重応訴の負担を強いられる被告第三債務者はその限りで応訴を拒絶できる，と構成する立場もある[19]）。この見解はすなわち，拮抗型では代位債権者は債務者を適切に代表していない以上，そのままでは債務者への敗訴判決既判力の拡張は正当化できないが，代位債権者が債務者に訴訟係属を知らせ，債務者が債権者代位訴訟に参加をする機会を得れば，手続保障の観点からも債務者への既判力の拡張は正当化されるとする考えに基づく。

2. 新民法の規律の解釈

　このような民事訴訟法学界における議論を受け，新民法はその 423 条の 6 で債権者代位訴訟の提起後遅滞なく代位債権者が債務者に訴訟告知をすることを要求した[20]。この規定には，訴訟告知をしなかった場合の効力については明

---

16)　前掲注 5）参照。

17)　重点講義(上)256 頁。

18)　新堂幸司『民事訴訟法〔第 2 版補正版〕』（弘文堂，1990 年）194 頁。その理解につき重点講義（上)258 頁注 19。商事法務編『民法（債権関係）部会資料集』（以下「資料集」として引用する）第 2 集〈第 5 巻〉（商事法務，2013 年）38 頁［山本和彦発言］も参照。

19)　兼子原著・前掲注 3）567 頁［竹下守夫］。その他のバリエーションとして池田辰夫『債権者代位訴訟の構造』（信山社，1995 年）81 頁以下。

20)　訴訟告知については本書事例 24「補助参加・訴訟告知」［名津井吉裕］を参照。

文の定めがない。しかし，立法過程の議論を見る限りは，訴訟告知を代位訴訟の適法要件と位置づける考え方が当然の前提とされていたことが窺われる（法制審議会民法（債権関係）部会第 41 回会議における山本和彦発言[21]および，これに異を唱える発言がなかったこと[22]を参照。新民法に訴訟告知がなされなかった場合の効果に関する規定が置かれなかったのは単に，訴訟法上の効果に関する規定を民法に置くことがためらわれたからだと見るべきである[23]）。したがって新民法 423条の 6 の解釈論としては，①訴訟告知は代位債権者が債権者代位訴訟の原告適格を取得するための要件の一つであり，したがって②訴訟告知の不存在を看過した本案確定判決の既判力は債務者には及ばない，と理解するべきであろう（②は①の論理的帰結である）。

以上のように理解すれば，[設問]⑴は，訴訟告知がなされない限り本件前訴にかかる訴えは却下するべきであり，この点を看過してなされた本案確定判決の既判力は Z には拡張しないと考えるべきである。

3．若干の補足

なお，旧法下のジレンマ問題を巡る議論は代位債権者と債務者が「敵対関係」にあるという認識を出発点としていた。しかし，この点は実は疑問である。何故なら代位債権者と債務者の敵対関係は，被代位債権は存在することを前提とした上で，その債権に基づく給付の取り合いの局面で生じるものであるからである。債務者に不利な既判力＝請求棄却判決の既判力は，被代位債権不存在という判断を裁判所がした場合に生じる。このような判断をされたくないという点では，むしろ債務者と代位債権者の利害は共通する（代位債権者が第三債務者と結託して，第三債務者が訴訟外で一定の金銭給付をする代わりに代位債権者がわざと敗訴するというような訴訟外の合意を結んだ場合には，被代位債権存否についての裁判所の判断のレベルで代位債権者と債務者の利害は対立するが，このような利害対立は利益の共同性が一般的に認められる選定当事者のような場合でも生じるものである。選定当事者が選定者の債権について同じような合意をする危険は

21）　資料集第 2 集〈第 5 巻〉38 頁。山本和彦「債権法改正と民事訴訟法──債権者代位訴訟を中心に」判時 2327 号（2017 年）119 頁以下，特に 121 頁も参照。

22）　資料集第 2 集〈第 12 巻〉（商事法務，2016 年）505 頁［松岡久和発言］参照。

23）　資料集第 2 集〈第 5 巻〉39 頁参照。

否定できないからである）。むしろここでの問題は，訴訟物たる権利関係について処分権限を有しない代位債権者の受けた既判力の債務者への拡張をどう正当化するか，という問題だと見るべきであろう[24]。すなわち新民法 423 条の 6 は，訴訟物たる権利関係について処分権限を有しない担当者による訴訟追行の結果としての確定判決既判力の被担当者への拡張が，訴訟告知による被担当者への参加の機会の保障により正当化されるとした例だということができる。

Ⅲ．代位要件の訴訟上の意義

　ところで旧民法下では，債権者代位訴訟で請求棄却判決が出て確定した後も，債務者は，債権者代位訴訟における代位債権者の当事者適格の不存在（すなわち代位要件〔＝被保全債権の存在＋債務者の無資力〕の不具備）を主張・立証することにより，債務者は自己への既判力の拡張を否定できることに争いはなかった[25]。債権者代位訴訟の中でこの点が問題となり裁判所が積極的に代位債権者の当事者適格を肯定した上で本案判決をした場合でもこのことは異ならない。条文の解釈論としては，代位債権者が債権者代位訴訟の当事者適格を有することは，115 条 1 項 2 号の「他人のために原告」（傍点は筆者による）となったといえるための，すなわち被担当者たる債務者への既判力拡張の要件であるからだ，と説明できる。

　この点が新民法下ではどうなるか，とりわけ訴訟告知がなされた場合にどうなるかが問題となる。何故なら後述のように，訴訟告知を受ければ債務者は債権者代位訴訟に参加する機会を得る。そしてこの参加には，代位債権者の当事者適格の不存在を理由とする独立当事者参加が含まれると考えられる。すなわち，訴訟告知により債務者としては債権者代位訴訟で代位債権者の当事者適格の不存在を主張して訴え却下判決を得ることができた。それをしなかった以上，代位債権者の当事者適格の存在をもはや争えない，と解する余地もあるからである[26]。しかし，訴訟告知はあくまで参加の機会を保障するためのものであ

---

24)　池田・前掲注 19) 80 頁以下。

25)　重点講義㊤252 頁。

26)　重点講義㊤264 頁注 26 参照。山本和彦・前掲注 21) 121 頁は信義則を介してこのような帰結が導かれる余地があるとする。

るとすると，参加をしないことに債務者の不利益になるような効果を結びつけ
ることには，議論の飛躍があるということになろうか。本稿は，訴訟告知によ
り，債務者が代位債権者の当事者適格を争えなくなることは基礎づけられない
と考える[27]。

　したがって（設問）(2)については，本件前訴判決の既判力は本件後訴に及ぶが，
Zは，前訴事実審口頭弁論終結時のXの当事者適格の不存在を主張して本件
後訴への本件前訴判決の既判力の拡張を否定できる，と解答することになろう。

　なお，債務者が，代位債権者は確かに被保全債権を有していたがその額は代
位債権者の主張額よりも少ないと主張することは認められるか。上記の検討か
らすれば認められるべきである。（設問）(2)の例を用いれば，例えば，ZはX敗
訴判決確定後も本件被保全債権は 100 万円に過ぎず既判力もその限度で及ぶと
主張し，残額 100 万円を訴求することができるというべきである（もっとも残
額 100 万円の限度での訴求というのが何を意味するかは一つの問題である）。

Ⅳ．債務者の訴訟追行権限および債権者代位訴訟への　債務者による参加

1．債務者の訴訟追行権限

　旧民法下では，債務者による債権者代位訴訟係属の了知を条件として債務者
の訴訟追行権限を含む債権の処分権限が奪われるとするのが判例であった（大
判昭和 14・5・16 民集 18 巻 557 頁〔新堂幸司ほか編『民事訴訟法判例百選Ⅰ』（有
斐閣，1992 年）47 事件〕。なお，この点は債権差押えの場合の理解と対照をなして
いた。最判昭和 48・3・13 民集 27 巻 2 号 344 頁〔上原敏夫ほか編『民事執行・保全
判例百選〔第 3 版〕』（有斐閣，2020 年）53 事件〕）。しかし，新民法は 423 条の 5
において明文で，代位債権者による債権者代位権の行使により債務者の訴訟追
行権限を含む被代位債権の処分権限は奪われず，第三債務者も債務者への給付
を妨げられないとした。

27）　同旨アルマ 114 頁。

2. 債務者による別訴提起の許容性および参加する場合の参加類型

　上記の通り，代位債権者が債権者代位訴訟を提起した後も，それを債務者が了知しようとしまいと，債務者の被代位債権についての訴訟追行権限は失われない。しかし，代位債権者による債権者代位訴訟も債務者による被代位債権についての取立訴訟も，その訴訟物は被代位債権である。かつ，債権者代位訴訟の結果としての確定判決の既判力は債務者に及ぶ。代位債権者による債権者代位訴訟と債務者自身による債権取立ての訴訟が同時に別訴として（＝別事件として）係属した場合，裁判所および被告たる第三債務者に重複審理，重複応訴の負担を強いることになる。訴訟の結果としての判決内容が食い違い，債務者が矛盾する内容の既判力に拘束されるという事態も生じ得る。

　そこで，債務者は自己の被代位債権について当事者適格は失わないが，債権者代位訴訟が係属している限りは別訴提起は二重起訴の禁止[28]（142 条）に触れて許されず，債権者代位訴訟に対して訴訟参加していくことのみ可能であると考えられている[29]。この訴訟参加は[30]，債務者が代位債権者の当事者適格（代位要件）を争わない限りは共同訴訟参加（52 条）である[31]。債務者は債権者代位訴訟の訴訟物たる被代位債権についての当事者適格を失わないので当事者としての参加が可能であり，かつ，代位債権者の訴訟の結果としての確定判決の既判力が債務者に及ぶため「訴訟の目的が当事者の一方及び第三者について合一にのみ確定すべき場合」（52 条 1 項）にあたるからである[32]。他方で，債務者としては，代位債権者の当事者適格を争いたい，という場合も考えられ

---

[28]　二重起訴の禁止については本書事例 18「二重起訴の禁止」［八田卓也］を参照。

[29]　LQ 532 頁。

[30]　訴訟参加は，本書の後の項目で扱われる。本文の以下の記述はそれを読むまではちんぷんかんぷんかもしれないが，重要なことであるので，ここで触れておく。教科書類の訴訟参加についての説明を読んだ上で以下の記述に挑戦していただくか，本書の参加を扱う項目を読んだ後に，振り返っていただければと思う。

[31]　加藤新太郎＝松下淳一編『新基本法コンメンタール民事訴訟法(1)』（日本評論社，2018 年）152 頁［菱田雄郷］，伊藤眞「改正民法下における債権者代位訴訟と詐害行為取消訴訟の手続法的考察」金法 2088 号（2018 年）36 頁以下，特に 44 頁，伊藤 715 頁注 120，山本和彦・前掲注 21）124 頁，越山和広「債権者代位訴訟における債務者の権利主張参加」法時 88 巻 8 号（2016 年）32 頁以下，特に 36 頁。

[32]　本書事例 22「類似必要的共同訴訟」［鶴田滋］Ⅱ 2 参照。

る。被保全債権が不存在であると考える場合がその典型例である。この時債務
者は独立当事者参加（47条）を利用できると考えられる（最判昭和48・4・24
民集27巻3号596頁〔百選108事件〕）。

　もっとも，代位債権者の当事者適格を争う場合の独立当事者参加の許容性は，
新民法下では実は必ずしも自明ではない。代位債権者の当事者適格を争う独立
当事者参加を認めた前掲昭和48年最判は債務者による債権者代位訴訟の係属
の了知により債務者の当事者適格が失われるという規律を前提としている。か
かる規律を前提とした場合，債務者が債権者代位訴訟の係属を了知している限
りは，代位債権者の請求と，債務者の請求とが両立することはあり得ない（代
位債権者が債権者代位訴訟の当事者適格を有する限り代位債権者の請求が認められ，
債務者の請求は訴え却下となる。代位債権者が当事者適格を有しなければ債務者の
請求が認められ，代位債権者の請求は訴え却下となる）。旧民法下ではそれが独立
当事者参加（中でも47条1項後段の権利主張参加）の要件である「請求の非両
立性」要件の具備を基礎づけると考えられていた。しかし，新民法の下では，
債務者が債権者代位訴訟の係属を了知しても訴訟追行権限・処分権限・給付受
領権限を失わない。したがって代位債権者の当事者適格が肯定されると，代位
債権者の請求も債務者の請求も共に認容になる。これでは「請求の非両立性」
要件を満たさないのではないか，という問題が生じるのである[33]。

　これは難問である。しかし，翻ってみれば権利主張参加の根拠規定である
47条1項後段自体は権利主張参加の要件として「請求の非両立性」を要求し
ているわけではない。同規定が要求するのはあくまで（参加者が）「訴訟の目
的の全部若しくは一部が自己の権利であることを主張する」ことのみである。
そして代位債権者が債権者代位訴訟の当事者適格を満たさないと債務者が主張
するとき，債務者は代位債権者ではなく自分に給付をするべきであると主張し
ているのであり，「訴訟の目的の全部若しくは一部が自己の権利であることを
主張する」という要件を満たすのではなかろうか。実質的に考えても，（自称）

33）　資料集第2集〈第5巻〉44頁以下［山本和彦発言］，名津井吉裕「債権者代位訴訟と第三者の
　　手続関与」民訴60号（2014年）87頁以下，特に92頁。アルマ110頁，畑瑞穂「債権法改正と
　　民事手続法──債権者代位権と詐害行為取消権」司法研修所論集125号（2015年）128頁以下，
　　特に137頁，加藤＝松下編・前掲注31）152頁［菱田］，山本和彦・前掲注21）124頁，越山・前
　　掲注31）32頁も参照。
　　　なお独立当事者参加の要件については本書事例23「独立当事者参加」［八田卓也］を参照。

代位債権者が代位要件を満たさないにもかかわらず第三債務者からの給付判決を得ることにより債務者が被る不利益は，自己が有するはずの債権の債権者であることを僭称する第三者が債務者からの給付判決を受けることにより債権者が被る不利益と異ならず，後者の場合に独立当事者参加が認められるのであれば，前者の場合に独立当事者参加を否定する理由はないものと思われる[34]。

　(設問)(3)にはすなわち，Ｚによる別訴提起は不適法である，Ｚが代位要件の存在を否定する場合と肯定する場合とで違いはあり，前者では独立当事者参加（権利主張参加），後者では共同訴訟参加を利用できると答えることになろう。

　なお，Ｚに対し別に債権を有すると主張するＷが，ＸのＹに対する債権者代位訴訟に対し，ＸのＺに対する本件被保全債権の不存在を主張して権利主張参加することも許されるべきであろう[35]。

3.　参加後の審理形態

　このように共同訴訟参加も独立当事者参加も許されるとした場合に次に生じる問題は，債務者による各参加後の訴訟の審判規律がどうなるか，である。共同訴訟参加でも独立当事者参加でも，その審判は40条によって規律される。この規定によれば，ＺとＸは対等に扱われ，ＺがＸの不利益行為（自白等）を阻止できるだけでなくＸもＺによる不利益行為を阻止できるということになりそうである（40条1項）。しかし，上記の通り新民法では債権者代位権の行使によっても債務者の債権処分権限は失われない。債務者（Ｚ）が実体法上被代位債権を処分する行為をすることを阻止する権限を代位債権者（Ｘ）は有しない。にもかかわらず債務者による債権処分行為に類似すると考えられる請求棄却判決につながる債務者（Ｚ）による自白等の不利益行為を代位債権者が阻止できるという規律は何を基礎に出てくるのか，という疑問が生じるのである[36]。

　これも難問である。この点についての本稿の暫定的な見通しは以下の通りで

---

34)　加藤＝松下編・前掲注31)152頁［菱田］，伊藤・前掲注31)44頁注28，伊藤705-706頁，山本和彦・前掲注21)125頁，越山・前掲注31)36頁。

35)　資料集第2集〈第5巻〉45頁［山本和彦発言］。

36)　資料集第2集〈第5巻〉44頁以下［山本和彦発言］，名津井・前掲注33)98頁以下，畑・前掲注33)137頁，山本和彦・前掲注21)124頁，越山・前掲注31)36頁注25。

ある。まず，共同訴訟参加の場合について。判決効拡張の場合の共同訴訟参加の場合の 40 条適用の趣旨については見解の対立があるが，矛盾判決の防止にそれを求める限り実体法上の牽制権限を有しないことは 40 条適用否定の理由にならない。

　次いで独立当事者参加の場合について。独立当事者参加の場合，そもそも旧民法（下における債務者の被代位債権処分権限の喪失を前提とした規律）においても，代位債権者（X）と債務者（Z）は本案について互いに不利益行為をすることを牽制する必要はなかった。Z としては X → Y 請求が棄却されても X の当事者適格が否定される限り自身には被代位債権不存在の既判力は及ばず不利益はない。X としては Z ＝ Y 間の既判力は自己に拡張しない以上，Z → Y 請求の棄却を牽制する必要はない。X・Z が互いに他を牽制する必要がある点は唯一，X（代位債権者）の当事者適格の存否である。したがって 47 条 4 項による同 40 条準用の規律はこの点（＝ X〔代位債権者〕による代位適格の存否）限りで妥当させるべきであったのであり，それは新民法の下でも同じである。このように，そもそも X・Z は本案について互いの行為を牽制できないという規律でよいのではなかろうか[37]。

　以上によれば **設問** (4)には，Z の自白は効力を有する，しかしその効力は Z → Y 訴訟限りで生じ，X → Y 訴訟には及ばない，と解答することになろう。

---

[37]　仮に本文の記述が誤りであるとすれば，そもそも独立当事者参加一般について，二当事者による裁判外の実体法上の処分行為（例えば和解）を残当事者は牽制できないという問題が指摘されていることに目を向けることになろう（本書事例 23〔八田〕Ⅱ 2(2)参照）。この指摘は，実体法上の行為は牽制できないが純訴訟上の行為は牽制できるという規律の可能性の指摘に結びついている（畑瑞穂「多数当事者訴訟における合一確定の意義」福永有利先生古稀記念『企業紛争と民事手続法理論』〔商事法務，2005 年〕125 頁以下。その他の規律の可能性について八田卓也「独立当事者参加訴訟における民事訴訟法 40 条準用の立法論的合理性に関する覚書」伊藤眞先生古稀祝賀論文集『民事手続の現代的使命』〔有斐閣，2015 年〕483 頁以下を参照）。同じ規律をここでも採用することが考慮に値するように思われる。
　なお，本文のように考えると独立当事者参加訴訟で代位債権者の請求が棄却され債務者の請求が認容された場合，債務者が矛盾する既判力に拘束されることになるという問題があるという指摘を，本稿準備段階で青木哲教授より受けた。確かにその通りである。解決策として，その場合代位債権者の受けた判決の既判力が優先するとし，それを避けたい場合には債務者は重畳的に共同訴訟参加をすればよいとする規律を採用してはどうかと考えるが，なお検討してみたい。

■ 答案作成時の要点

㋐　（設問）(1)について

　✓　新民法 423 条の 6 は債権者代位訴訟に訴訟告知を要求していること。しかし，効果について明文の規定がなく，解釈に委ねられていること。

　✓　X の当事者適格は法定訴訟担当としてのそれであり，既判力は Z に及ぶこと。

　✓　X に被代位債権の処分権限がないこと。よって請求棄却判決の既判力の Z への拡張は相応の手続保障として Z の参加の機会の保障（＝訴訟告知）を要件とするべきであること。

　✓　Z に既判力が拡張しないのであれば Y は応訴を拒絶できるとするべきであること（応訴拒絶権の付与 or 職権探知による）。

　✓　設問の解答の結論はどうなるか。

㋑　（設問）(2)について

　✓　X の当事者適格は法定訴訟担当としてのそれであり既判力は Z に及ぶこと。

　✓　当事者適格の要件は既判力拡張の要件であること。

　✓　設問の解答の結論はどうなるか。

㋒　（設問）(3)について

　✓　Z は訴訟追行権限（当事者適格）を有すること。

　✓　二重起訴問題が生じるため別訴としての提起は許されないこと。

　✓　Z が代位要件の存在を肯定する場合の参加はどうなるか。

　✓　Z が代位要件の存在を否定する場合の参加はどうなるか。

　✓　独立当事者参加（権利主張参加）の要件を満たすか（両論あり）。

㋓　（設問）(4)について

　✓　民事訴訟法 40 条の本来的規律はどの様なものか。

　✓　Z が債権処分権限を維持すること。それに伴い本来的規律にどの様な問題が生じるか。

　✓　その問題にどう対応するべきか。

　✓　設問の解答の結論はどうなるか（両論あり）。

8

次の三つの 事例 の違いを念頭に置きつつ，それぞれの設問に答えなさい。

事例 1

Xは，歩行中にYの運転する自転車と衝突し重傷を負った。そこで，Xは，Yを被告として，この事故により生じた不法行為に基づく損害賠償請求の訴えを提起した。Xは，民法 709 条の「過失」を基礎付ける事実として，Yが事故時に脇見運転をしていたことを主張し，Yはこれを否認し争っていた。

設問 1

この場合に，裁判所は，証拠調べの結果，両当事者が主張していなかった，Yが自転車のスピードを出しすぎていたという事実を認定し，これが「過失」を構成するとして，Xの請求を認容する判決を言い渡すことはできるか。

事例 2

Xは，Yを被告として，200 万円の貸金返還請求の訴えを提起した。これに対して，Yは，貸金債務の弁済を主張した。

設問 2

この場合に，裁判所は，証拠調べの結果，Yによる金銭支払は，YがXに対して負っていた別の 300 万円の売買代金支払債務の一部弁済としてなされたとの両当事者が主張していなかった事実を認定し，Xの請求を認容する判決を言い渡すことはできるか。

事例 3

　本件建物をＹに賃貸していたＸは，Ｙに対して，本件建物の賃貸借契約の終了に基づいて，建物からの退去を求める訴えを提起した。この訴訟において，Ｘが行った本件建物の賃貸借契約の解約の申入れに「正当の事由」があるか否かが争いとなった（借地借家 28 条）。そこで，Ｘは「娘が結婚予定であり新居が必要である」と主張し，Ｙはこれを認めず争った。

設問 3

　この場合に，裁判所は，証拠調べの結果，上記のＸの主張を真実と認めつつ，ＸもＹも主張していなかった「Ｘの娘の婚約者はすでに自宅を所有している」との事実を認定し，その結果，Ｘの解約申入れに「正当の事由」はないと判断し，Ｘの請求を棄却する判決を言い渡すことはできるか。

■ 解説

Ⅰ. 問題の所在

　事例はいずれも，弁論主義の三つの原則のうち，第1テーゼと呼ばれる，当事者による事実主張原則を扱う問題である[1]。すなわち，ここでは，裁判所が当事者により主張されていない事実を裁判の基礎としてはならないという原則が扱われる。弁論主義は，民事訴訟法学における基本的な論点であるが，この問題を深く理解するためには，客観的証明責任（以下，単に「証明責任」と表記する）の分配法則や，司法研修所等において伝統的に教育されてきた要件事実論との関係を把握する必要がある。

Ⅱ. 要件事実と主要事実の区別

1. 民事訴訟法学の通説と要件事実論における現在の理解

　まず，民事訴訟法学における現在の通説によれば，弁論主義の適用される事実は主要事実に限定されるが，ここでいわれている主要事実とは何かを確認する必要がある。通説によれば，主要事実は要件事実とは明確に区別され，要件事実とは，「（法律で定められた）権利の発生・障害・消滅等の法律効果を生ずるための法律要件を構成する事実」であり，主要事実とは，「（訴訟で出てくる）各要件事実に該当する具体的事実」であると定義される[2]。

　この定義によれば，例えば，貸金返還請求権の発生のための法律要件である「金銭返還の合意」「金銭の交付」（いずれも民587条），「弁済期の合意」「弁済期の到来」（いずれも民135条1項）という複数の構成要素それぞれが「要件事実」である[3]。これに対して，「主要事実」は，それぞれの「要件事実」すな

1）　この点についての一般的な記述については，新堂467頁，アルマ176頁，重点講義(上)404頁，LQ 203頁，松本＝上野43頁，高橋概論114頁，伊藤314頁，長谷部18頁，川嶋概説235頁等を参照。

2）　中野貞一郎「要件事実の主張責任と証明責任」法教282号（2004年）34頁。

わち法律要件の構成要素に該当する具体的事実，例えば，「X が Y に対して 2017 年 11 月 1 日に 200 万円を貸す旨の合意をしたこと」，「X は Y に貸金 200 万円を渡したこと」，「XY 間で当該貸金を 2018 年 5 月 5 日に弁済することを合意したこと」，「現在 2018 年 7 月 1 日であり，2018 年 5 月 5 日は到来していること」などである。

　X が Y を被告として 200 万円の貸金返還請求の訴えを提起した場合，裁判所は，当事者により主張された前述の主要事実の存在を認定し（事実認定），それにより各主要事実は要件事実（法律要件構成要素）に包摂されることを確認すれば（認定事実の法規〔法律要件〕への当てはめ），X の Y に対する 200 万円の貸金返還請求権は発生したと判断する（法律要件充足による法律効果の発生）。さらに，この権利の消滅・障害等を基礎付ける具体的な事実を認定することができなければ，裁判所は，現在，X の Y に対する貸金返還請求権は存在すると判断し，それゆえ，Y は X に 200 万円を返還せよとの給付判決を言い渡すことになる。

　これに対して，司法研修所等における要件事実論によれば，以上のような理解とは異なり，要件事実と主要事実は区別されない。例えば，伊藤滋夫教授により提唱された「裁判規範としての民法」理論によれば，実体法を，裁判規範としての民法という視点から，すなわち，当事者間の立証の公平の観点から解釈し直した結果，権利の発生，障害，消滅などの各法律効果が生ずるために必要な裁判規範としての民法の要件を導きだし，その要件に該当する具体的事実を要件事実と解する[4]。この定義によれば，要件事実は，民事訴訟法学における現在の通説のいう主要事実と同義である（以上につき【表1】を参照）。

---

3)　通説は，法律効果の生じる法律要件は，一つとは限らず，複数の構成要素があり得ることから，法律要件ではなく「要件事実」と呼ぶとするが，法律「要件」は事実ではないため，「法律要件構成要素」または「法律要件要素」と呼ぶのが正確ではないだろうか。同様の批判が，要件事実論を主張する見解からもある。例えば，吉川愼一「要件事実論序説」司法研修所論集 110 号（2003 年）135 頁は，「法律要件」または「個別的要件」と呼ぶのが適切であると述べる。

4)　伊藤滋夫『要件事実の基礎〔新版〕』（有斐閣，2015 年）2 頁以下，難波孝一「主張責任と立証責任」伊藤滋夫統括編集『民事要件事実講座(1)』（青林書院，2005 年）161 頁。司法研修所編『増補 民事訴訟における要件事実(1)』（法曹会，1986 年）3 頁も同旨。

【表1】 通常の場合における要件事実論と民訴法学における通説の理解の違い

	要件事実論	民訴法学における通説
法規（法律要件）	個別的要件	要件事実（法律要件構成要素または法律要件要素）
事実（法律要件に包摂される具体的事実）	要件事実	主要事実

2. 評価的要件（規範的要件）における「要件事実＝主要事実」

　ところで，　[事例1]　で問題となる民法709条の「過失」のような法律要件は，評価的要件（規範的要件）と呼ばれる。評価的要件とは，実体法に記載された法律要件が事実ではなく，評価である場合を指し，この要件は，事実的要件と異なり，類型的な事実経過が予想されないことにその特徴があるとされる[5]。

　民事訴訟法学においても，要件事実論においても，かつては，この場合における「要件事実（要件事実論による理解）＝主要事実（民事訴訟法学における現在の通説の理解）」は，現在とは異なって理解されていた。すなわち，民事訴訟法学におけるかつての通説は，当該規範的評価そのもの，　[事例1]　では「過失」そのものを，要件事実ではなく主要事実と呼び[6]，かつての要件事実論も，この場合の要件事実は，当該規範的評価そのものであると解していた[7]。その結果，いずれの立場によっても，規範的評価である「過失」を根拠付ける具体的事実は間接事実であることになる。要件事実論によっても，民事訴訟法学の通説によっても，弁論主義の適用があるのは「要件事実＝主要事実」に限られるので，「過失」を根拠付ける具体的事実を複数観念できる　[事例1]　の場合において，「過失」について証明責任を負うXが「Yの脇見運転」を主張しているにもかかわらず，裁判所がいずれの当事者も主張していない「Yのスピードの出し過ぎ」の事実を認定しても，これは間接事実であるから，弁論主義に違反しない。

　しかし，弁論主義の適用対象となるのは，証明の対象となる「事実」であり，

5）　難波孝一「規範的要件・評価的要件」伊藤統括編集・前掲注4)204頁。

6）　兼子一『新修民事訴訟法体系〔増訂版〕』（酒井書店，1965年）199頁，三ケ月章『民事訴訟法（法律学全集）』（有斐閣，1959年）159頁。

7）　司法研修所編『10訂 民事判決起案の手引』（法曹会，2006年）45頁。

法的評価の対象である「法律要件（要素）」ではない。しかも，上記の帰結は，Xの主張に対して防御していたYにとって不意打ちとなることは疑いなく，証明責任を負わない相手方当事者の防御権の保障の観点から見ても妥当でない（以上につき高橋概論 121 頁）。そこで，現在においては，評価的要件を根拠付ける具体的事実が「要件事実＝主要事実」であると解されている[8]。以上から，現在では，要件事実論，民事訴訟法学における通説のいずれによっても，（事例1）の場合，「Yのスピードの出し過ぎ」の事実は「要件事実＝主要事実」であり，したがって，裁判所がこれを当事者の主張なしに判決の基礎とすることは弁論主義に違反する。

Ⅲ．主要事実と間接事実の区別

1．主要事実と間接事実

通説および判例によれば，弁論主義の適用される事実は主要事実に限られる。これに対して，主要事実を経験則の適用によって推認させる事実である間接事実は，弁論主義の適用がなく，それゆえ，裁判所は，当事者による間接事実の主張がなくとも証拠調べの結果これを認定することができる。その理由は次の二つにあるとされる。一つは，弁論主義の根拠を私的自治に求める以上，その対象も，権利関係の発生・消滅・変更の原因となる主要事実に限られることである。もう一つは，裁判所が証拠調べの結果知った間接事実を，当事者がそれを陳述しない限り，主要事実認定の資料とすることができないとするのは，自由心証主義を不当に制約することである[9]。しかし，自由心証主義は，ある事実が真実であると認定するために用いられる原則であるから，当事者の主張がない限り，裁判所はこれが仮に真実であってもこれを判決の基礎とすることができないとする原則である弁論主義の第1テーゼは，もともと自由心証主義を制約するものである。そうであるならば，なぜ，権利関係の発生・消滅等の直接の原因となる主要事実の場合にのみ，それを裁判所が当事者の主張なしに裁

---

8) 司法研修所編・前掲注 4)33 頁。
9) 兼子・前掲注 6)198 頁以下，三ケ月・前掲注 6)159 頁，伊藤 318 頁。第 2 の理由付けは，間接事実と証拠との等質性を強調して説明される。詳細は，中野ほか 222 頁以下。

判の基礎とすることができないとすることが，自由心証主義を不当に制約しないのであろうか。通説・判例は，この点についてさらに説明する必要があろう。

2. 主張責任と弁論主義の根拠・機能

ところで，弁論主義は，裁判所と当事者の関係を規律するので，その第1テーゼである当事者による事実主張の原則にとっては，どちらの当事者により主要事実が主張されているかどうかは重要ではない。したがって，主要事実がいずれかの当事者によって陳述されてさえいれば，裁判所は，これを判決の基礎とすることができる。この原則は，主張共通の原則と呼ばれる（本書事例2「申立事項と判決事項の一致」［青木哲］Ⅵ2）。

これに対して，当事者による事実主張の原則に類似する概念として，主張責任がある。これは，いずれの当事者も，法の適用にとって重要な事実，通説によれば権利関係の発生・消滅・変更の原因となる主要事実を提出しなかった場合，裁判所は，その事実に基づく法律効果の発生を認めることができないため，そのことにより自己に不利な判決を受ける一方当事者の不利益を指す。この不利益は，通常，当該法律効果を自己の有利に援用しようとする当事者に生じる。したがって，主張責任を負う当事者は，原則として，証明責任を負う当事者である。

ところで，証明責任とは，法規不適用説によれば，訴訟において，裁判所が，ある事実が存在するとも存在しないとも確定できない場合に，その結果として，判決でその事実を法律要件とする自己に有利な法律効果の発生が認められないことになるという，一方の当事者の不利益と定義される。さらに，証明責任の分配についての法律要件分類説によれば，例えば，（事例1）では，民法709条は，不法行為に基づく損害賠償請求権の発生を根拠付ける規定（権利根拠規定）であるから，この規定の効果の発生により利益を受けるXが，その法律効果を生じさせる法律要件を構成する要件事実にあたる具体的事実すなわち主要事実について，証明責任を負う。したがって，XY間の訴訟において，不法行為に基づく損害賠償請求権の発生を根拠付ける規定の主要事実（例えば「過失」を根拠付ける具体的事実）の存否が争点となり，証拠調べも行われたが，その結果，当該主要事実が存否不明（真偽不明）となった場合には，裁判所は，当該主要事実を権利根拠規定の法律要件に適用することができないため，この規

定の効果の発生を認定できず，その結果，Xにとって不利な判決（請求棄却判決）が言い渡される。以上の証明責任の分配法則があるからこそ，Xが不法行為に基づく損害賠償請求権の発生を根拠付ける規定の主要事実を主張しなければ，裁判所は，弁論主義の下，この事実を判決の基礎とすることはできないため，この権利根拠規定の効果の発生を認定できず，Xにとって不利な判決（請求棄却判決）が言い渡される。

　このような主張責任の分配法則が存在することで，証明責任を負う当事者は，自己に有利な法律効果の発生を欲する場合には主要事実を主張し，自己に有利な法律効果の発生を欲しない場合にはこれを主張しないという自由を得る。この点を重視して，通説は私的自治の原則から主要事実への弁論主義の適用を根拠付け[10]，さらにそうであるからこそ，当事者による主要事実の主張がない限り，裁判所はこれが仮に真実であってもこれを裁判の基礎とすることができないという原則は，自由心証主義を不当に制約しないのであろう。すなわち，通説によれば，主要事実については，それが法律効果発生の直接の原因となるという特質から，当事者の私的自治（弁論主義）が真実に適った事実認定の要請（自由心証主義）に勝ると解されていると考えられる。

　これに対して，証明責任を負わない相手方は，自らにとって不利な法律効果を生じさせる主要事実を自ら陳述しない限り（これを不利益陳述という），証明責任を負う当事者により主要事実が主張された場合にのみ，その事実の真実性について裁判官に疑いを抱かせるために防御方法を提出すればよい（これは反証と呼ばれる）。このように，主張責任の分配法則の存在により，証明責任を負う当事者により主張された主要事実に対する相手方の防御権が保障されることになる。

---

[10]　この点については，「自己に有利な事実であってもそれを主張しない限り，裁判所に顧慮されない当事者の自由」という当事者の私的自治から弁論主義を根拠付ける，山本和彦教授の見解を参照した。山本和彦「弁論主義の根拠」同『民事訴訟法の基本問題』（判例タイムズ社，2002年，初出1998年）134頁以下。ただし，この叙述は，弁論主義の適用範囲が主要事実に限定されることを理由付けるためには用いられていない。なお，私的自治の原則と主張共通の原則の関係については，垣内秀介「主張責任の制度と弁論主義をめぐる若干の考察」青山善充先生古稀祝賀論文集『民事手続法学の新たな地平』（有斐閣，2009年）86頁以下も参照。

3. 積極否認と間接事実

　ところで，通説は，証明責任の分配法則から，原告により訴訟物として特定された権利関係を否定する被告の陳述（防御方法）を，抗弁と否認に区別する。抗弁とは，自分（被告）が証明責任を負う事実の主張であり，否認とは，相手方（原告）が証明責任を負う事実を否定する陳述である[11]。

　このうち，抗弁は，原告が自ら主張した権利関係の発生を根拠付ける事実（請求原因事実）が存在するにもかかわらず，その権利の発生を障害する，成立した権利を消滅させる等を定める規範の法律要件に該当する事実を主張する防御方法である。したがって，抗弁によって主張されるべき事実は権利関係の消滅・変更の原因となる主要事実であるから，これを当事者が主張しない限り裁判所は裁判の基礎とすることはできない。

　これに対して，否認は，被告が原告の主張する請求原因事実が全部または一部存在しないことを陳述する防御方法である。さらに，否認は単純否認と積極否認（理由付否認）に区別され，前者は，請求原因事実の主張をなんら理由を示さないで端的に否定する陳述であり，後者は，請求原因事実と異なる具体的な反対事実を対立させる陳述である（相手方の主張する事実と両立しない事実を積極的に主張する陳述とも言われる。LQ226頁）。単純否認の場合，被告は原告の主張する主要事実を単に否定するだけであるから，弁論主義との関係ではとくに問題は生じない。これに対して，積極否認の場合，被告は原告の主張する主要事実の存在を経験則上否定する別の具体的事実を陳述するので，被告は間接事実を主張することになる。そこで，被告により積極否認として通常主張される間接事実の存在が，証拠調べの結果明らかになった場合，裁判所はこの事実を当事者の主張なしに裁判の基礎とすることができるのかが問題となる。

　この点について，判例（最判昭和46・6・29判時636号50頁〔百選A15事件〕）は，（事例2）に類似する事案において，次のように判示した（下線は筆者による）。

　「原告の請求をその主張した請求原因事実に基づかず，主張しない事実関係に基づいて認容し，または，被告の抗弁をその主張にかかる事実以外の事実に基づいて採用し原告の請求を排斥することは，所論弁論主義に違反するもので，

11）　以下に述べる，抗弁と否認の定義については，主に，松本＝上野328頁以下，339頁以下を参照した。

許されないところであるが，被告が原告の主張する請求原因事実を否認し，または原告が被告の抗弁事実を否認している場合に，事実審裁判所が右請求原因または抗弁として主張された事実を証拠上肯認することができない事情として，右事実と両立せず，かつ，相手方に主張立証責任のない事実を認定し，もって右請求原因たる主張または抗弁の立証なしとして排斥することは，その認定にかかる事実が当事者によって主張されていない場合でも弁論主義に違反するものではない。けだし，右の場合に主張者たる当事者が不利益を受けるのはもっぱら自己の主張にかかる請求原因事実または抗弁事実の立証ができなかったためであって，別個の事実が認定されたことの直接の結果ではないからである。」

　このように，判例は，積極否認に該当する間接事実は，証明責任を負う当事者の主張する主要事実の反証のために用いられるものに過ぎないため，弁論主義の適用対象としないことを明らかにした。これは，弁論主義の適用対象が主要事実に限定されていることの論理的な帰結である。また，証明責任を負う当事者が主要事実を主張することにより，その相手方は，その主要事実の証明に対して防御する必要が生じるが，自らが当該主要事実の証明責任を負わない以上，自らの防御権を行使するために，その主要事実を否定する別の具体的事実すなわち積極否認に該当する間接事実を主張する責任までは負わないことも，この判例から明らかとなる。さらに，この判例によれば，裁判所にとっても，争点となっている主要事実について，真実に適った事実認定が可能となり，自由心証主義の不当な制約とならない[12]。

　この判例を前提とすると，(事例2)では，Y による貸金債権への弁済としての金銭の支払の主張は，X の主張する権利を消滅させる権利消滅（滅却）規定（新民法 473 条）の主要事実の主張である。Y がこの事実について主張責任を負い，現実にこの事実を主張しているため，この事実についての弁論主義の要請は充たされている。これに対して，裁判所が認定した Y の弁済が別の売買代金債務のためのものであったという事実は，Y が証明責任・主張責任を負う

---

12)　ただし，この判例は，弁論の段階で積極否認にあたる間接事実を両当事者が陳述しないにもかかわらず，この事実の存否を確かめるために裁判所が証拠調べをすることができることをも意味するわけではない。これは審理過程における弁論主義の問題である。模索的証明の禁止および職権証拠調べの禁止の趣旨に鑑み，当事者が陳述しない間接事実について裁判所が証拠調べをすることはできないとすべきである。審理過程における弁論主義については，山本克己「弁論主義論のための予備的考察」民訴 39 号（1993 年）171 頁を参照。

主要事実の不存在を経験則上推認する間接事実である（仮にXがこれを主張していれば，Yの抗弁事実に対する積極否認である）。したがって，間接事実には弁論主義は適用されないとの通説・判例に従う限り，この事実が当事者により主張されなくとも，裁判所がこの事実を裁判の基礎とすることは，弁論主義に違反しない[13]。

Ⅳ．いわゆる評価障害事実の取扱い

1．いわゆる評価障害事実の主要事実性とその根拠

これまでは，主に 事例1 と 事例2 を念頭に，弁論主義と要件事実に関連する基本的な問題について解説をしてきた。最後に， 事例3 を用いて，要件事実論に関する発展問題について解説を行いたい。

Ⅱ2で述べたとおり，要件事実論によれば，民法709条の「過失」のような評価的要件であっても，評価的要件を根拠付ける具体的事実が「要件事実＝主要事実」であると解されている。しかし，それのみならず，評価根拠事実と両立し，しかもこの事実に基づく評価的要件の成立を妨げる効果をもつ事実は評価障害事実と定義され[14]，この事実を主張する当事者の攻撃防御方法は抗弁であるとされる。

もっとも，実体法上の文言に従うと，例えば民法709条には権利根拠規定だけが存在するように読める。しかし，要件事実論の論者によれば，裁判規範としての民法という視点から，すなわち，当事者間の立証の公平の観点から，実体法上，評価的要件を積極的に根拠付ける評価根拠規定と，評価的要件を消極的に根拠付ける評価障害規定が存在すると解釈されるべきであるとする。その結果，評価障害事実を主張する当事者は，評価障害規定の主要事実を抗弁として陳述していることとなる[15]。したがって，この見解によれば，裁判所が当

---

13) これに対して，新堂幸司教授が， 事例2 においても不意打ち防止の観点から弁論主義違反とする見解に最近改説された。新堂480頁。たしかに，不意打ち防止の観点は弁論主義の適用範囲を画するために重要である。しかし，どのような事実についてなぜ相手方に防御権を保障しなければならないのかはあらかじめ明確にされなければならず，この点で判例の立場を支持すべきである。

14) 司法研修所編・前掲注4)34頁。

【表2】 評価的要件における要件事実論の理解

法規（法律要件）	評価的要件（「過失」「正当の事由」など）	
	評価根拠規定	評価障害規定
事実（法律要件に包摂される具体的事実）	評価根拠事実（要件事実）	評価障害事実（要件事実）

事者の主張なしに評価障害事実を裁判の基礎とすることは，弁論主義に違反する（以上につき**【表2】**を参照）。

　この見解によれば，**事例3**においては，借地借家法28条の「正当の事由」は評価的要件であるので，「娘が結婚予定であり新居が必要である」との事実が評価根拠事実であり，「Xの娘の婚約者はすでに自宅を所有している」との事実は評価障害事実となり，いずれも主要事実となる。評価根拠事実の証明責任・主張責任は，権利の発生により利益を受けるXが負い，評価障害事実の証明責任・主張責任は，権利の不発生により利益を受けるYが負う。したがって，本件では，とりわけYが抗弁として主張しなかった「Xの娘の婚約者はすでに自宅を所有している」との評価障害事実を，裁判所が裁判の基礎としてYに有利な判決を言い渡すことは許されないこととなる。

2. 要件事実論の問題点

　以上の見解は，法曹を目指す読者にとって理解すべき重要なものである。この考え方は，近時の最高裁判例によっても採用されている（最判平成30・6・1民集72巻2号88頁）。しかし，この見解に対しては，学説によりいくつかの重要な問題点が指摘されている。

　第1の批判は，事実概念からなる法律要件要素であっても，ある事実がこれに包摂されるかどうかは法的評価であるから，厳密に言えば，事実的要件と評価的要件は区別できず，すべてが評価的要件となる，というものである[16]。

---

15)　司法研修所編・前掲注4)34頁以下。

16)　山本和彦「総合判断型一般条項と要件事実」同『民事訴訟法の現代的課題』（有斐閣，2016年，初出2009年）268頁，松本博之「法科大学院と民事実務教育」同『証明軽減論と武器対等の原則』（日本加除出版，2017年，初出2015年）370頁注25。笠井正俊「不動産の所有権及び賃借権の時効取得の要件事実に関する一考察」判タ912号（1996年）4頁以下も参照。

したがって，民法709条の「過失」や，借地借家法28条の「正当の事由」の場合に限定して，それらの法律要件要素が評価的要件に該当することを理由に，評価根拠事実と評価障害事実を区別することは合理性を欠く。

第2の批判は，「裁判規範としての民法」の論者が，その主観により公平または相当であると考えたという理由で，評価根拠事実と評価障害事実を区別して実体法を書き換える，すなわち，立法により証明責任の所在を変更するのと同じことを行うことは許されないというものである[17]。具体的に述べると，松本博之教授によれば，借地借家法28条の「正当の事由」は，その立法趣旨からすれば，同一法律要件要素内において賃貸人側の事情と賃借人側の事情を総合的に評価すべき事項であり，これ自体が証明責任の対象である。したがって，正当事由を主張する当事者であるXが，正当事由を根拠付ける事実の存在についても，正当事由があるとの判断を妨げる事実の不存在についても，主張し立証しなければならない[18]。

しかし，これでは，Yが，自己に有利な，正当事由があるとの判断を妨げる具体的事実の存在を陳述しないことにより，Xは，正当事由を妨げる事実の不存在を自ら立証することが困難となるので，Xが，正当事由があるとの判断を妨げる事実の不存在という消極的事実を概括的に主張している場合には，Yは，訴訟上の信義則に基づき「証明責任を負わない当事者の具体的陳述義務」を負い，Yがこの義務を履行しないときは，Yが正当事由を妨げる事実の不存在（消極的事実）についてのXの概括的な主張を自白したものと見なされる[19]。

なお，この見解によれば，事例3 においては，「Xの娘の婚約者はすでに自宅を所有している」との事実についてYは主張責任を負わず，正当事由があるとの判断を妨げる事実の不存在という概括的事実についてXが主張責任を負う。このため，設問3 が，この概括的な事実さえもいずれの当事者によっても主張されていないと解されるケースであれば（現実には，Xがこのような概括的な事実を黙示的に主張していると解されるケースが通常であろうが），主張責任を負うXにとって不利な判決である請求棄却判決が下されることとなろう。

---

17) 松本博之「要件事実論と法学教育」同・前掲注16)315頁（初出2003年～2004年）。

18) 松本・前掲注16)372頁。

19) 松本・前掲注16)373頁。松本＝上野347頁以下も参照。

V. おわりに

　以上で解説を終える。本稿では，弁論主義の適用範囲は，証明責任および主張責任の分配と密接に関連していることを明らかにした。ただし，設問3のように，ある当事者が証明責任を負うべき法律要件要素に，自己のみならず相手方に関する事情を総合して考慮すべき要素が含まれる場合に，証明責任と主張責任の一致の原則を貫くと，主張立証の負担について当事者間の公平を欠くことがあることも明らかになった。この場合，要件事実論は，証明責任の分配を変更して，この問題を解消しようとしているが，この見解にはいくつかの重要な問題点があることを指摘した。

■ 答案作成時の要点

(ア) 事例1 について
- ✓ 要件事実と主要事実の違いを理解しているか。
- ✓ 「過失」を根拠付ける具体的事実を間接事実とする場合に生じる問題点について指摘があるか。
- ✓ 証明責任の分配と主張責任の分配との関係を理解しているか。

(イ) 事例2 について
- ✓ 主要事実と間接事実の違いを理解しているか。
- ✓ 抗弁と積極否認の違いを理解しているか。
- ✓ 通説が，主要事実についてのみ弁論主義が適用されるとする理由を理解しているか。
- ✓ 積極否認に該当する事実を，裁判所は当事者の主張なしに裁判の基礎とすることができるとする判例の理由付けを理解しているか。

(ウ) 事例3 について
- ✓ 事実的要件と評価的要件（規範的要件）の違いを理解しているか。
- ✓ 要件事実論における評価障害事実の取扱いを理解しているか。
- ✓ 要件事実論による評価根拠事実と評価障害事実の区別に対して，学説が批判する理由を理解しているか。

9

［解答時間 90 分］

事例

　Ｘは，Ｙを被告として，本件建物の所有権に基づく建物明渡請求の訴えを提起した。

　第 1 回口頭弁論期日において，Ｘは，請求原因事実として，本件建物の前主はＡであり，ＸはＡから本件建物を買い受けたと主張した。以上のＸの主張に対して，Ｙは，本件建物の前主はＡであることは認めたが，その余については単純否認した。

　その後の第 1 回弁論準備手続期日において，Ｙは，「ＡがＢから金 500 万円を受け取った」ことから，本件建物をＡから買い受けたのはＸではなくＢであると主張した。これに対して，Ｘは，「ＡがＢから金 500 万円を受け取った」との事実を認めたが，これはＢのＡに対する貸金債務の弁済のためであり，売買代金の支払のためではないと争った。

設問

　(1)　争点整理手続終了後の第 2 回口頭弁論期日において，Ｙは，「ＡがＢから金 500 万円を受け取った」との事実を証明するために，Ｂの証人尋問を申請した。この場合，裁判所は，この事実が真実であるかどうかを確かめるために証拠調べをすることはできるか。

　(2)　争点整理手続終了後の第 2 回口頭弁論期日において，Ｘは「ＡがＢから金 500 万円を受け取った」との事実の陳述を撤回したうえで，「ＡはＢから金 500 万円を受け取っていない」と主張することは許されるか。

　(3)　裁判所は，判決の際に，「ＡがＢから金 500 万円を受け取った」との事実とは別の事実（例えば，ＡはＢと 500 万円の消費貸借契約を締結していたか否か）についての証拠調べの結果得られた証拠資料に基づいて，「Ｘが本件建物を前主Ａより買い受けた」との事実を認定することはできるか。

■ 解説 ━━━━━━━━━━━━━━━━━━━━━━━━━━━━━━━

Ⅰ．問題の所在

　(事例)は，弁論主義の第2テーゼと呼ばれる，裁判上の自白に関するものである[1]。裁判上の自白に関しては，とりわけその効果をめぐって，近時多くの学説により様々な議論が展開されている。そのため，本稿では，主に間接事実の自白を念頭に置いて，自白の効果をめぐる議論を紹介する。

Ⅱ．裁判上の自白の定義・成立要件

1．定義

　裁判上の自白とは，「当事者の一方が口頭弁論期日または弁論準備手続期日において行う事実に関する陳述であって，相手方の事実の主張と一致し，その当事者にとって不利な効果をもたらすもの」を指す（長谷部200頁。なお，この定義によれば自白は観念の通知であるが，自白を「相手方の主張する自己に不利益な事実を争わない旨の意思の表明」と定義し，意思の表明と捉える見解が最近では多数見られる。例えば，高橋概論170頁）。この定義からわかるように，裁判上の自白が成立するためには，通説によれば，次の四つの要件が充たされなければならない。

2．要件①──口頭弁論期日または弁論準備手続期日における陳述であること

　第1に，自白が成立するためには，口頭弁論期日または弁論準備手続期日において，当事者が事実について陳述すること，または，陳述が擬制されること（158条）が要求される。

　1）　このテーマに関する基本的な情報については，伊藤360頁以下，松本＝上野330頁以下，新堂584頁以下，中野ほか312頁以下，高橋概論170頁以下，重点講義(上)475頁以下，LQ 231頁以下，アルマ185頁以下，193頁以下，281頁以下，川嶋概説256頁以下，長谷部198頁以下を参照。

3.　要件②——事実についての陳述であること

　第 2 に，自白は事実についての陳述でなければならない。しかも，通説および判例によれば，自白の対象は主要事実に限られ，間接事実や補助事実は自白の対象とはならない（最判昭和 41・9・22 民集 20 巻 7 号 1392 頁〔百選 54 事件〕）。したがって，事例において，仮に Y が，X の請求原因事実である「X が本件建物を前主 A より買い受けた」との事実を認める陳述をした場合には，この事実は主要事実であるから，自白が成立する。

4.　要件③——相手方の事実主張と一致する陳述であること

　第 3 に，自白は，相手方の事実の主張と一致する陳述であることを要する。この場合，相手方の事実の主張と自白当事者の陳述のいずれが先であるかは問われない。

5.　要件④——自白当事者にとって不利益な陳述であること

　第 4 に，自白は，自白当事者にとって不利益な事実の陳述である場合に成立する。ただし，どのような場合に不利益な陳述であるといえるのかについては争いがあり，学説は，主に証明責任説と敗訴可能性説に分かれる。証明責任説によれば（伊藤 364 頁），相手方が証明責任を負う事実を認める陳述に限られるが，敗訴可能性説によれば（新堂 584 頁以下，高橋概論 172 頁等），自白当事者に敗訴をもたらす可能性がある事実を自ら認める陳述であれば足りる。事例において，仮に，Y が「X が本件建物を前主 A より買い受けた」との X の主張を認める陳述をすれば，Y は相手方が証明責任を負う主要事実（X の所有権取得原因となる具体的事実）を認める陳述をしたことになり，また，Y が敗訴する可能性を有することになるから，証明責任説・敗訴可能性説のいずれによっても，Y のこの陳述は不利益な陳述に当たる[2]。

---

　2)　もっとも，不利益要件は不要とする少数説も存在する。松本 = 上野 331 頁。この説によっても，本文の例において自白が成立する。

Ⅲ. 裁判上の自白の効果

1. 弁論主義に基づく審判排除効とその付随的効果としての不要証効

　以上から，(事例)において仮に Y が「X が本件建物を前主 A より買い受けた」との X の主張を認める陳述をすれば，裁判上の自白の四つの要件を全て充たすため，裁判上の自白が成立することとなろう。それでは，裁判上の自白が成立すればどのような効果が生じるのであろうか。

　裁判上の自白は，弁論主義の第 2 テーゼに位置づけられ，その効果についてはまず次のように述べられる。すなわち，「当事者が自白した事実については，裁判所は，これと異なる事実認定をすることができない。証拠調べをせずに，そのまま判決の基礎としなければならない」(長谷部 198 頁)。このように，弁論主義の下，裁判上の自白により，自白事実の裁判所に対する拘束力が生じる。これは審判排除効と呼ばれる (判断拘束効〔LQ 232 頁〕とも呼ばれる)。この審判排除効により，ある事実について裁判上の自白が成立する場合には，裁判所は，判決事実確定の際に，この事実が，他の事実についての証拠調べの結果，真実に合致しないとの心証を抱いたとしても，この事実をそのまま裁判の基礎としなければならない。このように，弁論主義に基づいて認められる裁判上の自白の審判排除効は，判決事実確定段階において作用するので，この効果は，「判決事実確定段階における審判排除効」と呼ばれる[3]。

　判決事実確定段階における審判排除効が存在する限り，主張整理段階において，自白が成立した事実について，裁判所が仮にこれに疑いをもったとしても，裁判所が証拠調べをし，当事者が証明をすることは無意味であり，むしろ仮にそのようなことを許せば審理の遅延や訴訟不経済を生じさせる。このことから，判決事実確定段階における審判排除効とは別に，自白が成立した事実について裁判所が証拠調べをすることは許されないという効果 (主張整理段階における審判排除効[4]または審理排除効〔LQ 232 頁〕と呼ばれる)，および，当事者は，自

---

3) 高田裕成「間接事実の自白」松本博之先生古稀祝賀論文集『民事手続法制の展開と手続原則』(弘文堂，2016 年) 353 頁。

4) 高田・前掲注 3) 353 頁。

【表1】 審判排除効の分類

判決事実確定段階（自白の本来的効果）	主張整理段階（自白の付随的効果）
「裁判所は，他の事実についての証拠調べの結果，当事者が自白した事実と反対の事実を認定することは，弁論主義に反するため許されない。」（判決事実確定段階における審判排除効）	「裁判所は，自白が成立した事実について証拠調べをしてはならない。」（主張整理段階における審判排除効） 「当事者は，自白が成立した事実について証明をしてはならない。」（不要証効：179条）

白の成立した事実について証明する必要がない（正確には「当事者は，自白が成立した事実について証明をしてはならない」とすべきであろう）という効果（不要証効または証明不要効と呼ばれる〔179 条〕）が承認されうる。しかも，これらの効果は，判決事実確定段階における審判排除効が存在してはじめて承認されるべきものであるから，弁論主義に基づき認められる裁判上の自白の本来的効果である判決事実確定段階における審判排除効に付随して生じる効果である，と位置づけることができる（以上に述べた自白の効果の関係については**【表1】**を参照）。

2. 不可撤回効と審判排除効との関係

　裁判上の自白は，裁判所に対する拘束力のみならず，相手方に対する拘束力も生じさせる。本来，当事者の主張の撤回は原則として自由であり，自白も，事実に関する当事者の主張に含まれるから，原則としてその撤回は自由であるはずである。しかし，裁判上の自白の撤回は，自白を信頼した相手方の保護のために制限される。これは自白の不可撤回効と呼ばれる。

　自白の撤回が許されるのは，通説および判例によれば，①相手方の同意がある場合（最判昭和34・9・17民集13巻11号1372頁），②刑事上罰すべき他人の行為により自白した場合すなわち338条1項5号に該当する場合（最判昭和36・10・5民集15巻9号2271頁。ただし338条2項の要件を具備する必要はない），③自白が真実に反しかつ錯誤に基づきなされた場合（ただし，反真実性の証明があれば，自白が錯誤に基づいてなされたことが推定される〔最判昭和25・7・11民集4巻7号316頁〕）に限られる。このうち，③の場面において，反真実性の証明のみで足りるとする学説（松本＝上野336頁）や，錯誤の証明のみで自白の

撤回が許されるとする学説5)などが有力に主張されているが，判例および通説
は，自白撤回の成否を自白者による反真実性の証明にかからしめているため，
前者の見解に接近していると評価することができる。

　前者の見解は，自白の不可撤回効の根拠を，自白後に証拠が散逸したにもか
かわらず自白が撤回されてしまうと，自白を信頼した相手方に立証負担が生じ
るため，その負担から相手方を解放させることに求める。そこで，自白した当
事者が自白事実の反真実性について立証負担を負うことで当事者間の公平を図
っている。つまり，この見解は，自白の効果の中心を判決事実確定段階におけ
る審判排除効と捉え，判決事実確定段階において，自白を信頼した相手方が自
白事実の真実性に対する立証の負担を免れることに，不可撤回効の意義を見い
だすので，自白の撤回は，自白の効果の発生を判決事実確定段階において覆す
ためのものと位置づける。言い換えると，主張整理段階における自白の撤回の
陳述はいわば無条件に許され，自白事実の反真実性の立証に成功したかどうか
が判決事実確定段階において明らかになるにすぎない6)。

　これに対して，錯誤の証明のみで自白の撤回を許す後者の見解は，自白の意
義は，要証事実を限定し証拠調べの範囲を限定すること，つまり争点の縮減に
あると捉える。そのため，この見解によれば，自白の不可撤回効の意義は，証
拠調べに先立ち主張整理段階で要証事実を固定すること，すなわち，主張整理
段階における審判排除効および不要証効を確保することにある。それゆえ，当
事者が一旦行った自白を撤回することにより要証事実を増やすこと，すなわち，
主張整理段階における審判排除効および不要証効を否定することが，相手方と
の関係で禁反言（すなわち信義則違反）とならないかどうかにより，自白の撤
回の可否が判断される7)。しかしながら，弁論主義を根拠とする自白の本来的
な効果は，判決事実確定段階における審判排除効にあるとしながら，不可撤回
効を，判決事実確定段階における審判排除効の排除を当事者に対して禁じるた
めのものではなく，自白の付随的効果である主張整理段階における審判排除
効・不要証効の排除を当事者に対して禁じるためのものと位置づけることが，

5）　池田辰夫「自白の撤回制限法理」同『新世代の民事裁判』（信山社，1996 年，初出 1984 年）
　　168 頁以下，高橋概論 178 頁。
6）　高田・前掲注 3)354 頁以下。
7）　高田・前掲注 3)355 頁および 360 頁を参照。

果たして一貫した取扱いと言えるのかは検討の余地がある（**Ⅳ3を参照**）。

Ⅳ．間接事実の自白における審判排除効・不要証効・不可撤回効

1．判決事実確定段階における審判排除効

ところで，前述の通り，判例および通説によれば，裁判上の自白の対象は主要事実に限られ，間接事実はこれに含まれない。その理由は，弁論主義の第1テーゼの場合と同様に[8]，弁論主義の根拠を私的自治に求める以上，その対象も，権利関係の発生・消滅・変更の原因となる主要事実に限られることと，間接事実の自白を認めると裁判所の自由心証を不当に制約することにある（伊藤363頁以下）。

以上の判例・通説によれば，**設問**(3)のような，（BがAから本件建物を買い受ける際に）「AがBから金500万円を受け取った」との事実は，「Xが本件建物を前主Aより買い受けた」との主要事実の不存在を経験則上推認するための間接事実に過ぎないため，この事実は，自白の対象とはならない。したがって，この事実について当事者間に争いがなくとも，この事実には審判排除効は生じない。このため，裁判所は，証拠調べの結果，「AがBから金500万円を受け取った」との間接事実が存在しないと認定し，その結果「本件建物をAから買い受けたのはBである」との事実の存在を経験則により打ち消すことができる。

しかし，以上の通説に対しては，重要な反対説が存在する。この見解によれば，間接事実であっても，自白された間接事実だけから主要事実が推認できる場合や，自白された間接事実と証明された他の間接事実を総合すれば主要事実を推認することができる場合には，当該間接事実は主要事実に劣らない重要性を有すること，および，間接事実の自白を肯定しても，自白当事者はこの間接事実からの主要事実の推認を妨げる他の間接事実を主張立証することによってこれを破ることができるから，裁判官の自由心証が終局的に排除されるわけではないことを理由に，間接事実の自白（の審判排除効）の成立を肯定する（松

8）　本書事例 8「弁論主義・要件事実」［鶴田滋］。

本＝上野 333 頁以下）。その他の見解も，自白された間接事実を打ち消すに足る別の間接事実が認められない限り，自白された間接事実（たとえそれに疑いをもっていたとしても）から主要事実を推認することは無理な注文とは言えないと述べる（新堂 587 頁以下。これは「限定的な審判排除効」と呼ばれる[9]）。

　これらの見解によれば，**設問**(3)において，「A が B から金 500 万円を受け取った」との間接事実についての X の陳述は，不利益要件（前述の自白の成立要件④）について敗訴可能性説に立つならば，X の敗訴をもたらしうる不利益な陳述であるため，この事実の自白にも審判排除効が生じる[10]。その結果，裁判所は，原則として，別の事実の認定のために行った証拠調べの結果，「A が B から金 500 万円を受け取った」との間接事実が存在しないと認定することはできない。ただし，間接事実の特質から，主要事実の自白と異なり，次の留保が付される。まず，裁判所が，自白された間接事実と両立する別の間接事実の存在を認定することにより，自白事実から経験則上推認される「本件建物を A から買い受けたのは B である」との事実を打ち消し，「本件建物を A から買い受けたのは X である」との主要事実の存在を認定することは可能である。さらに，間接事実の自白に「限定的な審判排除効」を認める見解によれば，裁判所が，証拠調べの結果，自白された間接事実と両立しない別の間接事実の存在を認定することにより，自白された間接事実の存在を否定することも可能である（以上につき，重点講義(上)493 頁の図を参照）。

2.　審判排除効を伴わない不要証効？

　このように間接事実の自白にも審判排除効または「限定的な審判排除効」を肯定する立場によれば，裁判所が，他の事実の証拠調べの結果，自白された間接事実の真実性について疑いをもっても，原則として，自白された間接事実に基づいて判決をしなければならないのであるから，裁判所は，自白された間接

---

9)　菱田雄郷「裁判上の自白法則」新堂幸司監修『実務民事訴訟講座〔第 3 期〕第 4 巻』（日本評論社，2012 年）89 頁。

10)　なお，自白の成立要件④の不利益性について，敗訴可能性説または不利益要件不要説を採れば，間接事実に自白の審判排除効を承認することができるが，証明責任説による場合には慎重な検討を要する。なぜなら，証明責任は，法規不適用説によれば，その定義上（これについては，本書事例 8 ［鶴田］Ⅲ 2)，法律効果の発生などを直接に基礎づける主要事実について成立するものであり，間接事実に証明責任を観念する余地はないからである（伊藤 381 頁）。

事実の真実性について証拠調べをしてはならないし（主張整理段階における審判排除効），当事者も自白された間接事実の証明をしてはならないこととなる（不要証効）[11]。したがって，**設問**(1)において，裁判所は，「AがBから金500万円を受け取った」との間接事実が真実であるかどうかを確かめるために証拠調べをしてはならないことになる。

　これに対して，判例および通説は，間接事実の自白の審判排除効を否定するのであるから，これについての主張整理段階における審判排除効および不要証効も否定されることになろう。したがって，**設問**(1)において，裁判所は，「AがBから金500万円を受け取った」との間接事実についての両当事者の陳述が一致しているにもかかわらず，この事実が真実であるかどうかを確かめるために証拠調べをすることができ，さらに当事者もこの事実の証明をすることができることになるはずである。

　それにもかかわらず，通説は，裁判所は，間接事実について両当事者が一致した陳述内容について証拠調べを経ることなく判決の基礎にすることができる，すなわち，間接事実の自白には不要証効があると理解する[12]。間接事実の自白にこのような不要証効のみが生じる根拠は，不要証効を認めても真実発見が大きく害されることもなく，迅速・廉価にもなることにある（高橋概論176頁）。もっとも，ここでの不要証効は審判排除効と不可撤回効を伴わないため，この効力の内容は，証拠調べは不要であるが禁じられるものではないし，他の証拠調べや弁論の全趣旨の結果，自白された事実と別の事実を裁判所が認定することは妨げられない（高橋概論171頁），という程度のものである[13]。しかし，この程度の不要証効では，自白が成立した段階では，自白された事実がそのまま判決事実確定段階で認定される保障がない。というのも，自白成立後であっても，裁判所が他の事実についての証拠調べの結果，自白事実の真実性に疑い

---

11)　高田・前掲注3)353頁。これに対して，勅使川原和彦『読解民事訴訟法』（有斐閣，2015年）50頁以下は，179条に基づき裁判上の自白に不要証効が肯定されるから，審判排除効・不可撤回効も肯定されると説明する。しかし，この見解は，そもそもなぜ179条は裁判上の自白に不要証効を肯定しているのかを説明していない点に問題がある。同45頁，河野正憲ほか『プリメール民事訴訟法』（法律文化社，2010年）143頁以下，147頁以下［いずれも勅使川原和彦］を参照。

12)　兼子一『新修民事訴訟法体系〔増訂版〕』（酒井書店，1965年）248頁には，「主要事実について争ある場合に，その徴表に当る事実についての自白も，証明を要しないが，主要事実と異って，必ずしも裁判所を拘束するものでない」とある。

をもてば，自白事実に反する事実を認定することも可能となるからである。そこで，近時の見解は，裁判所が，自白事実の真実性に疑いをもつ場合には，その旨の心証を開示し，釈明権を行使の上自白事実を争点化して，これについての攻撃防御を当事者に尽くさせるべきであると述べる[14]。このように，自白当事者の相手方が不意打ちの判決を受ける危険を，その者に対して弁論権を保障することにより回避しようとする見解は傾聴に値するが，それでも，当事者の自白を信頼した相手方が，裁判官の釈明権行使までに，必要な証拠を滅失したり散逸したりした場合には，そのリスクを背負うこととなろう[15]。

　以上のように，通説が間接事実の自白に肯定する不要証効は，裁判所が自白事実の真実性に疑いをもたない場合に限り生じるために，自白当事者の相手方の信頼保護という自白の機能を充分に果たさない。そうであるならば，このような効力は，裁判上の自白の効果としての不要証効と呼ばれるにはふさわしくないのではないか。なぜなら，この効力は，裁判所が自白事実の真実性に疑いをもつ場合でも，自白事実について当事者が証明をしてはならないことを意味する，裁判上の自白の審判排除効に付随する効果としての不要証効とは全く異なるものであるからである。そうであるならば，そもそも通説は，間接事実の自白に対する不要証効をも否定しており（したがって，間接事実の自白には179条の適用はない），間接事実の「自白的陳述」は，弁論の全趣旨（247条）として斟酌されるにとどまる[16]，すなわち，「裁判官が異なる心証を得ない限り当事者間で争いのない間接事実を裁判の基礎としてもかまわない（ある間接事実についての両当事者の陳述が一致するに至った個別的具体的な状況からその事実を真実と認定することができる）」と解するのが素直ではないか[17]。

　もっとも，間接事実について両当事者の一致した陳述に，審判排除効の伴わ

---

13)　これに対して，山本克己「間接事実についての自白」法教283号（2004年）74頁は，不要証効の内容として「自白された事実が不存在であるという証明がなければ，裁判所は，自白された事実の証明があったとみなさなければならない」というものを想定する。しかし，菱田・前掲注9)93頁注43が述べるとおり，このような内容の不要証効は，間接事実に「限定的な審判排除効」を認めるに等しいと考えられる。

14)　高橋概論176頁，重点講義(上)492頁，高田・前掲注3)359頁。

15)　権利自白に関する議論ではあるが，松本博之「制限付き認諾と先決的法律関係の一致した陳述」同『民事自白法』（弘文堂，1994年，初出1992年）187頁以下を参照。

16)　川嶋四郎『民事訴訟法』（日本評論社，2013年）472頁。

ない不要証効（179条）を認める通説，弁論の全趣旨（247条）によりこの陳述を真実と認定することができるとする見解のいずれによっても，これらの見解が間接事実の自白に判決事実確定段階における審判排除効を認めない以上，【設問】(1)では，裁判所は，両当事者の陳述が一致した間接事実について，この事実の真実性に疑いをもつ限り，証拠調べをすることができる。

3. 審判排除効を伴わない不可撤回効？

ところで，間接事実の自白に審判排除効を認める有力説によれば，その結果，当然に不可撤回効も生じることになる。したがって，【設問】(2)において，Ⅲ 2で述べた自白の撤回要件を充たさない限り，Xは「AがBから金500万円を受け取った」との間接事実の自白を自由に撤回することはできない。これに対して，前述の通り，判例および通説は，間接事実の自白には審判排除効も不可撤回効も認めない。したがって，この見解によれば，【設問】(2)では，Xは当該間接事実についての陳述を自由に撤回することができる（ただし，174条〔これが準用する167条〕に基づく，弁論準備手続終結後の攻撃防御方法の提出についての制約は受ける）。しかし，学説の中には，審判排除効を否定しつつも，不可撤回効を肯定するものが存在するため[18]，この見解の当否について言及する。

この見解によれば，自白の撤回の制限の問題は，弁論主義の問題ではなく，当事者の訴訟行為の撤回可能性の問題であるとする。すなわち，一旦行った裁判上の主張の撤回は原則として自由であるとの原則の例外をなす裁判上の自白

---

17)　なお，兼子一博士は，不要証事実について定めた大正15年民事訴訟法257条（現行法179条）の注釈の冒頭において，次のように述べている。すなわち，「本条は事実の中で，証拠による証明を要しないものとして，裁判上の自白と裁判所に顕著な事実とを挙げるが両者において証明を要しないとする意味は全く異ることに注意すべきである。自白の場合は全く裁判官の心証を排除するものであり，弁論主義の結果であるに対し，顕著事実の場合は裁判所が心証を得ていることについて証拠による裏付けを必要としない意であり，職権主義の下においても適用がある」，とある（兼子一『条解民事訴訟法(上)』〔弘文堂，1955年〕712頁）。以上の叙述から，裁判上の自白の不要証効は，顕著な事実のそれとは異なり，審判排除効の論理的帰結としての，当事者による証明および裁判所の証拠調べを禁じる効力を指すことが読み取れる。なお，私見に対する批判として，岡庭幹司「裁判上の自白」渡部美由紀ほか『ゼミナール民事訴訟法』（日本評論社，2020年）73頁。

18)　三ケ月章「判批」法協84巻8号（1967年）1091頁，谷口安平『口述民事訴訟法』（成文堂，1987年）220頁。川嶋・前掲注16)473頁もこれを支持する。

の撤回制限は，弁論主義の適用範囲と関係がない。したがって，自己に不利益
な陳述を訴訟の場で積極的に行った場合には，その撤回については，主要事実
であれ間接事実であれ，自白当事者の訴訟戦術に巻き込まれる相手方の保護の
ために，すなわち禁反言の法理により，通常の場合よりも不利に扱われるべき
である，と述べる[19]。別の見解は，間接事実の自白の審判排除効を否定すれ
ば，裁判所は他の証拠や間接事実から異なる心証を抱いた場合には心証の通り
判断できるが，異なる心証を抱く前であれば，「自白」（前述の「自白的陳述」
と同旨）された間接事実を前提としてもか·ま·わ·ず·，改めてこの間接事実を認定
するための証拠調べをする必要はなくなるため，その限りで間接事実の自白者
は撤回の自由を制限されると述べる[20]。もっとも，不可撤回効を肯定しつつ，
審判排除効を否定すれば，裁判所は，自白が成立した事実であっても，他の事
実についての証拠調べの結果，自白事実とは反対の事実を認定することができ
ることとなり，その結果，当事者（とりわけ一方当事者の自白を信頼した相手方）
にとって不意打ちの判決が言い渡されるおそれがある。そこで，この見解によ
れば，当事者に争いのない間接事実で重要なものについて，裁判所が，その存
在について疑念を抱いた場合には，釈明権の行使を通じてこれを明確にすべき
であると述べる[21]。

　以上の見解に対しては，審判排除効を否定しながら不可撤回効を肯定するの
は「不適当不徹底」であるという批判がある。具体的には，自白当事者は，錯
誤・反真実を立証しなければ自白を撤回することができず，自白事実に反する
事実を前提とした弁論は許されないのに，裁判所は別の事実の証拠調べから，
自白された事実と内容の異なる間接事実を前提として事実認定ができることに
なるのは，当事者を不当に不利に扱うことになることが挙げられている（重点
講義(上)492頁）。

　たしかに，自白の撤回制限の根拠を，自白を信頼した相手方に対する立証負
担の回避に見る見解によれば，判決事実確定段階での審判排除効を否定される
と，自白当事者の相手方は，自白当事者が撤回要件の立証に成功しない限り裁
判所は自白事実に拘束されるという利益を享受することができない。これは不

19)　三ケ月・前掲注18)1091頁。
20)　谷口・前掲注18)220頁。
21)　川嶋・前掲注16)473頁。

当な結果であり，このような結果を避けるためには間接事実にも審判排除効を
肯定すべきであろう。しかし，自白の意義を争点の縮減にあると捉える見解に
よれば，不可撤回効のみを肯定し，証拠調べの範囲を限定しつつ，裁判所が争
いのない間接事実の真実性に疑いをもった場合には，釈明権を行使して当事者
にその事実についての立証を促すことは，当事者間の信義に反することになら
ず，不当な結果であるとは言えないであろう。すなわち，この見解によれば，
裁判所が争いのない間接事実の真実性に疑いをもたない場合に限定して，不可
撤回効が機能することとなる。

　このように，裁判上の自白を，争いのない事実の扱いに関する弁論主義の問
題として捉えると，自白の効果の中心は判決事実確定段階における審判排除効
であり，これを抜きに不可撤回効は考えにくいこととなる。しかし，自白をあ
る事実を争わない当事者の意思と結びつける見解によれば，判決事実確定段階
における審判排除効とは関係なく不可撤回効を肯定する可能性が生じ，このよ
うな取扱いは，早期に争点を整理し証拠調べの範囲を限定するという現行法の
理念にも合致する。ただし，これを主張する論者も認めるように，これは弁論
主義の問題ではなく当事者の訴訟行為の規律の問題であろう。したがって，こ
の立場によれば，間接事実の自白の不可撤回効の問題は，従来の自白論，すな
わち，裁判所は自白事実の真実性に疑いをもつ場合でも自白事実に拘束される
とする，判決事実確定段階における審判排除効を中心に据えた自白論とは切り
離して論じられるべきではないだろうか（間接事実の自白における審判排除効と
その他の効果との関係については【**表2**】を参照)[22]。

V. おわりに

　本稿では，間接事実の自白を念頭に，裁判上の自白の効果についての判例・
学説の整理を試みた。判例および通説は，裁判上の自白を弁論主義の問題と捉
え，その効果を，判決事実確定段階における争いのない事実の取扱い，すなわ
ち，判決事実確定段階における審判排除効を中心に据えていることを明らかに
した。それゆえ，判決事実確定段階における審判排除効が肯定される範囲で，

---

[22]　以上については，高田・前掲注3)361 頁を参考にした。

【表2】間接事実の自白における審判排除効とその他の効果との関係

	有力説	通説・判例
判決事実確定段階における審判排除効	○	×
主張整理段階における審判排除効	○	×
不要証効（179条）	○	× or ○？（弁論の全趣旨〔247条〕の問題ではないか？）
不可撤回効	○	× or ○？（当事者の訴訟行為の信義則〔2条〕による規整の問題ではないか？）

主張整理段階での審判排除効，不要証効および不可撤回効も生じることを確認した。早期の争点証拠の整理・集中証拠調べを理念とする現行民訴法の趣旨に合致させるために行われている，裁判上の自白法理の再構成の種々の試みは，当事者の訴訟行為の規律の問題として，弁論主義を基礎とする従来の自白論とは切り離して論じられるべきであるとの見通しを示した。

■ 答案作成時の要点

✓ 裁判上の自白の定義を示すことができるか。

✓ 裁判上の自白の成立要件をすべて示すことができるか。

✓ 通説および判例によれば，裁判上の自白の対象が主要事実に限定されている理由を示すことができるか。有力説が，自白の対象を間接事実にも肯定することができるとする理由を理解しているか。

✓ 裁判上の自白の効果を挙げることができ，その相互関係を理解しているか。

✓ 各設問が，裁判上の自白の効果のいずれに対応しているかを理解しているか。

✓ 裁判上の自白の対象を間接事実にも肯定することができるか否かについての自らの見解に従って，各設問における具体的な帰結を説明することができるか。

10

事実認定

事例

　本件土地の所有権はもとBに属したこと，登記簿上その所有権は，BからA，AからY₁（Aの子），Y₁からY₂，Y₂からY₃へと移転したことについて，XとYらの間に争いはない。Xは，本件土地の買付交渉をAに依頼したところ，Aがこれを奇貨としてBを売主，Aを買主とした売買契約証書を作成した，そこで本件土地をBから買い受けたのはXである，と主張して，Y₁・Y₂・Y₃に対し，本件土地がXの所有に属することの確認および所有権移転登記手続等を求める訴えを提起した（以下「本訴」という）。

　Xは自身が買主であることを示す間接事実として，①本件土地の売買代金4000万円はXが支出したこと，②売買契約の成立後，売主Bの唯一の相続人Cが売買契約の成立を争い，所有権移転登記手続を拒んだため，Xは売買契約証書に買主と表示されたAに指示し，Cを被告とする所有権移転登記手続請求訴訟を提起させ，A勝訴の判決を得たが，この訴訟に要した費用はXが負担したこと，③売買契約の成立後，Xが本件土地を実際に使用収益し，その一部をDに賃貸してきたこと，④Y₁は代書業であった先代Aが本件土地を取得した経緯を何ら主張しないこと，⑤Y₁はAの死亡により相続が開始した後8年間もの間，相続登記をしなかった理由を説明していないこと等を主張した。

　そしてXは，以上の事実を証明する証拠として，前掲の売買契約証書のほか，甲3号証（本件売買契約の成立から約3年後である平成7年5月22日付けで本件土地の一部をDに賃貸することに関するXからDに宛てた念書であり，Aが代理人としてこれを作成し，Aがその旨の奥書および署名捺印をしたもの。この念書には，本件土地はXの所有である旨が記載されている），甲7号証ないし9号証（Xの金銭出納を記載した帳簿。この帳簿には，本件土地の購入に要した費用として「代金」・「登記料」・「訴訟費用その他雑費」が何百何十何円と極めて細かい端数付きの金額をもってAに支出されたことがその都度記入されている）

を提出した（以下，甲3号証・甲7ないし9号証をまとめて「本件報告文書」という）。これに対し，Yらは，AはXから借りた資金をもってBから本件土地を買い付けたのだから買主はAであり，その後 Y₁・Y₂ を経て Y₃ に所有権が移転したと主張し，本訴請求の棄却を求めた。

設問

(1) Yらが，本件土地の売買契約証書の成立の真正について不知と陳述したのに対し，Xはさらなる主張立証を行わなかった。この場合，裁判所は，弁論の全趣旨によりその成立の真正を認めることができるか。また，このような裁判所の判断が判決理由中に記載されていない判決は違法か。

(2) 本件土地の売買契約証書は真正に成立したものとする。裁判所は，本件土地をBから買い受けたのはAであるとの心証を得たとして，本件報告文書を取り調べることなく排斥することができるか。

(3) 裁判所がBA間の売買契約の成立を認めつつ，Xの請求を容認する方向に心証が傾いた場合，Bからの買主がAであるか，それともXであるかという点を争点と捉えることに問題はないか。問題があるとすれば，**事例**の争点は何であり，裁判所がその心証に即した判決をしようとするとき，いかなる事実を認定しなければならないか。関連して，釈明権の行使および本件報告文書の取扱いについても検討しなさい。

■ 解説 ━━━━━━━━━━━━━━━━━━━━━━━━━━━

Ⅰ．問題の所在

　事実認定を課題とする本問は，判例（最判昭和 32・10・31 民集 11 巻 10 号 1779 頁[1]）を素材[2]とした 事例 を用い，書証による事実認定を取り上げる。 事例 に登場する文書は，売買契約証書，念書および金銭出納帳である。 設問 (1)は，売買契約証書を例として，文書の成立の真正という補助事実につき，弁論の全趣旨による認定の可否を問うものである。 設問 (2)は，裁判所による証拠の取扱いにつき何らかの制約があるかどうかを問うものである。 設問 (3)は，Ｘの請求を認容するために必要な審理および事実認定のあり方を問うものである。以下では，基本事項を簡単に確認した上で，各設問に検討を加える。

Ⅱ．事実認定の方法

　裁判所は，原告が審判を求めた請求の当否につき一定の事実に法を適用して判断しなければならない。法適用の対象となる事実は裁判官が自ら経験した事実ではないから，法適用を求める当事者がその前提として存在する（存在しない）と主張する事実がその通り存在するか（存在しないか）どうかを裁判官が判断しなければならない。このような事実認定について民訴法の採用する原則が自由心証主義（247 条）であり[3]，当事者による事実主張の真否の判断を裁判官の自由な心証（確信）に委ねるところに重点がある。このように民訴法は，裁判官が専恣に流れるのを阻止するため，証拠調べの結果と口頭弁論の全趣旨

---

1 ）　井口牧郎「判解」最判解民事篇昭和 32 年度 232 頁，伊東乾「判批」民商 37 巻 4 号（1958 年）559 頁（同『民事訴訟法研究』〔慶應義塾大学法学研究会，1959 年〕527 頁所収），穂積忠夫「判批」法協 76 巻 3 号（1960 年）394 頁，田中豊「判批」伊藤眞＝加藤新太郎編『［判例から学ぶ］民事事実認定』（有斐閣，2006 年）142 頁。

2 ）　事実関係は部分的に簡略化してある。また，以下の設問のすべてが当該事件で問題となった訳ではなく，特に 設問 (1)は本問に即して追加したものである。

3 ）　LQ 254 頁，アルマ 275 頁，松本＝上野 436 頁等。

を資料（手がかり）として事実主張の真否を判断することを裁判官に要求しつつ，その判断にあたり証拠力の評価に用いる経験則については裁判官による自由な取捨選択を容認するのである。

Ⅲ．書証の証拠力

1．形式的証拠力

　書証とは，文書の意味内容を証拠資料とするための証拠調べのことである。文書の取調べは，閲読によって文書に記載された意味内容を把握して行う。証拠が特定の要証事実の認定に寄与する程度のことを証拠力（証明力，証拠価値）というが[4]，これはさらに取り調べる証拠が申出のあった証拠と一致するかどうかに関する形式的証拠力と，当該文書が特定の要証事実の認定に役立つかどうかに関する実質的証拠力とに区別される[5]。前者は，書証の場合，文書が作成者であると挙証者が主張する者の意思に基づいて作成されたことを意味し[6]，これを「文書の成立の真正」という[7]（228 条）。この事実は，文書という証拠の評価に関する事実として間接事実から区別し，補助事実と呼ぶ。他方，文書には処分証書と報告文書の区別がある。**事例**との関係から私文書を例にとると，処分証書は法律行為がその書面によって行われたものをいい，契約書（契約証書）等がこれに当たる。これに対し，報告文書は処分証書以外のものであって作成者の認識，意見，感想等を記載した書面をいい，領収書（受取証），納品書，登記簿，商業帳簿，日記等のさまざまな文書が含まれる。処分証書の場合，形式的証拠力が認められると，特段の事情がない限りその文書に記載され

4）　LQ 252 頁，新堂 566 頁等。アルマ 275 頁は，「証明力」を「証拠資料や間接事実・補助事実から他の間接事実や主要事実を推認させる力」と定義するが，これも本文と同旨と見て差し支えない。

5）　LQ 314 頁，アルマ 259 頁，松本＝上野 506 頁等。

6）　「文書が作成者の意思に基づいて作成されたこと」を真正と捉え，「作成者」をして「作成者であると挙証者が主張する者（特定人）」と解するのが通説である。

7）　文書の形式的証拠力と文書の成立の真正は完全に重なる訳ではないが，通常は同じものと見て差し支えない。土屋文昭＝林道晴編『ステップアップ民事事実認定』（有斐閣，2010 年）60 頁［森純子］，高田裕成ほか編『注釈民事訴訟法(4)』（有斐閣，2017 年）［名津井吉裕］710 頁等。

た法律行為の存在を証明する実質的証拠力が認められる。これに対し，報告文書も形式的証拠力がある限り記載事項の証拠となるが，要証事実にとっての実質的証拠力は当該事実に接近した時期に作成されたか，訴訟に利害関係のない者が作成したか，作成者に不利な内容かといった点で積極のときは強い（例として前掲文書を参照）のに対し，消極のときは弱いものとなる[8]。以上のように，文書の成立の真正は補助事実であって主要事実ではないが，処分証書の場合，それが真正に成立したものである限りそこに記載された法律行為（主要事実）の直接証拠となるため，裁判において主要事実に匹敵する意味をもつ[9]。

(事例)に登場する売買契約証書は処分証書の典型であるから，その成立の真正が肯定される限り，裁判所は同文書に記載された本件土地の BA 間における売買契約の存在を認定すべきものと解される。

2. 弁論の全趣旨による事実認定

(1) 文書の真正が相手方によって否認された場合

(設問)(1)によれば，X が証拠として提出した売買契約証書に対する Y らの認否は不知であった。その効果は否認と同じだから，売買契約証書を証拠として提出した X には，自らが挙証者としてその成立の真正について証明責任を負うことを前提に，証明の必要が生ずる。ところが，X は文書の成立の真正に必要な主張立証をしていない。このとき，裁判所は，売買契約証書の真正な成立を否定し，これを心証形成の資料から排斥すべきか，それとも弁論の全趣旨によって売買契約証書の真正な成立を認めた上でこれを事実認定の用に供してよいか。

(2) 弁論の全趣旨

弁論の全趣旨[10]とは，口頭弁論に現れた証拠資料以外の一切の資料のことである[11]。例えば，釈明処分により得られた陳述・検証・鑑定ないし調査嘱託の結果（151 条），当事者や代理人の陳述の内容や陳述時の態度，攻撃防御方

8） 土屋＝林編・前掲注 7）62 頁［森］。

9） 伊藤 429 頁，LQ 316 頁，土屋＝林編・前掲注 7）69 頁［森］等を参照。

10） 擬制自白に関する「弁論の全趣旨」（159 条 1 項ただし書）は，弁論の一体性による口頭弁論全体を通じた当事者の訴訟行為の解釈であるとして，本文で取り上げる弁論の全趣旨とは異なる。伊藤 375 頁注 238，中野ほか 387 頁，小林秀之『新証拠法〔第 2 版〕』（弘文堂，2003 年）63 頁以下等。

法の提出時期等が挙げられる。もっとも，弁論の全趣旨に該当する事象はしば
しば曖昧で，具体的な説明が困難なことがある。にもかかわらず，民訴法は弁
論の全趣旨を証拠調べの結果と並ぶ証拠原因とする（247条）以上，弁論の全
趣旨のみによる事実認定も可能と見るのが多数説である[12]。証拠調べの結果
があっても，それより弁論の全趣旨を重視して事実を認定することができる。
例えば，本来は早期に提出すべき抗弁が弁論終結間際に提出され，証人尋問が
行われ，抗弁に沿った証言がなされたときに，弁論の全趣旨により抗弁を理由
なしとして排斥する場合等である[13]。かくして弁論の全趣旨は，証拠の補完
資料に限られない。

⑶ 判例・学説

　判例は，当事者作成文書（大判昭和10・7・9民集14巻1309頁），第三者作成
文書（最判昭和27・10・21民集6巻9号841頁）の真正について相手方が不知の
陳述をもって争ったところ，弁論の全趣旨によってこれを真正と認めることが
できると判示している。学説も，判例（特に昭和27年最判）を引用してこれに
賛同する[14]。しかし，弁論の全趣旨のみによる事実認定には慎重な見解もあ
る[15]。例えば，文書の成立の真正という補助事実の認定については判例を支
持できても，その一般化を疑問視する見解[16]，積極判例としては補助事実に
関する上記2件のほか，自白撤回要件である錯誤（大判昭和3・10・20民集7巻
815頁），時機に後れた攻撃防御方法の要件（大判昭和16・10・8民集20巻1269
頁）に関するものに限られ，主要事実には許容しないのが望ましいとする見
解[17]等である[18]。

---

11)　新堂598頁，伊藤375頁，中野ほか387頁，松本＝上野437頁，LQ 255頁，アルマ276頁等。

12)　新堂598頁，中野ほか387頁等。

13)　兼子一原著『条解民事訴訟法〔第2版〕』（弘文堂，2011年）1380頁［竹下守夫］，秋山幹夫ほ
　　か『コンメンタール民事訴訟法V』（日本評論社，2012年）109頁以下等。

14)　新堂598頁，中野ほか387頁，土屋＝林編・前掲注7)69頁［森］等。西野喜一「弁論の全趣
　　旨(上)」判時1413号（1992年）4頁以下も，肯定説を学説の主流と位置づける。

15)　伊藤375-376頁等。

16)　小林・前掲注10)69頁注(28)。

17)　菊井維大＝村松俊夫『全訂 民事訴訟法 I 〔補訂版〕』（日本評論社，1993年）1163-1164頁。

18)　学説状況については，秋山ほか・前掲注13)106頁以下，加藤新太郎『民事事実認定論』（弘文
　　堂，2014年）178頁以下等を参照。

⑷　弁論の全趣旨のみによる事実認定（ 設問 ⑴）

　判例・多数説は前述した通り積極説であるが，消極説も見られた。後者のうち，弁論の全趣旨によって認定された事実が不利に作用する当事者の手続保障の侵害を指摘する見解[19]には留意すべきである。すなわち，適正な裁判の理念のためには客観的な証拠に基づく裁判を尊重すべきところ，弁論の全趣旨のみによる事実認定は証拠裁判主義の限界を踏まえた一種の必要悪であるとすれば，かかる事実認定は可及的に謙抑的にすべきだろう。そこで議論の焦点となるのは，弁論の全趣旨のみで認定できる事実の範囲であり，消極説は主要事実を対象とすることに反対する。これに対し，争点中心主義の現在の実務を踏まえると，主要事実であっても請求の当否の判断にとって重要でないものがあるとの指摘も見られる[20]。そこで中庸を探れば，訴訟の勝敗を決する争点（主要事実・重要な間接事実）については弁論の全趣旨のみでは認定しないと考えることになろう。ただし，争点整理が適正に行われる限り，主要な争点について弁論の全趣旨以外に何も証拠がないような状況はもともと生じにくい[21]。とすると，実際にはそのような争点整理ができなかった場合に問題は絞られるが，仮にそのような状況に至ったとき，裁判所には消極説の論旨に配慮した慎重な判断が要請されるものと解される。

　なお，文書の真否に関する裁判所の判断は，それが争点とならない限り判決書に記載されないのが実務とされる[22]。争点となり，弁論の全趣旨により認定されても，「弁論の全趣旨により真正に成立したものと認められる甲○号証」のように記載され[23]，証拠原因となった弁論の全趣旨は記載されないか，記載されても特定性に欠けることがある。それでも，判例（最判昭和36・4・7民集15巻4号694頁）は，弁論の全趣旨が証拠調べの結果と総合されて事実が認定された場合，弁論の全趣旨が判決理由に具体的に判示されなくても記録と照合すれば明らかになるならば，理由不備の違法[24]（参考：312条2項6号）はな

19)　山本和彦「判批」新堂幸司ほか編『民事訴訟法判例百選Ⅱ』（有斐閣，1992年）255頁等。

20)　秋山ほか・前掲注13）107頁。

21)　秋山ほか・前掲注13）107頁は，現在の実務を前提にする限り，この論点は「実際的なものというよりは観念的なものになってきている」（いわゆる仮称問題）と指摘する。

22)　最高裁判所事務総局民事局監修『条解民事訴訟規則』（司法協会，1997年）307頁ほか。

23)　門口正人編集代表『民事証拠法大系⑷』（青林書院，2003年）33頁，高田ほか編・前掲注7）729頁［名津井］等。

いとし，これに賛同する学説が通説である 25)（ただし，厳格な見解 26) もある一方で，さらに緩和された方向を支持する見解 27) も有力である）。

　以上を踏まえて (設問)(1)に立ち返ると， (事例) の売買契約証書の成立の真正は，それがたとえ BA 間の売買契約の成立（主要事実）に匹敵するとしても，弁論の全趣旨のみによる事実認定は可能であり，その旨が判決理由に記載されなくても，直ちに違法とはならない。

3. 作成者の主張

　(事例) における売買契約証書の真正な成立は，弁論の全趣旨により認定することができるが，同証書の「作成者」が誰かについては若干説明を要しよう。通説によれば，真正文書の作成者は挙証者による主張を要するところ， (事例) では「X は……A が……B を売主，A を買主とした売買契約証書を作成した」と主張してこれを書証として提出したものとされている 28)。ここから X は売買契約証書の作成者を A と主張したものと解する場合 29)，裁判所は，弁論の全趣旨により同証書を A 作成の真正な文書と認定することができ，同証書は BA 間の売買に関する直接証拠となる。しかしこの場合，X は自らが所有者であると主張している以上，X の主張が全体として失当とならないために，BA 間の売買に加え，AX 間の所有権移転を基礎づける事実をも主張立証する必要

---

24)　平成 8 年改正によって上告制限が導入された関係で，理由不備の違法は，理由が全く記載されない場合，そもそも理由の体をなしていない場合，あるいは，理由に明白な前後矛盾がある場合のように厳格に解釈されている（秋山ほか・前掲注 13)108 頁，新堂 945 頁等）。同方向の判断を示した裁判例として，最判平成 11・6・29 判時 1684 号 59 頁参照。

25)　弁論の全趣旨が何を指すかが，訴訟経過や一件記録から当事者および上級裁判所に明らかなときは違法ではない，とされる。兼子原著・前掲注 13)1380 頁〔竹下〕，鈴木正裕＝青山善充編『注釈民事訴訟法(4)』（有斐閣，1997 年）82 頁〔加藤新太郎〕，秋山ほか・前掲注 13)109 頁等。

26)　弁論の全趣旨で事実を認定した場合にはその具体的内容を判決理由に記載するのが原則であるとの立場から，記載できない場合には弁論の全趣旨を証拠原因にしてはならない，とする見解（山本和彦・前掲注 19)255 頁）がそうである。

27)　訴訟経過や一件記録から弁論の全趣旨が特定できなくても違法ではないとする見解（西野喜一「弁論の全趣旨(下)」判時 1414 号〔1992 年〕18 頁以下）等がこれに当たる。これは単に易きに流れる趣旨ではなく，むしろ，判決理由における事実認定の説示を厳格にすべきとする思考の所産と位置づける実践的考慮に由来する。

28)　現行法では，証拠説明書（民訴規 137 条）により，作成者が誰であるかの主張は書面で提出されることになっている。

が生ずる。にもかかわらず，Bからの買主はX・Aのどちらなのかを 事例 の争点としたのでは，Xが自発的にこの事実を主張立証することは困難であろう。かくして， 事例 の争点をいかに設定すべきかという問題が浮上することになる。

Ⅳ. 争点整理と事実認定

1. 争点の所在

　売買契約証書の真否に関する分析から， 事例 の争点を吟味する必要が明らかになったと思われる。すなわち，本件土地のもと所有者がBであることは双方に争いがないところ，Xは，XがAに対して本件土地のBからの買付交渉を委託したこと，Aはこれを奇貨として買主名義をAとする売買契約証書を作成したこと，本件土地の所有者はXであること，を主張している。他方，Yらは，本件土地の買主はAであること，購入資金はXから借りたこと，を主張している。以上のような両者の主張を突き合わせたときの争点が，本件土地はBX間で売買されたのか，BA間で売買されたのか（Bからの買主はX・Aのどちらか）という点にあるとさしあたり考えることは不自然ではない。

　では，前者のように認定するとしよう。このときAはXの代理人と認められる必要があるところ， 事例 において果たしてそれができるだろうか。この点，Xは，本件土地の買付交渉をAに委託したと主張している。しかし，代理の要件事実は，①BA間の売買契約の締結，②①に先立つ，XのAに対する①にかかる代理権の授与，③①に際してAがXのためにすることを示したこと（顕名），である。②については，Xの交渉委託として読み込む余地もあるが， 事例 においてXが③を主張した形跡はない。とすると，AをXの代

---

29)　 事例 では，Xが本件土地の所有権を主張しているため，売買契約証書の作成者につき，Xは，AはXの代理人であり，Xが作成者である（同証書のA名義の表示は誤りである）と主張している可能性もないではない。しかしこのように解した場合，裁判所が，同証書の作成者をAと認定したとき，通説によれば，同証書は不真正な文書となり，事実認定の用に供することができず，Bを売主とする本件土地の売買につき，処分証書が存在しない（A名義の不真正な文書しかない）状況になる。Xは，AがXの代理人であるとの主張をしていない（Ⅳ1参照）ことにも照らせば，本文のように解するのが素直である。

理人と認めることは困難と見られる。またそれ以前に，売買契約証書の買主名義が A であり，X は同証書の作成者を A と主張しているところ（Ⅲ 3 参照），この主張と並んで，X が③を主張し，A を X の代理人と構成することは困難である[30]。

　したがって，裁判所が，X による BX 間の売買の証明は奏功しないと判断し，これを証明するために X が提出した本件報告文書は，もはや不要と考えてもあながち見当外れとは言えない。[事例]の元になった昭和 32 年最判の原審は，実際そのように判断し，本件報告文書を特段の理由もなく排斥していた。この判断は結局，売買契約証書の記載に従い，BA 間の売買契約の成立を認定することを意味する。

　ところが，以上のように認定するときは，さらに別の問題が浮上する。というのも，X は本件土地の所有者は X であると主張している以上，たとえ売買契約証書により BA 間の売買が認定できても，そこから当然に AX 間の所有権移転を基礎づける事実が存在する可能性までは否定できないからである。もし裁判所がこれを否定すると，本件土地の買付交渉を A に委託し，A がそれを奇貨として A を買主名義とする売買を成立させたという X の事実主張を無視することになるばかりか，本件報告文書を BX 間の売買の証拠という観点からのみ評価して排斥したことの是非が問われる。つまり，BA 間の売買成立を認定するとき，[事例]の争点は B からの買主が X か A かではなく，A が買主であることを前提とした，AX 間の所有権移転の有無である。

　若干敷衍すると，本件土地の所有権は受託者 A から委託者 X に移転されるべきであるにもかかわらず，登記上は A から Y₁ に移転し，さらに Y₁ から Y₂ を経て Y₃ に移転しているという見方ができる。とすると，Y₁ による A の相続後，Y₁ 以降の所有権移転に何らかの無効原因が潜んでいる可能性もある[31]。このとき，本件土地の買付委託の趣旨に即した AX 間の所有権移転か，A → Y₁ → Y₂（→ Y₃）の所有権移転かが問題となるのだから，正確にはこれを

---

30)　田中・前掲注 1) 144 頁は，X が A の顕名を立証することは困難であることを踏まえ，民法 100 条ただし書により，顕名の事実に代えて，①売買契約の締結に際し，A は X のためにする意思を有していた，② B は①を知っていたまたは知り得べきであった，という事実を X において立証する必要があると指摘しつつ（司法研修所編『増補 民事訴訟における要件事実(1)』〔法曹会，1986 年〕72 頁），これらを X が立証することはかなりの困難を伴うとし，この方向の立証活動が奏功しないとの見通しを示している。本文の解説もこの見通しを前提にしている。

(事例)の争点として設定すべきであろう。以上を踏まえ，次に裁判所が本件報告文書を排斥することの可否について検討を加える。

2. 念書・商業帳簿の証拠力

(1) 証拠採否自由の原則

　まず，裁判所の証拠の採否に関する一般原則を確認しておきたい。民訴法181条1項によれば，裁判所は当事者が申し出た証拠で必要でないと認めるものは，取調べの必要がないとされ，条文上，証拠の採否について裁判所の裁量権が認められている。また，判例は，大審院以来一貫して，「裁判所は証拠を排斥する理由を一々判示する必要はない」との立場を堅持している[32]（最高裁判例として，最判昭和32・6・11民集11巻6号1030頁，最判昭和38・6・21集民66号615頁，最判昭和41・10・25集民84号717頁等）。これに従えば，ある証拠を「措信しない」とだけ述べて排斥することも違法ではない。このように裁判所は証拠の採否につき裁量権を有するが，これは裁判所が自由心証に基づいて事実を認定する権限を付与されたことの一環である。したがって，裁判官の専恣は許されず，むしろ，事後審査の可能性を確保するため，証拠を評価して事実を認定する際には論理法則・経験則に従わねばならないとの内在的制約がある。

　以上の一般論に対し，書証には特殊性がある。書証の重要性および取調べの容易さから，書証はこれをすべて採用する実務が古くから確立している[33]。したがって，書証を「排斥」するというのは，証拠の申出の不採用ではなく，採用した上でこれを信用するに足りないものと評価すること（「措信しない」）を意味する。この点は書証一般に共通するが，処分証書は実質的証拠力が強いことから上記の意味の「排斥」は考えにくく，問題は報告文書である。

(2) 報告文書の証拠力

　報告文書（とりわけ私文書）は，日記，チラシ，各種報告書等の多様な文書

---

31)　田中・前掲注1)144頁。昭和32年最判の事案について，Y₂が所有者になったのは極めて短期間（わずか3日間）であったことから，本文で述べた何らかの無効原因事実，あるいは，Y₂・Y₃が背信的悪意者であるとXが主張すれば，認められやすい状況にあったと指摘する。

32)　井口・前掲注1)233頁，田中・前掲注1)146頁等。

33)　高田ほか編・前掲注7)447頁以下［名津井］。

が含まれるが，しばしば作成者の意見・感想等の主観的な内容が含まれる。したがって，報告文書が真正に成立したものとして形式的証拠力が認められても，実質的証拠力は処分証書の如く強いとは限られない。しかし，実質的証拠力が一律に乏しい訳ではなく，文書の作成目的や性質から，法規の定めに従って系統的に作成する必要がある文書（商業帳簿等）や，一定の行為ないし事実の発生に即して客観的に作成される文書（領収書・納品書等）のように，文書の作成目的や性質から実質的証拠力が強いものもある[34]。

　大審院の判例は「書証を排斥してその記載と相容れない事実を認定する場合には首肯するに足る理由を示すべきである」とする立場であり[35]，最高裁になっても，例えば，領収書の記載内容等と異なる貸金債務の弁済を認めたことを違法とした判例（最判昭和 46・3・30 判時 628 号 45 頁），領収書の存在にかかわらず記載通りの弁済を認めなかったのを違法とした判例（最判平成 11・4・13 判時 1708 号 40 頁）がある。では，本件報告文書は，この類型の書証に該当するだろうか。

(3)　念書

　X の提出した念書（甲 3 号証）は，XD 間の本件土地の一部の賃貸（X 主張の間接事実③）に関する A の認識が記載された報告文書である。**事例** の争点がAX 間の所有権移転の有無と設定される限り（1 参照），本件土地の買付交渉においてA が X の受任者であることにつき，「受任者が委任者の名を秘し自己を買主として取得する事例は世上極めて多い。この場合受任者の内心の意思如何に拘らず，受任者の行為と見なされるのは取引の安全を保護するためである」[36]ことにかんがみれば，かかる念書（甲 3 号証）は，BA 間の売買で A が買主となって本件土地を買い付けた後，任務の履行として所有権を X に移転させ，以後 X が所有していた事実の認定にも役立つと見られる[37]。

(4)　金銭出納帳

　X の提出した金銭出納帳（甲 7 ～ 9 号証）は，商業帳簿等と同様の機能を備

---

34)　土屋＝林編・前掲注 7)63 頁［森］等。

35)　井口・前掲注 1)233 頁。

36)　**事例** の元になった昭和 32 年最判の差戻し後の上告審判決である最判昭和 37・9・14 民集 16 巻 9 号 1935 頁，特に 1940 頁の指摘に負うものだが，これは経験則である。

37)　XD 間の賃貸時の土地所有者が X である旨の A の認識は，賃貸前の BX 間の売買が，A が買付けを代行したために所有権が B → A → X と移転したことを前提としている。

えた報告文書である。商業帳簿のように作成者の主観を排して作成される性質の文書は，実務上，類型的に強い実質的証拠力が認められる（平成11年最判等）。支出項目は，「代金」・「登記料」・「訴訟費用その他雑費」であり，Xが費用を負担し，AがXの委託を受けて「売買」・「登記手続」・「訴訟」を行った事実の徴表になる。しかも，記載された金額が極めて細かい端数付きの金額であることは，XがAに対して売買資金を貸し付けたとするYの主張を退けるのに役立つ。

(5) **該当性**（ 設問 (2)）

以上から，本件報告文書はいずれもAX間の所有権移転やAX間の業務委託関係の証明に役立つため，首肯するに足る理由を示すことなくこれらの文書を排斥することは許されないものと解される。要するに， 事例 の争点を適切に設定し，本件報告文書がいかなる事実の証明に役立つかを吟味すれば，当該文書が証明の対象を見失って宙に浮くことはないのである。

3. 本件報告文書による事実認定

(1) 弁論主義

本件報告文書は前述のように十分な証拠力を備えると見られる。これらの証拠が真価を発揮するには，AX間の所有権移転を基礎づける事実（前述2(2)参照）が弁論に現れていることが前提である。当事者がこの事実を主張していないにもかかわらず，裁判所が本件報告文書の記載からこの事実を認定するときは，弁論主義（第1テーゼ）違反を問われることになる。

(2) 釈明義務

弁論主義（第1テーゼ）の観点からは，AX間の所有権移転を基礎づける事実は裁判所に明らかであっても，Xがこの事実を主張していないことが問題となる。弁論主義の下では，事実主張は当事者の自己責任であることに徹すれば，当該事実が弁論に現れていない以上，それを証明する書証も必要がない訳であるから，当該書証を排斥しても差し支えない。前述した昭和32年最判の原審はこの立場と言えよう。これに対し，昭和32年最判は，原審は首肯するに足る理由なしに証拠を排斥したものと認め，原判決には審理不尽の違法があると判示した。もっとも，事例は上告審に関するものではないから，同最判の判断に相当する処理が，事例の中ではどうなるかを検討する必要がある。すな

わち，裁判所が，AX 間の所有権移転を基礎づける事実がその証明責任を負う X によって主張されていないこと，しかしこの事実を証明するのに役立つ証拠として本件報告文書が X によって提出されていることに気づいた場合，AX 間の所有権移転を基礎づける事実につき X に補充させるため，裁判所は X に発問して釈明を求める義務を負うと考えられる。

　平成 8 年改正の民訴法が争点整理手続を整備した結果，適正な争点整理を前提として集中証拠調べを行う実務がすでに一般化している。こうした実務の下では，X の主張漏れを X の自己責任と扱って一方的に断罪するような訴訟運営は説得力をもたない[38]。事例では，売買契約証書の作成者と X の所有権の主張とを照合するだけでも，裁判所の釈明義務を認める余地があるところ，これに加えて裁判所が「受任者が委任者の名を秘し自己を買主として取得する事例は世上極めて多い」[39]ことを承知しているならば，なおさら X に釈明すべきである。なお，裁判所が，XA 間における業務委託の趣旨を明確化するよう求めれば，A 名義で A が買い付けた本件土地の所有権はその後 X に移転したことが直ちに判明すると考えられるが，この種の釈明は法的観点の指摘を含むと考えてよいだろう。

⑶　釈明と争点整理の関係

　ここまでの叙述について，証拠調べ（その採否を含む）は，当事者双方の主張を整理し，争点が絞られた後に行うはずではないか，との疑問を抱いた読者もあろう。事実主張の整理と証拠調べの関係は確かにその通りなのであるが，事例の元になった昭和 32 年最判以前の実務とは異なり，弁論準備手続を中心に主張および証拠の整理を行うことが一般化した現在では，同手続内で書証の取調べができること（170 条 2 項）を前提に，裁判所と当事者双方が主張および証拠の整理のために率直な意見交換が行われるため，争点の設定に変遷が生ずることは何ら不自然なことではない。すなわち，前述（Ⅳ 1 参照）したように X と Y らの主張の整理のみからは BX 売買か BA 売買かが争点になり得るとしても，売買契約証書をもって BA 売買契約の成立を認定するときは，さ

---

38)　もっとも，事例の元になった昭和 32 年最判の第 1 審が行われた当時に比べ，裁判所と当事者が協同して行う争点整理が行われるようになった現在，事例のような問題は生じにくくなっていると言える。
39)　前出。出典につき，前掲注 36)参照。

らに AX 間の所有権移転か AY₁ 相続の後 Y₃ に至る所有権移転かが争点とな
る。これと同時に，当初考えられた争点の下では不要と思われた本件報告文書
が，再設定された争点の下では，AX 間の所有権移転を基礎づける事実の徴表
になることが分かる。このように，主張自体失当の恐れが生じた X に対し，
裁判所が釈明権を行使していく一連の流れは，争点整理手続に期待された成果
に他ならない。本論の叙述は，弁論準備手続を通じた争点の設定とその変遷を
念頭に置いたものである。

⑷ **結論**（設問⑶）

事例では，適切な争点整理に基づく裁判所からの発問に X が応じ，X が
AX 間の所有権移転を基礎づける事実を主張すれば，裁判所は本件報告文書に
よりこれを適法に認定できるようになるため，X の請求を認容できることに
なる。

■ 答案作成時の要点

(ア) 弁論の全趣旨による文書の成立の真正の認定

- ✓ 文書の成立の真正とは何か。どのような事実であるか。
- ✓ 弁論の全趣旨とは何か。主要な争点（主要事実）の認定を弁論の全趣旨のみで行うことにはどのような問題があるか。
- ✓ 文書の成立の真正を弁論の全趣旨のみで認定する際の留意点は何か。

(イ) 書証を排斥する正当な理由

- ✓ 自由心証主義において，裁判所が書証を排斥するには理由を付さねばならないか。
- ✓ 書証の排斥に理由が必要な場合とはどのような場合か。
- ✓ 処分証書と報告文書で違いはあるか。

(ウ) 争点整理

- ✓ [事例]の争点はどのように捉えられるか。Bからの買主はAかXかという点を争点とすることに何か問題はあるか。
- ✓ Xの主張が失当にならないためにXが主張すべき事実で[事例]において欠けているものがあるか。
- ✓ 本件報告文書は何を証明するのに役立つか。証明の対象となる事実は弁論に現れているか。
- ✓ 裁判所は，Xが主張していない事実について釈明する義務があるか。

11

文書提出命令

事例

　Aの相続人であるXらは，同じくAの相続人であるBに対し，遺留分侵害額の請求として，金銭の支払を求めて訴えを提起した（以下「本件訴訟」という）。本件訴訟において，Xらは，BがAの生前にA名義の預金口座から預貯金の払戻しを受けて取得した金員（以下「本件払戻金」という）について，AからBへの贈与による特別受益に当たると主張し，本件払戻金がAのための費用に充てられたのか，それともBがこれを取得したのかが争われた。

　Xらは，Bがその取引金融機関であるY銀行（C支店取扱い）に開設した預金口座（以下「本件預金口座」という）に本件払戻金を入金した事実を立証するために必要があるとして，Y銀行に対し，BとY銀行C支店との間の預金取引履歴が記載された預金取引明細表（以下「本件明細表」という）を提出するよう求める文書提出命令の申立てをした。本件明細書には，Bが行っている不動産賃貸事業に関して，Bによる不動産ローンの支払や賃借人からBへの賃料の振込などの預金取引が記載されている。Y銀行は，本件明細表の記載内容が民訴法220条4号ハ・197条1項3号に規定する「職業の秘密」に該当するので，提出義務を負わないなどと主張して争っている。

設問

　(1)　Y銀行は，本件明細書について文書提出義務を負うだろうか。

　(2)　本件訴訟の第1審受訴裁判所がY銀行に対して本件明細表を対象とする文書提出命令を発令したとする。文書提出命令によりY銀行やBがどのような不利益を受けるのかを明らかにしたうえで，この決定に対してBが即時抗告をすることができるのかを説明しなさい。

■ 解説

Ⅰ. 問題の所在

　事例は，最決平成 19・12・11 民集 61 巻 9 号 3364 頁の事案に基づくものである。

　民事訴訟においては，当事者が事実を主張し，証拠を提出するのが原則であり，そのためには，当事者が関係する情報を取得する必要がある。文書を対象とする証拠調べである書証の申出は，当事者が文書を提出してするのが原則であるが，相手方当事者や当事者以外の第三者が所持している文書を証拠として提出するための手段として，文書提出命令の制度が設けられている（220 条以下）。文書提出命令が発令されるのは，文書について証拠調べの必要性があり，かつ，文書の所持者が文書提出義務を負っている場合である。民訴法は，文書一般について，所定の除外文書に該当しない限り，文書の所持者に対して提出義務を課しているが，除外文書の一つに職業の秘密に関する事項を記載した文書がある（同条 4 号ハ）。

　事例において，金融機関が所持する顧客の預金口座についての預金取引明細書を対象として文書提出命令の申立てがされた。一般に，金融機関は，顧客との取引内容に関する情報や顧客との取引に関して得た顧客の信用にかかわる情報などの顧客情報につき，商慣習上または契約上，当該顧客との関係において守秘義務を負い[1]，その顧客情報をみだりに外部に漏らすことは許されない（前掲最決平成 19・12・11）。

　設問(1)においては，本件明細書を所持する金融機関が，顧客に対する守秘義務を理由に，職業の秘密に関する事項を記載した文書に該当するとして，文書の提出を拒むことができるのかどうかが問題となる。この問題を検討する際には，文書の所持者と文書に記載された秘密情報の帰属主体が異なることから，所持者の提出義務の存否の判断において秘密情報の帰属主体の利益をどのように考慮するのかを考える必要がある。

1）　金融機関の守秘義務について，神田秀樹ほか編『金融法概説』（有斐閣，2016 年）27 頁以下［森田宏樹］を参照。

設問(2)は，文書の所持者を名宛人とする文書提出命令に対して，秘密情報の帰属主体が即時抗告をすることができるのかを問う問題である。文書提出命令の申立てについての決定に対しては独立の不服申立てとして即時抗告をすることができ（223条7項），文書の所持者としてその提出を命じられたY銀行は文書提出義務を負わないことを主張して即時抗告をすることができる。問題は，訴訟の当事者であり，秘密情報の帰属主体であるBによる即時抗告の可否である。

Ⅱ．文書提出義務について

1．1号文書から3号文書

　文書提出命令[2]は文書の所持者が提出義務を負う場合に発令される。平成8年改正前の旧民訴法は，証人義務が一般義務であるのに対して，文書については，所持者の処分の自由や記載内容が不可分であることを考慮して，その提出義務を限定的に定めていた（LQ 320頁）。現行民訴法220条は，旧法における限定義務の対象文書を定める規定を引き継いで，文書を所持する当事者が訴訟において引用した文書（1号），挙証者（文書提出命令の申立人）が所持者に対して引渡請求権または閲覧請求権を有する文書（権利文書。2号），挙証者の利益のために作成された文書（利益文書。3号）および挙証者と所持者との法律関係につき作成された文書（法律関係文書。3号）の提出義務を定める。これらの文書の提出義務は，相手方当事者が訴訟において引用したことや，挙証者が文書に対して特別の関係を有することに基づくものであり，1号から3号の文書には一般義務の除外文書を定める4号の規定（イ～ホ）は適用されない[3]。

2．4号文書（一般義務）

　平成8年改正後の民訴法は，争点の整理に向けて当事者が十分な準備をし，争点の審理を充実させるために，相手方や第三者が所持する文書へのアクセスを可能とする必要があることなどから，訴訟に協力する国民一般の義務[4]とし

　2）　文書提出命令および文書提出義務について，アルマ260頁以下，LQ 319頁以下，長谷部233頁以下，210頁以下，高橋概論202頁以下を参照。

て，文書が所定の除外文書に該当しない限り，その所持者が一般的に提出義務
を負うことを定めた（220条4号）[5]。

　220条4号のイからホに該当する除外文書は，一般義務としての提出義務を
課されない。①証言拒絶事由が記載されている文書（同号イ〜ハ）は，事実が
公表されるという点で同じであることから，証人として証言を求める場合と同
様の考慮をするものである。具体的には，文書の所持者または所持者と一定の
親族関係等にある者について，刑事訴追または有罪判決を受けるおそれがある
事項，または，名誉を害すべき事項が記載されている文書（同号イ・196条），
公務員の職務上の秘密に関する文書で，その提出により公共の利益を害しまた
は公務遂行に著しい支障を生ずるおそれがあるもの（220条4号ロ。191条・197
条1項1号参照），医師，弁護士等の職にある者もしくはあった者が職務上知り
得た事実または技術もしくは職業の秘密に関する事項で，黙秘の義務が免除さ
れていないものが記載されている文書（220条4号ハ・197条1項2号・3号）で
ある。

　②自己利用文書（220条4号ニ）は，およそ外部の者に開示することを予定
しない文書について提出義務を課すと，裁判所から提出を命じられるという事
態を常に想定して文書を作成しなければならなくなり，文書の作成者の自由な
活動を妨げるおそれがあることから，除外文書とされている[6]。

　③刑事事件関係書類等（220条4号ホ）は，その開示・不開示の規律を刑事
手続または少年審判手続上の開示制度に委ねる趣旨で，除外文書とされている。
これらの開示手続により開示が認められている範囲を超えて，刑事事件関係書

3）　もっとも，民訴法220条3号の利益文書・法律関係文書にも，証言拒絶事由の規定を類推適用
　　する余地がある（公務員の職務上の秘密につき，最決平成16・2・20判時1862号154頁。伊藤
　　449頁，松本＝上野533頁）。また，平成8年改正前から文書の所持者が専ら自己使用のために
　　作成した内部文書（自己使用文書）は同号の法律関係文書に該当しないと解されており（長谷部
　　236頁），最決平成11・11・12民集53巻8号1787頁（百選69事件）は，貸出稟議書について，
　　現行の同条4号ニの自己利用文書に当たる以上，同条3号の法律関係文書に該当しないと判示し
　　ている（伊藤448頁は反対）。
4）　わが国の裁判権に服する者は，民事訴訟における真実発見のために，裁判権の一作用である証
　　拠調べの実施に協力すべき義務を負い，このような形で司法への情報提供義務を負っている。伊
　　藤眞「文書提出義務と自己使用文書の意義──民事訴訟における情報提供義務の限界」法協114
　　巻12号（1997年）1444頁，1445頁。
5）　法務省民事局参事官室編『一問一答　新民事訴訟法』（商事法務研究会，1996年）245頁。

類等の提出を命ずることになると，関係者の名誉・プライバシー等に対して重大な侵害が及び，また捜査の秘密・公判または審判の適正を確保することができなくなるなどの弊害が生ずるおそれがあるからである[7]。刑事事件関係書類等は，同号ホにより同号の一般義務が包括的に否定されるが，同条 3 号の法律関係文書として提出義務が認められる場合がある[8]。

Ⅲ．職業秘密文書について（設問(1)）

1．趣旨

前述したように，民訴法 220 条 4 号ハは，証言拒絶権が認められる事由である「職業の秘密に関する事項」が記載されている文書（職業秘密文書）を，文書提出義務の一般義務の除外文書として定めている。民訴法 197 条 1 項 3 号が，「技術又は職業の秘密に関する事項について尋問を受ける場合」に証言拒絶を認めているのは，証言によって，技術または職業の秘密が公開されることにより，その技術の有する社会的価値が毀損されることや職業の維持遂行が困難になることを防ぐ趣旨である。

2．「職業の秘密」と要保護性

「職業の秘密」は，その事項が公開されると，当該職業に深刻な影響を与え以後その遂行が困難になるものをいう[9]。秘密として指定されているもの（形

6）　証人として証言する場合には口頭で尋問を受けた事項についてだけ証言をすればよいのに対し，文書を提出する場合には文書の記載内容，記載の方法，態様等がそのまま訴訟関係人や訴訟記録の閲覧者の知るところとなり，文書の所持者が著しい不利益を受けるという説明がされている（法務省民事局参事官室編・前掲注5）251 頁）。また，垣内秀介「自己使用文書に対する文書提出義務免除の根拠」小島武司先生古稀祝賀『民事司法の法理と政策(上)』（商事法務，2008 年）243 頁，253 頁以下は，証言と比較した場合における情報媒体としての文書の特殊性に着目し，情報内容について外部への表示に適切な表現形態を選択する利益と，情報内容を文書に固定する利益の独占を認めることで文書の作成・保管が促進されることの社会的価値を，提出義務の免除の根拠として挙げる。

7）　深山卓也ほか「民事訴訟法の一部を改正する法律の概要(下)」ジュリ 1210 号（2001 年）173 頁，174 頁以下。

8）　最決平成 17・7・22 民集 59 巻 6 号 1837 頁，最決平成 19・12・12 民集 61 巻 9 号 3400 頁。

式秘）ではなく，客観的にも秘密として保護されるべきもの（実質秘）である必要がある。判例は，民訴法 220 条 4 号ハ・197 条 1 項 3 号に基づき文書の提出を拒絶することができるのは，対象文書に記載された職業の秘密が保護に値する秘密に当たる場合に限られるとし，当該情報が保護に値する秘密であるかどうかは，その情報の内容，性質，その情報が開示されることにより所持者に与える不利益の内容，程度等と，当該民事事件の内容，性質，当該民事事件の証拠として当該文書を必要とする程度等の諸事情を比較衡量して [10] 決すべきであるとしている [11]。

3. 顧客自身が開示義務を負う顧客情報

　文書に所持者以外の第三者の秘密情報が記載されている場合には，秘密情報の帰属主体と秘密情報の保持者（文書の所持者）が分離する。この場合において，秘密情報の帰属主体が黙秘の義務を免除したときは，証言拒絶権が認められない（197 条 2 項）のと同様に，一般義務の除外文書に該当しない（220 条 4 号ハ）。

　事例のように，金融機関が所持する文書に顧客情報が記載されている場合について，判例は，顧客自身が開示義務を負う顧客情報について，金融機関は顧客に対して守秘義務を負うことを理由として，その開示を拒絶することができないとする。前掲最決平成 19・12・11 は，顧客が本案訴訟の当事者である場合につき，「当該顧客自身が当該民事訴訟の当事者として開示義務を負う場合」には，当該顧客は上記顧客情報につき金融機関の守秘義務により保護されるべき正当な利益を有しないとし，前掲注 9）最決平成 20・11・25 は，顧客が本案訴訟の第三者である場合につき，「当該顧客が上記民事訴訟の受訴裁判所

9）　最決平成 12・3・10 民集 54 巻 3 号 1073 頁（百選 A24 事件）が，技術秘密文書の提出命令の事案において「技術又は職業の秘密」の定義を示し，最決平成 18・10・3 民集 60 巻 8 号 2647 頁（百選 67 事件）が職業の秘密の証言拒絶権について，最決平成 20・11・25 民集 62 巻 10 号 2507 頁（百選 68 事件）が職業秘密文書の提出義務について，その定義を確認した。

10）　証拠としての必要性を考慮して比較衡量により決する判例に対して，秘密情報の帰属主体の予測可能性を損なうことを批判し，技術または職業の秘密はそれ自体として保護されるべきであるとする見解が有力である（伊藤 409 頁以下，松本＝上野 486 頁以下）。

11）　報道関係者の取材源の証言拒絶権について，前掲最決平成 18・10・3，金融機関が顧客の財務状況，業務状況等について分析，評価した情報が記載された文書の提出義務について，前掲最決平成 20・11・25。

から同情報の開示を求められればこれを開示すべき義務を負う場合」には，当該顧客は同情報につき金融機関の守秘義務により保護されるべき正当な利益を有しないとする。顧客自身が顧客情報の開示義務を負う場合には，金融機関の守秘義務により保護されるべき正当な利益が顧客に認められず，顧客に対する守秘義務を負う金融機関も職業の秘密として保護されるべき利益を有しないということができる[12]。

4.　顧客の手続関与

　顧客自身が開示義務を負うかどうかの判断は，文書の所持者を相手方とする文書提出命令の申立てについての裁判手続において行われ，秘密情報の帰属主体である顧客の手続関与は予定されていない[13]。確かに，文書はその所持者の判断により裁判所に提出することができるから，文書の所持者を裁判手続の相手方とし，所持者に対して文書提出命令を発令すれば足りる。しかし，文書提出命令の申立てに対する裁判において，顧客自身について，その開示義務を前提に，守秘義務により保護されるべき正当な利益が認められないと判断されて，金融機関に対する文書提出命令が発令され，文書が提出されると，顧客は文書に記載された秘密情報を公にされるという不利益を受けるとともに，金融機関に対する守秘義務違反を理由とする損害賠償請求権を行使することができ

---

12)　医師，弁護士等の専門職が守秘義務を負うその顧客（患者や依頼者等）の秘密情報については，顧客自身が開示義務を負う場合でも，専門職が提出義務を負うことにはならないと考える（前掲最決平成 19・12・11 における田原睦夫裁判官の補足意見〔以下「田原補足意見」という〕を参照）。民訴法 197 条 1 項 2 号においては，顧客が黙秘の義務を免除しない限り専門職が情報を開示しないという前提の下で，顧客が専門職に秘密情報を伝えられることの社会的価値が考慮されているからである。これに対して，山本和彦「判批」金法 1828 号（2008 年）6 頁，12 頁以下は，同号の趣旨は顧客自身の利益保護にあるという。

13)　松本＝上野 528 頁。山本和彦「民事裁判における情報の開示・保護」同『民事訴訟法の現代的課題』（有斐閣，2016 年，初出 2008 年）382 頁，388 頁以下参照。

　なお，民訴法 220 条 4 号ロの除外文書（公務秘密文書）に関しては，当該文書が公務秘密文書に該当するかどうかについて監督官庁の意見を聴かなければならず（223 条 3 項前段），当該監督官庁は，第三者の技術または職業の秘密に関する事項に係る記載がされている文書について意見を述べようとするときは，同号ロの除外文書に該当する旨の意見を述べようとするときを除き，あらかじめ，当該第三者の意見を聴くものとすると定められている（223 条 5 項）。山本和彦・前掲注 12)13 頁は，職業秘密文書についても，立法論として，同様の規定による秘密情報の帰属主体（顧客）の手続保障の必要性を指摘する。

なくなるおそれがある[14]。顧客にとって金融機関に対して損害賠償請求権を行使できなくなることは，顧客の法的地位への影響ということができるので，秘密情報の帰属主体である顧客に補助参加の利益を認めることができ（122条・42条），文書提出命令の申立事件について文書の所持者への補助参加を認めることはできると考える[15]。

5. 金融機関の独自の利益

顧客情報の開示により金融機関が被る不利益として，当該顧客との関係における「個別的な信用の低下」と，当該顧客以外の取引先（の予備軍）から顧客情報の提供や取引を拒否される「一般的な信用の低下」が考えられるが，顧客自身が本来開示を免れない顧客情報は，その情報の開示によって金融機関の信用の低下をもたらすものとはいえず，この場合の顧客情報は保護に値する秘密とはいえない[16]。これに対して，顧客に対する金融機関内部での信用状況解析資料や第三者から入手した顧客の信用情報等については，金融機関が独自に集積した情報として金融機関自体に独自の秘密保持の利益が認められる[17]。それが保護に値する利益であるかどうかは，前述した判例の考え方によれば，当該情報の開示による金融機関の不利益と本案訴訟において当該文書が証拠として提出される必要性の比較衡量により決せられる。

6. 設問 (1)について

前述したように，判例によると，顧客が開示義務を負う顧客情報については，

---

14) 田原補足意見は，文書提出命令の申立てを受けた顧客情報に係る文書につき，当該顧客において提出を拒絶しうることが，金融機関において容易に認識し得るような場合に，金融機関が，守秘義務に基づき，上記顧客情報が職業上の秘密に該ることを主張すべき義務を負うこと，その主張をすることなく文書提出命令に応じて対象文書を提出した場合に，金融機関が，当該顧客に対して，債務不履行による責任を負うことがあり得ること，金融機関がかかる主張をなしたにもかかわらず，裁判所が文書提出命令を発したときは，金融機関が，それに応じたことによって，顧客から守秘義務違反の責任を問われることはないことを述べる。

15) 決定手続における補助参加の許否について，上田徹一郎＝井上治典編『注釈民事訴訟法(2)』（有斐閣，1992年）103頁［井上治典］，秋山幹男ほか編『コンメンタール民事訴訟法Ⅰ〔第2版追補版〕』（日本評論社，2014年）436頁。

16) 中村心「判解」最判解民事篇平成20年度559頁，571頁以下。

17) 田原補足意見。

金融機関が独自の利益を有する場合を除き，職業の秘密として保護されない。

　顧客 B は，本件明細書を所持していると仮定して，文書提出命令を求められた場合に，民訴法 220 条 4 号の一般義務により開示義務を負うだろうか。本件明細書には B の不動産賃貸事業に関する預金取引が記載されていることから，除外文書のうち，同号ニの自己利用文書および同号ハの職業秘密文書に該当するのかが問題になる。

　4 号ニの自己利用文書に該当するためには，その作成目的，記載内容，これを現在の所持者が所持するに至るまでの経緯，その他の事情から判断して，①専ら内部の者の利用に供する目的で作成され，外部の者に開示することが予定されていない文書であること（外部非開示性），②開示によって所持者の側に看過し難い不利益が生ずるおそれがあると認められること（不利益性），③特段の事情がないこと（特段の事情の不存在）を要する（前掲最決平成 11・11・12）。本件明細書を B が所持していると仮定して，本件明細書に記載された顧客情報は金融機関に開示されている情報であるから，外部非開示性が否定され，同号ニの自己利用文書に該当しない18)。

　4 号ハの職業秘密文書は，職業の秘密に関する事項が公開されると当該職業に深刻な影響を与え以後その遂行が困難になるものであることを要する。本件明細書が開示されると，不動産ローンの支払に関する B 自身の秘密や，賃料の振込に関する賃借人の秘密が公開され，B が営む不動産賃貸事業に深刻な影響を与え，以後その遂行が困難になり，職業の秘密に該当するということができる。そのうえで，当該情報が保護に値する秘密であるかどうかを，情報が開示されることにより生ずる不利益と，証拠としての必要性を比較衡量して，判断することになる。本件訴訟において，被相続人 A 名義の預金口座からの本件払戻金を B が取得したのではないかが争われ，本件払戻金を B が本件預金口座に入金した事実を証明すべき事実として，本件明細書の提出が求められていることから，本件明細書の証拠としての必要性は認められる。しかし，本件

---

18)　前掲最決平成 19・12・11 について，山本和彦・前掲注 12)10 頁，堀野出「判批」速判解 3 号（2008 年）145 頁，148 頁注 5。これに対して，安西明子「判批」民商 138 巻 6 号（2008 年）776 頁，784 頁以下は，金融機関に開示しているから内部文書でなくなり，誰にでも開示すべき情報になるというのではなく，当該訴訟において提出を求めている者との関係で開示すべきであるという判断を要すると批判する。

明細書の記載内容のうち，不動産ローンの支払に関する情報や賃料の振込に関する情報は証拠として開示される必要性は低いように思われる。そうだとすると，本件明細書をBが所持していると仮定して，不動産ローンの支払に関する部分や，賃料の振込に関する部分は，4号ハの職業秘密文書に該当し，Bは開示義務を負わないと考える。

　次に，Y銀行の独自の利益について，一般に，金融機関はその顧客との預金取引の履歴を秘匿する独自の利益を有するものとはいえず（前掲最決平成19・12・11参照），本件明細書についてもY銀行に取引履歴を秘匿する独自の利益は認められない。

　そうすると，本件明細書のうち，不動産ローンの支払に関する部分および賃料の振込に関する部分は4号ハの職業秘密文書に該当するが，それ以外の部分は該当せず，Y銀行は，当該部分を除いて（223条1項後段）[19]，民訴法220条4号の一般義務として文書提出義務を負うと考える。

Ⅳ．秘密情報の帰属主体による即時抗告の可否（設問(2)）

1．文書提出命令に対する不服申立て

　裁判機関がその判断を法定の形式に従って表示することを裁判という（LQ 395頁）。裁判には，単独の裁判官または合議体が裁判所としての資格でする判決および決定と，単独の裁判官が，裁判長，受命裁判官または受託裁判官の資格においてする命令がある（LQ 396頁）。判決と決定の違いは，原則として口頭弁論による審理を経る必要があるかどうかという点にある。訴えに対しては，原則として口頭弁論による審理を経て，判決の形式で裁判をするが，付随的な事項や派生的な事項については，口頭弁論による審理を経る必要がなく，決定や命令の形式で裁判がされる（87条1項）。文書提出命令について，223条1項前段は，「裁判所は，……，決定で，文書の所持者に対し，その提出を命ずる」と定めている。その内容から「命令」という名前が付けられているが，裁判所による裁判であり，口頭弁論による審理を経る必要がなく，決定の形式で

---

19)　文書中の特定の記載部分を黒塗りして提出を命ずることが特段の事情のない限りできることについて，最決平成13・2・22判時1742号89頁参照。

裁判がされる。

　訴えに対する終局判決前になされた決定には，①終局判決に対する控訴により控訴審の判断を受けるもの（283条本文・313条），②不服を申し立てることができないもの（283条ただし書）があり，これらについては独立の不服申立てが認められないが，③独立の不服申立てを認め，簡易な決定手続で判断することが訴訟手続の効率的な進行に資するものについては，抗告が認められている（同条ただし書・328条）。抗告には，抗告期間の定めのない通常抗告と，裁判の告知を受けた日から1週間の不変期間内に限り提起することができる即時抗告（332条）がある[20]。

　民訴法223条7項は，文書提出命令の申立てについての決定に対して即時抗告をすることができると定めている。文書提出命令の申立てについての裁判は，証拠調べの必要性の判断と，所持者の文書提出義務の存否の判断を含むが，証拠調べの必要性の判断は，本案の審理と密接に関連するものであり，終局判決に対する控訴により控訴審の判断を受けるべきものである[21]。このため，証拠調べの必要性を欠くことを理由として文書提出命令の申立てを却下する決定に対し，その必要性があることを理由として即時抗告をすることは許されない（前掲最決平成12・3・10）。また，文書提出命令に対し，証拠調べの必要性がないことを理由として即時抗告をすることも許されない[22][23]。

2.　文書提出命令による不利益

　文書提出命令が発令されることの不利益として，①文書の所持者は，当該文書を提出しない場合に，訴訟当事者であれば文書の記載または文書により証明すべき事実に関する挙証者の主張を真実と認められることがあり（224条1項・3項），訴訟の当事者以外の第三者であれば過料に処せられることがある（225条1項）という不利益を受ける。②訴訟の当事者は，場合によっては望ま

---

20)　抗告について，アルマ310頁以下，LQ 603頁，637頁以下，長谷部423頁以下，高橋概論376頁以下を参照。

21)　田村陽子「判批」百選259頁参照。

22)　最決平成12・12・14民集54巻9号2743頁は，文書提出命令に対する本案訴訟の当事者による即時抗告を否定する理由の一つとして，このことを述べている。

23)　高田裕成ほか編『注釈民事訴訟法(4)』（有斐閣，2017年）615頁以下，620頁以下［三木浩一］を参照。

ない証拠が提出されるという不利益を受ける。③秘密情報の帰属主体は，文書に記載されたプライバシー等の秘密を公にされるという不利益を受ける。さらに，前述したように，④文書提出命令により文書を提出した金融機関に対して，守秘義務違反を理由とする損害賠償請求権を行使することができなくなるおそれがあるという不利益も考えられる。

3. 即時抗告をすることができる者

抗告を提起することができるのは，原決定の効力によって法律上の不利益を受ける者である（抗告の利益）。文書提出命令の申立てについて，申立てを却下する決定に対しては申立人が即時抗告をすることができ，文書提出命令に対しては所持者が即時抗告をすることができる。前掲最決平成 12・12・14 は，民訴法 223 条 4 項について，文書提出命令を受けた所持者が文書の不提出により真実擬制または過料の制裁を受けることがあることから，申立人と所持者の間で文書提出義務の存否を争う機会を付与したものであり，文書提出命令に対して所持者以外の者には抗告の利益が認められず，本案訴訟の当事者であっても即時抗告をすることはできないと判示する。この決定は，信用金庫の理事であった者に対する会員代表訴訟を本案訴訟とするものであり，信用金庫が所持する融資に関する稟議書を対象とする文書提出命令の申立てにつき，却下決定を取り消す決定に対する本案訴訟の被告による抗告の利益を否定したものである。同決定は，本案訴訟の当事者であるという理由では抗告の利益が認められないとの判断を示したものであり，提出が求められた文書に第三者の秘密が記載されている場合に，上記 2 の③や④の不利益について，当該第三者に抗告の利益が認められるかどうかについて判断をしたものではない[24]。

もっとも，同決定の調査官解説[25]は，第三者が文書に自己のプライバシーや秘密等に関する記載があるという利害関係を有することがあるとしても，訴訟外の第三者について文書提出命令に対する抗告権を認めることができないことは明らかであるとして，このような利害関係は事実上のものにすぎず，本案訴訟の当事者の抗告権の根拠とすることはできないと述べている[26]。確かに，秘密情報の帰属主体は，文書の所持者に対する文書提出命令により，法的な効

---

24) 安西・前掲注 18)789 頁注(16)。
25) 福井章代「判解」最判解民事篇平成 12 年度(下)940 頁，944 頁。

力を直接受けるという意味で法律上の不利益を受けるわけではないので，抗告の利益は認められないが，前述したようにその法律上の地位への影響を認めることはできるから，補助参加の利益は認められ，文書の所持者に対して補助参加の申出をしたうえで，補助参加人として即時抗告をすることはできると考える[27]。

4. 〔設問〕(2)について

本件明細書を対象とする文書提出命令の発令により，Y 銀行はこれを提出しない場合に，訴訟外の第三者として過料に処せられることがあるという不利益（上記 2 の①の不利益）を受けるので，Y 銀行は文書提出命令に対して即時抗告をすることができる。

これに対して，B は，訴訟の当事者として，望まない証拠が提出されるという不利益を受け（上記 2 の②の不利益），また，秘密情報の帰属主体として，文書に記載されたプライバシー等の秘密を公にされるという不利益（上記 2 の③の不利益）を受けるが，これらの不利益は B の抗告の利益を基礎づけるものではない。しかし，文書提出命令の発令により Y 銀行が文書を提出した場合に，守秘義務違反を理由とする損害賠償請求権を行使することができなくなるおそれがある（上記 2 の④の不利益）ので，B は，Y 銀行に補助参加の申出をしたうえで，補助参加人として即時抗告をすることは認められると考える。

---

26) 前掲最決平成 19・12・11 の原審（名古屋高決平成 19・3・14 民集 61 巻 9 号 3384 頁参照）は，金融機関に対する文書提出命令に対して顧客が即時抗告の申立てをしたのに対して，当該顧客は本案訴訟の当事者ではあるが，文書の提出を命じられた所持者ではないことを理由に抗告の利益を否定した。

27) 安西・前掲注 18)788 頁は，文書の秘密主体として所持者より強い利害を持つ当事者には，抗告の利益を認めるか，補助参加など，それなりの地位を認める必要があるとする。

■ 答案作成時の要点

(ア) 設問 (1)について
- ✓ 文書の所持者がその提出義務を負うのはどのような場合か。
- ✓ 職業の秘密に関する事項が記載されていることを理由に，文書の提出を拒絶することができるのは，どのような場合か。
- ✓ 金融機関は，顧客の秘密情報が記載された文書について，顧客に対して守秘義務を負うことを理由として，その提出を拒絶することができるか。

(イ) 設問 (2)について
- ✓ 文書提出命令が発令されると文書の所持者，本案訴訟の当事者および秘密情報の帰属主体は，それぞれどのような不利益を受けるか。
- ✓ 文書提出命令に対して文書に記載された秘密情報の帰属主体は即時抗告をすることができるか。

民事訴訟法における答案作成の作法②

名津井吉裕

事例問題はまず訴訟物から考える

　事例問題では，ある程度具体的な事実関係に基づく訴訟事件について設問が用意される。例えば，次のような事例である。ＸはＹから甲建物を500万円で買い受ける売買契約（以下「本件契約」という）を締結し，代金全額をＹに支払った。しかし，Ｙが約束の引渡日に甲建物を引き渡さないので，Ｙを被告として甲建物の引渡請求訴訟を提起した（以下「前訴」という）。Ｙは同訴訟において，契約当時はＸの要望を容れて甲建物の売却を決めたが，契約には錯誤があったと主張して争った。裁判所はＸの請求を認容する判決をし，Ｙの上訴も報われず，敗訴判決が確定した（以下「前訴判決」という）。Ｙはこれに納得がいかず，本件契約をＸの詐欺を理由に取り消したと主張し（以下「本件主張」という），Ｘを被告として請求異議の訴えを提起した（以下「本訴」という）。以上の事例について，本件主張は許されるかという設問があったとしよう。

　期末試験等の答案を見ていると，設問では，既判力の時的限界が問われていることを指摘し，既判力の制度趣旨や既判力の基準時を定めた民事執行法35条2項を説明し，本件主張は，基準時前に生じた事由であるから，既判力により遮断されるとだけ書いてくる答案が目立つ。しかし，この種の答案は良い評価にならない。というのも，なぜ本件主張を遮断すべきなのかについて前訴判決の既判力の生じる範囲を踏まえたあてはめが全くできていないからである。評価する側からすると，この答案は単に結論を述べただけであり，加点しよう

にも加点すべきところがない。一行問題ならば，既判力の制度趣旨等を縷々述べた答案にも点を与えることができるが，事例問題は「その事例において設問につきどう考えるか」を問うているのであるから，事例に登場した訴訟事件に即した分析ないし検討をしなければ，実質的には「白紙」の答案と大差がないのである。

　心当たりのある読者は，ではどうすればよいか，と問い返したくなるだろう。しかし，それを言う前に，なぜそうなってしまうのかを考えた方がよい。上記の答案を書いてしまう者の多くは，体系書や教科書，あるいは事例問題の解説を読んで，答案作成に取りかかるとき，事前に会得した知識を正確に答案に書こうとする。これ自体がダメだというわけではないが，問題は，なぜそれを書くのかを十分に考える前に書き出していないかという点である。換言すれば，事例に則して考えるということは，教科書等で会得した知識と目の前の事例との間の関係性を自力で考えることである。模範答案の丸写しでない限り，この作業は不可欠なのであり，これを（無自覚的に）サボった者が往々にして上記の答案を書いているように見受けられる。しかし，この指摘に納得できても，いざとなると，いつものクセが出て元の木阿弥になる読者もいるだろう。そうした読者には，事例問題を前にしたら，まず訴訟物から考えることを提案したい。

　というのも，訴訟物と無関係に解答することができる事例問題は，さほど多くないからである。前掲の事例で言えば，前訴の訴訟物が，売買契約に基づく甲建物引渡請求権であることは，民訴の講義を受講していれば，すぐに分かるはずである。期末試験などで上記の設問の手前に前訴の訴訟物を尋ねる小問をおくと，多くの学生が正解する（ここで間違うようならば，事例問題を解く前に民訴法を一から勉強し直した方が早道だろう）。しかしながら，前訴の訴訟物を正解できれば，前掲の事例に即した答案が出てくるほど単純ではない。悩ましいのは，前訴の訴訟物を正解した者ですら，後訴における本件主張の取扱いを検討し始めると，どういうわけか訴訟物がそっちのけになることである。このタイプは，民事訴訟手続において，訴訟物がいかに大切であるかについての認識が甘いことに原因があるのではないだろうか。なぜ訴訟物が大切かといえば，訴訟物が決まらないと，請求原因事実が何かが決まらず，請求原因事実が決まらなければ，どのような事実が抗弁事実となるのかも見当が付かない，といっ

た具合に，事例分析の手がかりが無くなってしまうからである。訴訟物を意識しないまま事例問題を解くことは，雲を摑むに等しい作業なのであり，上記の答案が出来上がるのは至極当然のことと言えるだろう。

　もっとも，読者の中には，前掲の事例では，詐欺が抗弁であることは知っている，という者もいるだろう。しかし，知っているということと，訴訟物との関係で詐欺がどのような意味をもつのか，詐欺を理由に契約を取り消すと何が起こるのか，その結果は訴訟物たる請求権が存在するという前訴判決の判断にどのような影響を及ぼすのか，といったことにも考えが及んでいるだろうか。これらを芋づる式に考えることをせず，詐欺は抗弁とお題目のように覚えているだけでは，事例問題の分析はできないということを自覚して欲しい。例えば，訴訟物に言及することなく詐欺取消しの主張に飛びつき，詐欺が訴訟物に付着する瑕疵であるから遮断されると結論する答案が典型である。しかし，設問に答えるためには，前訴判決の既判力が後訴（請求異議の訴え）の当事者の主張立証に対してどのように作用するのかを検討せざるを得ない以上（民執35条2項参照），前訴判決の既判力がどの範囲で生じているのかを明らかにしない限り，前に進めないはずである。そして，この作業の出発点となるのが，前訴の訴訟物を明らかにする作業なのである。本問は既判力の問題だから，訴訟物は関係ないといった認識では困る。

　以上に紹介した答案と類似の症状は，枚挙に暇がない。多少なりとも思い当たる節がある読者は，過去に作成した答案を訴訟物から考えるという観点から見直してみることを薦めたい。

12

事例

　Ｘは，Ｙとの間で，ある絵画を目的物とする売買契約（以下「本件売買契約」という）を締結し，その絵画をＹに引き渡したことを主張して，Ｙに対して，売買代金として 300 万円の支払を求める訴え（以下「本件前訴」という）を提起した（Ｘが主張する売買代金債権を「本件売買代金債権」という）。

　第１回口頭弁論期日において，Ｙは，本件売買契約は通謀虚偽表示に基づくもので無効であることを主張した。本件売買契約が通謀虚偽表示に基づくものであったのかが争点となり，本件売買契約に立ち会ったＡに対する証人尋問ならびにＸおよびＹに対する当事者尋問が行われた。

　その後，Ｙは，Ｘに対して 300 万円の貸金債権（以下「本件貸金債権」という）を有する旨，および，仮に本件売買契約が有効であるとしても，本件貸金債権を自働債権，本件売買代金債権を受働債権として，訴訟上の相殺をする旨（以下「本件訴訟上の相殺」という）を記載した準備書面を裁判所に提出し，Ｘに直送した。Ｙは，本件前訴の口頭弁論期日において，この準備書面の記載を陳述し，本件訴訟上の相殺を主張した。Ｙが，本件貸金債権につき消費貸借契約（以下「本件消費貸借契約」という）の締結の事実を主張したのに対して，Ｘは贈与を受けたものであるとして否認した。Ｙは，契約書を紛失してしまい，これを証拠として提出することができなかったので，本件消費貸借契約の締結にＡが立ち会っていたとして，Ａに対する再度の証人尋問を申請した。

　本件前訴において裁判所は，**設問**(1)または(2)に示す理由により，Ｘの請求を容認する判決を言い渡し，この判決がそのまま確定した。Ｙは，本件前訴の判決に従い，Ｘに 300 万円を支払った。

　その後，Ｙは，本件消費貸借契約の契約書を探し出したとして，Ｘを被告として，本件貸金債権につき 300 万円の支払を求める訴え（以下「本件後訴」という）を提起した。

設問

　次の(1)および(2)の場合に，それぞれ，本件後訴において，裁判所はどのような審理および判決をすることになるのかを説明しなさい。

　(1)　本件前訴において，裁判所が，本件訴訟上の相殺の主張を時機に後れた攻撃防御方法として却下し，Ｘの請求を認容した場合。本件後訴において，Ｘは，本件前訴におけるＹによる訴訟上の相殺により，実体法上，本件貸金債権は消滅したと主張している。

　(2)　本件前訴において本件消費貸借契約についてＡに対する証人尋問が行われたが，裁判所が，契約締結の事実は存否不明であり，本件貸金債権を認めることはできないとして，Ｘの請求を認容した場合。

■ 解説 ━━━━━━━━━━━━━━━━━━━━━━━━━

Ⅰ．問題の所在

　金銭の支払を請求する訴訟において，被告から相殺の抗弁が主張され，原告の主張する訴求債権の存在が認められる場合，裁判所は，相殺が実体法上適法であることを前提に，相殺の自働債権である反対債権の存否について審理をし，反対債権が存在しないと判断すれば，原告の請求を認容し，反対債権が存在すると判断すれば，相殺による訴求債権の消滅額について原告の請求を棄却することになる。

　実体法上，相殺適状により当然に債権債務の対当額について消滅の効果が生じるのではなく，相殺権の行使によりその効果が生じる。**設問**(1)は訴訟上の相殺の主張が時機に後れた攻撃防御方法として却下された場合に，相殺の意思表示による実体法上の効果が残るのかどうかを問うものである。

　設問(2)は，前訴において被告による相殺の主張が反対債権の不存在を理由に認められず，原告の請求を認容する判決が確定した後に，その被告が反対債権を訴訟物としてその履行を請求する後訴を提起した場合に，後訴における反対債権の主張が前訴判決の既判力により妨げられるのかを問うものである。

Ⅱ．訴訟上の相殺

1．実体法上の相殺

　相殺とは，二人が互いに同種の目的を有する債務（典型的には，金銭債務）を負担する場合に，一方から相手方に対する意思表示によってこれらの債務を消滅させることをいう（民505条1項・506条1項）。意思表示により法律上の効果を生じさせる権利を形成権というが，相殺は実体法上の形成権の一つである。相殺の意思表示をする者からみて，相手方の有する債権を受働債権，その相手方に対する債権を自働債権という。

　相殺をするには，自働債権と受働債権が相殺をするのに適した状態（相殺適

状）にあることを要する。相殺の意思表示により，双方の債務は，相殺適状となった時点に遡及して，対当額について消滅する（民 506 条 2 項・505 条 1 項）。

　相殺には，二人が互いに債務を負担する場合に，それぞれ弁済をする手間を省くという簡易な決済の機能がある。さらに，相手方の資力が悪化し，相手方に対する債権の全額の弁済を受けられないという場合に，相殺により自らの債務を対当額で消滅させることにより，相手方に対する債権につき全額の弁済を受けたのと同様の結果を得られる。このように，相殺は，相手方に対する債権について，相手方の自らに対する債権をいわば担保としているという担保的機能を有している。

2. 訴訟上の相殺の二つの意義

　実体法上の形成権を訴訟において主張する方法には，形成権を訴訟外で行使し，行使した旨を訴訟で主張する方法と，形成権を訴訟上行使する方法がある[1]。相殺権についても，訴訟外で相殺の意思表示をし，その旨を訴訟で主張する方法（訴訟外の相殺の抗弁）と，訴訟上行使する方法（訴訟上の相殺の抗弁）がある。訴訟外の相殺の抗弁には，原告の訴求債権の主張に対して，訴訟外で相殺権を行使した旨を訴訟において主張するという防御方法としての意義があるのに対して，訴訟上の相殺の抗弁には，相殺権の行使としての意義と，相殺権を行使する旨を訴訟において主張するという防御方法としての意義がある。

　以下，適宜，原告 G の被告 H に対する甲債権を訴求する（訴訟物として請求する）訴訟において，H が G に対する乙債権による訴訟上の相殺または訴訟外の相殺を主張したという場面を想定し，これらの記号を用いて説明する。

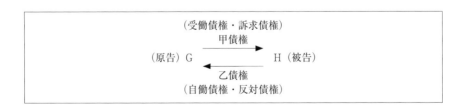

---

1)　実体法上の形成権の訴訟における行使について，アルマ 199 頁以下，LQ 155 頁以下，長谷部 179 頁以下，高橋概論 146 頁以下。

3. 訴訟上の相殺の法的性質

このような二つの意義を有する訴訟上の相殺の法的性質について，かつては，私法上の相殺権の行使の意思表示（私法行為）と意思表示があった旨の訴訟上の陳述（訴訟行為）を区別し，要件・方式・効力は別個に定められるとする併存説（私法行為説）[2]と，訴訟上の相殺の要件・効果について訴訟行為の原則に従って判断すれば足りるとする訴訟行為説[3]が主張された。後者の訴訟行為説は，訴訟上の相殺を主張する当事者は有利な裁判を基礎づける資料（防御方法）の提供を意図し，それをはなれて実体法上の効果を独立に生じさせることを必ずしも意図していないことを理由とするものであり，訴訟において相殺の抗弁について判断がされない場合に債権債務の消滅の効果が生じないことを説明することができる。しかし，この見解においては，相殺の抗弁が認められる場合に請求棄却の結論が導かれることを，民法が定める相殺の効果によることなく説明することができるのかが明らかでなく，相殺による債権債務の消滅は，実体法上の効果として説明する必要があり，実体法の規律を受けるというべきである（新堂465頁）。すなわち，甲債権を訴求する訴訟において，乙債権による訴訟上の相殺が認められる場合には，実体法上の相殺の効果として甲債権が消滅したことを理由に，Ｇの請求を棄却すると説明することになる。

他方で，実体法上の規律を受けるものとして，相殺の効果の発生をその訴訟における主張から独立させると，訴訟上の相殺が主張されたが，訴えが取り下げられた場合や却下された場合，または，相殺の主張が却下された場合や撤回された場合など，その訴訟において相殺の抗弁について判断がされなかった場合であっても，相殺の実体法上の効果は生じることになる。特に，相殺の主張が却下された場合や撤回された場合には，ほかに請求棄却を導く事由が認められないと，甲債権について，Ｇの請求が認容され，相殺の実体法上の効果を反映せずに，その存在を認める判断が確定することになり，他方で，相殺による乙債権の消滅という実体法上の効果が生じると，甲債権と乙債権について矛盾した法状態が生じてしまう。また，訴訟行為説が説くように，Ｈは，Ｇの請求に対する防御方法として相殺権を行使しているから，訴訟において相殺につい

2）　兼子一『新修民事訴訟法体系〔増訂版〕』（酒井書店，1965年）211頁以下。
3）　三ケ月章『民事訴訟法（法律学全集）』（有斐閣，1959年）280頁。

て判断がされない場合にまで，相殺の実体法上の効果が生じることは意図していないと考えられる。そうすると，このような訴訟において相殺を主張する当事者の意図を考慮し，相殺の抗弁が防御方法としての意味を失った場合には，相殺の実体法上の効果は残らないと考えるのが相当である（新堂 466 頁）。

　併存説に立ちつつこのことを導く見解（新併存説）として，訴訟上の相殺には，裁判所が相殺の主張を不適法として却下する場合や訴えの取下げ・却下により訴訟が終了する場合などには，相殺の意思表示の効力を失わせる旨の解除条件がその意思表示に付けられているという見解がある[4]。また，最判平成 10・4・30 民集 52 巻 3 号 930 頁（百選 44 事件）は，相殺の抗弁に対する訴訟上の相殺の再抗弁を否定する理由として，「訴訟上の相殺の意思表示は，相殺の意思表示がされたことにより確定的にその効果を生ずるものではなく，当該訴訟において裁判所により相殺の判断がされることを条件として実体法上の相殺の効果が生ずるものである」と述べている。このような訴訟上の相殺の抗弁について，実体法上の相殺の効果の発生に条件が付けられているという見解（条件説）においては，条件付き相殺の禁止（民 506 条 1 項後段）が問題になるが，訴訟上の相殺の意思表示にこのような条件を付しても，訴訟手続の安定を害するおそれや相手方にとって不利益を与えるおそれはないから許されるという[5]。

　異なる見解として，相殺の主張が防御方法として顧慮されずに，原告の請求を認容する判決が確定した場合には，相殺の意思表示が無視された法的状態が生じていることから，相殺の意思表示の撤回を前提に，その自働債権の行使を認める見解も主張されている（撤回説）[6]。実体法上，相殺権行使の撤回は相手方の不利益を考慮して禁止されているが，このような不利益は，相殺の意思表示の援用が否定され，相手方の訴求債権について給付判決が確定した場合には該当しないという。この見解に対しては，いったん確定的に生じた相殺による実体関係の変動が，後日撤回により遡及的に覆滅されるという法律関係の不安定が問題として指摘されている[7]。

4）　中野貞一郎『民事訴訟法の論点 II』（判例タイムズ社，2001 年）149 頁。
5）　中野・前掲注 4)149 頁。
6）　河野正憲『民事訴訟法』（有斐閣，2009 年）299 頁以下。
7）　中野・前掲注 4)149 頁。

4. 防御方法としての訴訟上の相殺の抗弁

　訴訟上の相殺の主張には，訴求債権の発生原因（例えば，契約の締結）の否認，発生原因として主張された法律行為の無効や訴求債権の弁済の主張などがそうであるように，原告の請求を棄却に導く防御方法としての意義がある。

　一般に，防御方法が複数ある場合に，ある防御方法を提出するとともに，それが認められないときに備えて，別の防御方法（仮定的な主張）を提出することができる。このような仮定的な主張がされた場合であっても，裁判所は複数の防御方法を自由な順序で審理することができ，仮定的な主張が認められれば，主位的に主張される防御方法の審理判断をすることなく，請求を棄却することができるのが原則である。

　しかし，相殺の抗弁については，相殺を理由として原告の請求が棄却されると，後述するように114条2項により反対債権の不存在に既判力が生じることになる。このため，裁判所はまず他の防御方法についての審理をし，訴求債権の存在が認められる場合にはじめて，相殺についての判断を示す。このため，他の防御方法とともに相殺の抗弁が主張される場合には，相殺の抗弁の主張は，明示的な条件付けがされなくても，他の防御方法が認められることを解除条件として裁判所に対して判断を求める予備的主張（予備的相殺の抗弁）として扱われる[8]。

5. 相殺の抗弁と時機に後れた攻撃防御方法の却下

　設問(1)において相殺の抗弁の主張は時機に後れた攻撃防御方法として却下されている。設問において問われているわけではないが，前提として相殺の抗弁を時機に後れたものとして却下することができるのかについて説明する。攻撃防御方法の提出時期について，平成8年の現行民事訴訟法の制定前の旧民事訴訟法は「随時提出主義」を定めていたが，現行民事訴訟法は，適正で充実

---

[8]　上記の条件説を支持する中野・前掲注4)192頁以下は，予備的相殺の抗弁について，相殺の実体法上の効果の発生は裁判所が訴求債権の存在を認定することが停止条件とされているとし，このことと，訴訟上の相殺の抗弁が不適法あるいは無意義に帰した場合における相殺の効果の解消の問題（解除条件が付けられているとする。3を参照）とは区別して論じられるべきであるとする。

した迅速な審理と裁判が行われるように，当事者は攻撃防御方法を訴訟の進行状況に応じ適切な時期に提出しなければならないとした。この適時提出主義の理念を実現するために，当事者が時機に後れて提出した攻撃防御方法を，裁判所が申立てによりまたは職権で却下することができることを定めている（157条1項）9)。

　時機に後れた攻撃防御方法の却下の要件は，①攻撃防御方法の提出が時機に後れたものであること，②時機に後れた提出について当事者に故意または重過失があること，③訴訟の完結が遅延することである。

　①の時機に後れた提出であることは，弁論の経緯からより早期の適切な時期に提出することを期待しうる状況にあったことをいう。相殺による訴求債権の消滅の効果は相殺の意思表示により生じる（民505条1項本文・506条1項前段）から相殺権が行使されなければその効果を防御方法として提出することもできないが，相殺権の行使は意思表示のみですることができるから，一般的には，実体法上相殺適状にあれば相殺の抗弁を提出することを期待しうる状況にあったということができる。

　②当事者に故意または重過失があるというのは，適切な時期に提出しなかったことに合理的な理由がないことをいう。訴訟上の相殺は，訴求債権の存在を前提とし，訴求債権の存否それ自体を争うものではなく，それが認められると，反対債権の消滅を伴い，その不存在に既判力が生じることになるという特殊性がある。しかし，相殺の抗弁は，前述したように予備的に主張することができ，訴求債権の存在が認められる場合にのみ判断が示されるから，上記の特殊性から当然に適切な時期に提出しなかったことに合理的な理由が認められるわけではない。

　③訴訟の完結が遅延することの要件について，攻撃防御方法が適切な時期に提出されないことによる訴訟遅延の防止という趣旨から，適切な時期に提出された場合と比較して，その攻撃防御方法について審理することにより訴訟の完結が遅延することになる場合（相対的遅延概念）であると解することも考えられるが，適切な時期に提出された場合の訴訟の完結時期の想定は実務的には困

---

9)　時機に後れた攻撃防御方法の却下について，アルマ203頁以下，LQ 191頁以下，長谷部177頁以下，高橋概論138頁。相殺の抗弁を時機に後れた攻撃防御方法として却下することについて，鶴田滋「判批」リマークス59号（2019年）106頁，108頁以下を参照。

難であるので，攻撃防御方法を却下する場合と比較して，その攻撃防御方法について審理することにより訴訟の完結が遅延することになる場合（絶対的遅延概念）をいうと解されている（アルマ 204 頁参照）。

ところで，給付訴訟において被告から提出された相殺の抗弁について，訴訟の完結を遅延させるものであるとしてこれを却下しても，請求認容判決が確定した後に，被告が請求異議の訴え（民執 35 条）を提起して相殺の抗弁を主張することは確定判決の既判力により妨げられないから（後掲注 12)参照），必ずしも紛争の早期解決にはならない。しかし，給付訴訟において相殺の抗弁を却下して，給付判決をすることには，原告債権者が早期に強制執行を開始することを可能とし，相殺を主張する被告債務者に請求異議の訴えを提起するという負担を負わせるという意義がある10)。このため，相殺の抗弁について審理することにより当該給付訴訟の完結が遅延する場合には，訴訟の完結が遅延することの要件を具備するものと考える。

6. 訴訟上の相殺の抗弁の却下と相殺の実体法上の効果

上記の条件説や撤回説によると，訴訟上の相殺の抗弁が時機に後れた攻撃防御方法として却下された場合には，相殺による債権債務の消滅という実体法上の効果は残らない。したがって，H による訴訟上の相殺の抗弁を時機に後れたものとして却下し，G の請求を認容する判決が確定した後に，H が乙債権を訴求する後訴を提起した場合に，乙債権は当該相殺により実体法上消滅しているから請求が棄却される，ということにはならない11)。また，甲債権の支払を命ずる確定した給付判決に対して，H が請求異議の訴えを提起して，新た

---

10)　竹下守夫 = 伊藤眞編『注釈民事訴訟法(3)』（有斐閣，1993 年）277 頁［山本克己］。

11)　条件説を支持する中野・前掲注4)190 頁以下によると，訴訟外の相殺については，その実体的要件を満たしているかぎり，相殺の意思表示の相手方への到達により確定的に自働債権・受働債権の対当額における消滅が生じる（前掲最判平成 10・4・30〔傍論〕も参照）。このため，H の提出した訴訟外の相殺の抗弁が却下された場合や撤回された場合には，相殺による甲債権の消滅の効果が顧慮されることなく，G による請求が認容されることになるにもかかわらず，後に，H が乙債権を訴求する後訴を提起した場合に，G が H による相殺権行使により乙債権が消滅していることを主張すると，H の請求は棄却されることになる。これに対して，撤回説は，訴訟外の相殺の抗弁についても，訴訟においてそれが顧慮されずに，甲債権に係る請求を認容する判決が確定した場合には，相殺の意思表示の撤回を認め，H による乙債権の行使を認める（河野・前掲注6)299 頁以下）。

に乙債権を自働債権，甲債権を受働債権とする相殺を主張した場合にも，乙債権は給付訴訟における訴訟上の相殺により消滅しているということにはならない[12]。

Ⅲ. 相殺の抗弁と既判力[13]

1. 既判力の範囲

　既判力は確定した判決の判断に生じる，後の訴訟に対する拘束力であり，114 条 1 項により，判決主文に包含される判断にのみ生じ，訴訟上の請求の当否を判断する本案判決であれば，訴訟物として主張された権利関係の存否の判断に生じるのが原則である。

　訴訟において相殺の抗弁が主張された場合，114 条 1 項の既判力は訴訟物として主張された訴求債権の存否について生じるが，同条 2 項は，「相殺のために主張した請求の成立又は不成立の判断は，相殺をもって対抗した額について既判力を有する。」と定めている。「相殺のために主張した請求」とは反対債権のことである。反対債権について既判力が生じないと，①前訴において，乙債権が存在しないことを理由に相殺を否定し，G の請求を認容する判決が確定した場合に，H が，乙債権を請求する後訴を提起して，乙債権の存在を主張することを，甲債権の存在の判断に生じる既判力によって遮断することはできない。また，②前訴において，乙債権が存在することを理由に相殺を認めて，G の請求を棄却する判決が確定した場合に，H が，乙債権を訴求する後訴を提起して，甲債権は相殺前において不存在であり，実体法上相殺は効果を生じていないと主張して，乙債権の存在を主張することを，甲債権の不存在の判断に生じる既判力によって遮断することはできない。そこで，同条 2 項は，反対債権について既判力が生じることとしている。一般的には，確定判決の既判力が

---

12)　給付訴訟において請求を認容する確定判決の既判力は請求権の存在の判断に生じるが，その基準時後に相殺権を行使して，確定判決に対する請求異議の訴えにおいて請求権の消滅を主張することは，既判力により遮断されないと解されている（最判昭和 40・4・2 民集 19 巻 3 号 539 頁。本書事例 13「既判力の時的限界」[八田卓也] を参照）。

13)　相殺の抗弁が主張された場合における確定判決の既判力について，アルマ 350 頁以下，LQ 437 頁以下，長谷部 285 頁以下，高橋概論 269 頁以下。

判決理由中の判断に生じないことにより，どのような理由で判決をしても既判力に差異が生じないので，裁判所は弾力的で迅速な審理判断をすることが可能になるが，相殺の抗弁については訴求債権の存在が認められる場合にのみ判断するという判断順序を定めたうえで（Ⅱ4参照），この場合には反対債権について既判力が生じることにして，後訴において反対債権の存否をめぐり紛争が蒸し返されることを防いでいる。

114条2項は「成立又は不成立の判断」は既判力を有すると規定しているが，上記の①の場合には，乙債権の不存在の判断に既判力が生じることで，乙債権の存否についての争いが蒸し返されることを防ぐことができ，上記の②の場合には，乙債権の不存在に既判力が生じることで，相殺の前提としての甲債権の存否についての争いが乙債権の存否という形で蒸し返されることを防ぐことができる[14]。そこで，上記の①と②のいずれの場合にも，乙債権の「不存在」に既判力が生じると解されている。ここで既判力が生じる乙債権の不存在は，上記の①の場合には，乙債権についての審理の結果としての判決理由中の判断であり，上記の②の場合には，相殺を認める判決理由中の判断を前提とする乙債権についての相殺の実体法上の帰結である（高橋概論270頁）。

114条2項の既判力が生じるのは，訴求債権が存在すると判断され，反対債権の存否が実質的に判断された場合に限られる。訴求債権が存在しないと判断された場合，相殺の抗弁が時機に後れた攻撃防御方法として却下された場合，反対債権の不存在を除く実体法上の相殺の要件（相殺適状）を欠く（民509条など）と判断された場合には，反対債権の存否が判断されないので，同条2項

---

14)　②の場合について，訴求債権（甲債権）と反対債権（乙債権）が口頭弁論終結時に（相殺前に）存在し，対当額で消滅したことに，既判力が生じるという見解も主張された（兼子・前掲注2）344頁，梅本吉彦『民事訴訟法〔第4版〕』〔信山社，2009年〕927頁，928頁注1）。この見解は，(a)Gが，乙債権は相殺前において不存在であったと主張して，Hに対して不当利得返還請求や損害賠償請求をする余地があること，また，(b)Hが，Gの甲債権は相殺前において不存在であったと主張して，Gに対して不当利得返還請求や損害賠償請求をする余地があることに，対応する必要があるという。しかし，(a)の請求において，甲債権が存在するのに相殺を認める確定判決によりHが支払義務を免れたという主張は，甲債権の不存在の判断に生じる既判力により遮断される（中野・前掲注4）155頁以下）。また，訴訟上の相殺の抗弁について確定判決により債権債務が消滅するという考え方に立たない限り，相殺を認める確定判決により甲債権が消滅したことを理由とする請求は成り立たない（山本克己「相殺の抗弁と不利益変更禁止の原則」ジュリ879号〔1987年〕59頁，61頁）。(b)の請求についても同様である。

の既判力は生じない。

　また，114条2項の既判力が生じるのは，反対債権のうち「相殺をもって対抗した額」についてである。まず，訴求債権が存在すると判断された額（認定額）に対応する反対債権の部分についてのみ既判力が生じる。被告が主張した反対債権が全く存在しないと判断された場合にも，訴求債権の認定額に対応する部分を超える反対債権の部分には既判力は生じないと解される[15]。「対抗した」というのは「主張した」という意味であり（高橋・概論271頁），反対債権が存在すると判断されて相殺が認められた額についても，存在しないと判断されて相殺が認められなかった額についても，その不存在に既判力が生じる。

2. 既判力の作用

　前訴確定判決の既判力が後訴において作用するのは，既判力の対象である権利関係の存否が後訴において問題となる（判断されるべき）場合である。114条1項により前訴の訴訟物たる権利関係について既判力が生じることから，当該権利関係の存否が後訴において問題となる（判断されるべき）場合，すなわち，当該権利関係が訴訟物とされる訴訟物同一の場合，当該権利関係を前提とする権利関係が訴訟物とされる先決関係の場合，および，当該権利関係と両立しない権利関係が訴訟物とされる矛盾関係の場合に，既判力が作用する。

　これに対して，114条2項により前訴において相殺の抗弁として主張された反対債権について生じる既判力は，反対債権の存否が後訴において問題となる（判断されるべき）場合に作用する。

　まず，典型的な場面として，上記の①と②の場合，すなわち，Hが乙債権を訴求する後訴を提起する場合が想定される。この場合には，後訴において乙

---

15)　数量的一部請求（本書事例14「既判力の客観的範囲・一部請求」［鶴田滋］）を参照）において，相殺の主張がされた場合，判例（最判平成6・11・22民集48巻7号1355頁〔百選113事件〕）によると，甲債権の認定額から乙債権の認定額を控除した残存額を算定し，一部請求の額が残存額の範囲内であるときは一部請求を認容し，残存額を超えるときはその残存額の限度で一部請求を認容すべきであるとされる（外側説）。このことを前提に，相殺による控除の前において，甲債権の認定額が一部請求の額以下の場合には，その認定額に対応する乙債権の部分についてのみ，その不存在に既判力が生じる。相殺による控除の前において，甲債権の認定額が一部請求の額を超えるときは，請求額に対応する乙債権の部分についてのみ，その不存在に既判力が生じると解する。

債権が訴訟物として主張されることになるが，Hが乙債権の存在を主張することは，乙債権の不存在に生じた既判力により遮断される。

次に，Gが甲債権とは別のHに対する債権（丙債権とする）を訴求する後訴を提起し，Hが乙債権の存在を前提に，乙債権を自働債権とし，丙債権を受働債権とする相殺を主張した場合には，後訴において丙債権の存在が認められる限りで，乙債権の存否が問題になるが，前訴において乙債権の不存在に既判力が生じているので，後訴においてHが乙債権の存在を主張することは，その既判力により遮断される。

さらに，前訴において甲債権の存在，乙債権の不存在を理由に，Gの請求を認容する判決が確定したのに対して，Hから請求異議の訴え（民執35条）が提起された場合，この訴えにおいては同条2項により事実審の口頭弁論終結後の事由しか主張することができないので，Hがそれ以前に行使した相殺により甲債権が消滅したことを主張することはできない。これは，前訴における甲債権の存在の判断に生じる既判力（114条1項）に抵触するからである。これに対して，Hが前訴の事実審の口頭弁論終結後に乙債権を自働債権とする相殺権を行使したことにより甲債権が消滅したことを主張することは，前訴における甲債権の存在の判断に生じる既判力には抵触しない（前掲最判昭和40・4・2）が，乙債権の不存在の判断に生じる既判力（同条2項）に抵触する。

Ⅳ. 設問 について

1. 設問 (1)について

本件前訴において，裁判所が，本件訴訟上の相殺の主張を時機に後れた攻撃防御方法として却下し，Xの請求を認容した場合，条件説によると相殺の実体法上の効果は残らず，撤回説によると相殺の意思表示の撤回が認められる。このため，Yが本件前訴において相殺の自働債権（反対債権）として主張した本件貸金債権を訴求する本件後訴を提起したのに対して，Xが本件前訴における相殺の意思表示により本件貸金債権は実体法上消滅していると主張することは認められない。

この場合は，本件前訴において，Yの本件貸金債権の存否について判断が

されていないので，114 条 2 項の既判力は生じない。また，本件前訴において，同条 1 項により X が訴訟物として主張した本件売買代金請求権の存在の判断に生じた既判力は，訴訟物が異なる本件後訴において，本件売買代金請求権の存否が問題にならないので，作用しない。このため，基準時後の相殺権行使を論じる場面ではない。

2. 設問 (2)について

本件前訴において，裁判所が，Y の本件貸金債権の存在が認められないとして，X の請求を認容した場合，114 条 1 項により，訴求債権である本件売買代金債権（請求権）の存在の判断に既判力が生じるとともに，同条 2 項により，反対債権である本件貸金債権の不存在の判断に既判力が生じる。Y が本件貸金債権を訴訟物として請求する本件後訴においては，その不存在の判断に生じた本件前訴判決の既判力が作用し，Y が本件貸金債権の存在を主張することは遮断される。本件消費貸借契約の締結は前訴判決の既判力の基準時より前であるから，その証拠を探し出したのが基準時後であっても，本件貸金債権の発生を主張することはできない。

V．おわりに

相殺の抗弁が提出され，裁判所が反対債権について実質的に判断をした場合には，114 条 2 項により，訴訟物とはされていない反対債権の存否の判断に既判力が生じるという特殊性から，民事訴訟法において，相殺の抗弁と二重起訴（百選 38 事件〔最判平成 3・12・17 民集 45 巻 9 号 1435 頁・最判平成 10・6・30 民集 52 巻 4 号 1225 頁〕，本書事例 18「二重起訴の禁止」〔八田卓也〕），相殺の抗弁についての既判力と反射効（百選 89 事件〔最判昭和 53・3・23 判時 886 号 35 頁〕，本書事例 17「反射効」〔八田〕），相殺の抗弁による請求棄却判決を得た被告の控訴の利益，相殺の抗弁による請求棄却判決に対する控訴と不利益変更禁止（百選 112 事件〔最判昭和 61・9・4 判時 1215 号 47 頁〕）などの問題がある。このほか，相殺については，訴訟上の相殺の抗弁に対する相殺の再抗弁の適否（百選 44 事件〔前掲最判平成 10・4・30〕）や確定判決の基準時後の相殺権の行使（前掲最判昭和 40・4・2，本書事例 13「既判力の時的限界」〔八田〕）などの問題がある。

■ **答案作成時の要点** ━━━━━━━━━━━━━━━━━━━━━━━

⑺ **設問**(1)について
  ✓ 訴訟上の相殺には実体法上の相殺権の行使とその訴訟における主張の二
    つの意義があること。
  ✓ 訴訟上の相殺の抗弁が時機に後れた攻撃防御方法として却下された場合
    には，相殺の実体法上の効果が残るか。
  ✓ この場合に，反対債権の存否について既判力が生じないこと。
⑷ **設問**(2)について
  ✓ 相殺の抗弁が提出され，裁判所が訴求債権の存在を認めて，相殺の自働
    債権（反対債権）の存否について判断をした場合には，反対債権の不存在
    について既判力が生じること。
  ✓ この場合に，反対債権の不存在について生じた既判力により，反対債権
    を訴求する後訴において，その存在の主張が遮断されること。

13

事例 1

　XはYを被告として，甲土地のXへの明渡しを求めて訴えを提起した（以下「本件前訴A」という）。本件前訴AにおいてXは，請求を理由づける事実として【ア】現在甲土地をYが占有していること，【イ】平成 27 年 4 月 4 日当時Vが甲土地を所有していたこと，【ウ】同日V・X間で甲土地をVがXに売却する売買契約が結ばれたこと，を主張した。これに対しYは，【ア】【イ】【ウ】を認めつつ，抗弁として【エ】平成 28 年 4 月 4 日にX・Y間で，甲土地をXがYに売却する売買契約が結ばれた（以下「本件売買契約A」という）と主張した。これに対しXは【エ】を争った。【エ】につき証拠調べがなされ，結果，本件売買契約Aの不存在が認定されXの請求を認容する第 1 審判決が出て確定した（以下「本件判決A」という。口頭弁論終結日は，平成 29 年 4 月 4 日である）。

　Yが甲不動産を明け渡さないため，平成 30 年 8 月 4 日にXが明渡しの強制執行に及んだところ，Yが請求異議の訴えを提起した（以下「本件後訴A」という）。Yは，本件後訴Aの請求を理由づける事実として，〔1〕平成 28 年 4 月 4 日にX・Y間で本件売買契約Aが締結されたこと，〔2〕平成 28 年 4 月 4 日にX・Y間で甲土地をXがYに賃貸する旨の賃貸借契約が締結されたこと，〔3〕平成 30 年 4 月 4 日にXがYに甲土地を売却する旨の契約が締結されたこと，を主張した。

設問 1

　本件後訴AにおけるYによる〔1〕～〔3〕の主張が，それぞれ本件判決Aの既判力により封じられるかを検討しなさい。

事例 2

　SはPを被告として，中古車の売買契約（以下「本件売買契約B」という）に基づく代金200万円の支払を求める訴えを提起した（以下「本件前訴B」という）。Pは本件売買契約Bの成立を争ったが，Sの請求を認容する判決が出て確定した（以下この判決を「本件判決B」という）。その後Sが強制執行に及んだため，Pは請求異議の訴えを提起し（以下この訴えを「本件後訴B」という），その請求を理由づける事実として〔4〕本件売買契約BがSの詐欺によるものでありこれを取り消す旨，および〔5〕PがSに対して有する300万円の貸金返還請求権を自働債権として相殺する旨，を主張した。

設問 2

　(1)　本件後訴BにおけるPによる〔4〕の主張が，本件判決Bの既判力により封じられるかについての判例の立場を明らかにしなさい。

　(2)　本件後訴BにおけるPによる〔5〕の主張が，本件判決Bの既判力により封じられるかについての判例の立場を明らかにしなさい。

　(3)　(1)で明らかにした判例の立場と(2)で明らかにした判例の立場とは，どのように整合的に説明できるか（あるいはできないか），検討しなさい。

■ 解説

I. 問題の所在

　本問のテーマは「既判力の時的限界（時的範囲とも呼ばれる）」すなわち「既判力の基準時」である[1]。

　確定判決の判断に与えられる通有性ないし拘束力が既判力である（重点講義（上)586頁）。この既判力は，相殺の場合の例外を除き訴訟物たる権利関係の存否（請求認容判決の場合は存在，請求棄却判決の場合は不存在，請求一部認容判決の場合は認容部分の存在とその余の不存在）について生じると考えられている（114条1項の解釈)[2]。しかし，権利関係は刻一刻と変動する。したがってその通有性はいつの時点での訴訟物たる権利関係の存否についてのものとして生じるか，という問題が生じる。この通有性が生じる時点が「既判力の基準時」であり，それは既判力が生じる判決の基礎となった訴訟の事実審口頭弁論終結時であるとされている。その理由は以下の通りである（法律上の根拠となるのは民執35条2項である）。まず事実審口頭弁論終結後の事実は判決に反映できない。したがって事実審口頭弁論終結時後を基準時にすることはできない。次に事実審口頭弁論終結時前に目を向けた場合，口頭弁論の一体性から事実審口頭弁論終結前のいつの時点で訴訟物たる法律関係が発生／消滅しようと訴訟物たる法律関係が発生／消滅している限りは請求認容／棄却という判決の結論は変わらないので，請求認容／棄却という判決の結論から言えるのは訴訟物たる法律関係が事実審口頭弁論終結時には存在した／しなかったということだけだということになる。したがって事実審口頭弁論終結時前を基準時とすることもできない。結果として事実審口頭弁論終結時のみが基準時として残る，というわけである。そして基準時が事実審口頭弁論終結時であるということは，（既判力が判決における訴訟物についての判断に生じることを加味すると）既判力は「事実審口頭弁論終結時の時点で訴訟物たる権利関係があった（←請求認容判決の場合）／な

---

1) LQ 428-434 頁，アルマ 342-344 頁，高橋概論 260-266 頁，長谷部 276-280 頁，中野ほか 502-510 頁参照。

2) LQ 435 頁，アルマ 348 頁，高橋概論 266 頁，長谷部 283 頁，中野ほか 510 頁。

かった（←請求棄却判決の場合）こと」に生じるということ（それが既判力の内容であること）を意味する（つまり基準時前・基準時後の権利状態については既判力は生じない，ということである）。すなわち，既判力が訴訟物たる権利関係の存否の判断について生じると言われるのは不正確であり，常に基準時におけるその存否の判断のみについて生じるのである。とりわけ，基準時後だけでなく基準時前の権利状態も既判力の対象外であることに注意が必要である。

　このことが既判力の作用との関係で持つ意味を把握する必要がある。本稿ではそれを 設問1 を手がかりに行う（Ⅱ，Ⅲ）。

　また，とりわけ基準時前に発生していた形成権が基準時後に行使された場合，形成権が基準時前に生じていたことを捉えて形成権行使の結果を主張することは既判力に抵触すると解するか，それともその行使が基準時後であることを捉えて既判力に抵触しないと解するかが，問題になる。本稿ではこれを 設問2 を手がかりに考察する（Ⅳ）。

Ⅱ．既判力の作用において基準時が持つ意味
―― 既判力による遮断の基本

1. 既判力による遮断の基本

　既判力の基準時は既判力の作用過程の中に位置づけて理解することではじめてその意義を有機的に理解できる。既判力の作用には積極的作用と消極的作用とがある。積極的作用は「後訴裁判所は，既判力の生じた前訴判決の訴訟物についての判断を前提として判断をしなければならない」というものであり，消極的作用は「判決の既判力ある判断に反する主張や証拠の申出を当事者がすることは許されず，たとえかかる主張・証拠申出を当事者がしても，裁判所はそれの当否の審理に入ってはならない」というものであるとされている[3]。設問 では後訴における当事者の主張が既判力により封じられるかどうかが問題となっており，これは上記のうち消極的作用に基づくものである[4][5]。そしてこの消極的作用の検討は，以下の手順で行われる（型として頭に入れてしまう

3）　LQ 423 頁，アルマ 340 頁，高橋概論 253 頁，長谷部 275 頁，中野ほか 496 頁，重点講義㊤707 頁。

ことが望ましい）：①第1に既判力の主観的範囲（主体的範囲。115条1項等）を
検討し，後訴の当事者間に問題となる判決の既判力が及ぶかを検討する。②
①が肯定される場合には，次に後訴に既判力が作用するかを検討する。前訴判
決の既判力が後訴に作用するのは，(a)前訴と後訴の訴訟物が同一の場合，(b)前
訴の訴訟物たる権利関係が後訴訴訟物の前提関係に立つ場合（以下「先決関係」
という），(c)前訴の訴訟物たる権利関係が後訴の訴訟物たる権利関係と矛盾す
る場合であるとされるので[6]，具体的にはこのいずれかに該当するかを検討す
ることになる。③ ①②のいずれもが肯定される場合には遮断の有無を検討す
る前提として次に既判力の内容を確定する。既判力は基準時における訴訟物の
存否について生じるので，訴訟物は何か，判決の結論は何か，基準時はいつか，
という三つの角度から検討することになる。④そして最後に問題の主張が既判
力の内容に矛盾するかを検討する。矛盾する主張は既判力に抵触するものとし
て封じられる。以上である。

2. 事例 に即した検討

　以上を 設問1 に即して検討すると以下の通りになる。まず①については，
前訴も後訴も当事者はX・Yであるので及ぶ（115条1項1号）。②については，
(b)先決関係に該当し，作用する。本件後訴Aたる請求異議訴訟の訴訟物は通
説・判例的には強制執行に対する「異議権」と理解されており[7]，本件のよう
にそれが執行債権の不存在を理由としている場合には，前訴訴訟物の不存在が
後訴訴訟物の前提になっていると言えるからである[8]。③（既判力の内容）は

4）　なお，判決の有する当事者の主張を封じる効力のことを「遮断効」と呼ぶことがある。この用
　　語法に従った場合，既判力の消極的作用は遮断効を内容とすることになる。もっとも判決理由中
　　の判断に解釈で拘束力が認められる場合があり，この場合には判決理由中の判断に「遮断効」が
　　認められることになる。すなわち判決が当事者の主張を封じる効力を有すればそれは「遮断効」
　　なのであり，遮断効は既判力についてのみ認められるものではない。

5）　すなわち，既判力は前訴判決の訴訟物についての判断に生じるが，既判力が作用して遮断する
　　のは後訴の当事者の主張である。

6）　LQ 423-424頁，アルマ340-341頁。

7）　司法研修所編『執行関係等訴訟に関する実務上の諸問題』（法曹会，1989年）30頁参照。

8）　請求異議訴訟の訴訟物については争いがあり，債務名義に表示された請求権そのものが訴訟物
　　となるという考え方もある。この考え方によれば，本件前訴Aと本件後訴Aは訴訟物同一の関
　　係にあることになろう。いずれにせよ既判力が作用する関係にあるということに違いはない。

「平成 29 年 4 月 4 日に X が所有権に基づく Y に対する甲土地の明渡請求権を有していたこと」である。訴訟物の理解について旧訴訟物理論を前提とすると，本件前訴 A 請求の訴訟物は X の所有権に基づく Y に対する甲土地の明渡請求権であり，判決の結論は請求認容であり，基準時が平成 29 年 4 月 4 日だからである。

　以上を踏まえた④の検討結果はどうなるか。まず〔1〕（本件売買契約 A ＝平成 28 年 4 月 4 日すなわち基準時前の時点での X から Y への甲土地の売却）。本件後訴 A 提起時以後＝基準時以後の時点での所有権に基づく明渡請求権不存在の理由としてこれが主張されている限り，この主張は基準時以後まで X が甲土地を再取得していないことを含む。そうすると，〔1〕が事実だとすると基準時には X は甲土地所有権に基づく Y に対する同土地の明渡請求権を有していないはずである。これは既判力内容と矛盾する。したがって〔1〕の主張は封じられる[9]。ついで〔2〕（平成 28 年 4 月 4 日すなわち基準時前の甲土地賃貸借契約）。この事実と平成 29 年 4 月 4 日の時点での X の甲土地所有権を根拠とする X の Y に対する甲土地明渡請求権も両立しない。すなわち〔2〕も本件判決 A の既判力の内容と矛盾し，これによって封じられる[10]。最後に〔3〕（平成 30 年 4 月 4 日＝基準時後の X の Y に対する甲土地の売却）。これと平成 29 年 4 月 4 日の時点での X の甲土地所有権を根拠とする X の Y に対する甲土地明渡請求権は両立するので既判力の内容と矛盾せず，遮断されない。このように基準時後に生じる事実（一般に「基準時後の新事由」と呼ぶ習わしである）は基準時の権利関係を前提として生じるものであるから既判力の内容に矛盾することは基本なく，遮断されない。

3. 注意点

　以上の考察において注意すべき点が三つある。

　第 1 は，基準時前の事由でも既判力の内容に矛盾していなければ遮断されないということである。たとえば 事例 1 の本件前訴 A が，X による Y を被告

9）　既判力は基準時前の権利状態を確定しないが，基準時前の事実はこのように基準時の既判力の内容に矛盾する限りで，その主張が遮断される。

10）　この点法学教室連載時の記述（461 号〔2019 年〕127 頁）に誤りがありました。お詫びして訂正します。

とする甲土地の所有権確認請求訴訟であり，本件後訴 A が，X による Y を被告とする所有権に基づく甲土地の明渡請求訴訟であった場合には，Y による主張のうち〔2〕は，本件前訴 A の事実審口頭弁論終結時前の事実であるが，既判力の内容となる「基準時における X の甲土地所有権の存在」とは矛盾しないので，これを本件後訴に対する抗弁として Y が主張することは，本件判決 A の既判力には矛盾しない。民事執行法 35 条 2 項は「確定判決についての異議の事由は，口頭弁論の終結後に生じたものに限る」と述べ，基準時前の事由は全て遮断されるかのごとくであるが，そうではないということである。

　第 2 は，上記④で検討するのは既判力の内容と後訴における主張が矛盾するかどうかだということである。既判力の内容（もしくは前訴訴訟物）と後訴訴訟物の対比ではない。したがって②と④で同じことを二度しているわけではない。

　第 3 は，既判力が判決の判断の通有性だとすると既判力の内容と問題の主張が矛盾するかどうかだけを検討すればよく，②の，後訴と前訴が既判力が作用する関係にあるかどうかの検討は不要なのではないか，あるいは既判力の作用関係は上記(a) (b) (c)の場合に限定されないのではないか，という質問をよく受けるということである[11]。この質問に対する本稿としての解答は次の**III**の中で示したい。

III．既判力による遮断の限界

　IIでは，本件後訴 A における Y の〔1〕の主張は本件判決 A の既判力の内容に矛盾し，したがって封じられるという見解を示した。この点をもう少し掘り下げよう。

1．別事例の考察

　ここで 事例 1 と似ているが異なる 事例 1' を想定したい（以下，叙述の便宜から，錯誤を取消事由ではなく無効事由としていた平成 29 年改正前の民法を前提として記述する。ご海容願いたい）。それは，次のような内容のものである：「X は

---

11) 作用関係の検討を不要とする見解として田邊誠「既判力の作用についての予備的考察」広島法科大学院論集 14 号（2018 年）153 頁以下がある。

Yを被告として，XはYに甲土地を売却する売買契約（以下「本件売買契約A'
という）を結んだがそれがXの錯誤により無効であるとして，甲土地の所有権
に基づき同土地の明渡しを求める旨の訴えを提起した。Xの主張を認めこの訴
えの請求を認容する判決（以下「本件判決A'」という）が確定した後，Yが本
件売買契約A'を理由として甲土地が自己の所有に属することの確認を求める
訴えを提起した（以下「本件後訴A'」という）。Xが本件売買契約A'の錯誤無
効を主張したのに対しYがこれを争った（以下このYによる否認の主張を本件
否認という）。」

　さて，この 事例1' におけるYによる本件否認は，本件判決A'の既判力に
抵触して許されない，ということになるであろうか？　先ほどⅡ2で検討した
ところに従えば，Yの本件否認は本件売買契約A'の有効（を理由とする基準時
後のYの甲土地所有権の存在）を含意するものであり，したがってこの主張が
正しいとすれば基準時におけるYに甲土地所有権が帰属していたことになり，
それは民法上の原則たる一物一権主義を介して基準時にXに甲土地所有権が
帰属していたこと，ひいては基準時にXに所有権に基づく甲土地の明渡請求
権が帰属していたことと矛盾する。したがって本件否認は本件判決A'の既判
力に抵触して許されず，結果本件後訴A'は請求棄却に終わることになりそう
である。

2.　検討

　しかし，そのようには一般的に考えられていない。それは，本件後訴A'の
訴訟物が本件前訴A'の訴訟物と「同一・先決・矛盾」の何れの関係にも立た
ず，後訴における主張が前訴判決既判力の内容に矛盾するかを検討する以前の
問題として既判力が作用する関係に立たないからである。けれども，既判力の
消極的作用が上述の通り「判決の既判力ある判断に反する主張や証拠の申出を
当事者がすることは許され……ない」という内容のものであるとすれば，とに
かく後訴における当事者の主張が前訴既判力の内容と矛盾するかどうかのみを
問題とするべきであり，これが肯定される限りは前訴と後訴の訴訟物レベルの
対応関係を問題とするまでもなく，その当事者による主張は既判力により封じ
られると考えるべきであるようにも思われる（これはすなわちⅡ3の第3で回答
を留保した問題でもある）。

　これは恐らく次のように考えるべきものであろう。上述の通り既判力は確定判決の判断に与えられる通有性ないし拘束力であるとされる。「通有性ないし拘束力」である以上，既判力の作用のうちでは「後訴裁判所は，既判力の生じた前訴判決の訴訟物についての判断を前提として判断をしなければならない」という積極的作用の方が既判力の本体だというべきであろう（そしてこの作用は，既判力の内容である前訴判決における訴訟物についての判断が後訴の審理の前提となる場合をその当然の前提としていると考えられる）。既判力の消極的作用はあくまで積極的作用を前提とし，それを補完するものとして機能するというべきである[12]。したがって，消極的作用は，判決で示された訴訟物についての判断そのものを否定する主張（請求認容判決の場合には，訴訟物たる権利関係が基準時において不存在だという主張；請求棄却判決の場合には，訴訟物たる権利関係が基準時において存在していたという主張）を封じるものであり，「判決の既判力ある判断に反する主張や証拠の申出を当事者がすることは許されず……」という前述した消極的作用の内容は「判決の既判力ある判断を<u>否定するために，これに反する</u>主張や証拠の申出を当事者がすることは許されず……」として下線部分を補って把握するべきものである[13]。

　事例1' を例にとって説明するに，本件後訴 A' における Y の甲土地所有権の主張は，あくまで結果として本件判決 A' の既判力の内容たる基準時における X の甲土地所有権に基づく Y に対する明渡請求権の存在と矛盾するに過ぎず，基準時における X の甲土地所有権に基づく Y に対する明渡請求権の存在自体を否定しようとするものではない（前訴既判力の内容が後訴の審理の前提とならない）。したがってこの主張は本件判決 A' の既判力によって封じられることはない。これに対し後訴の訴訟物が前訴訴訟物と同一であるか，前訴訴訟物

---

12)　この点については，岩松三郎判事が（既判力は）「裁判所が既判力ある判決の確定したところを，そのまま裁判の基礎としなければならないことを意味するのであり，その審判権を制約するものに外ならない。そして，これによって，反射的に当事者は既判力ある判決主文の内容に反する主張を訴訟上有効になし得ないこととなるのである」と述べておられるのが参考になる。岩松三郎「民事裁判における判断の限界」同『民事裁判の研究』（弘文堂，1961年）90頁以下。

13)　新堂715頁が消極的作用を「既判力の生じた判断を争うためになされる主張立証を許さず，その主張，証拠の申出を取り上げない（その当否の審理に入らない）という取扱い」（下線部引用者）だと説明するのはこの趣旨とみるべきである。兼子一原著『条解民事訴訟法〔第2版〕』（弘文堂，2011年）546頁［竹下守夫］も参照。

を前提とするか，前訴訴訟物と矛盾関係に立つ場合には，後訴における前訴判決の既判力の内容と矛盾する主張は，あくまで前訴判決における訴訟物についての判断の否定を前提として成り立つものである。よってかかる主張は既判力によって封じられることになる。したがって既判力による遮断の有無を検討する際には，やはり前訴・後訴の訴訟物を対比し，同一・先決・矛盾のいずれかに該当するかを検討する必要がある[14][15][16]。

3. さらなる疑問とその検討

　もっとも，かかる記述に対しては，「結果として既判力の内容に矛盾する」場合と「既判力が生じている判断そのものを否定する」場合とを本当に区別できるのかという疑問が生じるかもしれない。確かに，とりわけ前訴と後訴の訴訟物がいわゆる矛盾関係に立つ場合（例えば前訴判決がＸのＹに対する甲土地所有権確認請求訴訟の請求認容判決で，後訴がＹのＸに対する同土地の所有権確認請求である場合），後訴におけるＹはあくまで自己が甲土地所有権を有していると主張したいだけであり，Ｘが甲土地所有権を有しないということ自体が直

---

14)　もっとも **事例1** には，後訴の訴訟物が前訴の訴訟物を本当に前提問題とするのか，という問題点が実はある。妨害排除請求権がその都度発生するものだとすれば，後訴＝請求異議の訴えの訴訟物である異議権との関係でその不存在が前提となる執行債権たるＸによる所有権に基づく明渡請求権と，前訴訴訟物たるＸによる所有権に基づく明渡請求権は相互に無関係の別個独立の権利だと見ることもできるからである。この問題につき詳細は山本克己「物権的請求権と既判力の作用」論叢182巻1・2・3号（2017年）25頁以下，同「物権的請求権と確定判決の既判力，執行力についての覚書き」共栄法律事務所創立20周年記念論文集『法の理論と実務の交錯』（共栄法務研究所，2018年）283頁以下を参照。

15)　したがって例えば前訴がＸのＹに対する売買契約に基づく目的物引渡請求訴訟で，売買契約の成立を認め請求を容認する判決が出て確定した後，前訴被告であったＹがＸに対し同契約に基づく売買代金400万円の支払請求訴訟をした場合に，この後訴においてＸが売買契約の存在を争った場合，このＸによる売買契約の否認は，売買契約が不存在であったとすれば前訴事実審口頭弁論終結時にＸがＹに対し売買契約に基づく目的物引渡請求権を有していたはずがないため，前訴既判力の内容に矛盾はする。しかしこのＸによる否認はＸの売買契約に基づく目的物引渡請求権自体を否定するために主張されているものではない。また売買契約の成立は前訴では判決理由中の判断として肯定されているに過ぎない以上，この点に既判力が生じることもない。したがってこのＸによる否認が前訴判決の既判力によって封じられることはない，ということになる。

16)　以上の記述については，本書を共同で執筆している名津井吉裕教授，鶴田滋教授，青木哲教授の懇切なご教示に負うところが非常に大きい。文責が自己に帰属することを自覚しつつ，記して感謝する。

接言いたいわけではない。一物一権主義の結果としてＹによる自己の所有権の主張がＸの所有権の否定を伴うだけだという見方もできる（したがって何が矛盾関係の範疇に入るかは曖昧なところがある）。

　そうすると，結局そこでは，前訴と後訴の係争利益の大小や，既判力を裁判所の判断の結論である判決主文中の判断に限定した趣旨を加味した総合的な見地からどのような場合を「紛争の蒸し返し」として封じるべきか，という価値判断が働いているとしか言いようがないという側面もあるように思われる。結局，既判力の遮断効の作用範囲は，必ずしも理論的な概念操作のみで導かれるものではないと言うことなのかもしれない。そしてこのことは，Ⅳで検討する基準時前に生じた形成権の基準時後の行使の問題にも通底する。

Ⅳ．基準時前に生じた形成権の基準時後の行使

1．問題点

　【設問2】は話が変わって基準時前に生じた形成権を基準時後に行使し，前訴確定判決で肯定された訴訟物たる権利関係を否定することは許されるかに関わる問題である（Ⅱでの検討に即していえば，これは①②が肯定され，③を確認した上での④の問題である）。【設問2】(1)に即していえば，Ｐの取消権は本件売買契約Ｂの詐欺を理由としており，基準時（＝本件前訴Ｂ事実審口頭弁論終結時）前に生じている。そしてＰはこれを基準時後に行使し，本件判決Ｂで肯定されたＳの代金支払請求権を否定している。これは認められるだろうか。認められないとしたらそれはどのような理由に基づくのだろうか。

2．通説・判例の考え方（既判力による処理）

　通説・判例はこれを既判力の問題として扱い，形成権の種類により区別している。具体的には，取消権については既判力によって認められないとし[17]，相殺権[18]・建物買取請求権[19]については認められるとしている。したがって

---

17) 最判昭和55・10・23民集34巻5号747頁（百選77事件）。
18) 最判昭和40・4・2民集19巻3号539頁。
19) 最判平成7・12・15民集49巻10号3051頁（百選78事件）。

設問 2 (1)の解答は既判力により封じられる，(2)の解答は封じられない，となる。そして判例はこの区別の基準を，当該形成権が訴訟物たる権利関係「の発生原因に内在する瑕疵に基づく権利」か（そうであれば既判力による遮断の対象となる），そうではなく「これとは別個の制度目的及び原因に基づいて発生する権利」か（そうであれば既判力による遮断の対象とならない）という点に求めている[20]。

　この判例の背景にある実質的価値判断は以下のようなものであると考えられる。すなわち，取消権は訴訟物たる権利関係の発生原因に内在する瑕疵に基づくものであり，訴訟物たる権利関係を否定しようとしている被告であれば前訴事実審口頭弁論終結時までにこれを行使することを要求し（それがなされない場合には失権するとし）ても酷とは言えない[21]。これに対し相殺権はむしろ自働債権の権利行使ないし受働債権の弁済という性質を有しており権利行使や弁済の時期について一般に制限が加えられていない以上，前訴事実審口頭弁論終結時までにしないともはや相殺ができなくなるとしてしまうのは被告に酷と言える（相殺できないとすると強制執行の掛け合いになり不経済である，相殺の担保的機能に対する期待を可及的に保護すべきである，という観点が指摘されることもある）。建物買取請求権についても土地賃借人の建物への投下資本の回収を目的としているとすれば，建物買取請求権が行使されて建物所有権が賃借人から賃貸人に移ったにもかかわらず建物収去が賃借人の費用負担で行われるというのは背理だといえる。そして以上が，**設問 2** (3)の（さしあたっての）解答になる（さしあたっての，という留保を付した理由は 3 で説明する）。

　通説・判例はこのような価値判断を経て，取消権の場合には遮断を肯定し，その根拠を既判力に求めている。上述の通り既判力の消極的作用は遮断効の代表例であり，前訴の結果を理由として後訴における特定の主張を封じるのであれば，その根拠を既判力に求めるのは至極自然なことであろう。

3. 通説・判例に対する疑問

　しかし上記の通説・判例の考え方には有力な疑問が提起されている[22]。す

---

20)　前掲注 19)最判平成 7・12・15。
21)　平成 29 年改正前の旧民法を前提とする限り錯誤無効の主張は問題なく既判力で封じられるのに詐欺取消しの主張は封じられないのは均衡を失するという指摘もなされていた。

なわち，取消権の効果（契約の無効）はあくまで取消権が行使されないと生じない。したがって基準時前に取消権が存在したとしても未行使であればそれは基準時の訴訟物たる権利関係の存在と矛盾しない[23]。そして取消権が基準時後に行使されたとすればそれは基準時後の新事由でありその事実が基準時における訴訟物たる権利関係の存在と矛盾することもない。総合すれば基準時前の取消権の存在も基準時後の形成権行使も既判力の内容に矛盾するところがない。既判力でこれを封じる根拠がないのではないか，というのである[24]。

　もっとも取消権の効果は取消しの対象たる意思表示の時点まで遡及する。だとすると取消権行使の結果，訴訟物たる権利関係も遡及的に消滅する。すなわち取消しの意思表示により基準時に訴訟物たる権利関係は存在しなかったことになるのであり，この点を捉えて形成権行使の結果が既判力の内容に矛盾するという議論は成立する余地がある。しかしそうだとすれば相殺権もその行使の効果は相殺適状時まで遡及するとするのが日本の民法である。基準時前に生じた相殺権の基準時後の行使の効果は遡及して基準時の受働債権の不存在を導く以上，既判力の内容に矛盾し遮断されると解さざるを得ない。そうすると取消権は遮断されるが相殺権は遮断されないという帰結を既判力の効果として説明することができるのか，という別の問題に突き当たることになる[25]。このような考察を経ると 設問2 (3)の解答として，整合的な説明はできない，という解答も成り立つ余地がある（2で「さしあたり」と留保した理由はここにある）。

　通説・判例に対して疑問を提起する上記有力説は，取消権の行使を既判力で

---

22)　中野貞一郎『強制執行・破産の研究』（有斐閣，1971年）44頁以下，同『民事訴訟法の論点Ⅰ』（判例タイムズ社，1994年）250頁。

23)　基準時前の事実は基準時前だからといって封じられることはなく，既判力の内容と矛盾している必要があることはⅡの1，2で見た通りである。

24)　この見解のその他の論拠については注22)掲載の文献を参照。

25)　伊藤555-556頁は，「形成権行使にもとづく法律効果として主張されるものが基準時における権利関係についての判断と矛盾・抵触するか」で相殺権と取消権を区別できるとし，「相殺の主張は，訴訟物たる受働債権が基準時において存在し，その後の相殺の意思表示によって遡及的に消滅することを内容とするものであり，既判力ある判断と論理的に矛盾するものではない」のに対し，「取消しにもとづく法律効果は，基準時，すなわち口頭弁論終結時において法律行為にもとづく権利関係が存在しなかったことを意味し，既判力ある判断と矛盾・抵触する」という。しかし，取消しの主張も，取消対象たる法律行為が有効であり訴訟物たる権利関係が基準時において存在することを前提とし，その後の取消しの意思表示によってそれが遡及的に消滅することを内容とするという意味では，相殺の場合と区別できないのではなかろうか。

遮断することは否定する。では，取消権の行使は一切遮断されないというのかというと，そうではない。取消権の場合については既判力に代わるものとして信義則を持ち出し，基準時前に生じた取消権の基準時後の行使は，それにより前訴判決における訴訟物についての判断が否定される限り，信義則に反して許されないとするのである。

　取消権行使の遮断と相殺権・建物買取請求権行使の非遮断を既判力では理論的に十分に説明できず，そして判例・通説における取消権と相殺権・建物買取請求権の場合の処理の区別が前述のような価値判断に由来しているとすれば，その価値判断をストレートに反映したものとして，信義則で問題を処理するのは一つのあり得る考え方であるように思われる[26]。

4. 考察

　この点LQ 431頁以下は基準時後の形成権行使が基準時の権利関係と矛盾しないことを肯定しつつ，既判力の基準時が事実審口頭弁論終結時とされる根拠はその時点までは事実主張が可能であった点に求められ，その背景には主張可能な事実は当然に前訴で主張すべきだという考え方があるという考察を理由とし，その主張が可能でありかつ主張すべきだったと評価できる形成権の行使の遮断を認めることは既判力の対象を基準時における権利関係とした趣旨に反しないとし，既判力による処理（取消権遮断）は結局肯定できると結論づける。しかし，取消権行使を遮断することが既判力の基準時の趣旨に反しないことまでは肯定し得るとしても，それから既判力による遮断が積極的に肯定されると結論づけることには，論理の飛躍があるようにも思われる。既判力が判決内容の「通有性」を意味するに過ぎないとすれば，判決内容に矛盾しない主張が封じられることが上記の理由づけで正当化できていると言えるかどうかに疑問が生じるからである。

　既判力による遮断のあり得る説明方法として，基準時までに行使すべきと言える形成権は行使されたものとして扱う（そう看做す），というものも考えられ

---

26)　とりわけ取消権の遮断は，竹下守夫「判決理由中の判断と信義則」山木戸克己教授還暦記念『実体法と手続法の交錯(下)』（有斐閣，1978年）72頁以下にいう「権利失効の原則」の適用の一場面としてこれを説明する余地がある。なお，権利失効の原則については，本書事例16「争点効と信義則」［青木哲］参照。

るが，これにも技巧的な側面は否めない。

　しかし，翻ってみれば，[設問1]の解答の検討の結果としてⅢ3で触れたように，そもそも既判力を「基準時における訴訟物たる権利関係についての判決における判断の通有性」として理論的に純化して説明すること自体に難点があるとも言い得る。もともと紛争解決のための必要性を出発点として認められたのが既判力であるとすれば「紛争解決」という視点からある程度柔軟な処理を要求されるのも，既判力概念の宿命と言うことなのかもしれない。

　既判力の基準時の問題については，学生諸君には，[設問1]についてのⅡ～Ⅲ2および[設問2]についてのⅣ1～2で説明した一般的考え方や通説・判例の考え方をしっかり理解して自身に定着させることをまず第一としてもらいたい。その上で可能な範囲でⅢ3やⅣ3で紹介した疑問についても考察を及ぼし，民訴法の難しさと奥深さの一端に触れ，少しでも民訴法が面白いと思ってもらうことができれば幸いである。

■ **答案作成時の要点**

㋐ 設問 1 について
- ✓ 本件判決 A の既判力が本件後訴 A の当事者間に及ぶか。
- ✓ 本件判決 A の既判力は本件後訴 A に作用するか。
- ✓ 本件判決 A の既判力の内容は何か。
- ✓ Y による各主張は，上記既判力の内容に矛盾するか。

㋑ 設問 2 (1)について
- ✓ 判例の立場はどうなっているか。

㋒ 設問 2 (2)について
- ✓ 判例の立場はどうなっているか。

㋓ 設問 2 (3)について
- ✓ （整合的に説明できるとする場合）判例の考えはどの様なものか（判例の示す区別の基準と背後にあると考えられる実質的価値判断。〔可能であれば〕下記の批判に対する応答も）。
- ✓ （整合的に説明できないとする場合）基準時前の形成権の存在は既判力の内容と矛盾しないこと，基準時後の行使については，それを基準時後の新事由と捉えれば相殺権も取消権も既判力の内容と矛盾しなくなること，またその効果が遡及する点に着目すると相殺権も取消権も既判力の内容と矛盾すること。

14

事例 1

　Xは，Yを被告として，「2016 年 5 月 9 日に XY 間で締結したある動産の売買契約に基づいて，Yに対して 1000 万円の売買代金債権を有するが，このうちの一部の 700 万円のみの支払を求める」旨を訴状に記載した上で，訴え（前訴）を提起した。これに対して，Yは，第 1 回口頭弁論期日において，Xの請求を棄却する判決を求める申立てを行った。その理由として，Yは，売買契約の成立を認めるが，これは，① 300 万円，② 200 万円，③ 500 万円の 3 回に分けて全て弁済したと主張した。

　審理の結果，裁判所は，その発生について当事者間で争いにない 1000 万円の売買代金債権のうち，① 300 万円および② 200 万円の弁済のみを認めたため，YはXに対して 500 万円支払え，その余の請求を棄却する旨の判決を言い渡した。この判決に対して，両当事者は自らの控訴期間内に控訴せず，この判決は確定した。

設問 1

　その後，Xは，Yを被告として，売買代金債権の残部である 300 万円の支払を求める訴え（後訴）を提起した。この場合，裁判所はこの訴えに対してどのように対応すべきか。

事例 2

　Xは，Yが運転する自転車と接触し負傷したため，Yを被告として，不法行為に基づいて，接触事故により生じた損害，治療費 300 万円，逸失利益 300 万円，慰謝料 100 万円の計 700 万円の賠償を求める訴え（前訴）を提起した。

　審理の結果，裁判所は，Yに対して，治療費 250 万円，逸失利益 200 万円，慰謝料 50 万円，計 500 万円の賠償を命じ，その余の請求を棄却する旨の判決を言い渡した。この判決に対して，両当事者は自らの控訴期間内に控訴せず，

この判決は確定した。

設問 2

　その後，Ｘは，Ｙを被告として，上記訴訟の口頭弁論終結後に接触事故の後遺症が発生したと主張して，これにより生じた損害，治療費 150 万円，逸失利益 100 万円，慰謝料 50 万円，計 300 万円の賠償を求める訴え（後訴）を提起した。この場合，裁判所はこの訴えに対してどのように対応すべきか。

事例 3

　Ｘの所有する土地について，Ｙの申立てに基づき仮差押命令が発令され，その執行が行われた。しかし，Ｘの主張によれば，Ｙにより行われた仮差押命令の申立ては，Ｘの土地の県による買収を阻止する意図で，ＹのＸに対する被保全債権（貸金債権）が存在しないにもかかわらず行われた違法なものであった。そこで，Ｘは，仮差押命令を発した裁判所による起訴命令（民保 37 条 1 項）に従ってＹにより提起された，仮差押命令の被保全債権である貸金債権の履行請求訴訟の係属中に，違法な仮差押命令の申立てにより生じた損害として，貸金債権の履行請求訴訟の応訴に要した弁護士費用相当額 300 万円の賠償を求める反訴（前訴）を提起した。
　審理の結果，裁判所は，Ｘの反訴について，Ｙに対して 150 万円の賠償を命じ，Ｘのその余の請求を棄却する旨の判決を言い渡した。この判決に対して，両当事者は自らの控訴期間内に控訴せず，この判決は確定した。

設問 3

　その後，Ｘは，Ｙを被告として，Ｙによる違法な仮差押命令の申立てにより，本件土地の県による買収が遅れた結果生じた損害金 200 万円の賠償を求める訴え（後訴）を提起した。その際，Ｘは，たしかに前訴の訴状では後訴請求を明示的には留保していなかったが，後訴請求部分の損害額は前訴段階では確定していなかったために前訴では後訴請求部分を訴求しなかったにすぎず，かつ，被告はこのことを認識していたと主張した。このＸの主張が認められる場合，裁判所はこの訴えに対してどのように対応すべきか。

■ 解説 ─────────────────────────────────

Ⅰ．問題の所在

　一部請求とは，数量的に可分な1個の請求権（とくに金銭債権）の一部を訴求することを指す[1]。一部請求が適法であることに争いはない。民事訴訟においては処分権主義が妥当し，請求の範囲を決めるのは原告であるからである。

　本稿では，このことを前提に，一部請求訴訟の判決確定後に，残部請求が許されるか否かを問うている[2]。同一債権を複数回に分けて訴求することは原告にとって利益となる[3]。しかし，原告にこれを許せば，被告は，同一債権について複数回応訴しなければならず，裁判所は，同一債権について複数回審判することを余儀なくさせられ，被告と裁判所にとって不利益となる。そこで，これらの利害をどのように調整するのかが問題となる。本稿では，この点についての判例状況を整理しながら解説を行う。

Ⅱ．一部請求における訴訟物の理解

　一部請求における「請求」とは，訴訟物を指す。したがって，一部請求を肯定する立場によれば（この意味については後に述べる），原告は，数量的に可分な1個の請求権の一部を訴求した場合，その一部のみが訴訟物となる。裁判所は，判決の際，原告の特定した申立事項に拘束され（246条），しかも，ここでいう申立事項は訴訟物のことを指すため，裁判所は，原告の特定した一部請求

1）　中野貞一郎「一部請求論の展開」同『民事訴訟・執行法の世界』（信山社，2016年，初出1999年）136頁。
2）　なお，現在，一部請求は，時効中断の範囲，重複起訴の禁止，相殺の抗弁の取扱いなど，様々な領域と複雑に絡み合う非常に難解な問題となっているが（一部請求をめぐる諸問題を鳥瞰することができる論考として，畑瑞穂「一部請求と残部請求」伊藤眞＝山本和彦編『民事訴訟法の争点』〔有斐閣，2009年〕120頁，中野・前掲注1）136頁など），本稿では基本に立ち返り，一部請求訴訟の判決確定後の残部請求の可否に関する議論を紹介する。
3）　原告が同一債権を複数回に分けて訴求することに具体的にはどのようなメリットがあるのかについて詳細に分析した文献として，三木浩一「一部請求論の考察」同『民事訴訟における手続運営の理論』（有斐閣，2013年，初出2001年）97頁以下。

についてのみ判決をしなければならない。

　さらに，既判力の客観的範囲は，判決「主文に包含するもの」すなわち訴訟物に限定されるから（114 条 1 項），原告が当該訴訟において訴訟物としなかった残部請求には，既判力は生じない。したがって，一部請求訴訟の判決確定後の残部請求は，既判力に抵触することなく許される。このように，原告に対して一部請求を許容することは，必然的に訴訟物の範囲すなわち既判力の客観的範囲を分割することを原告に許容することを意味する。このことから，一部請求訴訟の判決確定後の残部請求を肯定する見解は，「一部請求肯定説」と呼ばれていた。

　これに対して，被告や裁判所の利益保護を強調して，一部請求訴訟の判決確定後の残部請求を否定する見解は，「一部請求否定説」と呼ばれていた。この見解によれば，原告が数量的に可分な 1 個の請求権の数量的一部を訴求した場合にも，「請求」すなわち訴訟物を分割することはできず，1 個の請求権全体が訴訟物であり，それ全体に既判力が発生する。例えば，原告が 1000 万円の貸金債権の内の 400 万円のみを訴求した場合，訴訟物の範囲は 1000 万円の債権全体であり，既判力も 1000 万円の債権全体に生じる。この場合，原告が訴求した 400 万円の債権は，「申立事項」として特定され，これは処分権主義に基づき裁判所を拘束し，この額を超える請求認容判決をすることを許さないことを意味するにすぎない（246 条）。

　ところで，後述の通り，判例は，「明示の一部請求」の場合には，一部請求訴訟の判決確定後の残部請求を原則として許すという法理を確立している。この判例法理は，学説が「一部請求肯定説」と「一部請求否定説」とに分類されていた時代[4]に確立したものである。そのため，判例は，「明示の一部請求」に該当すれば，原告が訴訟物を分割することが許される結果，一部請求訴訟の確定判決の既判力が残部請求に生じず，残部請求が原則として適法となり，反対に，「明示の一部請求」に該当しなければ，原告による訴訟物の分割が許されない結果，残部請求にも既判力が生じ，一部請求訴訟の判決確定後の残部請求が否定される[5]，という枠組みで，一部請求訴訟の判決確定後の残部請求の可否を判断している。

---

4 ）　例えば，小室直人「一部請求の訴訟上の取扱い」同『訴訟物と既判力』（信山社，1999 年，初出 1961 年）94 頁以下を参照。

【表】一部請求訴訟の分類

	明示の一部請求 （公然の一部請求）	非明示の一部請求 （隠れた一部請求）
非特定的一部請求	①類型	③類型
特定的一部請求	②類型	④類型

Ⅲ．一部請求の分類

　ところで，一部請求訴訟は，学説上，次の二つの観点から分類される場合がある。一つは，原告が一部請求訴訟であり残部請求を留保する旨を訴状に明示しているか（この具体例についてはLQ 448頁），このような明示がなくとも一部請求訴訟であることが事情から見て明らかな場合，および，残部請求の留保がなく，かつ，一部請求訴訟であることが事情から明らかにならない場合とに区別される。前者の場合は，明示の一部請求，または，公然の一部請求，後者の場合は，非明示の一部請求，または，隠れた一部請求と呼ばれる[6]。もう一つは，一つの一体的法律関係から，一定の法的基準（例えば物的担保権の有無，履行期の違い）によって区別される複数の請求権部分が生じ，その一部が訴求される場合と，原因と法的内容の点で一体的な請求権の単なる数量的一部が訴求される場合とに区別される。前者は，特定的一部請求と呼ばれ，後者は，非特定的一部請求と呼ばれる[7]。以上の二つの基準により分類すると【表】の通りになり，一部請求は①類型から④類型までの四つの類型に分類できることとなる。

5） ただし，判例は，この場合の一部請求の判決確定後の残部請求を審判する後訴裁判所が，どのような理由から前訴確定判決の既判力に拘束されるのかを明確にしていない。この点については学説にも争いがある。例えば，既判力の双面性を根拠とするものとして，伊藤232頁，訴権消耗の理論を用いて説明しようとするものとして，高田裕成「一部請求論について」伊藤眞先生古稀祝賀論文集『民事手続の現代的使命』（有斐閣，2015年）386頁などがある。

6） 非明示の一部請求または隠れた一部請求は「黙示の一部請求」と呼ばれることが多いが，そのように表記すると，明示がなくとも一部請求訴訟であることが事情から見て明らかな場合の一部請求（公然の一部請求）との違いが曖昧になるため，本稿ではこの表記を用いないこととする（LQ 448頁）。

7） 以上につき，主に松本＝上野631頁を参照した。

Ⅳ. 「明示の一部請求」の該当性

1. 非特定的一部請求の場合（ 事例1 の検討（その1））

　判例では，まず，非特定的一部請求がなされた場合において，その判決確定後の残部請求の可否が問題となり，その際に，前訴である非特定的一部請求が「明示の一部請求」に該当するか否かが判断された。

　最高裁は，一方では，最判昭和37・8・10民集16巻8号1720頁において，寄託物不法処分の「損害金30万円の内金10万円」を請求し8万円の一部認容判決を得た原告が，20万円の残部請求をした事例について，「一個の債権の数量的な一部についてのみ判決を求める旨を明示して訴が提起された場合は，訴訟物となるのは右債権の一部の存否のみであって，全部の存否ではなく，従って右一部の請求についての確定判決の既判力は残部の請求に及ばないと解するのが相当である」と判断している。他方で，最高裁は，最判昭和32・6・7民集11巻6号948頁（百選81事件）において，数人に金銭債務の履行を請求した前訴において，連帯債務と主張しなかったために分割債務として勝訴の確定判決を得た原告が，後訴で連帯債務と主張して残部請求することを否定している。

　これらの事案において，前訴において原告により主張された債権の一部は，いずれも一定の法的基準によって区別される特定部分でなく単なる「数量的な一部」であるため，非特定的一部請求であると言える。したがって，判例は，非特定的一部請求を念頭に，原告が前訴において1個の債権の一部であることを訴状に明示して訴えを提起した場合（ 事例1 のような【表】の①類型の場合）には，「明示の一部請求」に該当し，前訴確定判決の既判力は，残部の請求に及ばず，原告が前訴において1個の債権の一部であることを訴状に明示しなかった場合（【表】の③類型の場合）には，「明示の一部請求」に該当せず，前訴確定判決の既判力が残部請求に及ぶ，という法理を確立したことになる。

　このような判例法理の基礎には，原告の分割訴求の利益を確保することと，被告の重複応訴の煩を予見しそれを避けるために残部債務不存在確認の訴え（反訴）を提起する機会を被告に保障することとの間の利益考量にあるとされ

る[8]。すなわち，原告が一部請求であることをあらかじめ明示をしないにもかかわらず原告に分割訴求の利益を確保させることは，被告に，前訴と同一債権の残部請求に再度応訴する負担を不当にかけるために，残部請求は許されず，逆に，原告が一部請求であることを明示していれば，被告は，前訴の段階で，原告による同一債権の残部請求に応訴するか，または，それを避けるために前訴において残部債務不存在確認の反訴を提起するかの選択権が与えられ，被告に重複応訴の負担を強いていないために，原告に分割訴求の利益を確保させてよいとしている[9]。

2. 基準時後の後発損害賠償請求の場合（[事例2]の検討）

ところで，最高裁は，[事例2]に類似した，同一不法行為による損害のうち，前訴確定判決の基準時後の後遺症による損害賠償請求がなされた事案において，「明示の一部請求」を許容した前掲最判昭和 37・8・10 を引用した上で，「前訴と本件訴訟とはそれぞれ訴訟物を異にするから，前訴の確定判決の既判力は本件訴訟に及ばないというべきであ」る，とした（最判昭和 42・7・18 民集 21 巻6 号 1559 頁〔百選 82 事件〕）。

この判例に対しては，1 個の不法行為により生じる損害賠償請求権は 1 個であるため，前訴と後訴の訴訟物は同一であるのが原則であるにもかかわらず（最判昭和 48・4・5 民集 27 巻 3 号 419 頁〔百選 74 事件〕参照），残部請求に既判力が生じないよう前訴と後訴の訴訟物が異なることを示すための便法として，前訴が「明示の一部請求」であると見なしたにすぎないと，多くの学説により批判されている（例えば，伊藤 233 頁，重点講義(上)115 頁）。しかし，判例が，前訴が「明示の一部請求」に該当するか否かにより，一部請求訴訟の判決確定後の残部請求の可否を判断している以上，判例がどのような価値判断によりこの事案を「明示の一部請求」と見ているのかを分析する必要はあろう。

この事案においては，一つの不法行為に基づく損害賠償請求権の内の実体法的な基準により区別できる特定の一部が請求されているわけではない。したがって，この場合は，非特定的一部請求にあたる。また，原告は前訴において後発

8）　中野貞一郎「一部請求論について」同『民事手続の現在問題』（判例タイムズ社，1989 年，初出 1989 年）97 頁。

9）　中野・前掲注 1)172 頁参照。

損害を含めて債権全体が存在することを明示してはいないし，このことが当然
に明らかな事案でもないから，隠れた一部請求に該当する（したがって，【表】
の③類型に該当する）。そうであれば，この判例は，前掲最判昭和 32・6・7 の
法理を用いて，一部請求後の残部請求を既判力により遮断することになるよう
に思われる。

　ところで，「明示の一部請求」の場合に限り残部請求を許す判例法理は，原
告による債権の分割行使の自由を承認することにより，被告に同一債権につい
ての重複応訴の負担を不当にかけないようにするためにあることはすでに述べ
た。この事案の場合，一部請求と残部請求では，同一の損害賠償請求権につい
て審理判断するものの，前訴確定判決の基準時前と基準時後に生じた損害をそ
れぞれ審理判断するのであるから，この訴訟上の意味ではある請求権部分を特
定している一部請求（特定的一部請求）であると評価しうる。この場合には，
前訴と後訴で訴求される債権が同一である以上債権自体の存否（例えば債権の
発生原因）についての審理判断は重複せざるを得ない[10]。したがって，その限
りでは被告にとって重複応訴の不利益は生じうる。しかし，事例1 のような
非特定的一部請求とは異なり，前訴と後訴における審理判断の範囲が完全に一
致するわけではないので（Vを参照），被告が同一事項について重複して応訴
する負担はそれほど大きくない。さらに，原告は前訴において後発損害につい
て明示することはできなかったのであるから，被告に重複応訴の負担を課すこ
とについて原告に帰責性はない。以上から，事例2 において，X が後訴提起
の段階において振り返ってみると，X の前訴請求は，基準時前に発生した特
定の損害に限定して他の特定の損害についての請求を留保して訴求された「明
示の一部請求」に類似する状況にあったと解することができる。

　以上から，事例2 のような事案は，【表】の③類型に該当するように見える
ものの，同一の損害賠償請求権に含まれる損害が口頭弁論終結後に顕在化した
という特殊性から，この一部請求が，特定的一部請求であり，かつ，回顧的に
見れば「明示の一部請求」であったと見なすことができる。このことから，判
例は，【表】の②類型に該当するとして，残部請求の後訴を許したと考えられ
る。

---

10)　中野・前掲注 8)90 頁。井上正三「『一部請求』の許否をめぐる利益考量と理論構成」法教〔第
　　2 期〕8 号（1975 年）82 頁も参照。

3. 特定の損害費目のみを一部請求する場合（事例3 の検討）

事例3 に類似する事案では，判例はどのような基準で一部請求訴訟の判決確定後の残部請求の可否を判断しているのであろうか。

最高裁は，事例3 に類似する事案において，(i)原告は「既に前事件反訴において，違法な本件仮差押命令の申立てによって本件弁護士費用損害のほかに本件買収金の受領が妨害されることによる損害が発生していることをも主張していたものということができる」こと，(ii)「本件弁護士費用損害と本件遅延金損害とは，実質的な発生事由を異にする別種の損害というべきものである上，……仮差押命令の申立ての違法性の有無が争われていた前事件それ自体の帰すうのみならず，本件遅延金損害の額もいまだ確定していなかったことが明らかであるから」，原告が「前事件反訴において，本件遅延金損害の賠償を併せて請求することは期待し難いものであった」こと，および，(iii)前事件反訴が提起された時点において，被告が，原告には本件弁護士費用損害以外に本件遅延金損害が発生していること，その損害は本件仮差押執行が継続することによって拡大する可能性があることを認識していたことを理由に，前掲最判昭和37・8・10を引用した上で，次のように判示した。すなわち，「前事件反訴においては，本件仮差押命令の申立ての違法を理由とする損害賠償請求権の一部である本件弁護士費用損害についての賠償請求権についてのみ判決を求める旨が明示されていたものと解すべきであり，本件遅延金損害について賠償を請求する本件訴訟には前事件の確定判決の既判力は及ばないものというべきである」とした（最判平成20・7・10判時2020号71頁）。

この事案において主張されている請求権は，違法な仮差押命令の申立てにより生じた1個の損害賠償請求権ではあるが，これにより生じた弁護士費用相当額の損害と，買収金の受領が妨害されたことの損害は，別個の請求権部分であると言える。したがって，この事案における前訴は，特定的一部請求であると評価できる。もっとも，この事案は，原告が前訴において，弁護士費用相当額の損害賠償請求が，違法な仮差押えの申立てにより生じた損害賠償請求権の一部を請求していることを反訴状に明示しておらず，残部請求を留保しているわけではないので，典型的な明示の一部請求ではない。したがって，この事案は【表】の④類型に該当する。判例は，特定的一部請求である事案であっても，

原則として，原告が債権全額を示した上で，特定的一部請求であり残部請求を留保する旨を訴状に明示することを要するとするので（最判昭和 61・7・17 民集 40 巻 5 号 941 頁〔百選 83 事件〕），後訴裁判所は一部請求についての確定判決に拘束されなければならなかったのではないかと考えられる。

　しかし，判例は，原告が，前訴において，一部請求訴訟の対象とされた弁護士費用相当額の損害のみならず，後訴において訴求した買収金受領妨害による損害が発生していることを主張し，かつ，後者の損害の発生を被告も認識していたことを認定し，さらに，原告が，特定的一部請求である弁護士費用相当額の損害とともに，「本件遅延金損害の賠償を併せて請求することは期待し難いものであった」ということをも認定して，これらの事情から，判例はこの事案を「明示の一部請求」と解したと考えられる（したがってこの事案は【表】の②類型に該当する）。この判例は，なぜ以上の事情を重視して，この事案を「明示の一部請求」と解したのであろうか。

　筆者の分析によれば，判例は，一部請求訴訟の判決確定後の残部請求を許容することによる，被告の重複応訴の負担に配慮してこのような法理を形成したと考えられる。すなわち，前述の通り，特定的一部請求の場合，非特定的一部請求と比較して，被告が同一事項について重複して応訴する負担はそれほど大きくない。さらに，前訴の段階で，被告が残部請求の可能性を認識し，かつ，原告が，後訴において請求した請求権部分を前訴で請求することが困難であったという事情があれば，被告の重複応訴の負担よりも，原告の分割訴求の利益を優先することができる。以上の原告・被告間の利益考量から，最高裁は，前掲最判平成 20・7・10 において，原告が訴状に一部請求である旨を明示しておらず，それゆえ残部請求を留保していない場合であっても，「一部請求であることが明示されているのと同視しうるような特段の事情の存在」が認められるとして（前掲最判昭和 61・7・17），例外的に「明示の一部請求」と解しうるとしたと考えられる。

4.　まとめ

　以上の考察から，判例の立場は次の通りであると解することができる。まず，非特定的一部請求のみならず，特定的一部請求においても，原告が訴状に債権全体の内の一部であることを明示し，残部請求を留保する場合（【表】の①類型

224

または②類型に該当する場合）には，前訴が「明示の一部請求」であるとして，前訴確定判決後の残部請求を適法とするのが原則である。しかし，特定的一部請求においては，原告が訴状に債権全体の内の特定的一部を訴求することを明示しなくとも，原告が前訴において残部請求権の発生を予見できなかったという事情（事例2），または，原告が前訴において後訴で請求した請求権部分を訴求することが困難であり，かつ，被告が残部請求の可能性を認識していた（事例3）という事情があれば，例外的に，【表】の②類型に該当するとして「明示の一部請求」と見なしうる場合がある。

V.「一個の金銭債権の数量的一部請求」の該当性（事例1の検討（その 2））

以上の通り，判例は，「明示の一部請求」に該当する場合には，原告は1個の債権を分割訴求することができ，しかも前訴と後訴の訴訟物は異なるから，一部請求訴訟の判決確定の既判力は残部請求に及ばないとする。しかし，これとは別に，1個の「金銭債権の数量的一部請求訴訟で敗訴した原告が残部請求の訴えを提起することは，特段の事情がない限り，信義則に反して許されない」とする判例も存在する（最判平成10・6・12民集52巻4号1147頁〔百選80事件〕）。このため，「明示の一部請求」と「一個の金銭債権の数量的一部請求」がどのような関係にあるのかについても問題となる。

前掲最判平成10・6・12は，事例1に類似した事案において，一部請求訴訟の請求棄却判決確定後の残部請求の可否について次のように判示する。

「一個の金銭債権の数量的一部請求は，当該債権が存在しその額は一定額を下回らないことを主張して右額の限度でこれを請求するものであり，債権の特定の一部を請求するものではないから，このような請求の当否を判断するためには，おのずから債権の全部について審理判断することが必要になる。すなわち，裁判所は，当該債権の全部について当事者の主張する発生，消滅の原因事実の存否を判断し，債権の一部の消滅が認められるときは債権の総額からこれを控除して口頭弁論終結時における債権の現存額を確定し（最高裁平成2年（オ）第1146号同6年11月22日第三小法廷判決・民集48巻7号1355頁参照），現存額が一部請求の額以上であるときは右請求を認容し，現存額が請求額に満

たないときは現存額の限度でこれを認容し，債権が全く現存しないときは右請求を棄却するのであって，当事者双方の主張立証の範囲，程度も，通常は債権の全部が請求されている場合と変わるところはない。数量的一部請求を全部又は一部棄却する旨の判決は，このように債権の全部について行われた審理の結果に基づいて，当該債権が全く現存しないか又は一部として請求された額に満たない額しか現存しないとの判断を示すものであって，言い換えれば，後に残部として請求し得る部分が存在しないとの判断を示すものにほかならない。したがって，右判決が確定した後に原告が残部請求の訴えを提起することは，実質的には前訴で認められなかった請求及び主張を蒸し返すものであり，前訴の確定判決によって当該債権の全部について紛争が解決されたとの被告の合理的期待に反し，被告に二重の応訴の負担を強いるものというべきである。以上の点に照らすと，金銭債権の数量的一部請求訴訟で敗訴した原告が残部請求の訴えを提起することは，特段の事情がない限り，信義則に反して許されないと解するのが相当である」。

　この判例の理論構成については，学説上，様々に議論されている[11]。しかし，本稿では，この判例の射程にのみ言及をする。前述の通り，判例は，「明示の一部請求」の場合にのみ，一部請求訴訟の判決確定後の残部請求を原則として許容している。したがって，この判例法理は，「明示の一部請求」に該当する場合（【表】の①類型および②類型）にのみ適用されうる。しかし，この判例において「一個の金銭債権の数量的一部請求」とは，「当該債権が存在しその額は一定額を下回らないことを主張して右額の限度でこれを請求するものであり，債権の特定の一部を請求するものではない」と定義されている。したがって，この判例が念頭に置いている一部請求訴訟は，「明示の一部請求」の内の非特定的一部請求に限定されている。したがって，【表】の①類型のみに，この判例法理は適用される。すなわち，この判例法理は，事例1 のような事例のみに適用され，特定的一部請求である事例2 や 事例3 には適用されない。それゆえ，事例3 に類似する事案についての判例である前掲最判平成20・

---

11)　信義則による残部請求の遮断という判例の理論構成に批判的な近時の文献として，例えば，岡庭幹司「明示的一部請求棄却判決確定後の残部請求」伊藤眞先生古稀祝賀論文集・前掲注5)97頁，名津井吉裕「一部請求後の残部請求の処理」高橋宏志先生古稀祝賀論文集『民事訴訟法の理論』（有斐閣，2018年）921頁がある。

7・10 では，前掲最判平成 10・6・12 は引用されなかったと考えられる[12]。

　それでは，なぜ非特定的一部請求の場合にのみこの判例法理が適用されるのであろうか。それは，非特定的一部請求における審理判断の仕方が，特定的一部請求の場合とは異なることにある。特定的一部請求の場合，前訴である一部請求訴訟の段階で，例えば債権の成立原因のように残部請求においても審理すべき対象が一部重複して審理判断されることになるが，一部請求における本案判決をするために，残部債権の存否まで判断される必要はない。これに対して，非特定的一部請求の場合には，判例が一部請求訴訟において弁済・相殺・過失相殺などの債権減額事由により債権総額から差し引くいわゆる外側説に立つため（相殺について，最判平成 6・11・22 民集 48 巻 7 号 1355 頁〔百選 113 事件〕），一部請求（前訴）と残部請求（後訴）における実質的な審理対象が全く同一となり，さらに，少なくとも債権全体が一部請求の金額を超えないと裁判所により認定される限りで，残部債権の不存在が実質的に判断される。以上の違いを判例は考慮しているものと考えられる。

　ところで，判例が「明示の一部請求」に限り，一部請求訴訟の判決確定後の残部請求を原則として許しているのは，被告の重複応訴の負担を生じさせない限りで，原告の分割訴求の利益を確保するという原告・被告間の利益考量に基づいていた。特定的一部請求の場合には，一部請求の本案判決をするために残部債権の存否を判断する必要性がないため，原告が，前訴が一部請求であり残部請求を留保する旨を訴状に明示すれば，被告には，後に提起される残部請求に応訴するか，前訴において残部請求の不存在確認の反訴を提起するかの選択肢が与えられ，これにより，残部請求の訴求・応訴の機会について原告・被告間に公平が図られる。これに対して，非特定的一部請求の場合，一部請求の請

---

12)　したがって，前掲最判平成 20・7・10 についての判例批評の一部には，同判決の事案において，一部請求訴訟において一部棄却判決が確定したにもかかわらず残部請求が許されるとされたのは，前掲最判平成 10・6・12 が示す「特段の事情」にあたるためであると指摘するものがあるが（堀野出「判批」速判解 4 号〔2009 年〕125 頁，川嶋四郎「判批」法セ 654 号〔2009 年〕130 頁），筆者の分析によればこの評価は正しくなく，前掲最判平成 20・7・10 の事案は，そもそも特定的一部請求であるから，非特定的一部請求についての判例法理である前掲最判平成 10・6・12 は適用されないとされたと評価すべきこととなる。渡部美由紀「判批」判評 608 号（判時 2048 号）（2009 年）17 頁，佐瀬裕史「判批」平成 20 年度重判解（ジュリ 1376 号）154 頁，野村秀敏「判批」法の支配 153 号（2009 年）93 頁。

求棄却判決をするためには残部債権の不存在を判断せざるを得ないという審理判断の構造になっているために，原告が一部請求である旨を明示しても，前訴において残部債権の不存在が判断されたにもかかわらず原告が残部請求をすることにより生じる被告の実質的な二重応訴の負担を回避するためには，被告は，後の原告による残部請求を待つという選択肢はとれず，積極的に前訴において残部債権の不存在確認の反訴を提起し一部請求との併合審理を求めざるを得ない。このように，非特定的一部請求の場合，原告に明示の一部請求を要求しても，被告が残部債権の不存在確認の反訴を提起する負担を課せられる点で，残部請求の訴求・応訴の機会について原告・被告間の公平が十分に図られない。そこで，判例は，以上の不公平を解消するために，明示の非特定的一部請求訴訟において被告が残部債権の不存在確認の反訴の提起をしなかった場合にも，残部債権の不存在についての前訴裁判所の判断につき被告に紛争解決期待が生じたと見なし，この訴訟の請求棄却判決確定後に原告により提起された残部請求を，「前訴の確定判決によって当該債権の全部について紛争が解決されたとの被告の合理的期待に反し，被告に二重の応訴の負担を強いる」ものであるとして，訴訟上の信義則により不適法却下したと考えられる[13]。

VI. おわりに

　以上で解説を終える。本稿では，一部請求訴訟の判決確定後の残部請求の可否をめぐる判例の整理を試みた。しかし，他にも様々な観点から判例を整理分析することは可能である。判例の位置づけを多角的に理解するためにも，各自論文を手に取って読んで欲しい[14]。

---

13)　以上については，兼子一ほか『条解民事訴訟法』（弘文堂，1986 年）613 頁以下 ［竹下守夫］，兼子一原著『条解民事訴訟法〔第 2 版〕』（弘文堂，2011 年）531 頁以下 ［竹下守夫］を参考にした。

14)　例えば，一部請求に関する判例を総合的に分析した近時の論考として，高橋宏志「一部請求判例の分析」松本博之先生古稀祝賀論文集『民事手続法制の展開と手続原則』（弘文堂，2016 年）211 頁。

■ **答案作成時の要点** ━━━━━━━━━━━━━━━━━━━━━━━━━━━━

✓ 一部請求の定義を示すことができるか。

✓ 「明示の一部請求」に該当すれば，なぜ一部請求訴訟の判決確定後の残部請求が原則として許されることになるのかについて，説明することができるか。

✓ 判例によれば，典型的にはどのような場合が「明示の一部請求」であるかについて，説明することができるか。

✓ [事例1]の前訴が「明示の一部請求」に該当するが，「一個の金銭債権の数量的一部請求」に該当し，後訴が信義則により却下されることを説明することができるか。

✓ [事例2]の前訴が「明示の一部請求」に該当するが，「一個の金銭債権の数量的一部請求」に該当しないことを説明することができるか。

✓ [事例3]の前訴が「明示の一部請求」に該当するが，「一個の金銭債権の数量的一部請求」に該当しないことを説明することができるか。

15

事例 1

　2017 年 7 月 1 日，A は，B との間で返済期限を 2018 年 8 月 31 日として金 200 万円金銭消費貸借契約（以下「本件契約」という）を締結し，2017 年 7 月 30 日に同額の金銭を B に交付した。本件契約につき，A は B と旧知の間柄であったために利息の定めはしなかった。返済期限が過ぎたので，A は B に督促したが，B は特に理由もなく対応を拒んだため，A は B を被告として金 200 万円の貸金返還請求訴訟を提起した（以下「前訴①」という）。B は，前訴①の第 1 回口頭弁論期日に出頭しなかったため，裁判所は A の請求を認容する判決をし，同判決は確定した。同判決は B に送達されたが，A がその後に B に連絡しても態度を変えなかったため，A は B の叔父で学生時代の友人である C に連絡し，協力を求めた。すると C は，B の事業は昨年から調子が悪いからもう勘弁してやってほしい，その代わり B の債務は俺が引き受けたと述べ，BC 間の債務引受の承諾を求めた。A がこれを承諾したため，C は B の債務を免責的に引き受けることになった。それから 1 か月後，A が C に返済を督促したところ，C がこれを拒んだため，A は C を被告として C が B から引き受けた金 200 万円の貸金債務返還請求訴訟を提起した（以下「後訴①」という）。

設問 1

　後訴①において，C は，本件契約の当時 B は意思能力がなかったから本件契約は無効であり，B の貸金債務は存在しない（それゆえ C は B から債務を引き受けていない）と反論することができるか。また，C の債務引受が，併存的債務引受または保証であったときはどうか。

事例2

　Xは，その所有する土地（以下「甲土地」という）をYに賃貸し，Yは甲土地の上に建物（以下「乙建物」という）を所有していた。XY間では毎月末に地代を支払う約束だったが，賃貸借契約の期間が終了したため，XはYを被告として，甲土地の所有権に基づいて建物収去土地明渡請求訴訟を提起した（以下「前訴②」という）。前訴②においてYは，Xの甲土地の所有権は争わず，もっぱら賃貸借契約はなお存続することを理由に借地権を主張して争ったところ，裁判所はYの主張を退けてXの請求を認容する判決をし，同判決は確定した。Zは，前訴②の口頭弁論終結後，Yから乙建物を譲り受けて所有権移転登記を経由し，同建物での居住を開始した。その後，Xは乙建物がZに譲渡されたことを知り，Zを被告として甲土地の所有権に基づく建物収去土地明渡請求訴訟を提起した（以下「後訴②」という）。

設問2

　後訴②において，Zは，Xへの甲土地所有権の帰属を争うことができるか。また，Zは，Yの借地権不存在を争うことができるか。

■ 解説

I. 問題の所在

　本問の課題は，事実審の口頭弁論終結後（以下「基準時後」という）の承継人に対する既判力の拡張である[1]。**事例1**では，貸金返還請求事件においていかなる場合に債務の引受人（免責的債務引受人，併存的債務引受人）および保証人に対して既判力が拡張されるかが問われる。**事例2**では，建物収去土地明渡請求事件において建物所有権の譲受人に対して既判力が拡張されるかが問われる。この問題については近時論争が巻き起こっている。以下では，まず基本事項を確認した後，各事例の問題に検討を加えることにする。

II. 基準時後の債務引受人に対する既判力拡張

1. 既判力拡張の根拠

　基準時後の承継人に既判力を拡張する規定（115条1項3号）の根拠は何か。一般には，前訴当事者間に生じた既判力を基準時後の承継人と前主の相手方の間にも通用させることによって法的安定を確保するためと説明される[2]。例えば，勝訴者の承継人は，前訴判決の既判力が生じた訴訟物たる権利義務（つまり，既判事項）を前提に基準時後の承継の事実を主張立証できれば前主の相手方に勝訴することができ，また前主の相手方による既判事項に反する主張立証は排斥されなければならない（承継人に有利な拡張）。前主の相手方が勝訴した場合も，既判事項を前提に基準時後の承継の事実を主張立証できれば前主の相手方は勝訴することができ，また承継人による既判事項に反する主張立証は排

1）　新堂705頁，伊藤575頁，中野ほか525頁，重点講義(上)690頁，松本＝上野647頁，LQ 452頁，長谷部286頁，アルマ354頁等。学説を鳥瞰できる文献として，上原敏夫「既判力の主観的範囲(1)」伊藤眞＝山本和彦編『民事訴訟法の争点』（有斐閣，2009年）230頁等。
2）　本文の説明は，必要性の観点から見た根拠であるが，通常これのみでは足りないとされ，後述のように許容性にも言及される。

斥されなければならない（承継人に不利な拡張）。このように基準時後の承継人
は，前訴の訴訟物について手続保障がないまま既判力に拘束されることにな
る[3]。これが許容される理由は，最も利害関係のある前主が前訴の訴訟物につ
いて手続保障を享受した以上，基準時後の承継人は前訴の訴訟物について重ね
て手続保障を享受する必要がないからである。学説の中には前訴（ないしその
判決）を知らずに前主から訴訟物たる権利関係等を譲り受けた承継人には独自
の手続保障が必要と論ずる見解もある[4]。しかし，第三者の主観的態様によっ
て承継の有無を決する見解は，善意の第三者（承継人）に独自の手続保障を求
めることが，基準時後の承継人に対する既判力拡張制度と調和し得るかという
問題がある[5]。

2.　承継の種類

基準時後の承継人に対する既判力拡張は，その根拠が 1 のように解される限
り，前訴外の第三者が承継人に該当するか否かによって決まる。それゆえ，
115 条 1 項 3 号の「承継人」とはどのような者かが問題になる[6]。まず「承
継」とは一般承継，特定承継のいずれでもよい[7]。前者に属する相続や合併に

---

[3]　前主が前訴外の第三者の利益を代表し，あるいは，前訴外の第三者が前主を通じて間接的に参
加するといった関係は存在しないから，前訴外の第三者について手続保障の享受を理由に既判力
を拡張する（拡張を正当化する）のは無理である。なお，兼子一原著『条解民事訴訟法〔第 2
版〕』（弘文堂，2011 年）656 頁［竹下守夫＝上原敏夫］も参照。

[4]　高見進「判決効の承継人に対する拡張」北大法学論集 31 巻 3・4 号(上)（1981 年）1223 頁。な
お，単なる不知ではなく，承継人が取引上通常なされる調査をしたにもかかわらず，知り得なかっ
た場合を問題としている。よってこの見解に従っても，大抵の場合，承継人は前訴について悪意
と判断され，既判力が拡張されるだろう。

[5]　公開審理による訴訟ないしそれを経た判決の言渡しが前提となるときに，それを知らないから
既判力拡張を受けないという議論を受容すると，本制度の根幹部分との抵触が起こるおそれがあ
る。詳細は，重点講義(上)698 頁注 117 を参照。

[6]　本号の「承継人」にかかる承継概念は，訴訟承継制度の守備範囲に属する基準時前の承継と同
じものである。とすると，承継の判断基準も，訴訟承継と口頭弁論終結後の承継とを区別しない
で共通の基準を採用すべきものと考えられる。しかし他方で，訴訟係属中の承継人は，承継後に
現実の手続保障を享受できるのに対し，基準時後の承継人は前訴においては現実の手続保障の余
地がないという違いがある（本文Ⅱ 1 参照）。そこから，訴訟承継では当事者適格の承継を判断
基準としながら，基準時後の承継では依存関係を判断基準とする有力説（伊藤 575 頁以下）もあ
る。

[7]　新堂 702 頁，長谷部 289 頁，アルマ 354 頁等。

おいては，当事者の死亡等の承継原因がある限り，訴訟物たる権利関係等の承継も当然に生じるため（124条1項1号・2号参照），承継の有無に関して疑義が生じることはない。これに対し，特定承継の場合には，前訴外の第三者が何を承継したときに承継を認めるか（何を承継した者が承継人になるか）をめぐり見解が対立している。

3. 承継の基準——訴訟物たる権利義務の移転の場合

前訴外の第三者が訴訟物たる権利義務を承継した場合，第三者が承継人になることには異論がない。例えば，訴訟物として主張された債権が基準時後に譲渡された場合，譲受人は「承継人」である。【事例1】のCは，前主Bが負担した貸金債務を免責的に引き受けているが，これも訴訟物となった貸金債務がBC間で処分された結果，以後Cのみが当該債務の債務者になる場合であるから，Cは「承継人」である[8]。これに対し，併存的債務引受は，原債務を維持しつつこれと同じ内容の新債務の設定を指すところ，かかる債務引受について承継を否定した裁判例（長崎地判昭和31・12・3判時113号24頁）があり，これに賛同する学説（否定説①）も有力である[9]。否定説①に従い，かつ，併存的債務引受と保証の法律関係の類似性を強調する場合，前訴外の第三者で前訴の訴訟物である債務について基準時後に保証人となった者もまた承継人ではないと解すべきだろう[10]。確かに，既判力拡張の判断基準たる「承継」を前主とその相手方の間で既判力をもって判断された事項が同一性を保ったまま前訴外の第三者に移転したことと捉える限り，上記否定説①の結論は当然だろう。またこれとは別に，債務引受によって引受人は債務者の地位に就くところ，前訴の既判力は訴求された債務を被告が自己の一般財産によって弁済する責に任ずる点にあり，この責は債務引受のみでは引受人に移転しない，そしてこのことは併存的債務引受ではもちろん，免責的債務引受でも異ならないと説く見解

---

8) 伊藤578頁，中野ほか527頁，LQ453頁，アルマ355頁等。

9) 伊藤578頁。この伊藤説については後掲注26)も参照。

10) 伊藤579頁。ただし，併存的債務引受においては派生型の承継（後述）があることを理由に承継を認めながら，保証については保証人が債権者に対して独自に債務を負担する場合であることを強調して承継を否定する見解（重点講義(上)696頁注112等）もある。いずれにせよ，基準時後の保証人については承継を否定するのが多数説である。なお，この見解は併存的債務引受と保証の類似性を決め手にしないことになる。

（否定説②）がある[11]。この否定説②は債務引受の明文規定を持たない旧民法だからこそ許される解釈論であり[12]，その債務引受の内容は履行引受に類似する。これに対し，平成 29 年改正で明文化された債務引受（472 条 1 項）の効果（472 条の 3）によれば，否定説②を維持することは困難であろう[13]。

　以上の検討から，否定説①（否定説②は考慮の外におく）にかんがみると，併存的債務引受による承継を認めるには，承継の基準を訴訟物たる権利義務の移転以外に求めざるを得ない。

4.　承継の基準——その他の場合

(1)　適格承継説

　訴訟承継は訴訟係属中に係争物が譲渡された場合に譲受人である訴外第三者が既存当事者の一方（前主）から当事者適格を取得したと考え，その者が以後訴訟を引き継ぐ制度である（49 条〜51 条）。この認識を基準時後の承継人に応用する，つまり，基準時後に係争物の譲渡がある場合，譲受人を当事者とする訴訟が必要となるから，その譲受人は前訴当事者から当事者適格を承継したと解するのが適格承継説である[14]。代表的見解は，「当該の訴訟物につき当事者たるべき適格（実質的に，紛争主体たる適格といってもよい）を原告または被告から伝来的に取得した者」を承継人とする[15]。かつての通説であるが，当

---

11)　上野泰男「既判力の主観的範囲に関する一考察」関西大学法学論集 41 巻 3 号（1991 年）936 頁。なお，同 937 頁注 59 は，兼子一原著・前掲注 3)664 頁〔竹下＝上原〕を同旨として掲げるが，そこでは引受人が前主たる被告の債務を争えなくするかどうかは，債権者と引受人との合意の趣旨によって定まる事柄というべきだから，この点に関する明示の合意がなければ，引受人は前主の債務を争いうると解すべきとされるにとどまり，「被告適格を基礎づける責任財産の主体としての地位が同時に承継される場合に限って，承継人（債務の引受人）への判決効拡張を認める」（上野・前掲 936 頁）という訳ではない。

12)　潮見佳男『プラクティス民法・債権総論〔第 4 版〕』（信山社，2012 年）527 頁等。同 527 頁は，否定説②のような見解について，債権を債権者と債務者の間の「法鎖」と捉える発想（フランス民法・日本旧民法）の影響を示唆する。

13)　否定説②（上野説）の論旨は，債務引受の効果を債務者の地位の交替に限定し，債務を自己の一般財産をもって弁済すべき責任主体たる地位の交替が生ずるには，そのための特段の合意を求める点にある。しかしこれは，免責的債務引受によって引受人は他人の債務を自己の債務として引き受け，かつ自らの債務として履行するとの解釈（潮見佳男『民法（債権関係）改正法の概要』〔きんざい，2017 年〕170 頁，同『新債権総論Ⅱ』〔信山社，2017 年〕510 頁等）とは相容れない。

事者適格の移転といっても，当事者適格という訴訟要件は訴訟物単位で判断される[16]以上，他人への移転を観念できないこと[17]，訴訟承継を念頭において考案された概念であり基準時後の承継人には適合しないこと[18]等の理由から批判を浴びた。もっとも，かかる批判は当事者適格の移転という構成を攻撃しただけで皮相的なところがある。実際，適格承継説の要点は，実は当事者適格の判断の基底部分，つまり，係争法律関係の法的地位の移転にあったといった再評価も見られる[19]。近時はこの基底部分に光をあて，訴訟物たる法律関係が帰属する者に認められる実体適格の移転を基準とする見解[20]（実体適格〔移転〕説）も主張されている。

(2) 紛争主体地位移転説

この基準を採用する代表的見解によれば，基準時後の承継人は，「第三者と相手方当事者との紛争の対象たる権利義務関係が当事者間の前訴の訴訟物たる権利義務関係から口頭弁論終結後に発展ないし派生したとみられる関係」があるかどうかによって判断される[21]。しばしば指摘されるように，この説は承継の基準を訴訟法的に捉える点で適格承継説と同系統に属する[22]。もっとも，適格承継説の代表的見解には「伝来的取得」に対するこだわりが見受けられるのに対し，紛争の主体たる地位移転説にはこのこだわりがない。すなわち，第三者が基準時後に前主とその相手方との間の利害関係と同様の利害関係をもつに至れば，承継が認められる。つまり，前主から一定の利益が同一性を保って

---

14) 兼子一「訴訟承継論」同『民事法研究(1)』（酒井書店，1940年）1頁，小山昇「口頭弁論終結後の承継人について」北大法学論集10巻1〜4号（1960年）36頁，中田淳一「既判力（執行力）の主観的範囲」中田淳一＝三ケ月章編『民事訴訟法演習Ｉ』（有斐閣，1963年）205頁等。なお，文献につき，上原・前掲注1)232頁等を参照。

15) 中田・前掲注14)205頁。

16) 特に給付訴訟の当事者適格は，請求権の主体と主張する者に原告適格，その義務者と主張される者に被告適格を認める見解が現在の通説である。加藤新太郎＝松下淳一編『新基本法コンメンタール民事訴訟法(1)』（日本評論社，2018年）90頁〔名津井吉裕〕等。

17) 上原・前掲注1)232頁，LQ 454頁，アルマ355頁等が同旨を指摘する。重点講義(上)690頁も登記請求訴訟の例を挙げて当事者適格の移転という説明の不合理を説く。

18) 伊藤580頁等が同旨を指摘する。

19) 重点講義(上)697頁注114。なお，越山和広「既判力の主観的範囲」新堂幸司監修『実務民事訴訟講座〔第3期〕第3巻』（日本評論社，2013年）303頁も参照。

20) 松本＝上野652頁，鶴田滋「判決効拡張・訴訟承継における承継人概念」法時88巻8号（2016年）26頁。

第三者に移転する伝来型の承継のほか，前主の係争利益と第三者が基準時後に取得した利益が同様であるといった派生（発展）型の承継でもよく，ひいては原始取得も認めるため，承継の成立範囲は非常に広くなる[23]。

(3)　依存関係説

近時は，承継の基準を当事者と第三者の間の実体的な法的地位の依存関係に求める見解（依存関係説）も有力である[24]。この説は前主から伝来的に利益ないし地位を取得する場合はもちろん，第三者が基準時後に前訴当事者の一方との間で一定の実体的法律関係を形成したことに着眼して承継を認めるところに特徴がある。他方，この特徴があるために紛争主体地位移転説に劣らず広い範囲で承継を認めており，また実体的法律関係に着眼する点において実体適格説との違いもさほど大きくはない[25]。

(4)　基準時後の債務引受

併存的債務引受では，3のように訴訟物たる前主債務の移転を基準にする限り，承継が否定される。そこで，紛争主体地位移転説は，前訴の当事者間に金銭債務をめぐる利害対立関係があるときに，第三者がこれと同様の利害対立関係を新たに取得するに至った場合にも，派生（発展）型の承継を認める。他方，依存関係説では，引受人が前主に依存するかどうかが基準となる。併存的債務引受は，前主の債務が残存したまま，引受人が前主の債務と同じ債務を新たに負担する点に着眼すると依存性がない[26]ように見えるが，債務の内容は前主

---

21)　新堂幸司「訴訟当事者から登記を得た者の地位」同『訴訟物と争点効(上)』（有斐閣，1988年，初出1971年）297頁。ただし，新堂701頁では，「既判力の標準時後に，第三者が訴訟物たる権利関係について当事者の一方（前主）と同様の利害関係をもつに至った場合に，この者と前主の相手方当事者との間で，実体関係を処理・審判するにあたり，当事者間に下された判決主文の内容を前提にするように拘束する効果を認める。」との書き出しの後，このような利害関係人が基準時後の承継人であると述べ，これと「紛争の主体たる地位」の取得者を同義的に用いるにとどまる。重点講義(上)690頁も，新堂・前掲論文334頁に現れた文章を引用して新堂説を紹介・支持する。

22)　紛争主体地位移転説は多数説とされ，新堂説のほかには，小島武司『民事訴訟法』（有斐閣，2013年）663頁，重点講義(上)696頁注112等。

23)　新堂702頁，小島・前掲注22)662頁等。

24)　中野ほか529頁，伊藤580頁，上田507頁，上野・前掲注11)934頁，吉村徳重「既判力の第三者への拡張」新堂幸司ほか編『講座民事訴訟(6)』（弘文堂，1984年）166頁等。

25)　越山・前掲注19)303頁，重点講義(上)697頁注114を参照。もっとも，伝来型の承継にこだわる見解は，一般に承継の範囲を狭く捉える傾向がある。前掲注9)の伊藤説等を参照。

の債務に従って決まるという意味で従属性がある以上，引受人は前主に依存するものと認めることができる[27]。実体適格説は新たな債務負担に加え，引受後に成立する連帯債務関係を理由に承継を否定する[28]。

(5) 基準時後の保証

　第三者が基準時後に被告の貸金債務を保証した場合はどうか。紛争主体地位移転説は，前主とその相手方の間の利害対立と共通性のある利害対立が当該相手方と第三者の間にも形成されるとき，派生（発展）型の承継を認めることができる。保証債務の附従性は主債務の存在を前提に保証債務を主債務の範囲内にとどめる原理であるから，ここに着眼すれば，派生（発展）型の承継を認めることができる[29]。これに対し，保証人は主債務と別個の債務を債権者に対して新たに負担するという契機を強調すれば，前主との共通性が否定されるため，派生（発展）型の承継を認めるのは困難となろう。他方，依存関係説は，保証人が前主に依存するかどうかを基準とする。保証債務の附従性に内在する原理（前述）に着眼すれば，保証債務は主債務に対する従属性があるから，保証人は前主（主債務者）に依存するものと認められる。これに対し，保証人は主債務と別個の債務を債権者に対して新たに負担する点を強調すれば，従属性は後退し，保証人は前主（主債務者）に依存しないと考えることになろう。いずれの承継基準を採用するにせよ，検討すべき点は同様である。にもかかわらず，学説上，紛争主体地位移転説では，保証と併存的債務引受との共通性が強調され，派生（発展）型の承継が肯定される[30]のに対し，依存関係説では，保証債務の独自性が強調され，依存関係が否定される傾向が見受けられる。この点は実体適格説も同様である[31]。**(設問1)** に解答する際，承継の基準はいずれでも構わないが，採用した基準に則した叙述を心がけたい。

---

26)　依存関係説を採用しながら，債務の承継の有無にこだわった結果，承継を否定する見解として，伊藤578頁，中野ほか528頁がある。

27)　上田507頁，重点講義(上)696頁注112，LQ 452頁等。

28)　松本＝上野650頁。

29)　通説の中でも肯定説が多数と見られる。三木浩一「判決効の相対性」法セ541号（2000年）23頁等。

30)　三木・前掲注29)23頁は，併存的債務引受と保証の間の類似性を理由に保証においても派生的承継を認める方が一貫すると指摘する。

31)　松本＝上野650頁。

5. 既判力の作用

⑴ 免責的債務引受

　[事例 1]の免責的債務引受の引受人であるＣは，承継の対象が前主Ｂの債務であることに異論がないため，承継の基準を問題にするまでもなく承継人と認められ，よって前訴判決の既判力はＣに拡張される。問題はそれが後訴でどのように作用するかである[32]。後訴の訴訟物は，前訴判決が認めたＢのＡに対する債務の存在に既判力が生じた後に，ＣがＢの債務を免責的債務引受により引き受けた結果としてＣが負担することになったＣの債務，つまり，ＡのＣに対する金 200 万円の貸金返還請求権である。Ａは，これを基礎づける請求原因としてＢの債務の存在，ＢＣ間の免責的債務引受を主張立証しなければならない。このうち，Ｂの債務の存在には前訴判決の既判力が生じているから，後訴裁判所は，これを前提として審理しなければならない。このようにＡＢ間の前訴判決の既判事項は，ＡＣ間の後訴の先決問題となるから，前訴判決の既判力は後訴に対して積極的に作用する。既判力拡張があるために主体を替えて（超えて）積極的に作用するところに上記後訴の特徴がある。もっとも，[設問 1]はこの作用に関するものではなく，むしろ前訴判決の既判力がＢの承継人であり，後訴の被告であるＣに不利に作用する場合である。すなわち，後訴においてＡがＣに対して前述の請求原因事実を主張したのに対し，Ｃは，要するに前主Ｂは本件契約の当時無能力だったため同契約は無効だからＢの債務は前訴判決の基準時において不存在であり，よってその後の債務引受によってＣはＢから何も引き受けていない，と反論している。この前半部分は前訴判決がなければ引受人は争うことができる（新民法 472 条の 2 第 1 項参照）。しかし[事例 1]では前訴判決が確定している以上，Ｃの反論（前半部分）は，基準時にＢの貸金債務が存在する旨の既判力が生じた判断を攻撃するものであるから，既判力に抵触する。より具体的には，前主Ｂが本件契約の当時意思能力を欠いていたため同契約は無効との事実は，権利障害規定（民 3 条の 2）に該当し，ＡＢ間の前訴ではＢの抗弁になるところ，Ａの請求を認容した前訴判決にはＢの貸金債務の存在について既判力が生じている以上，Ｃの反論（前半

---

32)　既判力の作用一般については，中野ほか 498 頁。

部分）は，結局このＢの抗弁を蒸し返して前訴判決の既判力を否定することになる。そうである以上，Ｃの反論には既判力が消極的に作用し，遮断される。Ｃの反論のうち前半部分が遮断された場合，後半部分も成立しないから一緒に遮断される。なお，Ｃに固有の抗弁がある場合，その主張は妨げられないが，**事例1** のＣにそうした事情はない。

⑵　併存的債務引受・保証

この場合，⑴と異なり承継の対象は前訴の訴訟物（前主Ｂの債務）それ自体ではないから，これ以外の承継の基準を採用しなければならない。もっとも，紛争主体地位移転説および依存関係説の一部（承継肯定説）によれば，**事例1** の債務引受が併存的債務引受のときにもＣは承継人になる。この場合の後訴に対する既判力の作用は⑴と同様に考えられる。以上に対し，依存関係説の一部（否定説）と実体適格説によれば，**事例1** の債務引受が併存的債務引受であるときＣは承継人ではない。よって既判力拡張が否定されるため，後訴においてＣは前訴判決の既判力に何ら制約されずに主張立証することができる。よって，**設問1** のＣの反論は許される。他方，保証については異論もあるが，多数説は既判力の拡張を否定する。これに従えば併存的債務引受に関する上記消極論と同様に解される。

Ⅲ．基準時後の建物譲受人に対する既判力拡張

1．承継人に対する既判力拡張

事例2 の場合，前訴外の第三者Ｚが前主Ｙから承継したのは乙建物であって，前訴の訴訟物であるＸのＹに対する甲土地所有権に基づく建物収去土地明渡請求権（に対応する土地明渡義務）自体ではない。そうである以上，承継の有無を判断する際には，Ⅱ4で取り上げた実質的な基準（実体適格説，紛争主体地位移転説および依存関係説）を用いる必要がある。

前訴判決の基準時後にＺがＹから乙建物を譲り受けた場合，Ｘは，Ｚが任意の建物収去土地明渡しを拒むときは，Ｘは債務名義（前訴判決）にＺに対する承継執行文の付与を受けて執行するのが通常ではあるが，ＸはＺに対して甲土地所有権に基づく建物収去土地明渡しを求める訴えを提起してもよい[33]。

後訴の訴訟物は，X の Z に対する甲土地所有権に基づく建物収去土地明渡請求権であるところ，これは前訴の訴訟物と別物である。なぜなら，この請求権は X が甲土地を所有すること，Z が甲土地上に乙建物を所有して甲土地を占有することの二点に基づいて成立する物権的請求権であり，またこの点は前訴の訴訟物についても同様だからである。つまり，Z の甲土地明渡義務は，YZ 間の乙建物の譲渡に伴い Y から Z に移転した訳ではない。問題はここから何が導かれるかである。

　前述した承継の基準は，前訴の訴訟物たる権利義務が移転しない場合を想定したものであるから，どの基準を満たしても前訴と後訴の訴訟物は同一ではない。にもかかわらず，いずれかの基準を満たせば，前訴外の第三者は基準時後の承継人であり，前訴判決の既判力が拡張される。要するに，前訴と後訴の訴訟物が異なることは，基準時後の承継人への既判力拡張の妨げにはならない。このことを踏まえて各基準を見ると，まず紛争主体地位移転説では，甲土地上にある乙建物が甲土地所有権を侵害するという XY 間の関係は，Z が Y から乙建物を譲り受けることにより XZ 間で再現される以上，紛争主体たる地位の Y から Z への移転があるから，Z は基準時後の承継人と認められる[34]。この「移転」は伝来的なものに限られず，土地占有の承継のような場合も含まれる。次に依存関係説では，Z は Y に依存する必要があるが，乙建物の譲渡人と譲受人は，前者がなければ後者もないという意味の依存性が認められる[35]。この点は実体適格説も同様と考えられる[36]。このように 事例2 はどの承継基準を採用しても Z は基準時後の承継人とされるから，前訴判決の既判力は XZ 間に拡張される。これが判例でもある[37]。しかし，既判力拡張が認められても，前述したように前訴の訴訟物と後訴のそれが異なることに留意しなければならない。

---

33)　最判昭和 54・1・30 判時 918 号 67 頁は，承継執行の可能性があるときでも，別訴提起の利益を認める。詳しくは，山本和彦ほか編『新基本法コンメンタール民事執行法』（日本評論社，2014 年）91 頁［名津井吉裕］等を参照。

34)　新堂 706 頁等。

35)　上田 507 頁等。

36)　松本＝上野 652 頁。

37)　大決昭和 5・4・24 民集 9 巻 415 頁，最判昭和 26・4・13 民集 5 巻 5 号 242 頁。

2. 既判力の作用

(1) 作用肯定説

　前訴の訴訟物以外を承継の基準とする見解が，前訴と後訴の訴訟物が異なる場合にも既判力の拡張を肯定することは前述した。しかし，まさに前訴と後訴の訴訟物が異なるがゆえに，前訴判決の既判力は後訴にどのように作用するのかが課題となった。

　従来この課題の解決法として有望視されてきたのが，同一性擬制説である[38]。これによると，前訴と後訴の訴訟物は実際には異なるものの，承継人に既判力が拡張される場合には，前訴の訴訟物と同一の訴訟物について後訴当事者間にすでに既判力のある判決がなされたと考えることにより，当該既判力は「前訴の訴訟物を先決問題とする権利関係を訴訟物とする訴訟」と同様に作用するものとされる。もっとも，既判力の作用は，前訴の訴訟物と後訴のそれとの関係に左右される面があるから個別に見ていく必要がある。例えば 事例2 の場合には，前訴の訴訟物（XY 請求権）に既判力が生じ，YZ 間の承継によって前訴判決の既判力が Z に拡張されるから，XZ 請求権を主張する X の後訴では，その訴訟物と前訴の訴訟物との同一性が擬制されることにより XZ 請求権存在の既判力が存在するとみなされる結果，同一関係の既判力に準じて，後訴裁判所は X に訴えの利益がない限り本案判決はできないことになりそうである[39]。しかし，同一性擬制説によって生じた同一関係が原因で X の訴えの利益が否定されるのは本末転倒である以上，X の訴えは適法と解さざるを得ない。この場合，前訴判決の既判力の積極的作用により基準時後に消滅等の変動がなければ，後訴裁判所は XZ 請求を認容すべきである。以上の検討を踏まえると，従来「先決問題と同様」と言われたのは債務引受（Ⅱ5参照）を想定したからであろう。これに対し，物権的請求権が訴訟物である場合には，同一性擬制説による説明は上記と同様になるものと推察されるが，例外がないかどうかはなお検証を要するだろう。

　いずれにせよ，同一性擬制説によれば， 設問2 においては前述した既判力の作用がある一方で，XY 間の前訴判決の基準時に X は甲土地所有権を有し

---

38)　上野・前掲注11)929 頁，越山・前掲注19)310 頁，長谷部 295 頁。
39)　同一関係の既判力については，中野ほか 497 頁，重点講義(上)595 頁，LQ423 頁以下等参照。

ない，あるいは，Ｙが借地権を有していたといったＺの主張立証（攻撃防御方法）は，前訴判決の既判事項に抵触するため既判力が消極的に作用する結果，遮断されるものと解される。なお，設問2で検討が求められた甲土地所有権のＸへの帰属およびＹ借地権の不存在は，どちらも裁判所が前訴請求の認容判決をする際にその理由中で判断された事項である。にもかかわらず，後訴においてかかる事項に前訴判決の既判力が作用するのは，前訴判決の既判事項に抵触する関係にあるからである[40]。

(2)　作用否定説

　近時，基準時後の承継人に対する既判力の拡張に関して，前訴判決の既判力は相手方と承継人との間の後訴に作用しないとする有力説がある[41]。すなわち，前訴と後訴の訴訟物は異なる上に，両者は先決関係でも矛盾関係でもないという意味で無関係だから，前訴判決の既判力が後訴に拡張されても作用するところがないとする[42]。この説は，物権的請求権の実体法的性質と整合的に既判力の作用を考察することを重視し，これを前訴当事者間にも徹底する。すなわち，例えば所有権に基づく動産返還請求を棄却した判決の既判力の同一当事者間における作用について，所有権に基づく動産返還請求権は被告が動産を占有する限り（物権を侵害し続ける限り），時々刻々と発生する性質を有する以上，前訴と後訴の訴訟物の同一性は否定される。この場合，原告が前訴と同じ請求を繰り返しても同一関係は成立せず，しかも前訴判決の既判事項が後訴の訴訟物の先決問題になるわけではないから，前訴判決の既判力は後訴に何ら作用しない[43]。ただしこの説は，物権的請求権を訴訟物とした確定判決の既判

---

40)　このような攻撃防御方法に対する遮断効については，後述の否定説から，結局のところ，判決理由中の判断に拘束力を認めることに帰すると評される。この指摘は，既判力による遮断効（失権効）一般にかかわる問題であるが，肯定説の陣営からの反論については，鶴田滋「既判力の失権効と要件事実」上野泰男先生古稀祝賀論文集『現代民事手続の法理』（弘文堂，2017年）357頁以下が詳しい。

41)　山本克己「判批」百選184頁，同「物権的返還請求権と口頭弁論終結後の承継人」高橋宏志先生古稀祝賀論文集『民事訴訟法の理論』（有斐閣，2018年）995頁以下，山本弘「弁論終結後の承継人に対する既判力の拡張に関する覚書」伊藤眞先生古稀祝賀論文集『民事手続の現代的使命』（有斐閣，2015年）692頁（同『民事訴訟法・倒産法の研究』〔有斐閣，2020年〕所収），丹野達「既判力の主観的範囲についての一考察」曹時47巻9号（1995年）2037頁等。

42)　山本克己・前掲注41)「物権的返還請求権と口頭弁論終結後の承継人」1000頁，山本弘・前掲注41)693頁等。

力の発生を否定する訳ではない。むしろ，既判力は発生するのだが，それが後訴の訴訟物はもちろん請求原因とも抗弁とも重ならず，作用する余地がないがゆえに作用しないことを指摘するにとどまる。ともあれ，このような作用否定説は，115条1項3号の制度趣旨とされる法的安定の確保に関しては作用肯定説から大きく後退することになろう。しかしその反面，当事者は，後訴の訴訟物につき完全な手続保障を享受できる。もっともこれは単なる結果であり，作用否定説の重点は物権的請求権の性質に即した既判力の作用の在り方を明示するところにある。

　以上を踏まえて 設問2 を検討すると，Zは，後訴において甲土地所有権のXへの帰属を否定すること，および，Yの借地権は存在すると主張立証することのどちらも許される（遮断されない）から，ZはXの後訴請求を何の制約もなく争うことができる。しかし，作用肯定説が現在の多数説であることが示すように，この帰結は必ずしも歓迎されていない。そこで作用否定説も，この帰結が不都合とすれば，判決理由中の判断に既判力を生じさせる手段として確認の訴え（設問2 では，Xによる甲土地所有権確認，Y借地権不存在確認）が有効であると論ずる[44]。その他，争点効理論，信義則を援用して判決理由中の判断に拘束力を認めることによっても同様の結果を得る余地があるかどうかは別論である。

■ **答案作成時の要点**

㈎ 事例1 について

　✓　前訴判決の既判力の内容。

　✓　何が承継されたか，承継の基準は何か。

　✓　免責的債務引受の引受人は承継人か，また，併存的債務引受の引受人や
　　保証人はどうか。

　✓　既判力の作用（Cの反論は既判力により遮断されるか）。

㈏ 事例2 について

　✓　前訴判決の既判力の内容。

　✓　何が承継されたか，承継の基準は何か。

　✓　建物所有権の譲受人は承継人か。

　✓　既判力の作用（ZはXの土地所有権を争えるか，Yの賃借権不存在はどうか）。

16

事例

　Yは，2015年4月1日，甲建物について，その所有者Aとの間で期間2年の約定で賃貸借契約を締結し，その引渡しを受けた。2016年4月以降，Yが賃料の支払をしなかったので，Aは，同年10月1日，賃貸借契約を解除した。ところが，Yは，その後も甲建物を占有している。

　Xは，2017年4月1日に締結したAとの間の売買契約（以下「本件売買契約」という）により甲建物の所有権を取得し，その旨の所有権移転登記をしたと主張して，同年5月1日，Yに対して甲建物の所有権に基づきその明渡しを求める訴え（以下「本件前訴」という）を提起した。本件前訴において，Yは，本件売買契約の締結の事実を争ったが，2018年3月1日，裁判所はXが本件売買契約により甲建物の所有権を取得したことを認め，Xの請求を認容する判決（以下「本件前訴判決」という）を言い渡した。この判決は，Yから控訴されることなく，確定した。

　ところが，本件前訴判決の確定後，Aは，本件売買契約は通謀虚偽表示として無効であり，甲建物の所有権はXに移転していないと主張して，Yに対して甲建物をAに明け渡すよう求めた。Yは，Aへも，Xへも，甲建物の明渡しをせず，Yに対する強制執行もされなかった。Xは，2019年4月1日，Yに対して不法行為に基づいて損害賠償を求める訴え（以下「本件後訴」という）を提起し，Xが甲建物の所有権を取得した2017年4月1日からYが甲建物の明渡しをするまでの間の不法占有について，賃料相当額の支払を求めた。本件後訴において，Yは，本件売買契約は通謀虚偽表示として無効であるという主張（以下「本件主張」という）をしたところ，Xは，本件売買契約によりXが甲建物の所有権を取得したという本件前訴における確定判決の判断を本件後訴において争うことはできないと主張した。

（設問）

　本件後訴において，裁判所は，本件主張について審理をすべきか。

■ 解説 ━━━━━━━━━━━━━━━━━━━━━━━━━━━━━

Ⅰ．問題の所在

　本件前訴判決の既判力は訴訟物として主張されたＸのＹに対する甲建物の所有権に基づく返還請求権としての明渡請求権について生じる（114条1項）。本件前訴判決において，甲建物の所有権に基づく明渡請求について判断するために，本件売買契約によりＸが甲建物の所有権を取得したことが判断されたが，この判断は，判決理由中の判断であり，既判力は生じない。

　確定判決の理由中の判断について，既判力類似の効力として争点効を認める見解や，信義則による拘束力を認める見解がある。これらの見解に立つ場合には，訴訟物たる所有権に基づく明渡請求権を認める判断の前提となる権利関係や事実関係のうち，どのような判断に拘束力を認めるのかが問題になる。すなわち，本件前訴判決において，甲建物につき，本件売買契約の締結の事実，本件売買契約によるＸの所有権の取得，口頭弁論終結時におけるＸの所有権など，判決主文を導く理由中の判断のうち，どのような判断に拘束力が生じるのかである。その際，本件売買契約が通謀虚偽表示として無効であること自体については，本件前訴において主張されず，審理・判断もされていないことに注意をする必要がある。また，本件売買契約の効力や甲建物の所有権の帰属については，本来，ＡＸ間で解決されるべき問題であり，Ａが本件売買契約の効力や甲建物の所有権のＸへの移転を否定しているという事情が考慮されるべきである。

Ⅱ．既判力の生じる判断，前訴と後訴の関係

1．理由中の判断には既判力が生じないこと

　確定判決の判断内容には既判力が生じ，別訴においても裁判所はそれを前提とした判断をしなければならない。114条1項は，既判力が判決の「主文に包含するもの」についてのみ生じることを明らかにしている。本案判決において，

判決主文に包含する判断は，訴訟上の請求の当否の判断，すなわち，訴訟物として主張された権利関係の存否の判断である。

　このことは，判決理由中の判断，すなわち，訴訟物たる権利関係の前提となる権利関係や事実関係の存否の判断には，既判力が生じないこと[1]を意味している[2]。既判力が判決主文の判断にのみ生じ，判決理由中の判断には生じないこととされているのは，次のような理由からである。第1に，当事者が裁判所に対して判断を求めているのは，訴訟上の請求の当否であり，訴訟物たる権利関係の存否についてである。判決理由中で判断される事項は，訴訟物に対して手段的・二次的な地位にあり，このような事項について既判力を生じさせると当事者が意図しない結果となり得る[3]。第2に，訴訟において，当事者が求めているのは訴訟物たる権利関係の確定であり，当事者が前提となる権利関係（先決的法律関係）の確定を求めたいときは，中間確認の訴え（145条）を提起することができる。第3に，訴訟物は訴状における「請求の趣旨及び原因」の記載によって特定されるので，どの範囲に既判力が生じるのかが明確である。第4に，判決理由中の判断に拘束力が生じないことで，訴訟上の請求についてどのような理由で判断するのかが重要な意味を持たないことになり，裁判所は，請求について同じ結論が導けるのであれば，実体法の論理的順序，事実生起の時間的順序，当事者の指定する順序などにこだわらずに，例えば，契約の成立を審理せずに，消滅時効を理由に請求権の不存在の判断をすることができる[4]。また，当事者も，他の理由により勝訴判決を得られるのであれば，前提となる権利関係や事実関係について，当該訴訟においては争わないことも可能である。第5に，判決理由中の判断に既判力が生じると，その判断が誤っていた場合に，その誤りが，当事者がその訴訟にかけた利益を超えて，その判断を先決問題と

---

1) 114条2項により，相殺の抗弁について判断された場合に，自働債権の不存在について既判力が生じるのはその例外である。本書事例12「相殺の抗弁」［青木哲］参照。
2) 判決理由中の判断に既判力が生じないことについて，アルマ349頁以下，LQ 435頁以下，長谷部284頁以下，高橋概論266頁以下を参照。
3) 高橋概論267頁は，前訴において不動産の所有権侵害で50万円の損害賠償請求をし，所有権が争点となり，後訴において当該不動産（50億円相当）の移転登記手続請求がされた場合を例に挙げ，当事者は前訴では50万円の損害賠償の範囲で所有権の有無を争ったにすぎないと説明する。
4) 訴訟における審理順序について，アルマ199頁以下，LQ 154頁以下，高橋概論144頁以下を参照。

する将来の訴訟に及び，当事者が予期しない不利益を受けるおそれがある（松本＝上野 627 頁）。

2. 既判力の消極的作用

前訴判決において訴訟物たる権利関係について生じる既判力の消極的作用として，後訴において，前訴判決の理由中で否定された事実の主張は遮断される。このことと，前訴判決の理由中の判断に既判力が生じないこととは，区別しなければならない[5]。例えば，貸金返還請求訴訟において，被告の弁済の事実の主張を否定して，原告の請求を認容する前訴判決が確定した場合に，請求異議の訴えや債務不存在確認の訴えにおいて，基準時前の弁済の事実を主張することはできない（民執 35 条 2 項）。この場合に，前訴判決における被告の弁済の事実の主張を否定した判断（判決理由中の判断）に既判力が生じたのではなく，判決主文における貸金返還請求権を認めた判断に既判力が生じ，その消極的作用として，後訴において既判力の生じた判断を争うためになされる主張が遮断されるのである[6]。後訴において，既判力の生じた貸金返還請求権の存在の判断を争うために，例えば，前訴において主張されず，判断されなかった基準時前の貸金債務の免除の事実を主張することも，既判力の消極的作用として遮断される。

3. 前訴と後訴の関係

判決理由中の判断に既判力が生じないことから，前訴の訴訟物の前提となる権利関係が後訴の訴訟物である場合や，前訴の訴訟物と後訴の訴訟物が共通の権利関係や事実関係を前提とする場合に，前訴の訴訟物の前提となる権利関係や事実関係について，後訴において前訴判決の判断とは異なる主張をしても，既判力によっては遮断されない。例えば，前訴において所有権に基づく建物明渡請求を認容する判決が確定しても，同じ建物について，所有権の確認を求める後訴や所有権移転登記手続請求の後訴において，前訴被告が前訴原告の所有権を争うことは，既判力によっては遮断されない。

5）　宇野聡「判決理由中の判断の拘束力」法教 363 号（2010 年）25 頁，26 頁。
6）　前訴判決の既判力による後訴における主張の遮断について，本書事例 13「既判力の時的限界」［八田卓也］Ⅲを参照。

Ⅲ. 判決理由中の判断の拘束力について[7]

Ⅱで述べたように確定判決の理由中の判断に既判力は生じないが，前訴当事者間において，既判力類似の効力として「争点効」と呼ばれる効力を認める見解や，信義則の適用として前訴の理由中の判断に反する主張が遮断される場合を認める見解が主張されている。

1. 争点効

⑴ 争点効は，判決理由中の判断に生じる拘束力として学説において提唱されたものである。「前訴で当事者が主要な争点として争い，かつ，裁判所がこれを審理して下したその争点についての判断に生じる通用力で，同一の争点を主要な先決問題とした異別の後訴請求の審理において，その判断に反する主張立証を許さず，これと矛盾する判断を禁止する効力」をいう（新堂 718 頁）。争点効は，①前後両請求の当否の判断過程で主要な争点となった事項についての判断を対象として，②前訴において，当事者がその争点につき主張立証を尽くし，③裁判所がその争点について実質的な判断をし，かつ，④前訴と後訴の係争利益がほぼ同等である場合に発生する（新堂 725 頁以下）。ただし，判決理由中の判断に不服を有する当事者が結論としては勝訴した場合には，上訴により争うことができなかったので，争点効は生じない。争点効は，当事者間の公平を図ることを主目的とするものであるから，当事者の主張を待ってその効力の存否を調査する。争点効が作用する場合には，後訴において，当事者はその判断に反する主張立証をすることは許されず，裁判所はその判断を前提にして審理判決をしなければならない（新堂 731 頁以下）。

確定判決の理由中の判断にこのような拘束力を認めると，既判力を判決主文の判断に限定する 114 条 1 項との関係が問題になる。争点効を肯定する見解によると，判決理由中の判断に既判力が生じないことにより，当事者は訴訟物たる権利関係の存否を判断する前提問題について争わない自由を有するが，前提問題について争わない自由には，それについて主要な争点として争った場合に

---

7) 争点効および信義則による判決理由中の判断の拘束力について，アルマ 360 頁以下，LQ 439 頁以下，長谷部 298 頁以下，高橋概論 271 頁以下を参照。

裁判所の判断を尊重しなくてよい自由は当然には含まれない。理由中の判断を別個の請求の当否の判断の基礎として通用させる方が，当事者間では公平であり，既判力を補完してより充実した紛争解決を可能にする（新堂712頁以下）。

判決の理由中の判断に拘束力を認めることに対しては，その判断が誤っていた場合に，その誤りが，当事者がその訴訟にかけた利益を超えて，その判断を先決問題とする将来の訴訟に及ぶという問題がある[8]。**事例**において，本件売買契約によりXが甲建物の所有権を取得したとの判断が誤りであったとすると，本件前訴におけるXによる甲建物の明渡請求を認容した判断が誤りであるにとどまらず，本件後訴においてXによる損害賠償請求も認容されることになる。このような不当な判決の拡大は既判力でも生じ得ることであり（重点講義(上)654頁注69），例えば，所有権確認の訴えで所有権の帰属の判断を誤った場合に，その判断の誤りは，所有権を先決関係とする将来の訴訟に及ぶが，争点効を認めると，当事者は，訴訟物についてだけでなく，前提問題についても，その判断の誤りが将来の訴訟に及ぶことを覚悟して争うことになる。

(2)　争点効の生じる判断（上記①）について，主要な争点というのは，その争点の判断によって訴訟物についての判断が左右されるような事項をいう。このような事項については，「それを争点にする態度をとった以上，前訴においてその請求自体を争うのと同様の真剣さで双方が争ったはずであるとみることができ，その結果責任を負わされても仕方がないといえる」（新堂725頁）が，「主要でない争点に拘束力を付与するのは不意打ちになるし，不意打ちにならないようにすると審理の機動性を害する」（重点講義(上)647頁）とされる。

争点効を認める見解においても，理由中の判断の拘束力が法的判断のレベルで生ずるのか，事実認定のレベルで生ずるのかという問題がある。例えば，Pが所有権を主張する山林とQが所有権を主張する畑の境界（筆界）に争いがあり，前訴において，係争地の所有権を主張するPが，Qに対して，所有権に基づき係争地の明渡しを求めたのに対して，係争地は山林の一部であるとして，Pの請求を認容する判決が確定した後，後訴において，QがPに対して同じ係争地の所有権の確認を求め，前訴で主張しなかった係争地の取得時効を主張したという事案[9]を想定する。このような事案において，前訴において係争地

8）　松本＝上野638頁は，争点効について，この問題を避けるために判決理由中の判断の拘束力を否定した立法者の決定に反するという。

につき P の所有権を認める判断に拘束力が生じるとすれば，後訴において Q が基準時前に係争地を時効取得したという主張は遮断される。しかし，前訴において係争地が山林の一部であるという判断に拘束力が生じるとすれば，それと両立する取得時効の主張は遮断されない。争点効が主張立証を尽くしたことの結果責任であるとすれば，前訴において主張されず，裁判所が判断しなかった事実の主張を後訴において遮断することは正当化できない[10]。このため，争点効の趣旨と要件の明確性から，現実に争った事項にのみ生じるのが穏当とされ，通常は主要事実についての判断に生じるとされる（重点講義(上)650 頁注 59）。争点効を認める見解は，その枠組みの外側に，「手続事実群」に基づく「正当な決着期待争点」についての遮断効を用意し，主要事実より上位の争点について遮断効が生じること（前訴の紛争過程における原告の態度を中心とした手続の諸過程から，主要な争点の決着により，上位の争点についても最終決着とすると被告に思わせ，被告がそう期待しても無理のない状況が認められることにより正当化される）を認める（新堂 735 頁，重点講義(上)650 頁以下注 59）。このような遮断効を認めると，当該争点についての前訴判決の判断を争うために，前訴において主張されず，判断がされなかった主要事実を後訴において主張することも遮断される。

　争点効の要件のうち，当事者がその争点につき主張立証を尽くしたこと（上記②）は，前提問題について争わない自由を保障するために要求され，自白，擬制自白，証拠契約などがされた場合を除く趣旨である（新堂 727 頁，重点講義(上)647 頁）。また，ある争点について当事者が争った場合においても，争い方の程度の問題として，係争利益の経済的価値が前訴請求と後訴請求とでほぼ同一であることを要する（上記④）。前提問題についての訴訟追行はその訴訟の主文の判断を得ることを目的とした活動であるから，後訴において蒸し返しの主張を許さないためには，前訴でその争点につき争ったことが，後訴でもその争点についてすでに争ったと評価できることが必要であり，そのような評価をするには，主文の判断で決着の付けられる係争利益の経済的価値がほぼ同一で

---

9)　京都地判昭和 40・7・31 下民集 16 巻 7 号 1280 頁の事案。

10)　山本弘「判決理由中の判断の拘束力」鈴木正裕先生古稀祝賀『民事訴訟法の史的展開』（有斐閣，2002 年）641 頁，654 頁，657 頁以下（同『民事訴訟法・倒産法の研究』〔有斐閣，2019 年〕所収）。

あることを要する（新堂 729 頁）[11]。典型的には，元本債権額に対して少額の利息を請求する訴訟において，元本債権の存在が判断されても，元本の支払を請求する後訴における拘束力を認めるべきではないとされ（新堂 729 頁），前訴と後訴の係争利益の大小が問題とされる[12]。

2. 信義則による拘束力

(1)　争点効理論が当事者間の公平や信義則を根拠に，ある程度制度化された（要件と効果が明確化された）効力として，理由中の判断の拘束力を認めるのに対して，学説上，訴訟上の信義則（2 条）[13]の適用として，個々の事案の具体的事情を考慮しつつ，一定の要件のもとに，判決理由中の判断に拘束力を認める見解が有力である（兼子一原著『条解民事訴訟法〔第 2 版〕』〔弘文堂，2011 年〕538 頁〔竹下守夫〕）。この考え方によると，信義則が機能する場面とその内容には，①前訴の勝訴当事者が前訴で得た利益と両立し得ない二重の利益を得ようとする場面における矛盾挙動禁止[14]と，前訴の敗訴当事者が前訴で認めら

---

11)　原強「争点効・信義則」基礎演習 190 頁，199 頁は，前訴において当事者が主張立証を尽くす誘因として，前訴における係争利益が少なくとも後訴のそれとほぼ同様またはそれ以上のものでなければならないとする。

12)　前訴請求と後訴請求がどのような関係にある場合に，前訴で争った争点について後訴請求との関係でもすでに争ったと評価することができるのかについては，さらに分析する必要があるように思われる（高田裕成「判批」百選 178 頁，179 頁参照）。例えば，前訴が買主の売主に対する売買契約に基づく土地の引渡請求，後訴が買主の売主に対する売買契約に基づく所有権移転登記請求の場合，前訴と後訴とで求められている給付が異なるが，前訴も後訴も売買契約の履行を求めているという点では共通である。しかし，前訴において被告が原告と締結したのは売買契約ではなく，原告を賃借人とする賃貸借契約であると主張していたような場合には，いずれにせよ被告は原告に土地の引渡しをしなければならないから，前訴において引渡請求との関係で売買契約について争ったとしても，後訴における登記請求との関係でも争ったとまで評価することはできないように思われる。

　これとは異なる観点から前訴請求と後訴請求の関係により争点効が作用する場合を限定するものとして，前掲京都地判昭 40・7・31 は，「その判断に反する主張の新たな審理を許せばその判断の如何によっては前訴判決の主文中の判断の内容を実質的に破毀する結果となり，本件のように前訴が所有権に基く明渡請求で後訴が所有権自体の確認請求であるといった法律的にも不即不離の関係にあり法律的には同一の紛争と解されないながら，実質上同一の紛争のむし返しに過ぎない場合」にあることを争点効の要件としている。このように限定すると，争点効の作用場面は，既判力が作用する矛盾関係の場面に近接する。

13)　訴訟上の信義則について，伊藤 348 頁以下，LQ 22 頁以下・153 頁以下，高橋概論 147 頁以下を参照。

れなかった主張をする場面における蒸し返しの禁止による失権（権利失効の法理の趣旨）15)がある。①の場面は，例えば，売買契約の買主による目的物引渡請求の前訴において，売買契約の無効を主張して請求棄却判決を得た売主が，後訴において，売買契約が有効であることを主張して，売買代金の支払を求める訴えを提起したという場面である。

　これに対して，②の場面は，確定判決の理由中で判断された事項について，一方当事者に，すでに決着が付いたとの正当な信頼が生じ，その事項につき再度の応訴や弁論を強制しえないと認められる場合に，その理由の中の判断に拘束力を認め，これに抵触する攻撃防御方法を提出し得ないとするものである。前訴確定判決の理由中の判断により，その事項についてはもはや争われることがないとの相手方の信頼の保護を根拠とする（兼子原著・前掲 541 頁［竹下］）。この拘束力は，当事者間の公平を図るものであるから，当事者の援用を待って顧慮すれば足りる（兼子原著・前掲 543 頁［竹下］）。

(2)　②の場面における蒸し返しの禁止による失権が生じるには，第 1 に，前訴における判決理由中の判断が主要な争点についてなされたものであることを要する。また，後訴において判決理由中の判断に抵触する攻撃防御方法の遮断を認めるには，前訴において攻撃防御方法を提出すべきであるとの規範的要求をなし得ることを要する。この点について，ある事項がまさに紛争の原因であるという関係にあるときには，その争点について十分に攻防を尽くすことを要求することができるとされる（兼子原著・前掲 542 頁［竹下］）。第 2 に，拘束を受ける当事者がその争点についての判断を上訴によって争い得る可能性を有していたことを要する。このため，全部勝訴者は，上訴により理由中の判断の変更を求めることができないので，判決理由中の不利な判断に拘束されない（兼子原著・前掲 542 頁［竹下］）。

---

14)　最判令和元・7・5判時 2437 号 21 頁は，売買契約に基づく建物明渡請求の前訴において，原告が売買代金の支払を主張したのに対して，原告から被告への金銭交付は金銭消費貸借契約であると主張して請求棄却判決を得た被告が，貸金返還請求の後訴において，一転して金銭消費貸借契約の成立を否認したという事案において，信義則違反について肯定的な判断をしている。

15)　不作為の結果生じた外観に対する相手方の信頼を保護するという点で「権利失効の法理の趣旨」によるとされる（兼子原著・前掲 541 頁［竹下］）が，前訴において認められなかった主張立証を繰り返す場合も想定されるから，「蒸し返しの禁止による失権」として説明した方がわかりやすい（兼子原著・前掲 542 頁［竹下］参照）。

　第3に，争点に対する判断について，決着済みであるとの信頼に客観的合理性が認められるのは，その争点が訴訟以前の社会関係の次元における争いの原因であり，争点をめぐる攻撃防御が，基礎にある社会関係上の紛争を念頭において遂行されると期待して良い場合であるから，前後両訴が訴訟以前の社会関係の次元における同一紛争関係から生じたものである場合[16]であることを要する（兼子原著・前掲543頁［竹下］）。第4に，以上の要件を満たしても，個々の事案の具体的事情を総合的に考慮して，ある争点について決着済みであるとの合理的信頼が当事者に成立し得ない場合には，拘束力が否定される（兼子原著・前掲543頁［竹下］）。

(3)　前述した争点効理論が，前訴で当事者が現実に争ったことの結果責任として，争点についての判断に拘束力を認める(1)のに対して，蒸し返しの禁止による失権の考え方は，当事者が争点について攻撃防御を尽くすべきであることを前提に，その争点についての判断につき，決着済みであるとの信頼を保護するものである[17]。

3.　判例

(1)　判例[18]は，確定判決の理由中の判断について既判力および既判力に類似する効力を有しない旨の判断をしている。

　最判昭和44・6・24判時569号48頁（百選84事件）の事案は簡略化すると次のようなものである。ある建物について，売買契約の売主Ｖが買主Ｋに対して，売買契約の詐欺による取消しを主張し，所有権に基づいて，売買を原因とする所有権移転登記の抹消を求める本件訴訟を提起した。本件訴訟の係属中に，ＫがＶに対して，売買契約の履行としての建物の明渡しと契約不履行による損害賠償を求める別件訴訟を提起した。別件訴訟において，Ｖは売買契約の詐欺による取消しを主張したが，裁判所は，Ｖの主張を否定し，Ｋの請求をいずれも認容する判決を言い渡し，この判決が先に確定した。ところが，

---

16)　訴えの変更の要件である請求の基礎の同一性（143条1項本文）が参照される。

17)　山本弘・前掲注10)655頁以下参照。

18)　判決理由中の判断の拘束力および信義則による後訴の遮断に関する判例について，竹下守夫「争点効・判決理由中の判断の拘束力をめぐる判例の評価」民商93巻臨時増刊号1号（1986年）259頁，原強「判例における信義則による判決効の拡張化現象(1)(2・完)」札幌学院法学6巻1号（1990年）1頁，8巻1号（1991年）31頁を参照。

なお係属中の本件訴訟の控訴審において，Ｖの売買契約の詐欺による取消しの主張を認め，Ｖの請求を認容する判決がなされたことから，その上告審において，Ｖによる詐欺取消しの主張が別件訴訟の確定判決の効力により遮断されるのかが問題となった。

　最高裁は，別件訴訟の確定判決が，その理由において，売買契約の詐欺による取消しの主張を認めず，売買契約が有効であること，ひいては同建物がＫの所有であることを確認しても，訴訟物である同建物の明渡請求権および契約不履行による損害賠償請求権の有無について既判力を有するにすぎず，同建物の所有権の存否について，「既判力およびこれに類似する効力（いわゆる争点効……）を有するものではない」と判示して，上記の詐欺取消しの主張を認めた[19]。

(2)　他方で，最高裁判決には，前訴と訴訟物を異にする訴えについて，実質的に前訴の蒸し返しであり，信義則に反し許されないとしたものがある。

　最判昭和51・9・30民集30巻8号799頁（百選79事件。以下「昭和51年最判」という）は，前訴において，農地の買収処分を受けたＧの相続人が，その売渡を受けたＨの相続人に対し，Ｈとの間で農地の買戻契約が成立したと主張して，所有権移転登記手続等を求める訴えを提起したが，その請求を棄却する判決が確定した。後訴において，Ｇの相続人は，買収処分の無効を原因としてＨの相続人に対し，本件農地につき，所有権移転登記の抹消に代わる所有権移転登記手続等を求めた。原審は，後訴の提起は信義則に反するとして，訴えを却下した。最高裁は，前訴と後訴とは訴訟物が異なるとしながら，①Ｇの相続人は，前訴においても，買収処分が無効であり，上記買戻契約は買収処分の無効による農地返還を実現する方法として締結したものであると主張していたことから，後訴は実質的に前訴の蒸し返しというべきものであり，②前訴において後訴の請求をすることに支障はなく，さらに，③後訴提起時は買収処分後約20年を経過していた等の事情があるときは，後訴の提起は，信義則に反し許されないと判示した。前訴は買戻契約の成立を理由とする請求，後訴は買収処分の無効を理由とする請求であり，買収処分の無効について前訴においては判断がされていないので，判決理由中の判断に拘束力が認められたわけで

---

19)　最判昭和48・10・4判時724号33頁，最判昭和56・7・3判時1014号69頁も，判決理由中の判断について既判力類似の効力を否定した。

はない。前訴も後訴も，買収処分がされた農地の返還として所有権移転登記手続を求めるものであり，実質的に前訴の蒸し返しであるとされたものである。

　その後，最判昭和52・3・24金判548号39頁は，事案[20]は不詳であるが，「後訴の請求又は後訴における主張が前訴のそれの蒸し返しにすぎない場合には，後訴の請求又は後訴における主張は，信義則に照らして許されない」と判示した[21]。

(3)　このように，最高裁は，確定判決の理由中の判断に既判力類似の制度的効力を認めることに対して消極的であるが，他方で，前訴の蒸し返しとなる後訴請求や主張を信義則に反し許されないとして遮断することがある。前述した蒸し返しの禁止による失権の考え方 (2) が，実質的な同一紛争の範囲内で，前訴における判決理由中の判断について決着済みであるとの信頼を保護しようとするのに対して，昭和51年最判は，実質的な同一紛争それ自体について解決済みであるとの信頼を保護しようとしている。

Ⅳ. 事例 について

1.　前訴判決の既判力の後訴への作用

　本件前訴の訴訟物は，甲建物の所有権に基づく返還請求権としての明渡請求権である。本件売買契約によりXが甲建物の所有権を取得したこと，Xに甲建物の所有権が認められることは，判決理由中の判断であり，これらの判断に既判力は生じない。本件後訴は，Xが本件売買契約により甲建物の所有権を取得し，その所有権を侵害されたことを理由とする不法行為に基づく損害賠償請求であり，甲建物の所有権に基づく明渡請求権が先決問題として判断される関係にはない[22]ので，本件前訴判決の既判力は作用しない。

2.　争点効

　争点効を肯定する見解に立ち，本件売買契約によりXが甲建物の所有権を

---

20)　原・前掲注18)「(1)」12頁を参照。

21)　最判平成10・6・12民集52巻4号1147頁（百選80事件。本書事例14「既判力の客観的範囲・一部請求」［鶴田滋］Ⅴ）も参照。

取得したという法律効果の判断に争点効が生じるとすれば，本件後訴において，Ｙが，本件売買契約による所有権の取得を争うために，本件売買契約は通謀虚偽表示として無効であると主張すること（本件主張）は争点効により遮断される。また，基準時（本件前訴の第１審の口頭弁論終結時）において甲建物の所有権がＸに帰属するという先決的法律関係の判断に争点効が生じるとすれば，本件後訴において，基準時におけるＸの所有権を争うために本件主張をすることはできないため，基準時後の事由を主張しなければ，基準時後のＸの所有権を否定することはできない[23]。しかし，本件主張は，本件前訴において主張されず，裁判所が判断しなかった事実の主張であり，主張立証を尽くしたことの結果責任によりその遮断を正当化することはできないように思われる（Ⅲ 1）。

　本件売買契約の締結という現実に争った事項にしか争点効が生じないとすれば，本件後訴における本件売買契約が無効であるとの主張は，本件売買契約の締結を認める判断と両立するので，排除されない。そのため，前述したように，手続事実群に基づく正当な決着期待争点についての遮断を検討することになる。〔事例〕においては，本件売買契約によりＸが甲建物の所有権を取得したという法律効果の判断や，基準時において甲建物の所有権がＸに帰属するという先決的法律関係の判断が，正当な決着期待争点と評価し得るかが問題になるが，考慮すべき点は次の 3 において蒸し返しの禁止による失権について述べることが妥当するものと思われる。

3. 信義則による拘束力

　前述した蒸し返しの禁止による失権の理論（Ⅲ 2）を肯定するとして，このような効力が生じるのは，前訴における主要な争点について，後訴請求との関係においても，攻撃防御方法を提出すべきであるとの規範的要求をすることができ，かつ，理由中の判断について当事者に決着済みとの合理的信頼が認めら

---

22)　実体法上，不法占有による損害賠償請求権が明渡義務の不履行により生じるとすれば，本件後訴において所有権に基づく明渡請求権が先決問題として判断される関係にあり，本件前訴判決の既判力が本件後訴に作用することになる。もっとも，基準時前における所有権に基づく明渡請求権の存否の判断には既判力が生じないので，少なくとも，基準時前の不法占有による損害賠償請求権には前訴判決の既判力は作用しない。

23)　これに対して，基準時前のＸの所有権を争うために本件主張をすることは遮断されない。

れる場合である。本件前訴も本件後訴も甲建物の不法占有をめぐる同一紛争関
係から生じたものであり，前後両訴を通じて，本件売買契約の効力や甲建物の
所有権の帰属が主要な争点である。しかし，これらの事項をめぐる紛争は，直
接的にはＡとＸの間の争いであり，両者間で解決されるべきである[24]から，
本件前訴において，本件後訴請求との関係で，Ｙに対して攻撃防御方法を提
出すべきであったということはできず，また，Ｘにおいて決着済みであると
の合理的信頼は成立しないということもできるのではないかと考える。

　また，本件前訴判決の確定後に，ＡがＹに対して，本件売買契約の効力を
否定し，甲建物の所有権を主張している。このような事情を考慮すると，本件
後訴においてＹが本件主張をして本件売買契約の効力を争うことが信義則に
反するとはいえないように思われる。

---

24)　Ｙは本件前訴においてＡに対して訴訟告知（53条）をすることはできたが，本件売買契約の
　　効力や甲建物の所有権の帰属について，本件後訴請求との関係においても決着済みとするため
　　に，ＹがＡに対して訴訟告知をすべきであったとまではいえないように思われる。

■　**答案作成時の要点**

✓　本案判決の既判力は，訴訟物たる権利関係の存否の判断に生じ，前提問題についての判断には生じないこと。

✓　本件前訴判決において，本件売買契約の効力や甲建物の所有権の帰属についての判断には，既判力が生じないこと。

✓　争点効や信義則による遮断についてどのように考えるか。

✓　（判決理由中の判断になんらかの拘束力を認める見解に立つ場合）判決理由中の判断のうちどのような判断に拘束力を認めるのか。

✓　本件前訴判決の理由中の判断について当事者に決着済みであるとの合理的信頼が成立するか。

17

事例 1

　X は Z に 100 万円を貸し付け，これを Y が連帯保証したとして，まず Z を被告として貸金返還請求訴訟を提起したが（以下「前訴」という），貸付けの事実がなかったとして請求を棄却する判決が出て確定した。その後，X が Y を被告として，保証債務の履行を求める訴えを提起したところ，Y は，前訴で X の Z に対する請求を棄却する判決が出て確定している以上，もはや X は Y に対して保証債務の履行を請求することはできないと主張した。

設問 1

　Y の主張の根拠は何か，また Y の主張は認められるべきかを検討しなさい。

事例 2

　事例 1 の X は，Z のみを被告とする貸金返還請求訴訟の代わりに，Z・Y を共同被告として Z に対しては貸金の返還として，Y に対しては保証債務の履行として 100 万円の支払いを求める訴えを提起した。Z は請求原因事実を争ったのに対し Y はこれを認めたため弁論が分離され，その結果 Y との関係では請求認容判決が出て確定した（以下「前判決」という）。その後 Z との関係では貸付けの事実がなかったとして請求を棄却する判決が出て確定した（以下「後判決」という）。X が Y を相手に前判決をもとに強制執行に及んだところ，Y は，請求異議の訴えを提起し，前判決にかかる訴訟の口頭弁論終結後に後判決が出て確定した以上，X はもはや Y に対し強制執行をすることはできない，と主張した。

設問 2

設問 1 で 事例 1 の Y の主張を認めるべきだという立場をとった場合に，事例 2 の Y の主張を認めるべきかを検討しなさい。

■ **解説**

Ⅰ．問題の所在

　(事例 1・2)のいずれでも，確定判決の効力が問題となる。両事例が問題とする場面は，既判力の主観的拡張（主体的拡張）の規定（115 条 1 項 2 号～ 4 号）の適用対象ではない。しかし「ある 2 当事者間に既判力が働いていることを前提とし，当事者間に既判力の拘束のあることが，その当事者の一方と特定の関係（具体的には実体法上の従属関係ないし依存関係）にある第三者に，反射的に有利又は不利な影響を及ぼすこと」[1]を「反射効」（「判決の反射的効果」「判決の反射的効力」と呼ばれることもあるが，本書では「反射効」という用語を用いる）と呼び，これを認める見解がある。

　そこでこの「反射効」を一般論として認めるか，一般論として認めるとしてどのようなケースで「反射効」を認めるか，が問題となる。また，「反射効」を認めた場合にはそれが既判力の主観的拡張とどのように異なるのか，ということも問題となる。(事例 1)を例にとれば，前訴で仮に主債務者 Z の債権者 X に対する勝訴判決が確定した場合に，その帰結として X が保証人 Y に対する後訴においても実体審理なく敗訴するとすれば，それは現象としては既判力の主観的拡張を認めていることに等しいとも思われるからである。これらに対する考え方が(事例 1・2)の解答を左右する。

Ⅱ．反射効の理解

1．反射効理論の沿革[2]

　「反射効」の定義は Ⅰ で述べたとおりであるが，これを認めるべきだとする理論は，どのような沿革をたどってきたのであろうか。

---

1 ）　LQ 461 頁，アルマ 362 頁，長谷部 300 頁，高橋概論 288 頁，重点講義(上)748 頁参照。
2 ）　以下の記述は鈴木正裕「判決の反射的効果」判タ 261 号（1971 年）2 頁以下，特に 7-9 頁，山本弘「確定判決の反射的効力（反射効）」法教 370 号（2011 年）99 頁以下，特に 99 頁による。

　反射効理論は，ドイツ 19 世紀末〜 20 世紀初頭にかけての既判力本質論における実体法説と訴訟法説の対立を背景としてその産声を上げた[3]。当時，既判力の主観的拡張の有無の判断基準として「従属関係説」と呼ばれる見解（訴訟当事者間で判決と同内容の実体法上の契約〔和解契約〕が締結されたと擬制した場合に第三者がその和解契約によって拘束されるか，を基準として判決の効力が第三者に拡張するかを画するという見解）が確立している状況にあった（従属関係説によれば，例えば，(ア)合名会社の債権者が合名会社に対して債務の履行を求める訴えを提起した場合，その訴訟の判決の効力は有利にも不利にも合名会社社員におよび，(イ)債権者が主債務者に対して主債務履行請求訴訟を提起し，敗訴判決が確定した場合にはその判決の効力は保証人に有利に及び，(ウ)土地所有者が賃借人に対して賃貸借契約解除を理由として土地明渡しを求める訴えを提起した場合，その訴訟の判決の効力は土地の転借人に有利にも不利にも及ぶとされていた）。

　訴訟法説も実体法説も，この確立した「従属関係説」の帰結の妥当性は疑わず，これを所与のものとした。そして，実体法説は，まさに既判力を契約の効果と同視したため，従属関係説の帰結を既判力の効果として容易に説明できた。しかし，訴訟法説は，既判力を訴訟法上の効果だとしてその実体法上の権利関係に対する影響を否定したので，同じ帰結（とりわけ上記(ア)〜(ウ)の帰結）を既判力の効果としては説明できなかった。そこで，訴訟法説は，この帰結を導くために「反射効」概念を創設した（上記(ア)〜(ウ)の帰結は，いずれも既判力の効果としては導けないが，反射効の帰結として導けると説明された）。このようにして誕生した「反射効」は当初実体法上の効果として構成されていた。

　しかし，「反射効」を実体法上の効果として構成することは，そもそもの訴訟法説の出発点と両立しないのではないか，ということが次第に意識されるようになってくる。その結果，ドイツでは「反射効」は現在既判力の主観的拡張として再構成されるようになったと言われている[4]。

3）　ごくおおざっぱにいえば，実体法説とは，既判力は判決内容通りに実体法上の権利関係を書き換える効力であるとする見解であり，訴訟法説とは，既判力はあくまで後訴裁判所に対し既判力の内容に矛盾する判断を禁止する訴訟上の効力に過ぎず実体法上の権利関係を変動させる効力はないとする見解であり，現在では訴訟法説が通説である。LQ 421 頁，アルマ 337 頁コラム 114 ほか参照。

4）　越山和広「反射効理論に関する 3 つの疑問」龍谷法学 50 巻 4 号（2018 年）1967 頁以下，特に 1969 頁。

この「反射効」を日本で最初に詳細に論じたのは兼子博士であった[5]。しかし，兼子博士は「反射効」を既判力とは区別したが，それ以上その位置づけを明確にしなかった[6]。兼子博士はそもそもの既判力の本質論において「権利実在説」[7]という実体法説に近い見解をとっていたため，反射効の帰結はその権利実在説の帰結として容易に説明できたため，詳細な説明を不要としたのかもしれない。他方で，このことは兼子理論における「反射効」と既判力の相違を不明確にする[8]。その後既判力本質論において日本で主流となったのは訴訟法説であったが，この兼子説の影響もあり，訴訟法説を前提としつつ「反射効」をどのような効果として位置づけるか（実体法上の効力か，訴訟法上の効力か，後者であるとして既判力拡張とどう異なるか）について，実に様々な見解が主張されるようになった（たとえば，垣内教授は現状を膠着状態にある，と評価する[9]）。

2. 現在の日本法上の「反射効」についての見解

(1) 見解の分布状況

現在の日本では，「反射効」を巡る見解として以下の見解が主張されている[10]：①実体法上の効果として「反射効」を位置づけた上でこれを認める見解（以下「実体法的反射効説」と呼ぶ。この見解はさらに(1)構成要件的効果構成[11]と(2)債務態様変動構成[12]に細分される），②訴訟法上の効果として位置づけつつ，

---

5) 兼子一『実体法と訴訟法』（有斐閣，1957年）163頁以下，同『新修民事訴訟法体系〔増訂版〕』（酒井書店，1965年）352-353頁ほか。

6) 垣内秀介「反射効の理論に関する一視角」加藤新太郎先生古稀祝賀論文集『民事裁判の法理と実践』（弘文堂，2020年）341頁以下，特に341頁。

7) 訴訟前には権利の仮象があるだけであり，判決があってはじめて権利は実在化するとする考え方である。中野ほか494頁。

8) 垣内・前掲注6)342頁，越山・前掲注4)1972頁。

9) 垣内・前掲注6)343頁。

10) 最高裁の判例としては，後述(b)の転借人事例で転借人に不利な反射効を否定したものとして最判昭和31・7・20民集10巻8号965頁，同(d)の連帯債務事例について反射効を否定したものとして最判昭和53・3・23判時886号35頁（百選89事件），保証人事例の特殊事例で反射効を認めるか否か留保したものとして最判昭和51・10・21民集30巻9号903頁（百選90事件）がある。

11) 木川統一郎「民事判決の反射効——基礎理論」同『民事訴訟法重要問題講義(下)』（成文堂，1993年）541頁ほか（ただし，既判力本質論について実体法説に近い見解をとっているとされる。垣内・前掲注6)345頁注22），梅本吉彦『民事訴訟法〔第4版〕』（信山社，2009年）962頁。

既判力の主観的拡張とは異なるものとして「反射効」を認める見解（以下「訴訟法的反射効説」と呼ぶ）13)，③「反射効」を（解釈による）既判力の主観的拡張として再構成した上でこれを認める見解（以下「既判力拡張説」と呼ぶ）14)，④「反射効」を認めるべきとしつつ，法的性質については自覚的に拘泥する必要がないとする見解（以下「棚上げ説」と呼ぶ）15)，⑤「反射効」を認めるが，どのような効果として位置づけているかが不明確な見解（以下「ヌエ的構成」と呼ぶ）16)，⑥「反射効」を否定する見解（以下「反射効否定説」と呼ぶ）17)。

　①〜⑤は同じ帰結を異なる構成によって導こうとしている。そこで，これらの説が構成を異にしつつ認める効力を以下では「広義の反射効」と呼ぶ18)。そしてそれとの区別のため，①②のいずれかの説にいう，既判力拡張と異なる効力としての反射効を「狭義の反射効」と呼ぶ。学説の分布状況を図で示すと，次の【表】のようになる。

(2)　狭義の反射効と既判力拡張との違い

　狭義の反射効肯定説（①②）によれば，反射効は，以下の点で既判力の主観的拡張と異なるとされる19)20)：(i)既判力は職権調査事項であるが，反射効は当事者による援用を要する，(ii)既判力は XY 間の訴訟が馴合い訴訟であった場合にも生じるが，反射効は XY 間の訴訟が馴合い訴訟であった場合には生

---

12)　山本和彦「反射効」同『民事訴訟の基本問題』（判例タイムズ社，2002 年）173 頁以下。「債務態様変動構成」の用語は垣内・前掲注 6)347 頁にしたがう。

13)　山本弘・前掲注 2)。野村秀敏「判決の反射的効力」高橋宏志＝加藤新太郎編『実務民事訴訟講座〔第 3 期〕第 3 巻』（日本評論社，2013 年）363 頁以下，本間靖規「既判力の主観的範囲」基礎演習 179 頁以下もここに位置づけられるか。

14)　鈴木・前掲注 2)，竹下守夫「判決の反射的効果についての覚え書」一橋論叢 95 巻 1 号（1986 年）30 頁以下。

15)　新堂 744 頁，重点講義(上)749 頁。

16)　中田淳一「判決の効力」同『訴と判決の法理』（有斐閣，1972 年，初出 1957 年）143 頁以下，松本博之「反射的効力論と既判力拡張論」同『既判力理論の再検討』（信山社，2006 年）267 頁以下，松本＝上野 663 頁。

17)　伊藤 607 頁ほか。

18)　垣内・前掲注 6)343 頁注 9 の用語法にしたがうものである。その他，本項目の記述は同論文に負うところが多い。

19)　鈴木・前掲注 2)4-6 頁，山本弘・前掲注 2)99 頁，重点講義(上)748-749 頁。なお，論者により若干の出入りはある。

20)　①の実体法的反射効説によれば，反射効は実体法上作用する点で，既判力拡張とさらに異なる。

【表】学説の分布状況

学説		「広義の反射効」の肯定／否定	既判力拡張との異同	実体法上の効果か訴訟法上の効果か
①実体法的反射効説	(1)構成要件的構成	肯定	既判力拡張と異なる（＝「狭義の反射効」）	実体法上の効果
	(2)債務態様変動構成			訴訟法上の効果
②訴訟法的反射効説				
③既判力拡張説			既判力拡張と同一	
④棚上げ説			棚上げ	
⑤ヌエ的構成			不明	
⑥反射効否定説		否定		

じない，(iii)既判力の主観的拡張がある場合，拡張を受ける者は元となる訴訟に共同訴訟的補助参加ができるが，反射効の場合には通常の補助参加のみが可能である，(iv)既判力は相殺の場合を除き判決主文中の判断に限定されるが，反射効は判決理由中の判断にも生じる。

これに対し，③の既判力拡張説は，これらの相違は当初のドイツにおける反射効肯定説が，当時のドイツが置かれていた法的・時代的背景を前提として認めたものであり，同じ法的時代的背景を共有しない現在の日本でこれらの相違を認める必然性はないとし，従来の反射効肯定説が狭義の反射効としてきたものは，解釈による既判力の主観的拡張と理解するべきであるとする[21]。

3. 広義の反射効の具体例

広義の反射効を認めるか否かが議論されている局面としては，具体的には以下等がある：(a)持分会社の受けた判決が無限責任社員に有利／不利に及ぶ場合，(b)賃借人の賃貸人に対する賃借権確認の訴えについての判決が，転借人に有利／不利に及ぶ場合，(c)債権者の主債務者に対する主債務履行請求訴訟の請求棄却判決が保証人に有利に及ぶ場合（**事例1**がこれに該当する。以下「保証人事例」という），(d)連帯債務者の一人が債権者から訴求されたのに対し相殺の抗弁を理由として勝訴した場合に，その判決の効力が他の連帯債務者に及ぶ場合，

---

21) 鈴木・前掲注2)17頁。

(e)債務者と第三者の間における，特定財産が債務者に帰属しない旨の判決が，債務者の一般債権者に及ぶ場合[22]。

　広義の反射効を一般論として認める見解も，以上の具体的局面のうちいずれでこれを認めるかで対立する。したがって広義の反射効を認めるかは，上記の個別の事例毎に検討するのが適切であるとされている[23]。そこで，以下では対象を保証人事例に絞ったうえで考察を進めることとする。

4.　反射効のメカニズムと根拠

　保証人事例において，広義の反射効肯定説は，債権者→主債務者請求棄却判決の確定から債権者→保証人請求棄却判決が出るまではどのような経緯をたどるとしているのであろうか。また広義の反射効を認める根拠は何に求められているのであろうか。

(1)　実体法的反射効説（①）

　このうち構成要件的効力構成は，債権者の主債務者に対する請求棄却判決が確定することが要件となって，実体法上保証債務の消滅が導かれるとする。その根拠は実体法上の保証債務の附従性に求められる。

　しかし，訴訟法説を前提としてこのような効力を認めると，実体法上主債務は消滅していないのに保証債務は消滅するという，附従性を超える効果を認めるというアンバランスを抱えることになる。そのような過大な効果をもたらす構成要件的効力は明文では規定されておらず，仮に解釈で認めるとしても，保証債務の附従性のみでそれを基礎づけることはできないのではないか（別の論拠が必要ではないか），という疑問が生じる。

　次いで債務態様変動構成は，債権者の主債務者に対する請求棄却判決が確定

---

22)　その他の具体例について野村・前掲注 13)366-367 頁参照。なお，株主代表訴訟や債権者代位訴訟といった訴訟担当が認められる場合の被担当者の受けた判決効が（潜在的）担当者に及ぶ事象を指して「反射効」と呼ぶことがある（そしてこの意味での「反射効」は判例も認めている。最判平成 12・7・7民集 54 巻 6 号 1767 頁〔百選 101 事件〕）。

　　この意味での「反射効」については，これは実体法上の従属関係を問題とせず，被担当者・担当者間の訴訟法的関係の考慮に基づいて認められるものであり，本項目で扱う「反射効」と異なるとする見解（伊藤 605 頁，LQ 462 頁 Term32）と，株主・債権者の会社・債務者に対する実体法上の従属性を認めて本項目で扱う「反射効」に含まれるとする見解（山本弘・前掲注 2）107-108 頁）が対立している状況にある。

23)　重点講義(上)750 頁。

すると主債務が訴求不可能な態様に変化し，これに伴い保証債務も訴求不可能な態様に変化する結果として債権者が保証人を訴えても請求棄却に終わる。以上のように説明する。根拠は同じく保証債務の附従性である。

この見解は，構成要件的効力構成が抱えるアンバランスの問題を回避する。しかし，実体法と訴訟法を峻別する限り訴求可能性は訴訟法の領域に属する問題であり実体法上の効果として訴求可能性についての附従性を認めることができるのか（仮に認められるとしてもやはり別の論拠が必要なのではないか），という疑問がある。

(2) ヌエ的構成（⑤）

（平成 29 年民法改正後の）新民法[24] 457 条 2 項[25]により保証人は主債務者が主張できる既判力の抗弁を援用でき，これにより債権者の保証人に対する請求は棄却になるとする見解がある。この見解は，保証人が既判力の抗弁を援用できることがどのように作用して債権者の保証人に対する請求が棄却になるかは，明らかにしない（したがって実体法上の効果として構成するのか，訴訟法上の効果として構成するのか，いずれとも異なる構成をとるのかも不明である。本書がヌエ的構成と呼ぶゆえんである）。

この見解は結局，実体法上保証債務を消滅させるように作用するというのであれば，構成要件的効力構成と同一になるし，訴訟法上債権者が主債務の存在を主張できなくなるというのであれば，次に見る訴訟法的反射効説または既判力拡張説と同一になる。

(3) 訴訟法的反射効説（②）・既判力拡張説（③）

②・③は，共に広義の反射効を訴訟法上の効力として構成する見解である。

これらの見解によれば，まず反射効のメカニズムは双方に共通して以下のように説明されることになると考えられる：債権者の主債務者に対する請求棄却判決が確定し，<u>債権者＝主債務者間で基準時の主債務不存在について既判力が生じると，債権者＝保証人間でも基準時の主債務不存在が不可争になる</u>[26]。

---

24) 以下，平成 29 年民法改正後の民法を「新民法」，同改正前の民法を「旧民法」という。

25) 旧民法下ではなかった条文であるが，同内容は解釈により導出できるとされていた。松本・前掲注 16）290 頁参照。

26) ただし，これが要件事実論的にきちんと説明できるかについては，疑問がないではない。越山・前掲注 4）1977-1979 頁。

その結果債権者→保証人訴訟で基準時の主債務不存在が審理の前提となり，それに保証債務の附従性が適用される結果として，保証債務も基準時に不存在と判断される。その帰結として債権者→保証人訴訟で請求棄却判決が出ることとなる。

　そして，このように働く広義の反射効の根拠は，②③説によっても当初は，保証債務の附従性に求められていた。しかし，上記のメカニズムの中で，反射効の内実を構成するのは下線部分であると考えられるところ，保証債務の附従性はこれを基礎づけておらず，むしろ X → Y 訴訟において主債務不存在から保証債務不存在を導くところで機能していることが分かる。したがって，訴訟法上の効果として構成する場合にも，広義の反射効の根拠は保証債務の附従性以外に求める必要があることとなる[27]。

(4)　近時の広義の反射効肯定説による保証人事例での反射効肯定の根拠

　以上のように広義の反射効肯定説のどの見解に立っても，保証債務の附従性（のみ）では，広義の反射効は基礎づけられない。そこで近時の広義の反射効肯定説は，結局保証人事例におけるその根拠を以下のような（訴訟法的な）利益衡量に求めている（人物の記号は **事例1** に対応している）：［ア］反射効の必要性を基礎づける事情として，Z が X に勝ったのに Y が X に負けてしまうと，Y が Z に求償することになり，せっかく Z が X に対して勝訴して得た地位（主債務との関係で出捐をしなくてよいという地位）が掘り崩されることになってしまう（＝ Z の紛争解決に対する利益が害される）[28]。［イ］反射効の正当性を基礎づける事情として，対抗する利益たる X に対する Z との関係での手続保障の必要性が問題となるが，X は Z を相手に主債務の存在について主張・立証をする機会が一度与えられており，X に対する手続保障としてはそれで十分である。

　これは，勝訴者側の口頭弁論終結後の承継人への既判力の拡張[29]に妥当す

---

27)　重点講義㊤750頁，本間・前掲注13）187-188頁。

28)　論者によっては，Z が Y からの求償に応じた場合，Z は X に対し不当利得返還請求権を取得することになり，永遠の求償の循環が生じるとも指摘する。もっともこのような永遠の求償の循環については否定説も有力であり，以下ではかかる循環は起きないという前提で考察を進める。永遠の求償の循環について，詳細は，垣内・前掲注6）351頁以下。

29)　口頭弁論終結後の承継人への既判力の拡張については本書事例15「既判力の主観的範囲」［名津井吉裕］参照。

る利益衡量（＝勝訴者が承継人に対して担保責任を負う可能性があること）と内容的に類似する利益衡量だとされている（したがって，既判力拡張説は 115 条 1 項 3 号類推を主張する）30)。保証人 Y に有利な反射効の必要性が，Y ではなく主債務者 Z の利益保護の観点から説明されていることに注意をして欲しい。

5. 反射効否定説による批判

　反射効否定説は，広義の反射効の許容性一般について，(a)実体法上の従属関係に基づいて既判力の拡張が認められるのは口頭弁論終結後の承継人に限られていること，(b)反射効により不利益を受ける者の手続保障を害すること，(c)とりわけ片面的な反射効の肯定は，相手方に一方的に二重の敗訴リスクを課すものであり，公平に反すること，(d)同一の法律関係が異なる当事者間では異なって判断されることは相対的解決の原則のもとでは当然に予定された事象であること，をその否定の理由として挙げている（LQ 463 頁）。

　また，保証人事例に特化すると，広義の反射効肯定説が基礎とする 4 (4)の利益衡量に対し，［ア］については，(1)委託を受けない保証人の場合には，主債務者は債権者を相手に主債務の不存在を確定する判決を得ている以上，保証人の弁済によって利益を受けたとはいえないから実体法上求償権自体が発生しない，(2)委託を受けた保証人の場合には，主債務者は保証により債権者からの借り入れが可能になる等の利益を得ており，その対価として自己の地位が危険にさらされるという負担をおわされることは公平に反するとはいえない，と批判する31)。次に，同じく［イ］については，保証の趣旨は責任財産の人的拡大にある以上債権者は主債務者・保証人それぞれに対して独立の手続保障を受けるべきだと批判する32)。

　このうち［ア］に対する批判について考察するに，(1)の委託を受けない保証人の場合については，既判力本質論について訴訟法説に立つ限りは，主債務者の債権者に対する勝訴判決が確定しても実体法上主債務が不存在になったわけ

---

30)　重点講義(上)755 頁，野村・前掲注 13)378 頁。

31)　伊藤 609 頁。

32)　上野泰男「既判力の主観的範囲に関する一考察」関西大学法学論集 41 巻 3 号（1991 年）907 頁以下，特に 946 頁，越山・前掲注 4)1984 頁，野村・前掲注 13)375 頁。上記(c)の二重の敗訴リスクは正当化されない，という指摘だということができる。野村・前掲注 13)381 頁注 39。伊藤 609 頁も参照。

ではない以上，保証人からの求償請求訴訟の中で実体法上主債務が存在していたことが立証されれば，保証人による弁済によって主債務者が利益を受けたことも肯定せざるを得ないのではないかという再反論が想起できる[33]。(2)の委託を受けた保証人の場合については，対債権者勝訴によって得た紛争解決の地位を掘り崩される危険を負うところまで，主債務者が保証によって得た利益の対価としてカウントできるかどうかという評価の問題にかかわると思われ，そのようなカウントはできない（保証による利益の対価は手数料等として支払われるものに尽きる）という評価も可能であるという反論を想起できる[34]。

　結局，反射効否定説に立つとしても，［ア］の観点は肯定せざるを得ない。しかし，［イ］に対する批判である保証における責任財産の拡大という側面を強調し，口頭弁論終結後の承継人と異なり[35]，保証人事例においては，主債務者の紛争解決に対する利益は，債権者の手続保障に対する利益に劣るという利益衡量をすれば，反射効否定説も十分に成り立つ余地がある。そして，このような利益衡量はかつては不人気であったが（したがって保証人事例では広義の反射効肯定説が支配的であった），実は近年学説上支持を増している傾向にある[36]。

Ⅲ. 事例1 について

　事例1 ・ 設問1 は，保証人事例における広義の反射効肯定の是非を問うている。

　この場合の解決につき，①〜⑥の6通りの考えがあることは，Ⅱで見た通りである。

　設問1 に対する解答として，Yの主張を認める場合，広義の反射効を肯定

---

33)　野村・前掲注13)373頁，越山・前掲注4)1988頁。

34)　野村・前掲注13)373頁，越山・前掲注4)1988頁。

35)　相違点として(a)口頭弁論終結後の承継人の場合には，第三者はそもそも登場しない可能性があり，前訴勝訴当事者の被る不利益が保証人事例の主債務者よりも大きいといえること（野村・前掲注13)378頁），(b)口頭弁論終結後の承継人の場合には，相手方の係争利益は，前訴当事者に対するものと承継人に対するものとで同一であるのに対し，保証人事例では異なるといえること（このことから二重の敗訴リスクという問題が生じること），が挙げられる。

36)　越山・前掲注4)1988-1989頁，垣内・前掲注6)361頁。

することになり，①〜⑤のいずれかの見解によることになる。しかし，このうち⑤は不明確な構成であり解答としてこれによることは望ましくない。④の棚上げ説も解答としては避けるべきであろう。残るは①②③だが，うち①（実体法的反射効説）・②（訴訟法的反射効説）は狭義の反射効を肯定する見解であり，Ⅱ4(4)で前述した利益衡量のもとに，上記帰結（ 事例1 における Y の主張）を狭義の反射効（①では実体法的構成，②では訴訟法的構成）によって肯定することになろう（根拠として保証債務の附従性のみを持ち出すことは望ましくない）。③（既判力拡張説）による場合には，同じ帰結を解釈による既判力の主観的拡張により肯定する（115条1項3号類推を持ち出す）ことになろう。①と②③間の相違は，広義の反射効を実体法／訴訟法いずれの効果として位置づけるかにあり，①②と③の間の相違は，Ⅱ2(2)で見た狭義の反射効・既判力拡張間の相違を認めるかどうかにある。それぞれの構成の相違および難点としてⅡ4で指摘した点に留意しつつ，いずれの説に立つかを明らかにし，整合的な説明をしてほしい。なお，狭義の反射効・既判力拡張間の相違のうち(iv)との関係で，判決理由中の判断についての拘束力の拡張を認めなければならない場合には，反射効肯定説はとれても既判力拡張説はとれない，ということがあり得ることに注意が必要であるが，保証人事例の場合には，拘束力を認める対象は債権者・主債務者間の訴訟の訴訟物である主債務についての（不存在という）判断であるので，既判力拡張説も成り立つと考えられる[37]。

　解答として Y の主張を認めない場合，広義の反射効否定説（⑥）によることになる。広義の反射効肯定説の依って立つ利益衡量を否定することがその根拠になろう（その具体的立論の方向性はⅡ5で見たとおりである）。

---

[37]　保証人事例でも，主債務者の行為能力不存在等を原因とする取消しが理由で主債務履行請求訴訟が請求棄却で確定した場合，保証人は独立に保証債務を負うということがあり得る（民449条参照）。このことから保証人事例でも判決理由中の判断に拘束力を及ぼす必要があるという指摘があるが（原強「第三者による判決理由中の判断の援用(1)」上智法学論集30巻1号〔1987年〕161頁参照），貸金返還請求訴訟が期限未到来で請求棄却に終わった場合に，この点についての拘束力を認める必要が出てくるのとパラレルに考えることができるかもしれず，であるとすれば，この指摘を踏まえても，なお保証人事例でも既判力拡張説は維持可能ということができるように思われる。
　なお，保証人事例でも既判力が作用することを説明できるかについて疑問があることについて前掲注26)参照。

Ⅳ. 事例2 について

事例2 は保証人事例のヴァリエーション，応用問題であり，最判昭和51・10・21民集30巻9号903頁（百選90事件）と事案はほぼ同じである。百選90事件において最高裁は 事例2 における Y の主張を否定する趣旨の判決を出した。この判決において最高裁は，一般論として保証人事例において広義の反射効を肯定できるかを留保した上で，仮に肯定できるとしても，本件では保証人 Y は広義の反射効を援用して X による強制執行を免れることは許されないとしている。

仮に 事例2 において後判決が前判決の基準時後の理由（例えば前判決の基準時後の Z による弁済）で請求棄却になった場合には，後判決の広義の反射効を理由として請求異議の訴えを認容すること自体は，前判決の既判力とは抵触しない。ただし，請求棄却事由の存否を不可争にする，という点で，後判決の広義の反射効ではなく前判決の基準時後の事由自体を理由として請求異議の訴えを認容することと異なることに注意が必要である。

しかし，実際の 事例2 は，後判決が前判決の基準時前の理由で請求棄却になっている。その場合，後判決を理由に請求異議の訴えを認容することは，①の実体的反射効説による限りは，後判決の確定による保証債務消滅ないし保証債務の訴求不能化を基準時後の新事由と構成できるため，前判決の既判力には矛盾しない。しかし，②③の訴訟法的な効果として広義の反射効を捉える立場に立つ限りは前判決の既判力に抵触する（それが百選90事件の判旨の指摘することである）。したがって②③説にたった場合のここでの問題は，債権者・主債務者間から保証人に波及してくる判決効（広義の反射効）と，保証人自らが受ける既判力のどちらを優先するかにある。

百選90事件の判旨は，保証人に及んでくる判決効が既判力ではないことを前提に，それは保証人自らが受ける既判力に劣後する，という判断をしたということができる。すなわち百選90事件の判旨は，広義の反射効を肯定するかどうかは留保しつつ，仮にこれを肯定するとしても①の実体法的反射効説と③の既判力拡張説には立たないという限度ではその立場を明らかにしているということができる。

　既判力拡張説に立つと，保証人に波及してくる判決効はすなわち既判力だということになり，保証人自身に生じているのも既判力で，両者は等質である以上，保証人に波及してくる既判力の方が優先する，という考え方も成り立つ。

　実質的に考えると，広義の反射効を認める実質的理由が，主債務者保護にあるとすると，保証人敗訴の確定判決が前にあるかどうかで，結論が変わるのはおかしい，ということもできる[38]。もっとも広義の反射効が当事者の援用を要するとすれば，(事例1)のような事案でも保証債務履行請求で広義の反射効を発動させるかどうかは保証人次第である。主債務者保護という広義の反射効の実質的根拠を貫徹するとすれば，既判力拡張説を採る必要がある，ということになろうか[39]。

　ただし，(事例2)(百選90事件でもそうである)では，ZはYに補助参加できたのであり，それをしなかったことを捉えて，YがXに勝訴できない（したがってZがYから求償を受ける）とする帰結を正当化する余地がある他，債権者による保証人に対する保証債務履行請求が単独で先行するような事案では，保証人の主債務者に対する訴訟告知義務を観念した上で，その義務の懈怠に保証人が敗訴した場合の求償権の不発生を結びつける（保証人が主債務者に訴訟告知をした場合には，主債務者には補助参加の機会が与えられたことになるので，主債務者が補助参加をせずに保証人が敗訴した場合には，それにより求償を認めることが正当化される）という形でここでの問題を解決していくという方向性も考えられる[40]。

V．おわりに

　反射効の議論は上記の通り錯綜しており，解きほぐしが難しい。本解説がその一助に少しでもなれば幸いである。

---

38)　野村・前掲注13)380頁。山本弘・前掲注2)103頁は，保証人の自己責任だというが，そのように言い切れるか疑問があるということである。

39)　ただし，野村・前掲注13)377頁は，保証人による反射効の不援用に求償権不発生の効果を結びつけるという解決があることを指摘しており，説得力がある。

40)　前掲注39)も参照。

■ **答案作成時の要点** ━━━━━━━━━━━━━━

㋐ 設問 1 について
　✓ 広義の反射効の定義は何か。
　✓ ①・②・③・⑥のいかなる立場に立つかを明らかにした上で，その説に
　　整合的な理屈を展開すること（とりわけ広義の反射効の肯定を導く利益衡量
　　〔Ⅱ 4⑷〕とその評価）。

㋑ 設問 2 について
　✓ 広義の反射効の肯定を導く利益衡量（Ⅱ 4⑷）は何か。
　✓ それに照らして， 事例 2 で広義の反射効を否定することが整合的かの検
　　討をすること。
　✓ 自身の依って立つ広義の反射効肯定理論（①・②・③のいずれか）を明ら
　　かにしつつ，それと整合的な立論をすること。

18

事例 1

　Ｘ は Ａ 市内に住むサラリーマンで，Ｙ 社は Ｂ 市内に本店を有する貸金業者である。ある日，Ｙ は，Ｃ 市内にある Ｙ の Ｃ 営業所において Ｐ を Ｘ の代理人とする金銭消費貸借契約を締結し，Ｘ に 200 万円を貸し付けたとしてこの債務（本件貸金債務）の返還を Ｘ に求めた。身に覚えがない Ｘ は，Ｙ を被告として本件貸金債務が不存在であることの確認を求める訴えを Ｃ 市を管轄する Ｃ 地方裁判所に提起した（以下，**事例 1** との関係で「本件前訴」という）。Ｃ 地方裁判所での本件前訴の審理も証拠調べに入り Ｐ の証人尋問を終え，あとは Ｘ の本人尋問のみが残っているという段階で，Ｙ が Ｘ を被告として本件貸金債務の支払を求める給付の訴えを Ｂ 市を管轄する Ｂ 地方裁判所に提起した（以下，**事例 1** との関係で「本件後訴」という）。なお Ａ 市を管轄する地方裁判所は Ａ 地方裁判所である。

設問 1

　本件後訴の受訴裁判所は，本件後訴をどのように扱うのが適切か。また本件前訴の受訴裁判所が行うべき措置はないか。

事例 2

　Ｘ は Ｙ に対し，100 万円の請負代金債権（以下「本件請負代金債権」という）の支払を求める訴えを Ａ 地方裁判所に提起した（以下，**事例 2** との関係で「本件前訴」という）。他方，Ｙ は Ｘ に対し，売掛金 100 万円の支払を求める訴えを Ｂ 地方裁判所に提起した（以下，**事例 2** との関係で「本件後訴」という）。その後 Ｘ は本件後訴において，本件前訴で訴求していた本件請負代金債権を自働債権とする相殺を主張した（以下「本件相殺の抗弁」という）。

設問 2

　本件後訴の受訴裁判所は，本件相殺の抗弁をどのように取り扱うのが適切か。

■ 解説 ━━━━━━━━━━━━━━━━━━━━━━━━━━━━

Ⅰ. 問題の所在

　事例 1 で二つの訴訟の並行をそのまま認めると，本件貸金債務についての審理がC地裁とB地裁で重複するほか，両訴訟での審理の結果として矛盾する判決が出て確定し，相互に矛盾する内容の既判力が生じる危険も生じる。こういった問題にどのように対処するのが適切か，というのが **事例 1** の問題である。具体的には，いわゆる二重起訴禁止を規定する142条（「裁判所に係属する事件については，当事者は，更に訴えを提起することができない」）との関係が問題となる。

　事例 2 では，別訴で訴求されている債権が相殺に供されている。Xは「更に訴えを提起」しているわけではないが，同一債権についての審理の重複，既判力の矛盾という問題は生じる。したがって142条の類推適用が問題となる。二重起訴禁止の応用問題である。

　二重起訴禁止の規律では，まずその趣旨が問題となり，そこから要件・効果が導き出される[1]。またここでは伝統的な通説（および基本的にそれに即すると考えられる判例理論）と近時の有力説が対立している[2]。したがって，二重起訴禁止の規律を理解するには，伝統的通説・近時の有力説それぞれによるその趣旨・要件・効果の理解を把握することが肝要になる。以下，伝統的通説・近時の有力説の考え方をまず対比した上で（**Ⅱ**），**事例 1** および **事例 2** がそれぞれの立場に従うとどのように処理されることになるかを見ていく（**Ⅲ**）。

---

1) 　二重起訴禁止の基本的事項についてはLQ526頁以下，アルマ146頁以下，長谷部84頁以下を参照。より掘り下げた理解には，重点講義(上)123頁以下を参照。
2) 　学説の展開は複雑であり，本来は単純に伝統的通説・近時の有力説に二分できるものではないが，学習の便宜のため，本稿ではこのような二分論をとる。学説の全体像については重点講義(上)123頁以下，三木・後掲注4)を参照されたい。

Ⅱ．二重起訴禁止規定の理解

　伝統的通説と近時の有力説の間でも，二重起訴法理が適用になるために前訴の係属中に後訴が提起されることが必要なのは争いがない（したがって前訴の係属が開始している必要があり，前訴の係属が終了していてはならない。前訴で判決が出て確定し，前訴の係属が終了していれば既判力による処理の問題になる。このように，二重起訴法理は既判力と処理する場面を異にする。この点を混同する学生に頻繁に出会うので注意されたい）。両説の対立は，前訴と後訴の事件の同一性にかかる要件についての理解に関わる。

1．伝統的通説（および判例理論）

　伝統的通説[3]は，二重起訴禁止の趣旨を以下の 3 点に求めてきた：①既判力の矛盾抵触の回避，②裁判所にとっての審理重複の無駄の回避，③被告の二重応訴の負担の回避。そして，このうち①を重視し，これを絶対的要請と考えてきたといわれる[4]。

　そして事件の同一性にかかる二重起訴禁止の要件として，前訴と後訴の(1)当事者の同一性，(2)訴訟物の同一性を要求する。ただし，上記(1)については原告・被告の地位が入れ替わっていてもよいとするほか，当事者が同一でなくとも既判力が主観的（主体的）に拡張する場合には，当事者同一の場合と同視する[5]。また(2)については権利保護の形式（すなわち「給付」「確認」「形成」といった原告の求める判決形式）の同一性までは必要なく審判対象たる権利または法律関係の同一性があればよいとする（広義の訴訟物の同一性は必要なく，狭義の

---

[3]　兼子一『新修民事訴訟法体系〔増訂版〕』（酒井書店，1965 年）174 頁以下，菊井維大＝村松俊夫『全訂民事訴訟法Ⅱ』（日本評論社，1989 年）146 頁以下，秋山幹夫ほか『コンメンタール民事訴訟法Ⅲ〔第 2 版〕』（日本評論社，2018 年）169 頁以下ほか。判例として，最判昭和 49・2・8 金判 403 号 6 頁，最判平成 3・12・17 民集 45 巻 9 号 1435 頁（百選 38 ①事件）。

[4]　三木浩一「重複訴訟論の再構築」同『民事訴訟における手続運営の理論』（有斐閣，2013 年，初出 1995 年）266 頁，特に 291-297 頁。二重起訴法理に関する議論を大きく転換させた革新的な論文であった。

[5]　例として，債権者代位訴訟係属中に債務者による取立訴訟が提起される場合が挙げられる。兼子・前掲注3)175 頁。債権者代位訴訟については本書事例 7「法定訴訟担当」〔八田卓也〕参照。

訴訟物の同一性でよいとする趣旨と考えればよい）[6]。

　二重起訴禁止の効果は後訴の却下である[7]。ただし，前訴が債務不存在確認請求，後訴が当該債務についての給付請求等，後訴原告が自己の訴えについて請求認容判決を得る独自の利益がある場合には，後訴の別訴としての提起のみ否定し反訴としての提起は認める。

　ちなみに，二重起訴状態を見過ごして後訴の審理が続行され，後訴の判決が先に確定すれば，その判決は有効であり，その既判力は前訴を拘束するとされる[8]。

2. 近時の有力説

　これに対し三木・前掲注4)を嚆矢として提唱されるようになったのが，本稿が近時の有力説とする見解である[9]。

　近時の有力説はまず二重起訴禁止の趣旨についての伝統的通説の理解に対する批判から出発し，その結果として要件を広げるべきであるとし，さらにそれに対応し，効果にもバリエーションを設けるべきであるとする。具体的には以下の通りである。

⑴　二重起訴禁止の趣旨

　二重起訴禁止の趣旨については，とりわけ伝統的通説が上記①の既判力の矛盾抵触回避を重視・絶対視する点を批判する。すなわち既判力が（相互に）作用する場合には，既判力自体により，あるいは再審の訴えを経由して，矛盾判断が回避ないし解消される。よってこの点を重視する必要はない，というのである。ただし，無視してよいとする見解[10]から，無視はできないが重視しな

---

6)　二重起訴法理が適用になるのはこの意味での訴訟物が同一の場合に限るというのが伝統的通説内部では支配的である。兼子・前掲注3)175頁，秋山ほか・前掲注3)180頁ほか。ただし，訴訟物が同一でなくとも，矛盾関係に立つ関係にあれば訴訟物同一の場合と同視する見解もある。小山昇『民事訴訟法〔5訂版〕』（青林書院，1989年）212頁。他方で，一方の訴訟物が他方の訴訟物の前提関係に立つ場合を142条の規律対象とする見解は見当たらない。前掲注3)最判昭和49・2・8も参照。また，Ⅲ2も参照。

7)　すなわち二重起訴でないことは訴訟要件である。

8)　兼子・前掲注3)177頁。

9)　近時の有力説内部でも温度差はあり，最も急進的な見解を唱えるのが三木論文といえる。注1)で引用したものを含め，最近の教科書は基本的に近時の有力説を前提としているといってよい。これに対し，実務・判例は基本的に依然として伝統的通説を前提としていると考えられる。

くてよいという見解[11]までバリエーションがある。

　さらに，むしろ既判力が相互に作用しないが判決内容が相互に矛盾する場合（このような場合の例としては，前訴が土地の売買契約にもとづく土地明渡請求訴訟であり，後訴が前訴被告による売買契約無効にもとづく移転登記抹消手続請求訴訟であるような場合が考えられる）の方が，矛盾判断を回避・解消する内在的システムがないことから，重複訴訟状態を回避する必要があるとする。すなわち，①'既判力レベルでは矛盾しないが実体法上論理的に両立し得ない判決が出ることの回避，を二重起訴禁止の趣旨として加える。

　このほか，③被告の応訴負担論も，当事者が入れ替わる場合には常に妥当しないことを指摘するものもある（その場合には重複審理の無駄の問題として②に吸収するべきとする）[12]。

　近時の有力説の陣営に属すると考えられる論者の中にもバリエーションはあるが，その最大公約数を取れば，①・①'・②・③の全てが二重起訴禁止の趣旨だと考えられているといえる。

(2)　二重起訴禁止の要件

　二重起訴禁止の趣旨として上記①既判力の矛盾抵触回避を絶対視せず，①'（既判力の矛盾を伴わない）判決の矛盾回避も二重起訴禁止の趣旨に含める結果，客体面での要件について，伝統的通説が(2)訴訟物の同一性としていたのを拡大し，訴訟物が同一である場合に加え，主要な争点が共通である場合[13]も含めるべきだとする[14]。①'・②・③の弊害が生じるからである。

(3)　二重起訴禁止の効果

　訴訟物が同一である場合以外を規律対象に含むため効果にもバリエーションを設けるべきであるとする。

　まず，訴訟物が同一でない（が主要な争点が共通である）場合については，訴訟物が異なる以上，後訴原告が自己の訴えについて本案判決を得る利益はある。よって後訴却下は妥当ではない。双方の事件の進捗状況に応じ，両事件の併合

---

10)　三木・前掲注4)291頁以下，335頁以下。

11)　重点講義(上)125頁。

12)　三木・前掲注4)289頁以下，山本弘「二重起訴の範囲と効果」伊藤眞ほか編『民事訴訟法の争点』（有斐閣，2009年）92頁。

13)　異なる表現をする文献もあるが，目指すところは同一と見てよい。なお三木説につき，三木・前掲注4)315頁参照。

審理[15]やどちらか一方の訴訟の審理の停止[16]等の処理をすることにより弊害の発生を回避すべきである，とされる。ただし，有力説内部もこのような処理をすることが裁判所に規範的に義務づけられるとする見解と，あくまで裁判所による裁量的処理に過ぎないとする見解に分かれる[17]。併合審理は152条1項の口頭弁論の併合によって実現されるが，口頭弁論の併合は一般的に裁判所による裁量によるとされている。審理の停止に至っては法律上の根拠のない事実上の措置である。したがってこれらは裁量的処理に過ぎないとする後者の方が素直な理解である。それを義務にまで格上げしようというのが前者の陣営の考え方ということができようが，それが法律論としての弱さを抱えていることは否定できない[18]。

---

14) なお，LQは以下の3段階の区別を設ける。まず第1に，原告・被告が同一で訴訟物が同一の場合。この場合の効果は後訴却下だという。第2に訴訟物が同一でも原告・被告が入れ替わっているか，訴訟物が同一ではないが既判力が矛盾抵触し得る場合および，既判力が矛盾抵触するわけではないが判決内容の矛盾抵触のおそれがある場合。これらの場合には，仮に別訴として提起された場合には裁判所に対し（必要な場合には移送等の処理を経た上で）事件の併合審理が義務づけられるとする。以上までは，二重起訴法理の効果として導かれる規範的処理である。第3に，訴訟物が同一でないが主要な争点が共通である場合。この場合には二重起訴法理による規範的処理の対象とはならず，裁判所の裁量による弁論の併合があり得るのみであるとする。同530-531頁。

15) 併合審理されれば同一期日で審理され訴訟資料と証拠資料が共通になるので審理の重複の無駄も生じず，矛盾する判決が出ることもない。もっとも弁論の分離や一部判決がされれば，その保障は消える。

16) 一方（事案に応じて前訴の場合もあれば後訴の場合もある）の審理を停止し，他方の訴訟が落着するのを待って，その帰結を踏まえて停止していた訴訟の審理を続行すべきだ，とするものである。審理の停止には民事訴訟法上の根拠はないので，これは裁判所が「期日は追って指定する」として具体的期日を入れないでおくという事実上の取扱いによって実現される。

　後述（Ⅲ1）のように管轄との関係で併合審理は常に可能なわけではなく，併合審理ができない場合にはこの一方の審理の停止という処理が必要になる。

17) 規範論（規範的義務になるとする見解）に立つのは，LQ530頁，重点講義(上)127頁である。このうち，LQは併合審理のみを裁判所の義務として挙げ，重点講義(上)は一方の審理の停止も挙げる。

　これに対し山本弘・前掲注12)93頁は裁量論の枠内で処理する（＝処理を裁判所の義務とはしない）ようである。LQも前掲注14)のように，「判決内容の矛盾抵触の恐れはないが主要な争点が共通である場合」という範疇を設け，この範疇に属するケースについては裁量的処理を肯定する。三木・前掲注4)の趣旨はこの点定かでないように思われる（同318頁以下参照）。

　伝統的通説も，訴訟物は非同一だが主要な争点が共通である場合には「裁判所に対しても，可能な場合には，弁論の併合などの職権行使が期待される」とする（秋山ほか・前掲注3)180頁）。

　近時の有力説はさらに，訴訟物が同一の場合にも常に後訴却下が妥当だとは限らないとし，前訴却下・事件の併合・一方の審理の停止も含めたバリエーションの中から事案に適した処理を選択するべきだとする[19]。

　最後に，二重起訴禁止の根拠としての既判力の矛盾抵触を重視しないため，訴訟の重複により生じる弊害の回避は絶対的要請ではないとする。その結果，事案によっては前訴と後訴の別訴としての並行係属を認める利益が弊害を上回る場合があり，その場合には，訴え却下や併合審理等の弊害回避のための措置をとらずに両訴訟の並行を認めるべき場合もあるという（ 事例 2 がこの場合にあたる）。

Ⅲ．各事例の取扱い

1.　 事例 1 について

(1)　伝統的通説による処理

　 事例 1 は本件前訴と本件後訴で地位が入れ替わっているものの当事者は同一であり，また，権利保護形式こそ違うものの，審判対象たる権利関係は本件貸金債務[20]で同一である以上，伝統的通説によっても二重起訴禁止の要件は満たされる。

　そしてその効果は，別訴として提起されている場合には後訴の却下である。よって 設問 1 前段の解答は本件後訴の受訴裁判所が本件後訴を却下するのが適切だ，となる。Y には，本件貸金債務について債務名義を取得する利益があるが，その利益を実現するためには反訴を本件前訴に対して提起すべきである。

　では，Y が本件貸金債務についての給付の訴えを反訴として提起した場合にはどうなるか。この場合には本件前訴が訴えの利益を欠くとして却下される（これを 設問 1 後段の解答として指摘することが期待される）。給付の訴えが提起されておりそれに対する本案判決が確定すれば本件貸金債務の存否について既判力ある判断が得られる以上，債務不存在確認の訴えに対して本案判決を出す

18)　重点講義(上)127 頁参照。
19)　中野ほか 196 頁参照。
20)　Y の目から見れば債権であるが，審判対象としての訴訟物が同一であることに変わりはない。

意味がもはやないからである[21]。

　であれば，本件後訴が提起された段階で本件前訴を訴えの利益を欠くとして却下できないか。この点については，形勢不利なYが事件の審理をリセットするという目的で本件後訴を利用できてしまうので，できないとする見解が支配的である[22]。もっとも本件前訴の審理が全く開始されていない段階で本件後訴が提起されたような場合には，本件前訴を却下するという処理もあり得ないではない。

　なお，裁判所が後訴を却下せずに(2)で後述する移送・併合といった処理を「親切」ですることは，この伝統的通説によっても否定されない（これにより二重起訴の瑕疵は事後的に治癒されると考えられる）[23]。

(2)　近時の有力説による処理

　近時の有力説でも二重起訴法理適用の要件を満たすことは，伝統的通説と同様である。

　しかしその効果についての考えは伝統的通説とは異なってくる。すなわち，近時の有力説は後訴却下にこだわらない。併合審理ができるのであればそうすべきである。しかし，併合審理は，口頭弁論の併合（152条）によってなされる。口頭弁論を併合するには両事件が同一審級で同一の官署（建物）としての裁判所に係属している必要がある[24]。本件前訴と本件後訴は同一審級ではあ

---

21)　判例がある。最判平成16・3・25民集58巻3号753頁（百選29事件）。

　　なお，反訴が提起された場合の本件前訴の却下は，原則として，反訴に対する本案判決と同時に（同一の判決で）なされると考えられる。反訴が訴訟要件を欠いている可能性は皆無ではなく，その場合には本件前訴に対して本案判決をする必要が生じるので，一部判決で先に本件前訴を却下してしまうのは望ましくないからである（この点法学教室連載時の記述〔465号（2019年）100頁〕を改める。北村賢哲千葉大学教授の指摘に負う）。

　　そうすると反訴と本件前訴は併合審理されるので，本件前訴のそれまでの審理内容は反訴の裁判資料にもなる。これにより，本文で後述するYによる審理のリセットは回避される。事案によっては，裁判所が一部判決で先に本件前訴を却下することもあり得るかもしれないが，その場合でも，一旦反訴と併合審理されている以上，本件前訴のそれまでの審理内容は反訴に引き継がれると考えられる。

22)　重点講義(上)131頁。

23)　実際に，かかる処理をした決定例として大阪高決平成26・12・2判時2248号53頁がある。

24)　なおこの点に関連し，「裁判所」には事件を審理する裁判体としての「裁判所」と，物理的な建物としての裁判所（＝「官署としての裁判所」。「東京地方裁判所」，「横浜地方裁判所」等が，こちらに該当し，地方裁判所であれば全国で50ある）の二つがあることに注意されたい。

るが別の官署としての裁判所に係属しているのでまず同一の官署としての裁判所に係属させる必要がある。この移送は管轄を有する裁判所からの移送になるので 17 条の移送（以下「17 条移送」という）による[25]。移送は当然移送先の裁判所が移送対象事件について管轄を有することを前提とするが，本件後訴の管轄を C 地裁は有していない[26]。対し，本件前訴の管轄を B 地裁は有している[27]。よって本件では本件前訴の受訴裁判所が本件前訴を B 地裁に移送した上で，B 地裁において本件後訴の受訴裁判所が本件前訴を本件後訴に併合するべきである（これが 設問 1 の解答となる）。

2. 事例 1 以外のバリエーションの処理

事例 1 は前訴と後訴の権利保護形式は異なるが狭義の「訴訟物」は同一の事案である。

これに対し訴訟物自体も異なる場合はどうなるだろうか。このような事例としては(1)前訴と後訴の訴訟物が矛盾関係にあり既判力レベルでの矛盾抵触が起き得る場合（例：前訴が X の Y に対する土地の X 所有権確認請求訴訟で後訴が Y の X に対する同土地の Y 所有権確認請求訴訟である場合 事例 1a），(2)一方の訴訟物が他方の訴訟物の前提関係に立つため既判力レベルでの矛盾抵触が起き得る場合（例：前訴が X の Y に対する土地の X 所有権確認請求訴訟で後訴が Y の X に対する Y の所有権に基づく同土地の明渡請求訴訟である場合 事例 1b-I；前訴が X の Y に対する X 所有権に基づく土地明渡請求訴訟で後訴が Y の X に対する同土地の Y 所有権確認請求訴訟である場合 事例 1b-II），(3)前訴と後訴の訴訟物が既判力が作用する関係に立たないため既判力レベルでの矛盾抵触は起きないが主要な争点を共通にするため実体上矛盾する内容の判決が出て紛争解決の観点から問題が生じ得る事案（例：前訴が X の Y に対する売買契約に基づく土地明渡請求訴訟で後訴が Y の X に対する売買契約無効による所有権に基づく同土地の移転登記抹消登記請求訴訟である場合 事例 1c）が考えられる。以下，見ていこう。

---

25) 同じく移送といってもいくつか種類がある。関連条文と，教科書の該当箇所を必ず読んで欲しい。

26) 本件後訴の管轄を有するのは被告普通裁判籍所在地である A 市を管轄する A 地方裁判所（4 条 1 項・2 項参照）および，義務履行地たる B 市を管轄する B 地方裁判所（5 条 1 号）だからである。管轄についても，関連条文と教科書の該当箇所を必ず読んで欲しい。

27) 被告普通裁判籍所在地を管轄するからである。4 条 1 項・4 項。

(1) （事例1a）の処理

　前訴と後訴の訴訟物が矛盾関係に立つ場合（上記(1)）の伝統的通説による扱いは，この説内部でも分かれていた[28]。訴訟物が矛盾関係の場合を二重起訴禁止の規律対象に含めない見解（以下「除外説」）であれば，後訴は適法となる。ただし，可能であれば，裁判所が必要な場合には移送を経た上で弁論を併合するのが望ましいとされる。二重起訴禁止の規律対象に含める見解（以下「包摂説」）では，後訴は却下となる。後訴原告は改めて前訴に対する反訴として所有権確認の訴えを提起することを強いられる（もっとも，それが可能であれば裁判所の親切により〔必要があれば移送した上で〕事件の併合がなされることはあり得ること，（事例1）と同様である）。

　これに対し，近時の有力説は(1)も二重起訴法理の対象に含める。しかし，後訴原告には自己の訴えについて請求認容判決を得る独自の利益がある（（事例1a）でいえば，Yは前訴請求棄却判決を得てもXの所有権不存在の既判力が得られるだけで土地が自己に積極的に帰属することの既判力は得られない）。したがって後訴を却下するのは妥当ではないので，併合審理等の処理が裁判所に対して要請されることになる。もっとも近時の有力説内部でもこれらが裁判所の義務だとする立場とあくまで裁量的処理に過ぎないとする見解に分かれていた（Ⅱ 2(3)参照）。このうち後者の見解は結局，伝統的通説中の除外説を採りつつ可能な限り弁論の併合をするのが望ましいとする見解との違いが微妙となるが，強いていえば裁判所に対する要請の強さの理解に差違があるということになろうか。

(2) （事例1b-Ⅰ）（事例1b-Ⅱ）の処理

　一方の訴訟物が他方の訴訟物の前提関係に立つ場合（上記(2)）はどうか。この場合としては前訴訴訟物が後訴訴訟物の前提関係に立つ場合（（事例1b-Ⅰ））と，後訴訴訟物が前訴訴訟物の前提関係に立つ場合（（事例1b-Ⅱ））とがある。前者の場合には伝統的通説でも後訴却下とするのが一貫すると思われるが，後者の場合，後訴判決が前訴判決の既判力に矛盾することにはならない（矛盾するとすれば後訴判決が先に確定して前訴判決の方が後訴判決の既判力に矛盾するという事態しか生じ得ない）ので，後訴を却下するわけにはいかない。二重起訴

---

28)　前掲注6)参照。

法理の効果として後訴却下以外のツールを持たない伝統的通説では裁量による併合審理等の処理が望ましいとする以外にないと思われる。

　これに対し，近時の有力説に従えば，いずれの場合も二重起訴法理の規律対象に含まれ，(1)同様の扱いとなる[29]。

(3)　事例1c の処理

　前訴と後訴の訴訟物は既判力が作用する関係に立たないが，主要な争点が共通である場合（上記(3)）はどうか。伝統的通説による扱いは，(1)における除外説の扱いに等しくなる。

　近時の有力説では，(3)の扱いは(1)(2)と異ならない。当然 Y には抹消登記を命じる判決を得る利益があるので，後訴の却下はできない。したがって事件の進捗状況に応じ，併合審理等の処理が（論者によっては規範的義務として，論者によっては裁量的処理として）裁判所に対して要請される[30]。

3.　事例2 について

(1)　伝統的通説による処理

　事例2 の伝統的通説による扱いはどうなるか。まず，主観的（主体的）要件は当事者が同一なので満たされている。しかし，客観的（客体的）要件は満たさない。本件後訴の訴訟物は Y の売掛債権であり本件請負代金債権ではないため，訴訟物の同一性はないからである。別の言い方をすれば，本件相殺の抗弁はあくまで攻撃防御方法の一つであり「訴え」ではないので民訴法 142 条の要件を満たさない。

　しかし，既判力は相殺に供された自働債権不存在の判断にも生じる（114 条2 項の解釈）。よって本件前訴と，本件相殺の抗弁の並行を認めると自働債権に

---

29)　なお，土地所有権確認訴訟の方の審理を停止するという処理をする場合には，裁判所としては明渡請求訴訟の中で中間確認の訴えとして土地所有権確認の訴えの提起を当事者の一方に促すのが望ましい。停止中の土地所有権確認訴訟に対して土地所有権の帰属についての既判力を作用させるためである。もっとも当事者が中間確認の訴えの提起の促しに応じない場合には，どうしようもない。注 30)も参照。

30)　なお，(3)で一方の審理を停止する場合，審理を続行する側の訴訟においては共通の争点について既判力を作出するために中間確認の訴えの提起を当事者に促すのが望ましい。そのようにしないと他方の訴訟を先に落着させても，その判決の既判力は停止中の訴訟には作用しないので，争点効等が生じない限り，重複審理の無駄や判断の矛盾といった問題が生じることを回避できない。注 29)も参照。

ついての②審理重複，③Ｙ二重応訴，①既判力矛盾という二重起訴禁止の趣旨に相当する問題が生じる。よって民訴法 142 条が類推適用されると考えるべきである。

　よって後から提出された本件相殺の抗弁は不適法却下される（これが　設問 2　の解答となる）。これは，判例理論でもある（前掲注 3）最判平成 3・12・17）。

　なお，この最判は，両訴訟が同一の受訴裁判所で併合審理されていても結論は異ならないとする。併合審理されていれば審理の重複等の無駄は生じなさそうであるが，最高裁は弁論の分離の可能性により審理重複等の弊害が生じる可能性はなお否定できないという[31]。もっともこの点については，そうであるならばむしろ弁論の分離を違法とするべきではないか，という学説による批判があり，それに関連した一連の判例理論の展開がある[32]。

(2)　近時の有力説による処理

　これに対し，近時の有力説は以下のように考える。まず，主観的要件を満たし，客観的要件を満たさないが二重起訴禁止の趣旨は当てはまる（よって類推適用の余地がある）ことを認めることは，伝統的通説と同じである。

　しかし，既判力の矛盾抵触の回避は絶対的要請でない。よって①②③の不利益があっても，それを上回る利益があれば，本件前訴と本件相殺の抗弁の並行は許される。すなわち，ことは比較衡量に帰着する。

　そして比較衡量の前提となる，訴求と相殺の並行を認める不利益としては，上記①②③が挙げられるが，さらに，次も挙げられる：すなわち，本件前訴が

---

31)　Ⅲ 1 で紹介した伝統的通説もここまで厳しくは考えていないと思われ，この最判はやや突出している感がある。

32)　最判平成 10・6・30 民集 52 巻 4 号 1225 頁（百選 38 ②事件）（明示的一部請求の残部を相殺に供することを許容），最判平成 18・4・14 民集 60 巻 4 号 1497 頁（百選 A11 事件）（反訴の対象とされた債権を相殺の抗弁に供することを許容），最判平成 27・12・14 民集 69 巻 8 号 2295 頁（本訴訴訟物たる債権が時効消滅することを条件として，反訴に対して当該本訴訴求債権を自働債権として相殺することを許容），最判令和 2・9・11 民集 74 巻 6 号 1693 頁（請負代金請求を本訴，請負契約目的物の瑕疵修補に代わる損害賠償請求を反訴とする訴訟で，反訴に対し，本訴原告が本訴訴求債権を自働債権とする相殺の抗弁を主張することを許容），といった判例の展開である。紙幅の限界からこれ以上言及できないが，これらの判例については杉本和士「二重起訴禁止と相殺の抗弁との関係に関する判例の展開」上野泰男先生古稀祝賀論文集『現代民事手続の法理』（弘文堂，2017 年）227 頁以下，山本弘・前掲注 12），八田卓也「相殺の抗弁と民訴法 142 条」法教 385 号（2012 年）4 頁以下，山本弘「最判平成 27・12・14 判批」金法 2049 号（2016 年）26 頁以下，杉本和士「最判令和 2・9・11 判批」令和 2 年度重判解（ジュリ 1575 号）94 頁以下を参照。

請求認容で確定したとする。この場合本件後訴は訴求債権（Yの売掛債権）が存在すると判断される限り，本件請負代金債権との相殺により請求棄却となる。そしてその結果として自働債権たる本件請負代金債権は不存在になる（その点にも既判力が生じる）。よって本来Xは実体法上は本件請負代金債権についての強制執行はできないはずである。しかし本件前訴における請求認容確定判決が存在する以上，Xはこれを債務名義として強制執行をすることができてしまう。そしてそれを止めるためにYが請求異議の訴えを提起しなければならないという負担を被ることになる（以下，これを④の不利益とする）。

　他方，訴求と相殺の並行を認める利益として，以下がある：Xにとっては，本件請負代金債権について訴求と相殺を双方維持することは，給付判決を債務名義とする強制執行による債権回収と，相殺による債権回収[33]の2点張りが可能となるという利益がある。このうち後者の相殺による債権回収は，いわゆる担保的回収（＝Yが無資力でも債権回収をすること）を図るために維持する必要がある。ではXとして訴えを取り下げて相殺に集中すればよいかというと，そうではない。なぜならXが本件前訴を取り下げてしまうと以下のような問題点が生じるからである：相殺による債権回収は常に実現できるわけではない。本件後訴における審理の結果訴求債権が不存在と判断された場合等には相殺は空振りに終わり，相殺による債権回収は実現できない。その場合，強制執行による債権回収をするため，Xとしては再度債務名義を取得する必要が生じる。その場合，⒜本件前訴を取り下げていると再度訴えを提起して一からやり直す必要が生じ，債務名義取得まで時間がかかる（その間にYが無資力になるというリスクを負う）ほか，⒤訴えの取下げにより本件前訴提起による時効の完成

33)　相殺による債権回収については，**事例2**に即していうと，本件後訴でのXによる本件相殺の抗弁の主張が不適法とされて本件後訴について請求認容判決が出て確定しても，当該判決に基づく強制執行に対してXは，請求異議の訴えを提起して，その中で本件請負代金債権を自働債権とする相殺を主張することができる（このような相殺権の行使は，既判力によって遮断されない。本書事例13「既判力の時的限界」〔八田卓也〕参照）という不適法説からの指摘がある。しかし，請求異議の訴えの管轄は，本訴第1審裁判所に専属する（民執35条1項・33条2項）ため，本件前訴の訴えの変更によることはできず，別訴としての提起が避けられない。そうすると，請求異議の訴えが提起された段階で依然として本件前訴が係属していた場合には，やはり二重起訴の問題が生じる（審理重複の弊害が生じるほか，請求異議の訴えに対する判決理由中における相殺の抗弁についての判断に既判力が生じる可能性があり〔114条2項〕，そうすると本件前訴判決との既判力の矛盾抵触の問題が生じる）。以上につき，山本弘・前掲注12)95頁参照。

猶予の効力が消えてしまい，その結果として再度訴えを提起しても消滅時効により債務名義を取得できなくなる可能性が生じる，という問題がある。その結果Xは債権回収できなくなってしまう可能性が生じるのである。

　以上の利益と不利益の比較衡量になるが，以下の点からすると利益が不利益を上回るという評価も可能である。すなわち(a)上記の不利益の内①③④はYの不利益である。しかし，これは本件前訴に対して売掛債権を自働債権として相殺に供さなかったことの帰結であり，自己責任ともいい得る。したがってY対XではXを優先するべきである。(b)①〜④は手続上の負担であり即実体的利益の喪失に結びつかないが，上記の(あ)(い)は債権回収できなくなるという実体的利益の喪失につながる不利益である。

　利益が不利益を上回るという評価をする場合には，　設問2　に対しては，本件相殺の抗弁は適法だと扱うべきだという解答が導かれる。なお，その上で両訴訟を（可能な限り）併合審理するべきかが問題となり得るが，併合審理をした場合，本件後訴では相殺の抗弁が予備的抗弁として扱われる関係で本件前訴の審理も予備的になると考えられる。これにより債務名義の取得が遅れるXの不利益をどう評価するかに，その解答は依存することになろうか。

(3)　抗弁先行型の処理

　事例2　はXの訴求が先行するので別訴先行型という（訴え先行型，抗弁後行型とも呼ばれる）。それに対し，XがYによる訴訟で抗弁に供していた債権を訴求する別訴を提起するというケースもあり得，これを「抗弁先行型」という。伝統的通説・判例では抗弁先行型でも訴求が不適法になるのは明らかだが，近時の有力説ではどうか。実は見解が分かれている。

　抗弁が先行する場合と別訴が先行する場合の違いはどこにあるか。訴求と相殺の並行を認めることによる不利益が①②③④であることには変わりはない。しかし，別訴先行型ではその不利益が相手方Yの自己責任といえたのに対し，抗弁先行型ではそうとはいえない。利益のほうについても，それが相殺による担保的回収と，それが空振りに終わった場合の債務名義による債権回収の2点張りができる点にあるのは同じである。しかし，この利益は，別訴としての訴求でなくとも，Yによる訴訟の中で，抗弁に供した債権を反訴で訴求することでも実現できる。もっとも反訴で訴求した場合，Yの訴求債権が不存在となって初めて反訴が発動するので，別訴で訴求した場合と比較して請求認容判

決が遅くなるという点は残る。以上の相違点をどう考えるか，で結論が分かれる。

　すなわち，適法説は，最後の，反訴だと請求認容判決の取得が遅れるという点を重視して，別訴提起による利益は不利益を上回る，と判断する[34]。

　これに対し，不適法説は，Yの不利益がYの自己責任といえない点を考慮し，不利益が利益を上回るとして，別訴先行型と異なり抗弁先行型では別訴による訴求は許されない，と考えるのである[35]。

Ⅳ．おわりに

　二重起訴法理が趣旨→要件→効果という流れを有していること，そして，趣旨（とりわけ既判力の矛盾抵触の回避を趣旨として重視するか）についての理解の相違から伝統的通説と近時の有力説が分岐し，それが要件・効果の理解の相違につながっていることを理解し，その違いを適切に具体的事案へ当てはめることができるようにすることが，本問のテーマである「二重起訴の禁止」では重要である[36]。

---

34)　三木・前掲注4)330頁参照。
35)　重点講義(上)144頁，山本弘・前掲注12)97頁参照。
36)　余裕がある読者には，（事例2）の応用事例として，Xの本件前訴に対しYが本件後訴を提起した後，Yが本件後訴の訴訟物たる売掛金債権を本件前訴に対する相殺に供した場合にこれが許容されるか，も検討してもらいたい。八田・前掲注32)7頁注14)に若干の考察がある。

■ 答案作成時の要点 ━━━━━━━━━━━━━━━━━━━━━━━━

（伝統的通説・近時の有力説のいずれに立っても可。ただし一貫した論理を）

⑺ **設問 1** について

✓ 二重起訴禁止の趣旨は何か。

✓ 要件は何か・効果は何か。

✓ 要件に本件を当てはめるとどうなるか。

⑻ **設問 2** について

（伝統的通説・判例の場合）

✓ 民訴法 142 条の要件は満たさないこと。

✓ しかしその趣旨は当てはまり，類推適用の対象にはなること。

✓ 結論はどうなるか。

（近時の有力説の場合）

✓ 民訴法 142 条の要件は満たさないこと。

✓ しかしその趣旨は当てはまること。

✓ そのうえで比較衡量になること。

✓ 別訴と相殺の並行を許した場合の便益と弊害はそれぞれどの様なものか。
　両者を比較衡量するとどうなるか。

19

判決によらない訴訟の終了

[解答時間 90 分]

事例

　Ｘは，甲土地の所有権に基づき，甲土地上に乙建物を所有するＹを被告として，建物収去土地明渡しを求める訴えを提起した。この訴訟において，ＸとＹは，「①Ｙは甲土地がＸの所有であることを認める。②Ｙは乙建物をＸに1000万円で売却する。③代金完済と同時に，ＹはＸに乙建物を明け渡す」との訴訟上の和解を締結した（これを「本件和解」という）。これを前提に，次の各問に答えなさい。なお，各問は，それぞれ独立した問題である。

設問

　(1)　本件和解の成立後，Ｙは甲土地をＺに譲渡したことから，Ｘが，Ｚを被告として，甲土地がＸの所有であることの確認の訴えを提起した。この訴訟において，Ｘは，本件和解の効力をＺに対して主張することができるか。

　(2)　本件和解を締結した後，Ｘは，乙建物の内壁には人体に害を及ぼす程度のアスベストが含まれており，その資産価値は100万円にも満たないことを知った。そこで，Ｘは，本件和解には錯誤があり取り消すと主張して，Ｙに対して改めて乙建物の収去と甲土地の明渡しを求めたいと考えている。このためには，どのような方法が考えられるか。

　(3)　本件和解を締結した後，Ｙが乙建物の明渡しに応じないため，Ｘは，1000万円の代金の支払を証明する文書を提出して，乙建物の明渡しの強制執行を申し立てた。これに対して，Ｙは，甲土地には乙建物敷地部分のみ属すると認識し本件和解を締結したが，その後，乙建物敷地部分に隣接する家庭菜園部分も甲土地に含まれることが判明したので，本件和解には錯誤があり取り消すと主張して，Ｘの強制執行を止めたいと考えている。このためには，どのような方法が考えられるか。

■ 解説

Ⅰ. 問題の所在

　本稿では，訴訟上の和解の「確定判決と同一の効力」（267条）の意義と[1]，訴訟上の和解に意思表示の瑕疵があった場合のその救済方法について解説する。

Ⅱ. 訴訟上の和解の定義・性質

　ある見解によれば，訴訟上の和解とは，「訴訟の係属中両当事者が訴訟物に関するそれぞれの主張を譲歩した上で，期日において訴訟物に関する一定内容の実体法上の合意と，訴訟終了についての訴訟法上の合意をなすこと」であるとされ（伊藤 497-498 頁），別の見解によれば，訴訟上の和解は，「訴訟の終了を内容とする訴訟契約と民法上の和解契約の性質を併有する 1 つの行為」であると定義される（松本＝上野 560 頁）。

　前者の見解は，民法上の和解契約と訴訟終了を内容とする訴訟契約（訴訟上の合意）[2]という二つの行為が同時に行われ，かつ，両者は相互に関連するとするいわゆる新併存説に立つとされ，後者の見解は，民法上の和解契約と訴訟行為の性質を併有し実体法と訴訟法の双方の適用を受ける 1 個の行為であると

1）　なお，「訴訟上の和解」とは，訴え提起後，訴訟手続内で行われるものを指すが，これに対して，簡易裁判所で行われる訴訟係属を前提としない「即決和解」または「訴え提起前の和解」と呼ばれるものがある（275条）。「訴訟上の和解」と「即決和解（訴え提起前の和解）」を合わせて「裁判上の和解」と呼ぶ。民訴法 275 条 4 項が明示するとおり，同 264 条・265 条は，「即決和解（訴え提起前の和解）」に適用はない（同 89 条も同様である）。これに対して，同 267 条は，「訴訟上の和解」にも「即決和解（訴え提起前の和解）」にも適用される。すなわち，同条は「裁判上の和解」に適用される（LQ 481 頁，493 頁以下）。

2）　本稿では，訴訟契約と訴訟上の合意を同義に用いる。しかし，訴訟上の合意という概念は，訴えの取下げの合意などの訴訟手続に関する当事者間の合意をも含めて使われることがある。この理由は，伝統的な見解（兼子一『新修民事訴訟法体系〔増訂版〕』〔酒井書店，1965 年〕293 頁）およびこれに従う判例（最判昭和 44・10・17 民集 23 巻 10 号 1825 頁〔百選 92 事件〕）が，訴えの取下げの合意が訴訟手続についての合意であるにもかかわらず，この性質を私法上の契約と捉えていたことに由来する。詳しくは，LQ 151 頁以下を参照。

解するいわゆる両性説に立つとされている。いずれの見解に従っても，民法上の和解契約に意思表示の瑕疵があると，和解契約が無効となるのみならず，訴訟終了を内容とする訴訟契約も無効となる，とする点では変わりがない。

　なお，伝統的な見解によれば，訴訟上の和解は，「当事者双方の，請求についての主張を譲歩し合った結果の，訴訟上の一致した陳述」などと定義され[3]，裁判所に対して当事者が譲歩した和解内容を和解調書へ記載することを求める訴訟行為（合同行為）と捉えられていた。しかし，現在では，前述の新併存説または両性説が多数説である。また，判例も，これらの見解のいずれかに従っていると評価されている[4]。

Ⅲ．訴訟上の和解の「確定判決と同一の効力」（設問(1)の検討）

1．既判力肯定説・制限的既判力説・既判力否定説の対立

　ところで，和解調書の記載は，確定判決と同一の効力を有する（267条）。その効力は，訴訟手続が当然に終了するという訴訟終了効と判決効に区別され，このうちの判決効には，執行力（民執22条7号）が含まれることは争いがない。しかし，既判力がこの判決効に含まれるかどうかについては争いがある[5]。

　伝統的な見解によれば，訴訟上の和解は裁判所に対して和解調書への和解内容の記載を求める訴訟行為（合同行為）と捉えられるので，裁判所による調書記載は裁判に代替するものであり，したがって，和解調書の記載により当然に

3）　兼子・前掲注2)304頁。
4）　例えば，最判昭和33・6・14民集12巻9号1492頁（百選93事件）は，第1審係属中に成立した訴訟上の和解に要素の錯誤があり無効であると主張する当事者が，期日指定申立てをし，それが認められた事案である。したがって，この判例は，民法上の和解契約が無効であることを理由に，訴訟上の和解の訴訟終了効を否定している。このため，判例は，新併存説または両性説を前提としていると評価される。
5）　訴訟上の和解により形成力が生じるか否かについては，従来，人事訴訟や団体関係訴訟において和解を許さないとされていたことと関係して，これまで問題とされていなかった。しかし，例えば人事訴訟法37条1項は，形成の訴えである離婚の訴えの係属中に訴訟上の和解をすることができることを前提とするため，これに形成力が生じるかどうかが問題となる。近時の学説には，形成判決と同じ内容の和解条項は，訴えを前提としているため，判決の確定によらなくとも形成力を有すると解するものが存在する（伊藤508頁，LQ490頁以下）。

既判力が生じると説明されていた[6]。以上の合同行為説に従わない見解も，訴訟上の和解が効力を生じるためには，裁判所が和解の成立要件の具備について確認した上でこれを調書に記載すること，すなわち，裁判所の訴訟行為を要求することを根拠に，原則として既判力を肯定する（制限的既判力説。伊藤 510 頁以下）。これに対して，和解調書の記載に既判力を認めない見解は，訴訟上の和解は，「確定判決とは異なり裁判所による法適用の結果ではなく，両当事者の意思による訴訟終了行為である」ことを強調する（松本 = 上野 566 頁）。なお，判例は制限的既判力説に立つと評価されている[7]。

2. 既判力肯定説・制限的既判力説における既判力の範囲

さらに，既判力肯定説または制限的既判力説によれば，本件和解内容が和解調書に記載されることにより既判力が生じるが，このとき発生する既判力の範囲は，和解条項のうちの訴訟物に関する事項に限らず，全ての条項に発生する（LQ 493 頁）。

例えば，（事例）において，「① Y は甲土地が X の所有であることを認める」との本件和解が成立した場合，前述の和解条項は係属中の訴訟の対象ではないにもかかわらず，既判力が生じる。それゆえ，本件和解成立後に，Y が X を被告として甲土地が Y の所有であることの確認の訴えを提起した場合，本件和解により，XY 間で甲土地が X の所有であることについて既判力が発生しており，前述の訴えにより Y が特定した訴訟物は，本件和解について既判力が生じた事項と矛盾関係にあるため，受訴裁判所は，本件和解により生じた確定判決と同一の効力に拘束されることとなる。

3. 既判力否定説と和解契約の不可争効

これに対して，既判力否定説によれば，上記の場面において既判力は生じない。しかし，訴訟上の和解の性質について新併存説または両性説を採るならば，訴訟上の和解には民法上の和解が含まれ，さらに，民法上の和解の効力には，

---

6) 兼子・前掲注 2) 309 頁。
7) 判例は，「裁判上の和解」に既判力がある旨述べているのに対して（最大判昭和 33・3・5 民集 12 巻 3 号 381 頁），裁判上の和解に意思表示の瑕疵がある場合にはそれが無効になることを認めるため（前掲注 4) 最判昭和 33・6・14），本文の叙述のように解されている。

学説上，確定効が認められている。確定効は，①紛争終止効（民 695 条），②権利変動効（同 696 条）および③不可争効に分類され[8]，このうち，不可争効とは，紛争を蒸し返さないという効力のことであり，その根拠は，和解契約が「仮に真実と違っていても」当事者間に存在する争いをやめることを目的としていることに求められる[9]。既判力否定説によれば，この不可争効が作用することにより紛争の蒸し返しを防ぐことができる。

　例えば，**事例**において，「①Y は甲土地が X の所有であることを認める」との本件和解が成立した後に，Y が X を被告として甲土地が Y の所有であることの確認の訴えを提起する場合，Y は，この訴訟において本件和解内容が真実に合致していないと主張することは本件和解契約の不可争効により許されないこととなる[10]。

　なお，訴訟上の和解に私法上の和解契約の要素を含める見解であれば，これが制限的既判力説を支持していたとしても，和解契約の不可争効は発生する。ただし，訴訟上の和解成立後に当事者間で和解条項について蒸し返しが生じた場合には，和解調書の既判力が存在するために，和解契約の不可争効が顕在化しないだけである[11]。

8）　中田裕康『契約法』（有斐閣，2017 年）596 頁。

9）　遠藤歩『和解論』（九州大学出版会，2019 年）349 頁。

10）　不可争効は，仮に本件和解内容が真実に反することが証明されても，甲土地の所有権が X に移転したと見なされるという，民法 696 条の権利移転効から導き出されるとする見解がある。例えば，内田貴『民法 II 債権各論〔第 3 版〕』（東京大学出版会，2011 年）318 頁。判例も同様である。最判昭和 38・2・12 民集 17 巻 1 号 171 頁。しかし，この立場は通説ではなく，不可争効は，端的に，和解という合意の性質から生じ，その結果，権利移転効が生じると説明するものが多い。例えば，来栖三郎『契約法』（有斐閣，1974 年）715 頁以下。本稿は後者に従う。この問題の詳細は，遠藤・前掲注 9）333 頁以下，とりわけ 341 頁以下を参照。

11）　ただし，和解調書の既判力と和解契約の不可争効の客観的範囲に離齬が生じるケースは存在する（主観的範囲についても同様である。4 参照）。例えば，**事例**において，本件和解成立後，X が再度，Y を被告として，同一訴訟物である X の甲土地所有権に基づく乙建物収去甲土地明渡請求の訴えを提起したケースを想定する。この場合，既判力肯定説に立ったとしても，和解条項にしか既判力は発生しないので，上記のような，旧請求と同一訴訟物の再訴は既判力によっては遮断されない。しかし，私法上の和解契約の不可争効により，X の甲土地所有権に基づく乙建物収去甲土地明渡請求権の存在が真実に合致すると，X が主張することは許されない。

4. 訴訟上の和解成立後の「承継人」への既判力または不可争効の拡張

以上のことを前提に，**設問**(1)のように，本件和解成立後に，甲土地を Y から譲り受けた Z に対しても，XY 間で成立した訴訟上の和解の効力が作用するか否かを以下で検討する。

まず，既判力肯定説・制限的既判力説によれば，本件和解の成立により本件和解条項について既判力が生じ，さらに，この既判力は，「口頭弁論終結後の承継人」に既判力を拡張することを定める民訴法 115 条 1 項 3 号を根拠に，本件和解成立後の承継人にも拡張される（伊藤 510 頁，東京地判平成 15・1・21 判時 1828 号 59 頁）。

ところで，**事例**における「① Y は甲土地が X の所有であることを認める」との和解条項により，X と Y との間で，甲土地は X が所有することについて，既判力が生じている。しかも，仮に X が Y を被告として甲土地を X が所有することの確認の訴えを提起していたとすれば，その訴訟の最終口頭弁論終結後に甲土地の所有権を譲り受けた Z は，民訴法 115 条 1 項 3 号にいう「口頭弁論終結後の承継人」にあたる。したがって，本件和解の既判力は Z にも拡張される。以上から，XZ 間の訴訟について裁判所は，本件和解条項に拘束され，これを職権で考慮しなければならない。したがって，この場合，X は本件和解調書の存在を援用するまでもなく（現実には職権発動を促す主張をするが），Z は，和解調書作成時点において甲土地の所有権が X に帰属することと矛盾する主張・立証をすることは許されないこととなる[12]。

これに対して，既判力否定説によれば，本件和解調書に既判力は生じないため，民訴法 115 条 1 項 3 号の「承継人」に当たる第三者にも当然に既判力は拡張されない。もっとも，和解契約を承継する第三者は，民法 696 条によって和解当事者 XY 間で和解どおりに変動された法律関係を承継し，当事者自身が実体上主張できなくなった事由を主張することはできない（松本＝上野 567 頁）。すなわち，和解契約の不可争効は，和解契約の当事者のみならずその承継人にも及ぶ。しかし，ここでいうところの承継人とは，和解契約の承継人であり[13]，民事訴訟法 115 条 1 項 3 号の「承継人」とは異なる。したがって，本

---

12) この場合の既判力の作用については，本書事例 15「既判力の主観的範囲」[名津井吉裕] Ⅱ 5 を参照。

件和解契約の目的物の特定承継人に過ぎない Z は，XY 間の本件和解条項に反する主張をすることは，通常は許されるであろう（高橋概論 241 頁も結論同旨）14)。

Ⅳ．訴訟上の和解における意思表示の瑕疵とその救済方法

1．意思表示の瑕疵と既判力との関係

　それでは，**設問**(2)・(3)の事例のように，訴訟上の和解締結の際に錯誤などの意思表示の瑕疵が存在した場合に，訴訟上の和解が無効であると主張することは許されるか。この問題について，合同行為説に立つ伝統的な見解によれば，前述（Ⅲ 1）の通り，訴訟上の和解はその調書への記載により裁判と同じに扱うので，再審事由が存在する場合には再審の訴えに準じる訴えにより訴訟上の和解を無効とする方法を認めるものの，和解契約の意思表示の瑕疵を理由に訴訟上の和解を無効とすることはできないと考える（既判力肯定説）15)。

　これに対して，訴訟上の和解の性質について，新併存説または両性説を採る見解によれば，実体法上の和解契約が意思表示の瑕疵により無効となる場合には，訴訟終了を内容とする訴訟契約も連動して無効となるので，**設問**(2)・(3)のように当事者が錯誤による取消しを主張して，訴訟上の和解の効果を否定することを求めることはできることとなる。

　訴訟上の和解に既判力を否定する見解によれば以上の帰結でも問題は生じないが，訴訟上の和解に既判力を肯定する見解による場合，以上の帰結と自らの立場とに矛盾が生じかねない。しかし，この見解によれば，調書記載の拘束力そのものと，その効力がいかなる原因により覆されるのかは別問題であり，調書記載の拘束力の根拠が当事者間の合意にある以上，その合意に瑕疵がある場合にも拘束力を維持することは不適切であるとの理由から，意思表示の瑕疵に

---

13)　鈴木禄彌編『新版注釈民法(17)』（有斐閣，1993 年）255 頁以下［篠原弘志］。

14)　これに対して，高田裕成「訴訟上の和解の効力論への一視点」井上治典先生追悼論文集『民事紛争と手続理論の現在』（法律文化社，2008 年）273 頁は，民法上の和解の規定が任意規定であることを念頭に，訴訟上の和解による当事者間の合意により，強行法規または公序に反しない限りで，実体法上の確定力，および，訴訟上の拘束力を強化することを許す。

15)　兼子・前掲注 2)310 頁。

よる既判力の覆滅を肯定する（制限的既判力説。伊藤 511 頁）。

2. 原告からの和解無効の主張の場合（(設問)(2)の検討）

　次に，和解契約の意思表示の瑕疵に基づいて訴訟上の和解の効力を否定することができるとの立場（新併存説・両性説）を前提とする場合，これをどのような方法で当事者が主張するのかが問題となる。現在の有力な見解によれば，和解無効を主張する当事者は，期日指定の申立てをして[16]，これに対して裁判所は口頭弁論期日を開いて無効原因について審理を行い，無効原因が存在すると判断すれば審理を続行し，存在しなければ訴訟終了宣言判決を行う（伊藤 511 頁）[17]。原告が意思表示の瑕疵を主張する(設問)(2)に即して言えば，X が期日指定の申立てをし，これを受けて，裁判所が口頭弁論期日を開いて錯誤の有無を審理判断し，錯誤があったと判断すれば，X の旧請求（X の Y に対する甲土地所有権に基づく乙建物収去甲土地明渡請求）の当否について審理し，これについて本案判決を言い渡す。これに対して，錯誤の存在が認められなければ，裁判所は，「本件訴訟は，令和○○年○○月○○日訴訟上の和解が成立したことにより終了した」との訴訟終了宣言判決を言い渡す。

　この見解によれば，実体法上の和解契約の無効原因により，訴訟終了効を内容とする訴訟契約を無効と解するので，当事者による訴訟上の和解の無効の主張は，訴訟上の和解の訴訟終了効が生じていない，すなわち，訴訟係属があるとの主張を意味する。この主張が認められるために期日指定の申立てを行い，無効原因が存在すれば訴訟係属が確定的に復活することとなる。このように，期日指定の申立てによる方法は，訴訟上の和解の性質を，訴訟終了を内容とする当事者間の訴訟契約と捉える見解に親和的である。

　これに対して，和解の無効を主張する当事者が和解無効確認の訴えを提起し，この請求認容判決が確定してはじめて従前の訴訟が復活し，新たな期日指定の申立てをすべきであるとする見解がある[18]。この見解は，和解無効確認の訴えの重点を，当事者間の訴訟終了についての訴訟契約が無効であることの確認

---

16)　これに加えて，旧請求についての本案の申立ても同時にすべきであるとする見解もある。松本＝上野 569 頁。

17)　この方法に従って訴訟終了宣言判決をした最近の判例として，最判平成 27・11・30 民集 69 巻 7 号 2154 頁の第 1 審判決（東京地判平成 25・11・29 判時 2272 号 48 頁）がある。

に置いている。この見解は，期日指定の申立てによるとする有力説に従うと，無効事由の審理判断について 3 審制が保障されないし，無効事由についての判断を訴訟上の和解の成立に関与した裁判官が行うこととなるという不都合が生じると主張する。しかし，この見解によれば，無効事由の判断のために 3 審級，復活した旧請求の当否についてさらに 3 審級を保障することとなり，紛争解決制度として不経済である（重点講義(上)783 頁）。

　この見解の他にも，和解の無効を主張する原告が和解無効確認の訴えを提起し，この請求認容判決が確定してから，再度改めて，原告が当初の請求を定立して訴えを提起すべきであるとの考え方もありうる（重点講義(上)783 頁が紹介する方法である）。この考え方によれば，ここで提起される和解無効確認の訴えは，これが認容されても訴訟上の和解の訴訟終了効に影響が生じないのであるから，実体法上の和解契約の無効確認に重点が置かれている。しかし，この方法も，訴訟上の和解により終了するまでの従前の訴訟資料を利用できないこととなり，訴訟不経済である（重点講義(上)783 頁）。

　以上の検討からすれば，原告が和解の無効を主張する方法としては，期日指定の申立てを行うことを原則とすれば良いように思われる[19]。しかし，そうであるからと言って，期日指定の申立て以外の方法による救済を許すべきではないと言い切ることができるかどうかは別問題である。例えば，和解締結後に権利変動が生じており訴訟上の和解により終結した訴訟の復活を求めることが無意味である場合のように（新堂 378 頁参照），原告が被告との間で締結した訴訟上の和解の実体的無効確認のみを求めることに即時確定の利益が認められる場合に，原告が訴訟上の和解の無効確認の訴えを提起することは許されるべきである。

　以上から，原告が錯誤を理由に訴訟上の和解の無効を主張する方法としては，その無効を主張する当事者による期日指定申立てを要求するという方法によるのが原則であり，和解無効確認の訴えによる方法は，即時確定の利益が認められる限り例外的に許されると考える[20]。

18)　石川明『訴訟上の和解の研究』（慶應義塾大学研究会，1966 年）154 頁，永井博史「訴訟上の和解とその効力」新堂幸司監修『実務民事訴訟講座〔第 3 期〕第 3 巻』（日本評論社，2013 年）457 頁。

19)　期日指定の申立てによる救済方法のみを承認する見解として，例えば，松本＝上野 569 頁。

3. 被告からの和解無効の主張の場合 (設問)(3)の検討)

それでは, (設問)(3)の事例のように, 被告 Y が訴訟上の和解の錯誤を主張する場合, どのような方法で救済されるべきであろうか。

まず, 原告が和解無効を主張する場合と同様に, 被告 Y が期日指定の申立てをすべきであろうか。Y が, 和解による終結した訴訟について期日指定の申立てを行い, 錯誤取消しの無効事由を主張し, これが認められた場合には, 訴訟上の和解の訴訟終了効を否定することができるのみならず, 旧請求について請求棄却判決を得ることができるため, Y が期日指定申立てによる救済を求めることはもとより適法である[21]。

しかし, この場面で被告 Y が最も重視しているのは, 和解調書に基づく強制執行の不許を得ることである。ところが, Y が期日指定の申立てをしたとしても, この場合に, 当事者の申立てに基づいて裁判所が強制執行の停止を命じることができることを承認しない限り[22], X による強制執行をやめさせることはできない[23]。そこで, 判例は, 和解調書の作成における意思表示に要素の錯誤があることを理由に, 「裁判以外の債務名義の成立」についての異議を主張して (民執 35 条 1 項後段), Y が請求異議の訴えを提起することを許容する[24]。この方法によれば, 請求異議の訴えの受訴裁判所は, 当事者の申立てに基づいて, 民事執行法 36 条 1 項により強制執行の停止を命じることがで

---

20) 重点講義(上)745 頁も同旨。これに対して, 和解の瑕疵を主張する当事者の選択権を認める見解として, 例えば, 新堂 378 頁。なお, 和解無効の主張方法を複数承認することによる不都合解消方法については, 3 を参照。

21) 前掲注 17)最判平成 27・11・30 の事案では, 第 1 審係属中に訴訟上の和解が成立したが, その後, 被告が当該和解の無効を主張して期日指定の申立てを行っている。

22) 民事執行法 36 条の類推を根拠にこれを認めるものとして, 松本＝上野 569 頁, 民訴法 403 条 1 項 1 号の類推によるものとして, 永井・前掲注 18)458 頁, 大正 15 年民訴法 500 条 (現行民訴法 403 条 1 項 1 号に相応) を根拠に執行停止を認めた下級審判例として, 仙台高決昭和 31・2・23 高民集 9 巻 2 号 62 頁。

23) さらにいえば, 旧請求の本案の確定判決において, その理由中に和解無効が判断されている場合には, これに基づいて, 強制執行の停止 (民執 39 条 1 項 2 号) および執行処分の取消し (同 40 条 1 項) を行うことができる。香川保一監修『注釈民事執行法(2)』(金融財政事情研究会, 1985 年) 572 頁。ただし, これについては争いがある。詳細は, 山本和彦ほか編『新基本法コンメンタール民事執行法』(日本評論社, 2014 年) 118 頁 [池田弥生] を参照。

24) 大判昭和 14・8・12 民集 18 巻 903 頁。

きる。

　しかし，Ｙの請求異議の訴えの請求認容判決が確定したとしても，そこで
Ｙが得られるのは，債務名義に記載された「ＸのＹに対する所有権に基づく
乙建物の明渡請求権」に基づく強制執行の不許（形成力）（さらにこれに基づ
いて生じる強制執行の停止〔民執39条1項1号〕および執行処分の取消し〔同40条1
項〕）と，当該債務名義の成立についての異議権の存在についての既判力だけ
である。したがって，Ｙが請求異議の訴えを提起し，その請求認容の確定判
決を得ただけでは，本件和解の無効により，本件和解の全ての条項についての
既判力または不可争効を不発生にすることができるわけではない。この意味で
は，請求異議の訴えによる方法は，Ｙが喫緊に迫った自らに対する強制執行
を阻止するための緊急避難的な措置であるにすぎない。しかし，そうであるか
らと言って，当事者が，和解無効の主張方法として，請求異議の訴えを選択し，
かつ，この方法が民事執行法35条1項後段により許される以上，この訴えを
訴えの利益を欠くとして却下することまではできないと考える。

　その他，和解の無効を主張する被告Ｙが，本件和解条項全ての既判力また
は不可争効を不発生にすることのみを求め，旧請求の復活までは望んでいない
場合にまで，旧請求の係属していた訴訟の期日指定の申立てをＹに求める必
要はあるのだろうか。この場合には，Ｙの提起した和解無効確認の訴えには
即時確定の利益があるため，この訴えは適法であり，さらにこれに続く申立て
により裁判所が執行停止の裁判をすることができるとすべきではないだろう
か[25]。なぜなら，被告は，仮に旧請求について請求棄却判決の申立てをして
いたとしても，もともと原告の訴えに応訴しただけで，原告の特定した旧請求
についての判断を裁判所に積極的に求めているわけではなかったのであり，そ
れゆえ，旧請求の復活は被告にとって重要でないからである。

　以上のように考えると，被告が和解の無効を主張する場合も，期日指定の申
立ての方法によるのが，訴訟上の和解の性質に合致するし，本件和解条項の既
判力および不可争効を不発生にするだけでなく，旧請求の再審判を行うことが

25)　大正15年民訴法500条の類推により，和解無効確認の訴えの場合に執行停止を認めた下級審
　判例として，名古屋高決昭和33・1・11高民集11巻1号1頁がある。さらに，和解無効確認の
　確定判決に基づいて，強制執行の停止（民執39条1項2号）および執行処分の取消し（同40条
　1項）をすることが可能となる。

できることから，紛争の一回的解決に適うため，原則としては望ましい。しかし，請求異議の訴えや和解無効確認の訴えの方法を被告が選択することにも一定の合理性があり，訴えの利益も認められるため，これらの方法も許されるべきである[26]。しかし，これでは，被告が，同一の意思表示の瑕疵を根拠に，複数の救済方法を利用することが可能となり，紛争の蒸し返しが容易となる。

　この問題に対しては，次のような解決方法が考えられる。期日指定の申立て，請求異議の訴え，和解無効確認の訴えの方法のいずれかを用いたが，被告の目的が達せられなかったにもかかわらず，後に同一の理由から別の方法を用いて和解無効を主張することは，紛争の実質的蒸し返しであり，紛争解決についての相手方（原告）の合理的期待に反するため，訴訟上の信義則に反し許されないとすべきである[27]。

　その他，同一の意思表示の瑕疵に関わる事件が複数係属した場合には，訴訟不経済や判断の矛盾が生じうる。この場合は，複数の事件を調整する規律を設けておく必要がある（高橋概論242頁以下を参照）。具体的には，当事者により複数の救済方法が選択された場合には，それぞれの申立ての救済範囲の広さに応じて（この点については【表】を参照），①期日指定の申立て，②和解無効確認の訴え，③請求異議の訴えの順で優先されるべきであり，優先順位の低い申立ては，優先順位の高い申立ての範囲に包含されるため訴えの利益を欠き却下される。例えば，被告が和解無効確認の訴えを提起したのに対して，原告が，仮に和解が無効とされた場合に備え旧請求の再審判ができるようにするために期日指定の申立てを行い，そこでまずは和解の有効性を主張することもでき，この場合には，被告の提起した和解無効確認の訴えは，審理が相当程度進んでいない限り，原則として確認の訴えの補充性の原則から却下されるべきである。

---

26)　伊藤511頁，三木浩一「訴訟上の和解における瑕疵の主張方法」高橋宏志先生古稀祝賀論文集『民事訴訟法の理論』（有斐閣，2018年）747頁はこれと同旨と思われる。

27)　東京地判平成28・10・3判例集未登載（LEX/DB25537461）。この事案は，前掲注17)最判平成27・11・30において，期日指定の申立てにより和解の有効性が確認されたにもかかわらず，その後同一の和解無効原因に基づいて，請求異議の訴えが提起されたものである。本来は，既判力で対処すべき問題であるが，判例は，訴訟終了宣言判決は「訴訟が終了したことを確定する訴訟判決であって，訴訟上の和解が有効であるとの点について既判力を有するものと解することはできない」としている（最判昭和47・1・21集民105号13頁。前掲注17)最判平成27・11・30も参照）。

【表】和解無効の主張方法とそれぞれの申立ての目的との関係

申立ての目的／救済方法	確定判決による強制執行の停止・執行処分の取消し	和解条項の既判力または不可争効の不発生	旧請求の再審判
期日指定の申立て	○（民執39条1項2号・40条1項）	○（ただし，理由中の判断）	○
和解無効確認の訴え	○（同上）	○（主文中の判断）	×
請求異議の訴え	○（民執39条1項1号・40条1項）	×	×

V. おわりに

　以上で解説を終える。本稿では，訴訟上の和解の既判力の問題と，訴訟上の和解の意思表示の瑕疵を主張する方法の問題について解説した。

　前者の問題については，大まかには既判力肯定説・制限的既判力説と既判力否定説が対立する。いずれの見解によっても，訴訟上の和解が成立したことを後訴において否定する陳述は許されないとの結論を導きうるが，とりわけ訴訟上の和解成立後の承継人については，いずれの見解によるかによって結論が異なりうることを明らかにした。

　後者の問題については，訴訟上の和解の性質について新併存説または両性説に立つ現在の通説的見解に従うならば，訴訟上の和解に実体法上の意思表示に瑕疵がある場合には，訴訟終了効を生じさせている訴訟契約が無効となり，訴訟係属が復活することとなる。したがって，この場合の救済方法は，訴訟上の和解の無効を主張する当事者による期日指定の申立てを行う方法が原則となるべきである。この規律は，和解無効を主張する当事者が原告である場合によくあてはまる。しかし，この方法では，とりわけ和解無効を主張する当事者が被告である場合，彼の求める救済が得られないことがあるので，請求異議の訴えや和解無効確認の訴えによる救済方法も，その訴えの利益がある限り承認されるべきである。ただし，この場合，実質的に同一の事件が蒸し返されることや，実質的に同一の事件が複数同時に係属することがありうるので，これらの問題を解消するための規律を設ける必要がある。

■ **答案作成時の要点** ▬▬▬▬▬▬▬▬▬▬▬▬▬▬▬▬▬▬▬▬

✓ 訴訟上の和解の定義および性質について，自らの見解を述べることができるか。

✓ 訴訟上の和解内容が調書に記載されることにより既判力が発生するかどうかにつき，自らの立場を理由付けて説明することができるか。これを，**設問**(1)の事例に則して説明することができるか。

✓ 訴訟上の和解に実体法上の意思表示の瑕疵がある場合に，訴訟上の和解の訴訟終了効が無効となる理由を説明することができるか。

✓ **設問**(2)の事例に則して，訴訟上の和解の意思表示の瑕疵を主張する当事者がその救済を求める方法を説明することができるか。とりわけ，期日指定申立ての方法と，和解無効確認の訴えによる方法の優劣について，自らの立場から説明することができるか。

✓ **設問**(3)の事例に則して，訴訟上の和解の意思表示の瑕疵を主張する当事者がその救済を求める方法を説明することができるか。とりわけ，請求異議の訴えの方法による救済を承認する理由を説明することができるか。

民事訴訟法における答案作成の作法 ③

八田卓也

1. 訴訟物の次は主要事実！

　本書作法②［名津井吉裕］で事例における訴訟物が何かをまず考えること，また答案でも示すことが大事であることを理解してもらえたと思う。そのように訴訟物が何であるかを把握した次には，主要事実が何かを意識してほしい。主要事実は「訴訟物の発生・障害・消滅・阻止などを導く実体法上の抽象的な法律要件に該当する具体的事実」を言うから（LQ 208 頁参照），主要事実を把握するには，当該事案における訴訟物の請求原因事実＝権利根拠事実をまず考察し，次いであり得る抗弁事実（・再抗弁事実）が何か，を検討していけばよい。請求原因事実・抗弁事実は原告が主張したか被告が主張したかではなく，またどちらが先に主張したかではなく，訴訟物との関連で客観的に決まることに注意してほしい（例えば，貸金返還請求訴訟では，被告による弁済の主張より先に原告が未弁済を主張していたとしても，弁済が抗弁＝権利消滅事実であり，未弁済はそれを否定する間接事実である）。

　これらの請求原因事実・（あり得る）抗弁事実については，事例問題に出てくる典型的な訴訟物については，事例を読んだ段階で，設問を見るまでもなく整理できるようにしておくのが望ましい。例えば，弁論主義の第1テーゼ，第2テーゼの適用が問われている問題では，検討対象となる事実が主要事実かどうかは解答で考察するべき重要なポイントである。にもかかわらず，設問においてある事実が存在すると裁判所が考えているがその通りに認定してよいかと問われると，訴訟物が何かはそっちのけ，しかも，第1テーゼ等が適用

される主要事実かどうかの検討もしないまま，弁論主義の根拠などを抽象的に述べただけで，結論を述べてしまう答案は好ましくない。訴訟物が分かったら，すぐに主要事実が何かを考えるという習慣を身につけることが，この種の「結論だけ述べた答案」から脱皮する鍵になる。

2. 弁論主義をテーマとする問題で注意してほしいこと

訴訟物の次に主要事実を意識する，というこの姿勢は全ての事例問題に妥当するが，主要事実がとりわけ問題となるのは弁論主義であると思われるので，以下，合わせて弁論主義がテーマとなる問題の関連で意識してほしいことを数点記載する。

(1) 弁論主義の対象とすべき事実の範囲への言及

第1に，弁論主義の第1テーゼ，第2テーゼの適用を主要事実に限定するか，間接事実等も（どこまで）対象に含めるかということは，周知の通り一つの大きな論点である。しかし，弁論主義の第1テーゼ，第2テーゼが問題となる設問において，この点を杓子定規に検討するのは適切でない。具体的には，主要事実に対する弁論主義第1テーゼの適用の有無が問題となる事例問題で，自由心証主義等を理由に弁論主義第1テーゼの対象が主要事実に限定されるとした上で，問題となる事実が主要事実であることを指摘して弁論主義第1テーゼが適用になる，と結論づける答案に非常に多く出会う。しかし，検討対象となっている事実が主要事実なのであれば，それに対して弁論主義第1テーゼが適用になることを根拠づけるのに，「弁論主義の対象は主要事実に限定される（＝間接事実・補助事実には適用されない）」ということを示しても無意味であり，むしろ必要なのは「主要事実に弁論主義が適用になる」ことを積極的に論拠づけることである。そのような論証対象と論証のズレを引き起こすことのないように，問題を解く際には，そこで問われているのが何かを常に意識することを心がけてほしい。

(2) 弁論主義の根拠について

次に，弁論主義第1テーゼの適用について問う設問では，弁論主義の根拠

論について本質説ないし私的自治説に立ちつつ，弁論主義第1テーゼについては不意打ち防止をその根拠とする答案にもよく出会う。しかし，その答案は何のために弁論主義の根拠論を検討しているのであろうか？　弁論主義一般と第1テーゼの根拠は異なるという理解に立っているのかもしれないが，そのような理解は正しいとはいえない。不意打ち防止は，第1テーゼを採用しなくても裁判所の（その事実を判決の基礎とすることを指摘し，それを踏まえた主張・立証を促す）釈明によっても実現できる。第1テーゼもその根拠は私的自治の尊重にあり，不意打ち防止は第1テーゼの適用によって当事者が享受するメリットであり，あくまで第1テーゼの「機能」に過ぎない，と考えるのが一般的である。不意打ち防止を「手続保障」に置き換えた答案にも遭遇するが同じ問題を抱えている。このような答案は，結局，第1テーゼの根拠が書けていないことになるので，注意してもらいたい。

(3)　「不意打ち防止」等の抽象的なキーワードの使い方

　最後に，これは弁論主義をテーマとする問題に限らず全ての問題に共通することであるが，「不意打ち防止」「手続保障」「訴訟経済」「紛争解決」等の言葉を，当該事例を前提としたその具体的内容を意識することなく，マジックワードのように用いないでほしい。「不意打ち防止」であれば，当該事案で具体的にどのような「不意打ち」が生じるのか，それを意識し示しつつそれの何が問題で，それを回避するのに何をすればよいのかを具体的に検討し，答案の記載につなげてほしい（例えば，弁論主義第1テーゼとの関係で問題となる不意打ちは，相手方当事者が主張せず，したがって判決の基礎にならないと思っていた事実が判決の基礎となることにより，その事実が判決の基礎になると分かっていれば，それと両立する自己に有利な新たな事実を主張できたのにできなかった，またその不存在を推認させる事実の主張や証拠の提出ができたのにできなかった，というようなことを内容とするであろう。そしてそれを防ぐのであれば上記のような内容の釈明を裁判所がすることでも対処できるのである）。「釈明」もそうである。よく「裁判所は釈明すべきである」と述べるだけの答案に遭遇するが，具体的にどのような内容の釈明を誰に対してすることを想定しているのかを示すようにして心がけてほしい。

20

事例

　YはZが所有する本件土地建物を賃借していたが，同土地上には約160cmの高さの古いブロック塀（以下「本件ブロック塀」）があった。本件ブロック塀が倒壊したとき，庭仕事をしていた隣人Xがその下敷きになって負傷した（以下「本件事故」）。Xは，本件ブロック塀の保存の瑕疵によって250万円の損害（がれきの撤去等の原状回復費，治療費，逸失利益および慰謝料）を被ったものの（民717条），本件ブロック塀の占有者Y，所有者Zのどちらの責任を問うべきかにつき迷ったため，両者を被告として損害賠償を求める訴えを提起し，かつ，各被告に対する請求の同時審判の申出を行った（以下「本訴」）。

設問

　(1)　受訴裁判所が本訴のYに対する請求の弁論を分離した場合，Xはどうすべきか。

　(2)　Yは，Xの請求を認諾することができるか。

　(3)　Xは，本件事故の経緯および損害（額）の主張に加え，Yが占有する本件ブロック塀は土地工作物に該当するが，Yが住み始めた当時からひび割れがあり，いつ倒壊してもおかしくない状態だったと主張した。これに対してYは，Xの怪我は本件事故以前に負ったものであると反論し，本件事故が発生する前のXの様子が分かる資料（以下「証拠α」）を提出した。XはZに対し，Yに対する上記主張に加え，本件ブロック塀の事故時の所有者はZであると主張したのに対し，ZもYと同様の反論をしたが，自らは証拠を提出しなかった。受訴裁判所は，証拠αをZの主張を証明する資料として利用できるか。

　(4)　Xは上記(3)と同じ主張をしたところ，Yが自白した。XはZにも同様の主張をしたところ，Zは上記(3)のYと同じ反論をし，その証拠として証拠αを提出した。受訴裁判所は，Zが争ったX主張の事実を認定するため，証拠αに

ついて証拠調べをなすべきか。

（5）　受訴裁判所は，Yに対する請求を棄却し，Zに対する請求を認容する旨の判決をしたところ，Zのみが控訴した。XのYに対する請求を棄却した判決は確定するか。

（6）　（事例）と異なり，XがYを主位被告，Zを予備的被告とする主観的予備的併合により本件事故の損害賠償を求めた場合，受訴裁判所はどのように処理すべきか。

■ 解説 ━━━━━━━━━━━━━━━━━━━━━━━

Ⅰ. 問題の所在

本問では，同時審判申出共同訴訟（41条）を取り上げる[1]。 **事例** でこれを利用した場合，非両立請求の統一処理をどこまで実現できるかの見極めが主な課題である。設問では，41条違反の効果（**設問**(1))，共同被告の一人による請求の認諾の影響（**設問**(2))，共同訴訟人間の証拠共通の原則（**設問**(3))，共同被告の一人による自白の影響（**設問**(4))，控訴審で同時審判申出共同訴訟を成立させる条件（**設問**(5))，41条制定後における主観的予備的併合の適法性（**設問**(6)) を問うている。

Ⅱ. 同時審判申出共同訴訟とは何か

1. 法律上併存し得ない関係

同時審判申出共同訴訟では，各共同被告に対する訴訟の目的である権利が互いに法律上併存し得ない関係にあること（非両立請求），原告が同時審判の申出をしたこと，という要件を満たすと，裁判所は弁論および裁判の分離が禁止される，という効果が生ずる（41条1項。申出の期限につき，2項参照）。 **事例** の本訴の訴訟物は，Ⅹの占有者（Ｙ）に対する土地工作物責任にかかる損害賠償請求権，および，Ⅹの所有者（Ｚ）に対する土地工作物責任にかかる損害賠償請求権であり（民717条1項），土地工作物による損害の責任主体として占有者および所有者が法定され（同条1項ただし書），各主体に対する請求権は択一関係にあるから，「法律上併存し得ない関係」の要件は具備される[2]。

さて，土地工作物責任に関する民法717条は，同709条の特則であるから，

1） LQ 543頁，アルマ126頁，中野ほか590頁等。概要を知るには，高見進「同時審判の申出がある共同訴訟」伊藤眞＝山本和彦編『民事訴訟法の争点』（有斐閣，2009年）76頁，重点講義(下) 394頁等。

2） 法務省民事局参事官室編『一問一答 新民事訴訟法』（商事法務研究会，1996年）58頁等。

対占有者（XY）請求では，(イ)土地工作物の設置または保存の瑕疵，(ロ)(イ)による権利または法益の侵害，(ハ)損害の発生および額，(ニ)Yが(ロ)の時に土地工作物を占有していたこと（以下「Yの土地工作物占有」）が請求原因事実，Yが損害発生の防止に必要な注意をしたこと（民717条1項ただし書。以下「Yの無過失」）が抗弁事実である。同様に，対所有者（XZ）請求では，上記(イ)～(ハ)，および，(ホ)Zが(ロ)の時に土地工作物を所有していたこと（「Zの土地工作物所有」）が請求原因事実，「Yの土地工作物占有」が抗弁事実，「Yの無過失」が再抗弁事実である[3]。以上から，「Yの土地工作物占有」は請求原因（XY請求）兼抗弁（XZ請求），「Yの無過失」は抗弁（XY請求）兼再抗弁（XZ請求）であることも分かる。

　よって，例えば対占有者請求で「Yの無過失」のために請求棄却となる場合には，対所有者請求でも「Yの無過失」により請求認容になる（またはその逆）という具合に異なる請求間に択一関係が成り立つ。にもかかわらず，対占有者請求では「Yの無過失」は存在し，対所有者請求では「Yの無過失」は存在しない，と食い違った判断がされると，Xは両負けする（逆の食い違いのときXは両勝ちする）。この事態を回避する[4]には，「異なる請求間で共通する事実」（前掲「Yの無過失」等）の統一処理が必要となる[5]。問題はその手段であるところ，41条はこれを通常共同訴訟（主観的単純併合）に託した[6]ことを意味する。

3）　以上については，大島眞一『完全講義 民事裁判実務の基礎(上)〔第2版〕』（民事法研究会，2013年）517頁以下等。なお，対所有者請求の抗弁事実は，民法717条が責任主体として占有者を優先させたことに対応する。

4）　Xの両負けのみならず，両勝ちも回避されるのは，裁判で統一処理が行われる場合である（当事者の訴訟行為による〔Ⅲ2参照〕とは対照的である）。

5）　統一処理の必要は**事例**の要件事実(イ)～(ロ)にもあるが，通常共同訴訟における共同訴訟人間の証拠共通の問題である（Ⅲ2(2)参照）。他方，本文の「共通する事実」については対立当事者間の証拠共通に基づいて統一処理を実現するから，単純併合だけで十分であるという点が，択一関係にある請求間に見られる特徴と言える。

6）　山下郁夫「『主観的予備的併合』を考える」民訴39号（1993年）217頁（224頁）は，41条の立法前に，主観的予備的併合を念頭に置きつつ，主観的択一関係にある請求の併合形態として「無条件の請求の単純併合」を提案し，上訴に関する手当てを除き，特別の効果は不要と論じていた。

2. 同時審判という規律の意味

共同訴訟の基本型は，通常共同訴訟である。41条は，同条の要件の下，非両立請求の弁論および裁判を分離しない（「弁論の分離・一部判決[7]の禁止」＝「同時審判[8]」）という形で裁判所の訴訟指揮権（148条）を制限した規定である。「共通する事実」の統一処理は単純併合で確保できる以上（1参照），単純併合の維持に必要な範囲で訴訟指揮を制限すれば足りるからである。

にもかかわらず，「同時審判」には中途半端な印象がつきまとう。というのも，非両立請求の統一処理を徹底するならば，40条（合一確定）の準用が考えられるところ（47条参照），41条がこれを準用しないからである。換言すれば，41条はこの意味で非両立請求の統一処理の徹底を断念する[9]反面，通常共同訴訟でどこまで統一処理が可能かを見極める枠組みと言える。

さて，**設問**(1)の本訴は，41条の要件を満たすから（1参照），受訴裁判所には同時審判が義務づけられる以上，Yに対する請求の弁論の分離は禁止される。これに違反した分離は，異議（責問権行使。90条参照）の対象になる。よって，Xが適時に異議を出せば，弁論の分離は訴訟指揮に関する決定であっていつでも取消しが可能（152条。一般には120条）である以上，受訴裁判所が弁論の分離を違法と認める限り，分離決定の取消しによってXは救済される[10]。これに対し，Xが適時に異議を出さなければ「黙示の撤回」あるいは「責問権の放棄」と評価される余地があり[11]，受訴裁判所がこの前提で分離決

7）　客観的予備的併合においては，主位請求を棄却するだけの一部判決は許されないが（最判昭和38・3・8民集17巻2号304頁），これと同様である。なお，一部判決は，裁判に熟したときはできるのが原則である（243条2項）。

8）　「弁論及び裁判は，分離しない」（41条1項）の文言は，本文で述べた通り「弁論の分離・一部判決の禁止」を意味するが，同条のタイトルにある「同時審判」と同義である（法務省民事局参事官室編・前掲注2）59頁）。

9）　徳田和幸「同時審判申出共同訴訟と共同訴訟人独立の原則」佐々木吉男先生追悼論集『民事紛争の解決と手続』（信山社，2000年）110頁等多数。なお，高見進「同時審判の申出がある共同訴訟の取扱い」新堂幸司先生古稀祝賀『民事訴訟法理論の新たな構築(上)』（有斐閣，2001年）673頁以下（704頁）は，41条を通常共同訴訟と必要的共同訴訟の「中間的形態である不完全あるいは部分的必要的共同訴訟ともいうべき新たな共同訴訟の類型」と整理するが，40条準用説ではない。

10）　高見・前掲注9）689頁。

定を適法と認識して審理を進めた場合，分離決定の瑕疵はいずれにせよ治癒される[12]。ところで，受訴裁判所が Y に対する請求のみについて先に判決をすることも一部判決として禁止されるが，この違反からの救済は相当困難である[13]。なお，違法な弁論の分離が先行し，上記の理由から瑕疵が治癒された場合には，分離された請求に対する判決は，41 条が禁止する一部判決に当たらない。

III．共同訴訟人独立の原則

1．基本概念

　通常共同訴訟は，共同訴訟人とその相手方の間の個別訴訟の束にすぎない。ここから，当然の事理として共同訴訟人独立の原則が妥当する（39 条）。同時審判申出共同訴訟も通常共同訴訟である以上，その例外ではない。よって，原告による共同被告の一方に対する訴訟行為，および，共同被告の一方の訴訟行為は，他の共同訴訟人に影響を及ぼさない。共同被告の一人に生じた中断・中止事由も同様である。以下では，この原則の適用例を検討する中で，例外的な扱いを要請する若干の要因にも言及する。

---

11)　法務省民事局参事官室編・前掲注 2)59 頁は「申出の黙示的な撤回」と「責問権の放棄」を併記する。高田裕成「同時審判の申出がある共同訴訟」三宅省三ほか編集代表『新民事訴訟法大系——理論と実務(1)』（青林書院，1997 年）172 頁以下（190 頁）は「異議権（いわゆる責問権）の放棄」と見る。他方，重点講義(下)409 頁，高見・前掲注 9)690 頁は，「黙示の撤回」と見る。

12)　高見・前掲注 9)689 頁。

13)　違反した一部判決に対する異議はあり得るが，終局判決であるから（243 条 2 項），分離決定と同列には扱えない。そこで控訴に基づいてこれを取り消し，事件を原審に差し戻して全部判決をやり直すことも考えられる。しかし，原審での併合は裁判所の裁量だとすると全部判決の保障は定かでない。とすると，一部判決の控訴期間内に残存する請求につき判決（予備的請求の棄却判決）があり原告がこれに控訴したことを前提に，控訴審での併合強制（41 条 3 項）による瑕疵の治癒に目が移る。しかし，原告が残存請求に対する控訴を怠ればこれも無理である。しかも一部判決が先に確定した場合，違法の是正は極めて困難になる。41 条に違反した一部判決に対する救済は断念されたとの評価（重点講義(下)409 頁）が見られる所以である。

2. 適用場面

(1) 請求関係

　共同訴訟人独立の原則によれば，**設問**(2)の Y の認諾は許される。Y の認諾により XY 間の訴訟は終了し，残存した Z と X の間の訴訟[14]において X が勝訴すれば，X は両勝ちする。裁判ではなく認諾という Y の処分権行使によって終了した点に原因があるのだから，この結果はやむを得ない[15]。その他，請求の放棄，訴訟上の和解，訴えの取下げ，上訴 (3) 等も同様である（自白は(3)）。すなわち，X による請求の放棄は X の両負けを招来するが，上記と同様に許される。X と Y または Z の間に成立した訴訟上の和解は，和解内容により部分的に両負け・両勝ちを観念できるが，上記と同様に許される。訴えの取下げは上記の適用例と異なる面[16]もあるが，やはり上記と同様に許される[17]。いずれにせよ当事者の処分権行使によって訴訟が終了し，これに伴って同時審判の申出は当然に失効する[18]。

(2) 弁論関係——証拠共通の原則

　共同訴訟においては同一期日に同一の法廷で証拠調べが行われる。通常共同訴訟では共同訴訟人独立の原則があるけれども，裁判所が証拠調べにおいて自由心証に基づく事実認定（247 条）をする場合，事実の存否に関して形成される心証は一つであるのが自然である。そうだとすると，共同訴訟人の一人が提出した証拠を他の共同訴訟人からの「援用」（当事者が裁判所に対し一定の証拠を自己の利益に斟酌することを求めること[19]）を待たずに当該共同訴訟人のための判断資料とすることが許されてよい。確かに，共同訴訟人独立の原則の例外

---

14)　この場合，X は訴えを取り下げる方向の動機を持つが，必ずしも取り下げるとは限らない。また，被告が訴えの取下げに同意する保障もない。

15)　竹下守夫ほか編『研究会 新民事訴訟法』（有斐閣，1999 年）72 頁［福田剛久発言］，高田裕成「同時審判の申出がある共同訴訟」法教 192 号（1996 年）17 頁等。

16)　被告の応訴行為後は被告の同意がないと訴訟が終了しないこと（261 条 2 項），訴えの取下げは請求に対する解決基準が残らない（262 条 1 項）から両負けに直結しないことが，請求の認諾・放棄，訴訟上の和解（解決基準が残る例）とは異なる特徴である。

17)　なお，XY 間の訴訟に対する判決後に X が Y に対する訴えを取り下げたため，再訴禁止効（262 条 2 項）が生ずる場合は，請求放棄と同様に考える余地がある。

18)　竹下ほか編・前掲注 15)72 頁［福田発言］，徳田・前掲注 9)115 頁等。なお，原告側の処分行為が決め手になる請求放棄や訴え取下げの場合，黙示の撤回を観念する余地がある。

となるが，通説・判例[20]はこれを「共同訴訟人間における証拠共通の原則」
と称して受容してきた[21]。

　例えば，Rが連帯債務者PおよびQに対して損害賠償を求める場合で説明
すると，RP間の訴訟においてRが損害発生原因事実を主張したのに対し，P
が否認し，R主張の事実の存在を妨げるのに役立つ証拠aを提出した。他方，
RQ間の訴訟においてRは上記と同様に主張したのに対し，Qも否認したが，
Qは独自に証拠を提出しなかった。この場合，裁判所は，Pが提出した証拠a
をQからの援用なしにQの否認の陳述を裏付ける証拠として斟酌してよいだ
ろうか。

　共同訴訟人独立の原則に従い，R主張の請求原因事実につき，被告ごとに
区々の認定をすれば，併合された請求の当否の判断も被告ごとに異なるだろう。
しかし，同一期日に併合審理される請求間で共通する事実を認定するにもかか
わらず，認定結果が統一的にされないならば，裁判の公平に疑問が生ずるおそ
れがある。これを避けるには，PQ間に証拠共通の原則を適用し，Pが提出し
た証拠aを用いてRQ間の訴訟においてQが否認した請求原因事実を判断す
るのが合理的である。

　しかし，自由心証主義の下では，P提出の証拠aがQによる否認の陳述に
とって有利なこともあるが，逆にQが否認した事実が認定され，Qにとって
不利なこともある。とすると，PQ間に証拠共通の原則を適用した結果，Qは，
証拠aが自己に有利か不利かを吟味した上でこれを援用するかどうかを判断す
る機会を喪失する点にかんがみると，職権証拠調べの禁止に対する違反（弁論
主義・第3テーゼ違反）が疑われる。PQ間の証拠共通の原則にはこうした疑問
がある以上，併合審理される請求間に共通する事実の統一処理の必要だけを理
由に証拠共通の原則を正当化するのは困難である。そこで学説の中には，P提
出の証拠aの証拠調べ期日に証拠aの援用を強いられるQが関与しているこ
と，つまり，証拠抗弁の提出や反対尋問をする機会の提供を内容とする手続保
障が加味されてはじめてPQ間の証拠共通の原則は正当化されると説く有力説

がある[22]。

　以上のように共同訴訟人間の証拠共通の原則は，上記PとQの関係のように利害対立がないときにも慎重論がある。それ故，共同訴訟人間に利害対立がある場合にはこの原則を否定する見解も見られる[23]。しかしこの見解のごとく共同訴訟人独立の原則に立ち返って「援用」を求めた場合，証拠申出のない共同訴訟人が期日に欠席して「援用」しない可能性等にかんがみると，審理の円滑への悪影響が懸念される。そこで，証拠申出のない共同訴訟人の保護は，前述有力説の方向で考えるべきだろう。(設問)(3)で言えば，Yが証拠*a*の申出をした場合，Zがこのことを了知し，かつ，Zが異議の申出をしないときは，共同訴訟人間の証拠共通の原則を適用し，Yが提出した証拠*a*によってZにかかる事実の存否を判断することが許容される。つまり，Zの期日出頭[24]および援用がなくても，上記の場合に該当する限り，受訴裁判所は，Z主張の事実を認定する資料として証拠*a*を利用することが許される。

(3)　弁論関係——共同訴訟人の一人の自白

　弁論主義および共同訴訟人独立の原則によれば，原告による共同被告の一方に対するまたは共同被告の一方から原告に対する事実の主張は，当該共同被告に対する請求についてのみ判決の基礎となる。当該事実を他の共同被告に対する請求の判決の基礎とするには，当該被告からの「援用」((2)参照)を要する[25]。共同被告の一人による自白も同様であり，(設問)(4)ではYが自白しても，Zがこれを援用しない限り，XZ請求において「本件ブロック塀の保存に瑕疵があったこと」を判決の基礎とすることは許されない。この場合，XY請求では保存の瑕疵の存在が判決の基礎となるのに対し，XZ請求ではZがこれを争い，証拠調べの結果，保存の瑕疵が否定されたとしても，共同訴訟人独立の原則を適用した結果であるから，やむを得ない。なお，学説には，共同訴訟人独立の原則は各人が他から制約を受けない点を保障するものであり，各人が何もしない場合は関係がないから，一人の行為が他の者に有利なときは援用が

---

22)　重点講義(下)372頁。同書では，本文に掲げたもの以外に弁論分離という職権の発動を促す機会の付与を指摘するが，41条の下では弁論の分離が禁止されるから，これは除外される。

23)　徳田・前掲注9)118頁。

24)　重点講義(下)372頁も，同一期日への「関与」を必要としたにとどまり，常に期日出頭を求める訳ではない。

25)　徳田・前掲注9)115頁。

なくても一人の行為の効果を及ぼすことを「共同訴訟人間の主張共通の原則」として認める見解[26]がある。しかし、この原則自体に強い批判[27]があるほか、(設問)(4)のZのように何もしない共同訴訟人に不利な効果（自白）は適用対象外である[28]。

3. 上訴関係——控訴審における併合強制

(1) 問題の所在

共同訴訟人独立の原則によれば（1参照）、例えばXY請求を棄却し、XZ請求を認容した第1審判決に対してZのみが控訴した場合、XZ請求には確定遮断効・移審効が生ずるのに対して、XY請求の棄却判決は確定する。とすると、Zの控訴により確定が遮断され、控訴審に移審したXZ請求が控訴審で棄却されると、Xは両負けするおそれがある。Xの両負けはXの責任だろうか、それとも制度の欠陥だろうか。

この点、Xは、第1審手続で同時審判の申出を行い、両負けの回避に必要な措置を講じている。しかし、控訴審での両負けを避けるには、第1審で同時審判された二つの請求が、控訴審でも併合審理される必要がある。ところが、41条3項は、第1審判決に控訴が提起された結果として、「各共同被告に係る控訴事件が同一の控訴裁判所に各別に係属するとき」、各事件を併合すること、つまり、同時審判（弁論分離・一部判決の禁止〔1項〕）が適用される「請求の主観的併合」の再構築を控訴裁判所に強制した規定にとどまる。要するに、Xが控訴しない限り、41条3項は役に立たない。しかし、第1審で同時審判の申出をしたXに向かって、判決が出たら必ず控訴せよ、さもないと両負けする、といった圧力をかける本制度に対しては疑問を呈する見解もある[29]。つまり、この疑問を解釈に反映し、Xの両負け防止への期待を保護する解釈を

---

26)　新堂796頁、重点講義(下)373頁。

27)　中野ほか588頁は、何が有利かは一概には言えないこと、何もしないのも一つの積極的選択であり行為者への同化を強いるのは不当等の理由を挙げる。しかし提唱者は、主張共通の原則は判決段階の評価規範とし、行為規範では意思確認が必要と指摘する（新堂796頁）。とすると、通常は釈明権の適切な行使で解決できる問題と考えられる。

28)　その他、共同訴訟人の一人の事実主張が弁論の全趣旨を介して他の共同訴訟人の請求にかかる事実認定の資料となる可能性も示唆されるが（徳田・前掲注9)116頁）、共同訴訟人間に利害対立がある場合（例：(事例)のY・Z）は適用が除外される。

すべきか，それともXの処分権を尊重してXの控訴を要求すべきかが問題になる。

(2) 非確定説（解釈による確定遮断効・移審効）

Zの控訴は，XZ請求認容判決を棄却判決へと変更できれば奏功する。しかしZの実体的地位は，所有者に土地工作物責任がないならば，占有者がこれを負ってはじめて安定する面があろう。この意味では，XY請求が棄却されて確定すると，間接的ながらZの実体的地位が不安定になる以上，XY請求棄却判決の確定を阻止し，XZ請求が棄却される際には，XY請求は認容に変更してもらう利益がZにあるから，XY請求棄却判決の確定に介入できる地位をZに与える必要がある[30]。その根拠として，XZ間に共同関係を肯定してZの控訴に40条1項を類推適用すべきだろうか。しかし41条は通常共同訴訟である以上，この見解には無理がある。とすれば，XZ間に補助参加関係を認め，Zの控訴と同時にZはXのためにXY請求棄却判決にも控訴したと扱うべきか（当然の補助参加）。ただし，申出なしの補助参加は，その効果を認める明確な基準を欠く等の理由から，判例（最判昭和43・9・12民集22巻9号1896頁〔百選95事件〕）が明確にこれを否定している。いずれにせよ，Zの控訴によりXY請求棄却判決にも確定遮断効・移審効が生じる。よって，控訴裁判所が41条3項により両事件を併合すれば，控訴審でも同時審判が実現する。

(3) 念のため控訴説

41条は，非両立請求の弁論分離・一部判決を禁止すること（同時審判）により原告の両負け防止を企図する。とすれば，敗訴原告が控訴しないとの理由で，控訴審において同時審判が成立しない場合には，敗訴原告の自己責任として両負けを甘受すべきである。この立場では，Xが控訴しない限りXY請求は確定する。Zの控訴に基づきXZ請求を審判する控訴審がXZ請求を棄却したことによるXの両負けは，想定内の結果にすぎない。他方でXは，Zからの控訴を意識して念のために自身も控訴せざるを得ないこと[31]を覚悟しなければならない（念のため控訴説）。とはいえ，Zが控訴してこなければ，Xは控訴を

---

29) 重点講義㊦408頁は上訴の統一に目をつぶった立法であり，不十分さが残ると指摘する。その他，徳田・前掲注9)119頁，高田・前掲注11)186頁，山本弘「主観的予備的併合と同時審判申出共同訴訟」法教373号（2011年）133頁等。

30) 高田・前掲注15)16頁。

取り下げれば済むとも考えられる。しかしこの場合，Xは控訴手数料という無駄な出費を強いられる[32]。念のため控訴説は，この負担を含意する[33]。もっとも，以上を前提にしつつ，Zの積極性を活用する余地がある。すなわち，XがZに訴訟告知をしておけば，ZはX側に補助参加する利益があると解されるため，Xが本訴で敗訴してもXZ間の後訴では参加的効力（53条4項・46条）によってZの反論を封じることができる。Zがこれを避けるには，X側に実際に補助参加し，Xに代わって控訴する必要がある。つまりXは，Zへの訴訟告知を介してZの負担において両負けを回避できる可能性がある[34]。以上の方法は，念のため控訴説におけるXの控訴負担をZに肩代わりさせる可能性を秘めるところに意味がある。

　以上を踏まえれば，設問(5)はどちらの説で解答しても構わないが，41条に従った処理としては，念のため控訴説に傾くだろう。いずれにせよ根拠を十分に論じる必要がある。

---

31)　Xが両負けするのは，Zのみが控訴し，控訴審でZが勝った場合である。とすれば，Xは，Zが控訴するのを待って控訴すれば済むとも言える。しかし，Zが控訴期間（285条）の満了直前に控訴すると，Xの控訴が間に合わない可能性がある。しかも通常共同訴訟で上訴不可分の原則が働かないから，Xに附帯控訴（293条）の余地もない。

32)　仮にXが控訴（印紙代は，第1審の1.5倍）を取り下げても，控訴手数料は返還されない。口頭弁論期日前の取下げならば，半額返還されるが，残りの半額は出費になる。重点講義(下)407頁が力説する。これに対し，高見・前掲注9)701頁は，手数料は大きな問題でないこと，手数料を理由に非確定説を説き，XがYと争う意思もないのにZの控訴により控訴したものと扱う解釈の不当性を指摘する。なお，山本和彦「訴えの主観的予備的併合と同時審判共同訴訟」法セ541号（2000年）36頁は，「印紙を貼らずに単に上訴状を出してお」くことにより，相手の出方を見れば，原告に実損はないと指摘する。魅力的な着想と考えるが，一時的には違法の評価を覚悟せざるを得ない面があり，便法として通用するかどうかの判断は分かれるかもしれない。

33)　なお，非確定説の場合，Xの控訴手数料が要らないのはなぜか，という疑問があり得る。ただ，この点は従来十分に検討されなかっただけであり，非確定説の場合，Zの負担と見ることに合理性がある。

34)　主観的予備的併合に関する記述であるが，兼子一『新修民事訴訟法体系〔増訂版〕』（酒井書店，1965年）388頁。

Ⅳ. 主観的予備的併合との関係

1. 問題の所在

　同時審判申出共同訴訟（41条）は平成8年の民訴法改正で導入された。では，この立法により主観的予備的併合は不適法となった結果，複数主体に対する権利が法律上両立しない場合の訴訟形態は，同時審判申出共同訴訟に限られるか（ 設問 (6)参照）。本論に入る前に，適法性が疑われる主観的予備的併合を概観しよう。

2. 主観的予備的併合

(1) 概念

　主観的予備的併合とは， 事例 のように被告側が複数の場合[35]で考えると，共同被告のうち予備的被告に対する請求についての判決を，主位被告に対する請求が認容されることを解除条件として求める併合形態のことである。これが適法ならば，原告は両負けを避けられる。この点，客観的予備的併合では，条件付訴訟行為は一般には不適法だが，訴訟手続内で条件が成就する限り適法と解されてきた。主観的予備的併合も同様に考えれば，適法説が生ずる。しかし，古くから不適法説が有力であり，最判昭和43・3・8民集22巻3号551頁（百選A30事件）も不適法説を採用した[36]。

(2) 不適法説

　不適法説の論拠は，次の3点にまとめられる。第1に，主位請求が認容される場合，解除条件の成就により予備的被告に対する請求の審判は撤回され（262条1項参照），請求棄却判決を得られない。予備的被告は，主位請求の審理の最中これに関与できず，主位請求が棄却に傾いてはじめて予備的請求の審理が始まるから，訴え提起の当初から一貫して手続に関与する地位が得られない。また，主位請求に勝訴した原告の予備的被告に対する再訴には制約がな

---

35)　 事例 以外の例につき，中野ほか589頁等。

36)　主観的予備的併合の適法性に関する議論を概観できるものとしては，重点講義(下)394頁，山本弘・前掲注29)128頁，山本和彦・前掲注32)34頁等。

い[37]ため（262 条 2 項参照），再度の応訴を強いられる等，当事者間の公平に反する結果になる。第 2 に，予備的請求を認容した第 1 審判決に予備的被告のみが控訴し，原告が控訴しないとき，主位請求の棄却判決が確定する。この場合，控訴審で予備的請求が棄却されると原告は両負けするため，本来の目的を果たせない。第 3 に，予備的被告には主位請求について原告側に補助参加する利益（42 条）があることを前提として，原告の両負け防止のためには原告は予備的被告に訴訟告知（53 条 1 項）をしておけば，主位請求が棄却された場合に参加的効力が生じ，原告は予備的被告に対する後訴でこれに反する主張を封じて勝訴できるから，主観的予備的併合は必要がない。

(3)　適法説の反論

上記 3 点には適法説からの反論がある。第 1 に，不適法説の昭和 43 年最判の後も，適法説を採用した下級審裁判例[38]があり，予備的被告の地位の不安定は，予備的被告の同意がある場合，併合された他の請求の当事者である場合等には問題にならない[39]。第 2 に，主位請求棄却・予備的請求認容の第 1 審判決に対して予備的被告のみが控訴した場合の主位請求の確定遮断効・移審効については，念のため控訴説（Ⅲ 3 (3)参照）が妥当である。第 3 に，訴訟告知は参加的効力が機能する後訴に至るまで戦ってはじめて両負けを回避できるのに対し，適法説は一回の訴訟で両負けを回避できるから，訴訟告知を代替し切れない[40]。

3.　平成 8 年改正後の適法性

では，1 の問題（ 設問 (6)）に戻ろう。平成 8 年改正の経緯によると，昭和 43 年最判によって主観的予備的併合が不適法になったにもかかわらず，改正作業の初期段階では立法化が検討された。しかしその後，同時審判申出共同訴訟が「瓢箪から駒」[41]のごとく登場し，現行法に採用された。このような 41

---

37)　ただし，適法説の一部は，信義則（禁反言）あるいは争点効により，再訴を阻止することができると解している。高田・前掲注 11)177 頁等。

38)　渡辺武文「訴えの主観的予備的併合の許容範囲」鈴木忠一＝三ケ月章監修『新・実務民事訴訟講座(3)』（日本評論社，1982 年）27 頁，猪股孝史「訴えの主観的予備的併合の再検討」桐蔭法学 2 巻 1 号（1995 年）84 頁等。

39)　高田・前掲注 15)17 頁等。

40)　徳田・前掲注 9)111 頁。

条の制定経緯は，主観的予備的併合の不適法を示唆すると捉えるのが素直である[42]。

　しかしながら，昭和43年最判以降も適法説を採用した下級審裁判例があったことは事実である。そして併合形態の選択は，当事者の処分権に属する以上，併合形態の制約は「処分権主義の限界」[43]を創ることになる。41条の制定にそこまでの意味があるかという疑問は払拭し難い面がある[44][45]。したがって，例えば原告が主観的予備的併合で訴えを提起してきた場合，裁判所は直ちに不適法却下せず，原告に41条に従った訴えへの切替えを釈明権を行使して促すべきであり[46]，原告が積極的に従わないとき[47]でも同時審判の申出をしたものと扱う余地を残しておくべきである。

41）　竹下ほか編・前掲注15)63頁［福田発言］。

42）　伊藤669頁等が同旨を説く。学説状況は，重点講義(下)411頁注17等参照。

43）　高田・前掲注11)193頁。

44）　主観的な非両立請求の統一処理の手段としては，40条準用，主観的予備的・順位的併合（上訴の手当が前提）があるが，41条の立法資料にはこれらの直接的な排除を明らかにした資料がないために生ずる疑問である。

45）　主観的予備的併合不適法説の一部は，「主観的順位の併合」を提唱していた（西村宏一「訴の主観的・予備的併合」兼子一編『民事訴訟法(上)（実例法学全集）』〔青林書院新社，1963年〕64頁等）。この併合形態は主観的単純併合であり，41条の基盤を提供した面もあることから（注6)参照），同条制定後も通用するとの見解は根強い（山本弘・前掲注29)133頁等。最近では，濱田陽子「同時審判申出共同訴訟における請求の順位付けの可能性」岡山大学法学会雑誌67巻1号〔2017年〕61頁，69頁以下参照）。すなわち，原告の複数被告に対する請求間に順位を付けた（第1に，XY請求認容・XZ請求棄却を求め，第2に，XY請求棄却・XZ請求認容を求める）通常共同訴訟でも同時審判の申出が許容され，原告が付した順位に裁判所は拘束される。しかしこれには，消極論も見られる（高見・前掲注9)702頁等）。

46）　高見・前掲注9)701頁は，不適法説の立場から本文と同旨を指摘する。また，笠井正俊＝越山和広編『新・コンメンタール民事訴訟法〔第2版〕』（日本評論社，2013年）189頁［堀野出］も，適法か不適法かにかかわらず，との留保を付して本文と同旨を説く。

47）　高田・前掲注11)193頁が指摘する，原告が主観的予備的併合に固執する場合等を想起されたい。

■ 答案作成時の要点

㋐ 〔設問〕(1)について
　✓ 法律上併存し得ない請求とは何か。41条に違反した場合の効果は何か。異議による救済はあるか。

㋑ 〔設問〕(2)について
　✓ 共同訴訟人独立の原則とは何か。共同訴訟人の一人による請求の認諾は可能か。認諾すると共同訴訟はどうなるか。

㋒ 〔設問〕(3)について
　✓ 共同訴訟人の一人が提出した証拠を他の共同訴訟人のために利用できるか。証拠共通の原則は認められるか。適用に条件はないか。

㋓ 〔設問〕(4)について
　✓ 共同訴訟人の一人が自白した事実を，他の者が争った場合の事実認定において，当該自白は影響を及ぼすか。主張共通の原則は認められるか。

㋔ 〔設問〕(5)について
　✓ 共同訴訟人の一人の上訴により，他の共同訴訟人に対する判決にも確定遮断効・移審効が生ずるか（非確定説，念のため控訴説）。

㋕ 〔設問〕(6)について
　✓ 主観的予備的併合は適法か。この併合による訴えを直ちに却下すべきか。

21

固有必要的共同訴訟

[解答時間 70 分]

（事例）

　X₁，X₂ および X₃ は，亡 A から甲建物を相続し，3 分の 1 ずつの共有持分登記をしていたが，甲建物に Y を居住させるために，便宜上，X₁，X₂ および X₃ から Y への売買を原因とする所有権移転登記（以下「本件登記」という）をし，Y に甲建物を引き渡した。ところが，Y が甲建物につき所有権を主張するようになったことから，X₁，X₂ および X₃ は，Y に対して，甲建物が X₁，X₂ および X₃ の共有に属することの確認の訴え（以下「請求①」という），甲建物につき本件登記の抹消登記手続を求める訴え（以下「請求②」という）および甲建物の使用貸借契約の終了に基づく甲建物の明渡しを求める訴え（以下「請求③」という）を提起した。この訴訟の第 1 審係属中に，X₃ が全ての請求を取り下げる旨の取下書を提出し，Y が同意書を提出した。

（設問）

　X₃ による訴えの取下げにはどのような効力が認められるか。

■ 解説

Ⅰ. 問題の所在

　[事例]は，最判昭和 46・10・7 民集 25 巻 7 号 885 頁（百選 A31 事件）を参考にしている。

　一つの訴訟において，原告または被告が複数人である訴訟形態を共同訴訟という。共同訴訟のうち，通常共同訴訟や類似必要的共同訴訟[1]においては，仮に，利害関係を有する一定範囲の複数人のうちの一部を当事者として訴えが提起されたとしても，その訴えは適法である。これに対して，固有必要的共同訴訟においては，一定範囲の複数人全員が当事者とならないと当事者適格が認められない。このことを，訴訟共同の必要という。

　固有必要的共同訴訟か否かが問題になる場面には，一定範囲の複数人のうちの一部を当事者とする訴訟において当事者適格が認められるのか，訴えが却下されるべきなのか（訴訟共同の必要の有無）が問題になる場面と，複数人を当事者とする共同訴訟が必要的共同訴訟なのか，通常共同訴訟なのか（民訴法 40 条の適用の有無）が問題になる場面とがある。固有必要的共同訴訟においては，一定範囲の複数人につき，全員を当事者とし，かつ，民訴法 40 条を適用することで，合一確定が図られる。これに対して，類似必要的共同訴訟においては，判決が対世効を有する場合や訴訟担当の被担当者に判決効が拡張される場合などに，訴訟共同の必要は認められないが，共同訴訟人全員について民訴法 40 条の適用により合一確定が図られることで，共同訴訟人の受けた判決の効力の矛盾，抵触が回避される。

　[事例]においては，共同原告の一人が訴えの取下げをしようとしている。通常共同訴訟や類似必要的共同訴訟では，共同原告の一部が訴えの取下げをした場合，残りの原告を当事者として審理および判決がなされる。これに対して，固有必要的共同訴訟においては，共同原告の一部の訴えの取下げにより，残りの原告だけでは当事者適格が認められないので，残りの原告について訴えが却

　1）　通常共同訴訟については本書事例 20「通常共同訴訟，同時審判申出共同訴訟」［名津井吉裕］を，類似必要的共同訴訟については本書事例 22「類似必要的共同訴訟」［鶴田滋］を参照。

下されるのか，それとも，一部の原告による取下げは当該原告との関係でもその効力を生じないのかが問題になる。

Ⅱ．固有必要的共同訴訟となる場合

　固有必要的共同訴訟となる場合として，次のような場合がある[2]。

　第1に，他人間の法律関係を対象とし，かつ，法律関係の主体に判決の効力が及ぶべき訴訟である。例として，第三者が提起する婚姻無効・取消しの訴えは夫婦を共同被告としなければならず（人訴 12 条 2 項），株式会社の役員の解任の訴えは会社と当該役員の双方を被告としなければならない（会社 854 条 1 項・855 条）。確定判決による法律関係の変動や確認の効力がこれらの者に及ぶべきところ，法律関係の主体に対して手続保障を与える必要があるからである。

　第2に，管理処分権または訴訟追行権を共同で行使すべきものとして複数人が選任されている場合である。前者の例として破産管財人が複数人選任されている場合（破 76 条 1 項本文），後者の例として選定当事者（30 条）が複数人選任されている場合がある。

　第3に，共同所有や共同相続の場合など，複数人に帰属する権利または義務についての訴訟である。訴訟物として主張された権利義務について，実体法上権利者または義務者全員が共同で管理処分権を行使すべき場合に，訴訟共同の必要が認められる[3]。これに対して，実体法上，訴訟物として主張された権利を各権利者が，または各義務者に対して，行使することができる場合（持分権に基づく権利，不可分債権，不可分債務など）には，各権利者または各義務者に当事者適格が認められる。各権利者が，または各義務者に対して，権利を行使

2）　固有必要的共同訴訟の範囲について，アルマ 122 頁以下，LQ 548 頁以下，長谷部 329 頁以下，高橋概論 299 頁以下を参照。従来，本文に掲げる第 1 から第 3 の 3 類型が挙げられていたが，第 3 の類型である共同所有・共同相続に関する訴訟には，手続法上の理由から訴訟共同の必要が導かれる場合があり，本稿ではこれらの場合を，第 4 の類型（遺産確認の訴え，相続人不存在確認の訴え）と第 5 の類型（共有地についての境界確定訴訟）として区別しておく。勅使川原和彦『読解民事訴訟法』（有斐閣，2015 年）250 頁以下を参照。

3）　共同の権利を共同して処分すべきことを前提に，共同権利者全員に共同して訴訟追行権が帰属することについて，鶴田滋「固有必要的共同訴訟における実体適格と訴訟追行権」松本博之先生古稀祝賀論文集『民事手続法制の展開と手続原則』（弘文堂，2016 年）125 頁，139 頁（鶴田滋『必要的共同訴訟の研究』〔有斐閣，2020 年〕所収）。

することができるかどうかの判断の際には，他の権利者または他の義務者の法的地位に与える影響とともに，訴訟において全員を当事者として関与させることの必要性といった訴訟法的な考慮もされる[4]。

第4に，遺産分割の前提問題をめぐる確認の訴えが挙げられる。例として，遺産確認の訴え（最判平成元・3・28民集43巻3号167頁〔百選100事件〕）や相続人の地位不存在確認の訴え（最判平成16・7・6民集58巻5号1319頁）は，共同相続人全員が当事者（原告または被告）として関与する必要がある。これらの訴えは，ある財産が被相続人の遺産に帰属することや，ある者が相続人の地位を有しないことを，既判力をもって確定することにより，遺産分割審判の手続や審判の確定後における紛議の発生を防止し，共同相続人間の紛争解決に資することを目的としているからである。

第5に，共有地についての境界確定訴訟である。境界確定訴訟においては，相隣接する地番の土地の所有者に当事者適格を認めるべきである（最判平成7・3・7民集49巻3号919頁）ところ，隣接地が共有に属する場合には，境界の確定につき共有者全員が共同の利害関係を有することから，訴訟共同の必要と合一確定の必要が認められる[5]（最判昭和46・12・9民集25巻9号1457頁，最判平成11・11・9民集53巻8号1421頁）。

Ⅲ．共有者による第三者に対する訴え

1．共有者が有する権利の性質

実体法上，共有者が有する権利については，次のような見解の対立がある。一つは，一個の所有権（共有権）が共有者全員に帰属し，共有者の有する権利（持分または持分権）はその所有権の分量的一部であるという見解[6]（以下「単一説」という）である。もう一つは，各共有者はそれぞれ一個の所有権を有し，各所有権が一定の割合において制限し合っている状態であるという見解[7]（以

4） 越山和広『ロジカル演習民事訴訟法』（弘文堂，2019年）175頁参照。
5） これに対して，後述するように，共有者が，隣接地の所有者に対して，係争地につき持分権を有することの確認を求める訴えは，共有者の一人が単独で提起することができる（最判昭和40・5・20民集19巻4号859頁）。

下「複数説」という）である。いずれの見解も，共有者が有する権利について，共有物の全部に及ぶこと（民 249 条），その内容は所有権と異ならないこと[8]という点では一致しているとされる[9]。実体法上の権利を単位として訴訟追行権を考えていくと，各共有者による訴訟追行の可否について説明の仕方や結論に違いが生じうるが，単一説に立っても持分権について各共有者による権利行使を認めることはでき（共有権と持分権の二元的構成），複数説に立っても共有関係に関する訴訟について訴訟共同の必要を肯定することはできる（持分権と共有関係の二元的構成）。

2. 共有物を対象とする確認訴訟

判例は，共有物を対象とする確認訴訟について，「共有持分権の及ぶ範囲は，共有地の全部にわたる（民法 249 条）のであるから，各共有者は，その持分権にもとづき，その土地の一部が自己の所有に属すると主張する第三者に対し，単独で，係争地が自己の共有持分権に属することの確認を訴求することができる」と判示し（前掲注 5）最判昭和 40・5・20），他方で，「一個の物を共有する数名の者全員が，共同原告となり，いわゆる共有権（数人が共同して有する一個の所有権）に基づき，その共有権を争う第三者を相手方として，共有権の確認を求めているときは，その訴訟の形態はいわゆる固有必要的共同訴訟と解するのが相当である」と判示している（前掲最判昭和 46・10・7）。後者の判決においては，単一説を前提に，紛争の対象が「数人が共同して有する一個の所有権」であること，その紛争解決について共有者全員が法律上利害関係を有することから，共有者全員について訴訟共同の必要と合一確定の必要が導かれている。これに対して，前者の判決においては，各共有者の持分権が確認の対象と

---

6)　民法典の起草者によるものとして，富井政章『民法原論(2)物権』（有斐閣，1923 年〔復刻版 1985 年〕）156 頁。近時の文献として，七戸克彦「共有者の一人による不実登記の抹消登記請求(2・完)」民商 131 巻 3 号（2004 年）418 頁，429 頁。千葉恵美子ほか『民法(2)物権〔第 3 版〕』（有斐閣，2018 年）78 頁以下も参照。

7)　我妻栄（有泉亨補訂）『新訂 物権法』（岩波書店，1983 年）320 頁。民法 255 条（持分の消滅による他の持分の拡大）について，比喩的に，複数の「ゴムまり」（所有権）を一つの物の「枠」の中に押し込んだ状態であるという説明（ゴムまり理論）がされる。内田貴『民法 I〔第 4 版〕』（東京大学出版会，2008 年）396 頁参照。

8)　富井・前掲注 6)157 頁。

9)　佐久間毅『民法の基礎(2)物権〔第 2 版〕』（有斐閣，2019 年）195 頁以下。

され，かつ，当該共有者が単独で確認を求めることが認められている。このように，判例においては，単一説を前提に，共有権と持分権の二元的構成が採られている。

これに対して，共有について各共有者の所有権（持分権）が併存しているという理解（複数説）に立つと，各共有者はその持分権を確認の対象として単独で訴えを提起することができる。他方で，複数説は「数人が共同して有する一個の所有権」を想定しない。このため，共有者各自の持分権を確定するだけで良く，共有関係の確認を求める利益はないとされる[10]。しかし，複数説においても，一個の物について，共有者の持分権が互いに制約される関係にあるから，誰が共有者であるのかが重要であるとすれば，持分権の確認ではなく，共有者全員の共有関係にあることの確認を求める利益を肯定することはできる。

3. 抹消登記請求と移転登記請求

(1) 抹消登記請求

共有者の一人による無権利者への移転登記の抹消登記請求について，最判昭和31・5・10民集10巻5号487頁は，「ある不動産の共有権者の一人が<u>その持分に基き</u>当該不動産につき登記簿上所有名義者たるものに対してその登記の抹消を求めることは，妨害排除の請求に外ならず<u>いわゆる保存行為に属するものというべく</u>，従って，共同相続人の一人が単独で本件不動産に対する所有権移転登記の全部の抹消を求めうる」とした（下線は引用者）。

保存行為であることの意味については，次のような説明がされている[11]。共有者の有する権利について，一個の所有権の分量的一部であるという考え方（単一説）に立つと，各共有者の持分（持分権）の行使は共有者全員に帰属する所有権の行使を意味し，他の共有者との関係でそれをすることができる権限を要するが，保存行為については，民法252条ただし書により共有者全員に帰属する権利を行使する権限が各共有者に与えられている[12]。このため共有者の

---

10) 兼子一「共有関係の訴訟」同『民事法研究(2)』（酒井書店，1954年，初出1952年）149頁，151頁，同『新修民事訴訟法体系〔増訂版〕』（酒井書店，1965年）384頁，福永有利「共同所有関係と固有必要的共同訴訟」民訴21号（1975年）1頁，57頁。

11) 佐久間・前掲注9)201頁，206頁以下参照。

12) 佐久間・前掲注9)206頁参照。

一人による訴えが保存行為として許容される場合，他の共有者のために原告と
なった共有者が受けた確定判決は共有者全員に対してその効力が及ぶことにな
る（115条1項2号）[13]。このように共有物に対する妨害排除請求について保存
行為を理由に各共有者に共有者全員のためにする訴訟追行権を認める見解に対
しては，その共有者が敗訴した場合に他の共有者が妨害排除を請求できなくな
るから，保存行為の範囲を超えるという批判[14]がある。

　これに対して，単一説に立ちつつ（共有権と持分権の二元的構成），または，
複数説に立って，持分権に対する妨害につき，各共有者に持分権に基づく妨害
排除請求権が認められるとすれば，その行使は各共有者固有の権利の行使であ
る[15]。各共有者は，持分権の行使であっても共有物全体に影響を及ぼすこと
を自由にすることはできない（LQ 549頁以下参照）が，共有物の現状を維持す
る行為である保存行為については，各共有者が単独で行うことができ，共有者
が自らの持分権につき受けた確定判決の効力は他の共有者に及ばない。判例が
前述したように単一説の立場であるとして，前掲最判昭和31・5・10が，保存
行為として共有者全員に帰属する権利の行使を認めたのか，各共有者に固有の
妨害排除請求権を認めたのかは明らかではない。

　各共有者がその持分権に基づく妨害排除請求として無権利者への不動産全部
の所有権移転登記につき抹消登記請求をする場合，その持分の登記の限度で抹
消することは，登記手続上できない（最判平成22・4・20判時2078号22頁）[16]。
それでは，無権利者への所有権移転登記の全部の抹消を求めることができるか。
最判平成15・7・11民集57巻7号787頁（百選98事件）は，共有者の一人の
持分について無権利者への持分移転登記がされたという事案について，「不実
の持分移転登記がされている場合には，その登記によって共有不動産に対する
妨害状態が生じている」として，実体権通りの持分登記がされている他の共有
者による，持分権に基づく抹消登記請求を認めている。このように，不実の登

---

13)　石田穣『物権法』（信山社，2008年）382頁以下参照。

14)　兼子・前掲注10)「共有関係の訴訟」153頁。

15)　複数説において，持分権と共有関係の二元的構成を採るとしても，持分権に基づく妨害排除請
　　　求権として，無権利者への移転登記の全部の抹消が認められるのであれば，共有関係に基づく妨
　　　害排除請求権を想定する実益はない。

16)　この場合に，持分の登記の限度で更正登記をすることもできない。佐久間・前掲注9)211頁以
　　　下。

記は共有不動産に対する妨害であり，各共有者の持分権は共有不動産の全部に及ぶので，各共有者は持分権を行使して共有不動産に対する妨害の排除を求めることができるとすれば，各共有者は持分権に基づき不実の登記の全部の抹消を求めることができる。そして，このような抹消登記手続を求める訴えは，共有物の現状を維持する行為（保存行為）として，各共有者が単独で提起することができる。

(2)　移転登記請求

　移転登記請求については，前掲最判昭和 46・10・7 が，前述した共有権（数人が共同して有する一個の所有権）の確認の訴えについてと同様に，「一個の不動産を共有する数名の者全員が，共同原告となって，共有権に基づき所有権移転登記手続を求めているときは，その訴訟の形態も固有必要的共同訴訟と解するのが相当」であると判示している。単一説を前提に，共有者が共同して有する一個の所有権の行使であること，共有者全員が法律上利害関係を有することから，訴訟共同の必要と合一確定の必要が導かれているものと解される。

　これに対して，複数説に立つと，共有者は持分権に基づいてその持分の限度で移転登記をすることができ，共有者全員が原告となり共有者全員への移転登記を求める場合にも，各共有者による各持分の移転登記請求が併合されているにすぎない[17]。複数説に立ちつつ，共有者全員の共有関係に基づいて，共有者全員への移転登記を求めることは考えられる（持分権と共有関係の二元的構成）が，そのためには共有者全員が当事者となっている必要がある。判決により共有者全員への移転登記をするためには，共有者全員の持分割合が判決において判断される必要があり，そのためには共有者全員が当事者とされているべきだからである。同じ理由で，各共有者がその持分権に基づいて共有者全員への移転登記を求めることもできない[18]。この点で，無権利者への移転登記の抹消登記請求は，共有物の現状を維持する行為として，各共有者が単独でその全部の抹消を求めることができるのとは異なる。

---

17)　福永・前掲注 10)58 頁以下参照。
18)　LQ 548 頁，越山・前掲注 4)175 頁。

4. 共有物の返還請求

(1) 所有権または持分権に基づく請求

　大判大正 10・3・18 民録 27 輯 547 頁は，所有権に基づき第三者に対して共有物の引渡しを請求すべき場合には，不可分債権と同様に，各共有者はすべての共有者のために単独で引渡しを請求することができるという。これに対して，大判大正 10・6・13 民録 27 輯 1155 頁は，共有者の一人として共有者全員のために占有者に対して引渡しを請求することは，保存行為として各共有者が単独ですることができるという。単一説を前提にすると，共有権に基づく返還請求は，共有者全員が共同して有する一個の所有権に基づく請求であるが，不可分債権に準じて，または，保存行為として，各共有者が単独で行使することが認められる。他方で，各共有者は共有物の全部を使用することができる（民 249 条）から，単一説に立ちつつ（共有権と持分権の二元的構成），または，複数説に立ち，各共有者に，持分権に基づく第三者に対する自らへの共有物の引渡請求権を認めることができる。登記について，共有者の一人への所有権移転登記をすることは実体権と合致しないのでできないのとは異なる。

(2) 契約に基づく請求

　契約に基づく請求について，最判昭和 42・8・25 民集 21 巻 7 号 1740 頁は，共有者の一人が，使用貸借契約の終了を主張して，使用借主に対して共有建物の明渡しを求める訴えを提起したという事案において，「性質上の不可分給付と見るべきものであるから，各明渡請求権者は，総明渡請求権者のため本件家屋全部の明渡を請求することができる」と判示している。契約に基づく請求については，債権者が複数の場合の一般原則により，性質上の不可分給付として，単独で履行を請求することができる（民 428 条・432 条）。このような不可分債権は各債権者に帰属するので，各債権者が単独で訴訟において請求する場合にも，全ての債権者のための訴訟担当ではなく，その受けた確定判決の既判力は他の債権者に拡張されない[19]。

---

　19)　福永有利「第三者の訴訟担当(1)」法セ 337 号（1983 年）138 頁。これに対し，不可分債権について，中本香織「訴訟担当概念の比較法的考察と民事訴訟法 115 条 1 項 2 号の適用対象に関する一試論」早稲田法学 93 巻 1 号（2017 年）117 頁，156 頁注 107 は，他の債権者への既判力拡張の余地があるという。

Ⅳ．必要的共同訴訟における審理と判決の規律

　通常共同訴訟においては民訴法 39 条が適用され共同訴訟人独立の原則が妥当するのに対して，必要的共同訴訟（固有必要的共同訴訟と類似必要的共同訴訟）においては，合一確定の必要から，民訴法 40 条が適用され，裁判資料の統一と手続進行の統一により，共同訴訟人に対して同一内容の判決がされる[20]。

　民訴法 40 条 1 項は，共同訴訟人の一人の訴訟行為は「全員の利益においてのみその効力を生ずる」旨を定めている。すなわち，「有利な」訴訟行為は共同訴訟人全員について効力が生じ，「不利な」訴訟行為は共同訴訟人全員でなされなければ効力を生じない。事実の主張，相手方の主張の否認，上訴など，当事者権を積極的に行使して，手続を展開するものは「有利な」訴訟行為であり，裁判上の自白，請求の放棄・認諾など，当事者権を消極的に行使して，審理の排除や手続の終了をもたらすものは「不利な」訴訟行為である[21]。

　民訴法 40 条 2 項は，共同訴訟人の一人に対する相手方の訴訟行為は，「全員に対してその効力を生ずる」旨を定めている。共同訴訟人の一人に対する事実の主張の効力が他の共同訴訟人に対しても及ぶことで，裁判資料の統一が図られる。また，相手方が共同訴訟人の一人に対して上訴をした場合に，上訴提起の効力が他の共同訴訟人に対しても及ぶことで，手続進行の統一が図られる。

　民訴法 40 条 3 項は，共同訴訟人の一人について訴訟手続の中断（124 条 1 項各号の事由）または中止（131 条）の原因があるときは，全員について中断または中止の効力を生ずる旨を定めている。手続進行の統一を図るための規定である。

　さらに，手続進行の統一を図るために，弁論の分離や一部判決は認められない（LQ 556 頁）。

---

20)　必要的共同訴訟の審判について，アルマ 128 頁以下，LQ 555 頁以下，長谷部 338 頁以下，高橋概論 305 頁以下を参照。

21)　新堂幸司『訴訟物と争点効(下)』（有斐閣，1991 年，初出 1987 年）349 頁，重点講義(下)321 頁。

V．固有必要的共同訴訟における訴えの取下げ

1．共同原告の一部による訴えの取下げ

　固有必要的共同訴訟においては，共同原告の一部による訴えの取下げを認めると，その訴訟について他の共同原告だけでは当事者適格を欠くことになる。このため，前掲最判昭和 46・10・7 は，固有必要的共同訴訟において共同原告の一人が訴えを取り下げても効力を生じないと判示した。この理由として，共有権に基づく請求の訴訟追行権を取得した他の共同原告の利益を失わせる結果となるからであるという解説がされている[22]。

　学説には，共同原告の一部による取下げは可能であるが，他の共同原告だけでは当事者適格を欠くので訴えが却下されるという見解もみられる[23]が，通説は，他の共同原告による訴えが不適法となることから，訴えの取下げは民訴法 40 条 1 項における不利な行為であるとして，共同原告の一部による取下げの効力を否定する（伊藤 666 頁，LQ 556 頁以下）。

　これに対して，この問題は民訴法 40 条 1 項の規定によって規律される問題ではなく，共同原告の一部による取下げはそれにより影響を受ける他の共同原告の同意を要するという見解も主張された[24]。この見解によると，民訴法 40 条 1 項は共同訴訟においてなされるべき判決が，共同訴訟人の全員につき合一になることを必要とする範囲内において，判決に関係のある共同訴訟人の訴訟追行行為に適用されるべき規定であり，判決の招来を目的とする訴訟行為である攻撃防御方法の提出，判決と同一の効果を生ずべき訴訟行為である請求の放棄，認諾または和解，判決に影響のある訴訟行為である上訴などに適用されるが，共同訴訟の消滅を目的とする訴訟行為である訴えの取下げには適用されないという。

　訴訟共同の必要のない類似必要的共同訴訟においては，共同原告の一部によ

---

22)　小倉顕「判解」最判解民事篇昭和 46 年度 595 頁。

23)　三ケ月章『民事訴訟法〔第 3 版〕』（弘文堂，1992 年）501 頁。

24)　中田淳一『民事訴訟判例研究』（有斐閣，1972 年，初出 1939 年）47 頁。高田裕成「判批」リマークス 10 号（1995 年）144 頁，145 頁以下も参照。

る訴えの取下げの効力を認めても，他の当事者だけで当事者適格が認められ，当該原告についてのみ訴えの取下げの効力を認めることができる[25]。固有必要的共同訴訟について訴えの取下げへの民訴法40条1項の適用を認めると，その適用範囲が固有必要的共同訴訟と類似必要的共同訴訟とで異なることになる。両者の違いは，前者においては合一確定のために訴訟共同が必要であるのに対して，後者においては合一確定のために訴訟共同の必要がないことによって説明をすることは可能である。しかし，固有必要的共同訴訟における訴えの取下げについて，民訴法40条1項の適用により説明しなくても，共同原告の一部による訴えの取下げにより訴えが不適法となることから，他の共同原告の訴訟の維持を求める利益を保護するため[26]に，当該原告についても取下げの効力は生じないと説明することができる。

　異なる観点から，共同原告の一部による訴えの取下げを認めても，当該原告に他の共同原告が受けた判決の効力が及ぶのであれば，他の共同原告による訴訟を適法としてよい。共同原告の一人は，他の共同原告を選定当事者として選定し，訴訟から脱退すること（30条2項）ができるが[27]，他の共同原告の訴訟追行に同調しない場合には，他の共同原告への訴訟追行の授権をすることなく，訴訟から脱退することを認め，他の共同原告が受けた判決の効力を脱退した原告に及ぼすこと（48条参照）が考えられる[28]。

2. 共同被告の一部に対する訴えの取下げ

　(事例)とは異なり，被告側の固有必要的共同訴訟において，原告が，共同被告の一部に対する訴えを取り下げた場合，どのような効力が生じるか[29]。

　最判平成6・1・25民集48巻1号41頁は，固有必要的共同訴訟の係属中になされた共同被告の一部に対する訴えの取下げは効力を生じないとする。その

---

25)　本書事例22［鶴田］参照。
26)　もっとも，高田・前掲注24)147頁は，訴え提起後に準備不足であることが明らかになり，共同原告の圧倒的多数が取下げを欲している場合を想定して，訴訟の維持を求める共同原告の利益が常に保護されるべきとは限らないことを指摘する。
27)　鶴田滋「固有必要的共同訴訟における訴えの取下げと脱退」高橋宏志先生古稀祝賀論文集『民事訴訟法の理論』（有斐閣，2018年）317頁，344頁以下（鶴田・前掲注3)『必要的共同訴訟の研究』所収）参照。
28)　重点講義(下)341頁注27参照。

理由として，共同訴訟人全員について合一確定が要請されるために訴訟共同が必要とされるという固有必要的共同訴訟の本質と相いれないからであると判示した。

　学説には，共同被告の一部に対する訴えの取下げについて，他の共同被告に対する訴えが却下されることになることから，取下げの効力を認めない見解[30]，民訴法 40 条の規定は訴えの取下げには適用されないとし，本案について弁論をした他の共同被告の同意をも得た場合に限り取下げの効力を認める見解[31]，民訴法 40 条 2 項の適用により共同被告全員に対して取下げの効力が生じるという見解[32]がある。

　原告が共同被告の一部に対する取下げをする場合，原告は，それにより他の共同被告に対する訴えの取下げや却下を望んでいるわけではなく，他の共同被告に対しては訴えを維持することを意図しているものと思われる[33]が，訴訟共同の必要から，意図した効果は実現しえない。そうであれば，共同被告の一部に対する訴えの取下げの効力は生じないというべきである。特に，原告が通常共同訴訟であると誤解して共同被告の一部に対する訴えを取り下げた場合に，共同被告全員に対して取下げの効力が生じることは避ける必要がある。

Ⅵ.　事例 について

　共有者が有する権利について単一説に立ち，共有権と持分権の二元的構成を採ると，請求①は共有者全員に帰属する一個の所有権（共有権）の確認の訴えであり，共有者全員が原告となり，全員について合一に確定すべき固有必要的共同訴訟である。これに対して，複数説に立ち，請求①を持分権の確認の訴えとして捉えると，持分権は各共有者が単独で確認を求めることができ，訴訟共同の必要は認められない。しかし，甲建物が X_1 から X_3 の共有関係にあるこ

---

29)　共同被告の中に訴訟共同の必要が失われた者がいる場合には，当該被告に対してのみなされた訴えの取下げは有効である（遺産確認の訴えにおいて，被告である共同相続人が自己の相続分の全部を譲渡した場合について，最判平成 26・2・14 民集 68 巻 2 号 113 頁）。

30)　兼子・前掲注 10)『新修民事訴訟法体系』371 頁。

31)　中田・前掲注 24)49 頁。

32)　鶴田・前掲注 27)345 頁。

33)　高田・前掲注 24)146 頁。

との確認を求める訴えとして捉え，その確認の利益が肯定されるとすれば，共有者全員が原告となり，全員について合一に確定される必要がある（持分権と共有関係の二元的構成）。

　固有必要的共同訴訟において共同原告の一部による訴えの取下げは，他の共同原告による訴訟の継続を求める利益を保護すべく，その効力が生じないとすれば，X₃ による請求①の取下げは X₃ についても効力を生じない。もっとも，この場面では，各共有者はその持分を処分することができるから，X₃ による取下げを認めて，X₁ および X₂ による持分権の確認の訴えとして，訴訟を継続するという考え方もありうる。しかし，共有者全員の共有権または共有関係の確認を求める共有者の利益は，共有者の一人の取下げから保護されるべきであると考える。

　請求②については，各共有者が持分権に基づいて単独で訴えを提起することができ，無権利者への移転登記の全部の抹消を求めることができる。事例のように共有者全員が原告となった場合には，単一説を前提に，共有者全員に帰属する一個の所有権に基づく請求として，固有必要的共同訴訟になるという考え方もありうるが，本件登記の全部の抹消登記請求について，X₁ および X₂ が持分権に基づいて請求する場合に合一確定の必要が認められないのに，X₁，X₂ および X₃ が所有権に基づいて請求する場合に合一確定の必要を認めることには疑問がある。請求③の使用貸借契約の終了に基づく返還請求も，各共有者が不可分債権として単独で行使することができ，訴訟共同の必要は認められない。

　請求②および請求③が通常共同訴訟であるとすれば，共同訴訟人独立の原則（39条）により，X₃ の請求についてのみ取下げの効力（262条）が生じる。

　以上のようにみてくると，単一説を前提に共有権と持分権の二元的構成を採る判例と，複数説を前提に持分権と共有関係の二元的構成を採る考え方とで，同じ結論を導くことができる。いずれの見解を出発点としても，請求①について X₃ による取下げの効力が X₃ についても生じないというためには，共有者全員の共有権または共有関係の確認を求める利益が，共有者の一部による取下げから保護されるべきことが前提となる。

■ **答案作成時の要点**

(ｱ) 固有必要的共同訴訟かどうかについて

✓　訴訟共同の必要が認められるのは，どのような場合か。

✓　各共有者の持分権の確認とは別に，共有者全員に帰属する共有権または共有関係の確認が認められるか。認められる場合，共有者全員が原告となる必要があるか。

✓　共有不動産について無権利者への所有権移転登記の抹消登記手続を求める訴えは，共有者全員が原告となる必要があるか。

✓　使用貸借契約の終了に基づく共有不動産の明渡しを求める訴えは，共有者全員が原告となる必要があるか。

(ｲ) 共同原告の一部による訴えの取下げについて

✓　通常共同訴訟では，取下げをした原告の請求のみ訴訟係属が消滅すること。

✓　固有必要的共同訴訟では，共同原告の一部による取下げを認めると，他の原告だけでは当事者適格を欠くことになること。

✓　固有必要的共同訴訟において，共同原告の一部による取下げは効力を生じるか。

22

事例

　Y株式会社（総株主の議決権は 1000 個である）の株主である X₁（X₁ が有する議決権は 10 個である）と X₂（X₂ が有する議決権も 10 個である）は，Y会社の第 1 回定時株主総会の招集通知が X₁ に対して発せられなかったため，当該株主総会における A，B および C を取締役に選任する決議は，「株主総会等の招集の手続又は決議の方法が法令若しくは定款に違反し」て行われた（会社831 条 1 項 1 号）と主張して，Y会社を被告として，当該決議の取消しを求める訴えを提起した。

設問

　(1)　この訴訟の係属中に，X₁ のみがこの訴えを取り下げることはできるか。

　(2)　この訴訟の口頭弁論期日において，X₁ は「株主総会において決議することができる事項の全部につき議決権を行使することができない株主」（会社298 条 2 項）であり，第 1 回定時株主総会の招集通知を X₁ に発する必要はないという Y の抗弁を，X₂ は否認したのに対して，X₁ はこれを認めた場合，この陳述は訴訟においてどのように取り扱われるか。

　(3)　第 1 審の裁判所は，X₁ と X₂ の請求を棄却する判決を言い渡した。この判決に対して，X₂ のみが自らの控訴期間内に上訴をし，X₁ は自らの控訴期間内に上訴をしなかった。この場合，控訴審において X₁ はどのような訴訟上の地位を有するか。検討しなさい。

■ 解説 ─────────────────────────────

Ⅰ．問題の所在

　本稿では，類似必要的共同訴訟における共同訴訟人の訴訟上の地位について，主に共同訴訟人のうちの一部の者による訴えの取下げ，自白，上訴を念頭に，解説を行う。

Ⅱ．類似必要的共同訴訟の定義・要件（(設問)(1)の検討）

1．定義

　類似必要的共同訴訟とは，訴訟追行権を有する者全員が共同訴訟人となって訴訟追行する必要はないが，複数の訴訟追行権者が共同訴訟人となって訴訟をするときは，判決の合一確定を確保するために，固有必要的共同訴訟の場合と同様に，共同訴訟人独立の原則が修正される共同訴訟の形態を指す（松本＝上野 756 頁）。

　民訴法 38 条の要件に該当する場合には共同訴訟が成立し，その場合の手続規律は，民訴法 39 条に基づき，共同訴訟人独立の原則が通用する[1]。しかし，共同訴訟が成立する場合で，民訴法 40 条 1 項にいう「訴訟の目的が共同訴訟人の全員について合一にのみ確定すべき場合」に該当する場合には，その手続規律については，民訴法 39 条の適用が排除され，民訴法 40 条各項が適用される。この場合の共同訴訟を必要的共同訴訟という。

　必要的共同訴訟は，さらに固有必要的共同訴訟と類似必要的共同訴訟に分類される。このうち，類似必要的共同訴訟は，利害関係人全員が当事者になるのでなければ，訴訟が不適法として却下される，すなわち，訴訟共同を必要とする固有必要的共同訴訟とは異なり[2]，訴訟共同を必要としないが，共同訴訟人

─────────────────────────────
1）　この点についての詳細は，本書事例 20「通常共同訴訟，同時審判申出共同訴訟」［名津井吉裕］を参照。
2）　この点についての詳細は，本書事例 21「固有必要的共同訴訟」［青木哲］を参照。

間での判決内容が合一になることが求められる共同訴訟形態である。

2.　要件

　類似必要的共同訴訟が成立するのは，典型的には，判決効が第三者に拡張され，しかもその第三者の中に，当該請求について訴訟追行権を有する者がいる場合である（松本＝上野 757 頁）。例えば，婚姻の取消しの訴えに対する確定判決は対世効を有するが（人訴 24 条 1 項），この訴えは婚姻関係にある夫婦だけでなく，「その親族又は検察官」も提起することができるため（民 744 条 1 項），夫婦の親族（例えば A および B）が複数存在しその複数が同一の取消事由を主張して婚姻の取消しの訴えを共同して提起する場合には，類似必要的共同訴訟が成立する。これは次の理由による。すなわち，A による婚姻取消しの訴えと B による婚姻取消しの訴えが併合提起されているにもかかわらず，裁判所が，A の請求については請求棄却判決を，B の請求については請求認容判決を言い渡し，それが同時に確定したとする。この場合，A の提起した婚姻取消しの訴えに対する請求棄却判決の既判力が B に拡張され，その結果これが B の提起した婚姻取消しの訴えに対する請求認容判決の既判力と抵触することになる（同様に，B についての請求認容判決の既判力が A に拡張される結果，A についての請求棄却判決の既判力とも矛盾する）。このような事態が生じることを未然に防ぐために，A と B が共同原告として婚姻取消しの訴えを提起した場合には，A と B の請求についての同一内容の判決が同時に言い渡されるようにするために，民訴法 40 条各項の規定が適用される[3]。

　以上のように，通説および判例によれば，各共同訴訟人に対する確定判決の効力の矛盾抵触を防ぐために，類似必要的共同訴訟が存在すると説明される。この説明は，上述の婚姻取消しの訴えのように，これに対する確定判決が請求認容判決である場合でも請求棄却判決でも対世効が生じる場合，すなわち，全面的な対世効が生じる場合のみならず，**事例**に掲げた，株主総会決議取消しの訴えの場合のように，これに対する確定判決が請求認容判決である場合にの

---

　3)　このあたりの説明は，二重起訴の禁止の制度趣旨についての通説による説明に類似することを想起されたい。したがって，類似必要的共同訴訟が成立する訴訟類型では，共同訴訟人各人の請求は同一であることが前提となっている。この点については，本書事例 18「二重起訴の禁止」［八田卓也］を参照。

み対世効が生じる場合（会社 838 条），すなわち，片面的な対世効が生じる場合にも同様に行われる。したがって，通説および判例によれば，(事例)のように，X_1 と X_2 が同一の決議取消事由（すなわち訴訟物）について共同して株主総会決議取消しの訴えを提起する場合には，類似必要的共同訴訟が成立する。

しかし，この場合にも類似必要的共同訴訟を成立させることに対しては有力な批判がある。たしかに，X_1 と X_2 が同一の取消事由を主張して株主総会決議取消しの訴えを共同して提起したにもかかわらず，X_1 に対しては請求認容判決が，X_2 に対しては請求棄却判決が言い渡され，それが同時に確定した場合，X_1 に対する請求認容判決の効力が X_2 に拡張される結果，X_2 に対する請求棄却判決の効力と抵触する。しかし，この場合，X_2 に対する確定した請求棄却判決の効力は X_1 に拡張されないので，X_2 に対する確定判決の効力については，X_1 に対して言い渡された請求認容判決の方が優先されると解釈すれば，判決効の抵触は生じない。この点に鑑みて，反対説は，片面的既判力拡張の場合には合一確定の必要はなく，(事例)の場合には X_1 および X_2 間には通常共同訴訟が成立すると述べる[4]。これに対して，比較的近時の有力説は，「判決効拡張の有無にかかわりなく，『敗訴判決』が先に確定すること自体による不利益」という判決の事実的効果に着目して，合一確定の必要性を根拠付けている[5]。以上の通り，類似必要的共同訴訟における合一確定の必要性の根拠についてはさらに検討する必要があるものの，本稿では，通説・判例および有力説に従い，(事例)では類似必要的共同訴訟が成立することを前提に叙述を進める。

3. 共同訴訟人の一人による訴えの取下げ

前述の通り，類似必要的共同訴訟は，合一確定の必要性はあるものの，固有必要的共同訴訟とは異なり，利害関係人全員が共同訴訟人となる必要のない共同訴訟形態である。このことから，共同訴訟人の一人によるまたは一人に対する訴えの取下げは適法であるとされる。したがって，(設問)(1)では，X_1 は単独で株主総会決議取消しの訴えを取り下げることができる。なお，この帰結は，

---

4) 高橋利文「片面的対世効ある判決と共同訴訟人の一部の者の上訴」貞家最高裁判事退官記念論文集『民事法と裁判(下)』（民事法情報センター，1995 年）178 頁以下。

5) 高田裕成「いわゆる類似必要的共同訴訟関係における共同訴訟人の地位」新堂幸司先生古稀祝賀『民事訴訟法理論の新たな構築(上)』（有斐閣，2001 年）668 頁。

後述の民訴法 40 条 1 項の規律から導かれるのではなく，類似必要的共同訴訟においては，共同訴訟の必要性がなく，訴えの取下げについては，そもそも必要的共同訴訟の手続規律に服さないことから正当化されるべきであろう[6]。

Ⅲ．必要的共同訴訟人の一人による自白の効力（(設問)(2)の検討)

1．必要的共同訴訟の手続規律

ところで，必要的共同訴訟が成立する場合，通常共同訴訟人独立の原則（39条）が修正される。その具体的な手続規律は次の通りである。すなわち，共同訴訟人の「一人の訴訟行為は，全員の利益においてのみその効力を生ずる」（40 条 1 項），「共同訴訟人の一人に対する相手方の訴訟行為は，全員に対してその効力を生ずる」（同条 2 項），「共同訴訟人の一人について訴訟手続の中断又は中止の原因があるときは，その中断又は中止は，全員についてその効力を生ずる」（同条 3 項）。

これらの規律のうち，本稿で問題となるのは民訴法 40 条 1 項である。必要的共同訴訟人間の判決内容が一致するためには，共同訴訟人全員の訴訟行為が一致することが前提となる。そこで，共同訴訟人の訴訟行為について足並みが揃わないという事態を避けるために，同項が存在する。同項の基となった大正15 年民訴法 62 条 1 項の起草趣旨によれば，現行民訴法 40 条 1 項は，原則として，共同訴訟人の一人が積極的に行った訴訟行為は共同訴訟人全員にその効力が及び，その行為が全員にとって不利益になる場合に限り，例外的にその効力は全員に生じないことを定めている[7]。前者の原則は，「共同訴訟人も，当事者として訴訟上保障されたあらゆる手段・手続をその利益主張のために行使・利用する機会を他の共同訴訟人がいることによって妨げられてはならな

---

6)　これに対して，固有必要的共同訴訟においては，共同訴訟の必要性があるために，訴えの取下げは民訴法 40 条 1 項の規律に服し，かつ，これは，他の共同訴訟人の訴権を事実上侵害する行為であるため不利益な行為にあたり，その効果は生じないと解すべきである。鶴田滋「固有必要的共同訴訟における訴えの取下げと脱退」高橋宏志先生古稀祝賀論文集『民事訴訟法の理論』（有斐閣，2018 年）344 頁（鶴田滋『必要的共同訴訟の研究』〔有斐閣，2020 年〕所収）。ただし，この点については，本書事例 21［青木］Ⅴ 1 以下を参照。

7)　鶴田・前掲注 6)342 頁以下。

い」という規律目的から根拠付けられる[8]。また，後者の例外的な準則によれば，結果的に，共同訴訟人の一人は，自己の利益を守るために，他の共同訴訟人が積極的に行った全員にとって不利益な訴訟行為の効果の発生を阻止することができることとなる。以上から，必要的共同訴訟人間には，互いに自己の利益のために「他人の訴訟法律関係への介入（干渉）」を行うことができる関係があると説明することができる[9]。

2. 自白の不利益性

以上の手続規律に鑑みれば，共同訴訟人の一人による訴訟行為の効力が全員に及ぶかどうかは，当該訴訟行為が全員にとって不利益であるか否かにより決まることとなる。共同訴訟人全員にとって不利な行為とは，典型的には請求の処分行為と言われる，請求の放棄・認諾であるが，その他にも，第1審における自己に不利益な判決が確定することを認める行為である控訴権の放棄などが含まれる。裁判上の自白も，通説によれば，その要件に「自白当事者にとって不利益であること」が含まれるため，全員にとって不利な行為にあたる[10]。したがって，〔設問〕(2)では，X₁による自白はその効力すなわち審判排除効を生じないこととなる[11]。もっとも，X₁による不利益な陳述が弁論の全趣旨として裁判所により斟酌される可能性はある（247条）。

これに対して，X₁による自白に対してX₂が異議を唱えた場合には，その自白に審判排除効は生じないが，自白したX₁自身に対しては不可撤回効が生じるとする見解が存在する[12]。この見解は，民訴法40条1項は共同訴訟人に対して互いに牽制権を保障するために存在するため，自白したX₁の自己決定に対してX₂が介入する権能だけを保障すれば足り，X₁自身の自己決定までを否定する必要はないと考える。この見解によれば，X₁は自白した後，自白の撤

---

8) 新堂幸司「共同訴訟人の手続保障」同『訴訟物と争点効(下)』（有斐閣，1991年，初出1987年）348頁。

9) 高田・前掲注5)645頁参照。

10) 以上について，例えば，兼子一原著『条解民事訴訟法〔第2版〕』（弘文堂，2011年）220頁以下〔新堂幸司ほか〕。

11) 自白の効果については，本書事例9「弁論主義・自白」〔鶴田滋〕を参照。

12) 高田・前掲注5)655頁，松本博之『民事控訴審ハンドブック』（日本加除出版，2018年）170頁。これに対するコメントとして，重点講義(下)325頁以下も参照。

回要件を充たさない限り，後にこれと矛盾する陳述をすることが許されず，また，X_1 の自白後に X_2 も自白した場合には，共同訴訟人全員に自白の効果（審判排除効）が生じることとなる[13]。ただし，この見解によっても，X_1 のみが自白した場合には，その不利益陳述に審判排除効は生じないし，X_1 がすでに行った不利益陳述は弁論の全趣旨として斟酌されうる。これらの点では，通説とその結論を異にしない。

　なお，民訴法 40 条 1 項に基づき，ある事実についての共同訴訟人の一人による自白がその効力を生じないとする規律は，**設問**(2)のように，他の共同訴訟人がその事実について否認している場合を念頭に置いている。後者の共同訴訟人も自白したり，期日に欠席するなどして擬制自白（159 条 1 項・3 項）が成立したりする場合には，共同訴訟人全員の訴訟行為が一致して行われているので，全員に自白（または擬制自白）の効力が生じる。民訴法 40 条 1 項の規律は，共同訴訟人間で矛盾する内容の結論が生じないようにするための規律であるからである。

Ⅳ．必要的共同訴訟人の一人による上訴の効力（**設問**(3)の検討）

1．判例の状況

　従来，通説および判例によれば，必要的共同訴訟において，共同訴訟人の一部の者が上訴をすれば，事件全体について確定遮断効および移審効が生じ，共同訴訟人全員が上訴人となり，このことは，民訴法 40 条 1 項により，共同訴訟人の一人の上訴は全員にとって不利益な行為にあたらないことから導かれ，さらに，この規律は，固有必要的共同訴訟のみならず類似必要的共同訴訟においても適用されるとされていた。

　しかし，この法理は，上訴を欲しない共同訴訟人の意思が尊重されておらず[14]，上訴を欲しない共同訴訟人に対しても期日の呼出状を送達すること等は訴訟経済に反するとの理由から[15]，いくつかの学説により強い批判がなさ

---

13)　この規律の問題点については，重点講義(下)325 頁注 10 を参照。
14)　井上治典「多数当事者訴訟における一部の者のみの上訴」同『多数当事者訴訟の法理』（弘文堂，1981 年，初出 1975 年）205 頁以下。

れていた。

　そこで，判例は，類似必要的共同訴訟である，複数の住民の提起する住民訴訟（平成 14 年改正前の地方自治法 242 条の 2 第 1 項 4 号に基づく訴訟）[16]や複数の株主の提起する取締役等の責任追及訴訟（会社 847 条）において，次のように判示し，共同訴訟人の一人が上訴をした場合でも，他の共同訴訟人は上訴人とならないことを明らかにした（最判平成 12・7・7 民集 54 巻 6 号 1767 頁〔百選 101 事件〕）[17]。

　「類似必要的共同訴訟において共同訴訟人の一部の者が上訴すれば，それによって原判決の確定が妨げられ，当該訴訟は全体として上訴審に移審し，上訴審の判決の効力は上訴をしなかった共同訴訟人にも及ぶと解される。しかしながら，合一確定のためには右の限度で上訴が効力を生ずれば足りるものである上，取締役の会社に対する責任を追及する株主代表訴訟においては，既に訴訟を追行する意思を失った者に対し，その意思に反してまで上訴人の地位に就くことを求めることは相当でないし，複数の株主によって株主代表訴訟が追行されている場合であっても，株主各人の個別的な利益が直接問題となっているものではないから，提訴後に共同訴訟人たる株主の数が減少しても，その審判の範囲，審理の態様，判決の効力等には影響がない。そうすると，株主代表訴訟については，自ら上訴をしなかった共同訴訟人を上訴人の地位に就かせる効力までが民訴法 40 条 1 項によって生ずると解するのは相当でなく，自ら上訴をしなかった共同訴訟人たる株主は，上訴人にはならないものと解すべきである」。

　しかし，その後の別の判例は，同じく類似必要的共同訴訟である，数人により提起された養子縁組無効の訴えにおいて，共同訴訟人の一人が上告申立てを

---

15)　高橋・前掲注 4）186 頁以下。

16)　最判平成 9・4・2 民集 51 巻 4 号 1673 頁。

17)　これらの場合において類似必要的共同訴訟が成立する根拠について，判例（前掲最判平成 12・7・7）は「株主代表訴訟は，株主が会社に代位して，取締役の会社に対する責任を追及する訴えを提起するものであって，その判決の効力は会社に対しても及び（民訴法 115 条 1 項 2 号），その結果他の株主もその効力を争うことができなくなるという関係にあり，複数の株主の追行する株主代表訴訟は，いわゆる類似必要的共同訴訟と解するのが相当である」と述べる。この判例の問題点については，鶴田滋「複数の株主による責任追及訴訟における必要的共同訴訟の根拠」立命館法學 369 = 370 号（2016 年）1806 頁以下（同・前掲注 6）『必要的共同訴訟の研究』所収）を参照。

した後に，他の共同訴訟人が上告申立てをすることは，「二重上告」であり不適法であると判示する（最決平成 23・2・17 判時 2120 号 6 頁）。この判例は，最初の上告により，他の共同訴訟人も上告したと見なされ，上告人となっていることを前提としている。したがって，判例は，同じ類似必要的共同訴訟であっても，この事件類型には，前述の住民訴訟や責任追及訴訟（以下「責任追及訴訟等」と表記する）のような取扱いをすることはできないことを明らかにしている [18]。

2.　判例の問題点

　以上の判例の立場には次の三つの問題があると考えられる。

　第 1 に，責任追及訴訟等における判例のように，共同訴訟人の一人の上訴によっても，他の共同訴訟人は上訴人にならないとすることが，仮に，訴訟経済に適い，上訴を提起する意思のない共同訴訟人の意思に合致するために妥当であるとしても，このことをどのように正当化するかを，理論的にさらに詰める必要がある。例えば，判例によれば，上訴をする意思のない共同訴訟人の請求についても，他の共同訴訟人の上訴により確定遮断効および移審効が生じるので，「上訴を提起しない当事者の請求は放置されたままになる」し [19]，同様に，上訴を提起しない当事者の事件も上訴裁判所に係属することになるにもかかわらず，その者が上訴人にならない結果，上訴裁判所の判決の名宛人にならないため，「判決の名宛人とされなかった者の訴訟係属が宙に浮く」と批判される [20]。

　第 2 に，上記の措置が，上訴をしなかった共同訴訟人に対する手続保障の観点からそもそも望ましいものであるか，という疑問も考えられる。例えば，複数の株主の提起した責任追及訴訟の一部認容判決に対して，共同訴訟人の一人のみが上訴したが，その上訴が認容され事件が原審に差し戻された場合には，差戻審では不利益変更禁止の原則（304 条）は適用されないため，当初の一部

---

[18]　例えば，菱田雄郷「類似必要的共同訴訟と上訴」徳田和幸先生古稀祝賀論文集『民事手続法の現代的課題と理論的解明』（弘文堂，2017 年）478 頁。

[19]　上野泰男「必要的共同訴訟と上訴」伊藤眞ほか編『民事訴訟法判例百選〔第 3 版〕』（有斐閣，2003 年）213 頁，松本＝上野 775 頁。

[20]　小山昇「判批」民商 89 巻 5 号（1984 年）685 頁。

認容判決よりも共同訴訟人にとって不利な判決が言い渡される可能性がある[21]。したがって，上訴をした共同訴訟人に対する牽制権を上訴しなかった共同訴訟人に保障するという観点から見れば，上訴しなかった共同訴訟人を上訴人としないとする措置が適切であるかどうか，仮に適切であるとしても，上訴しなかった共同訴訟人に，再度訴訟当事者として訴訟に関与する機会を与える必要はないかどうかは，検討に値するであろう。

第3に，責任追及訴訟等における判例法理の射程がどこまで及ぶのかが問題となる。この法理が，前述の養子縁組無効訴訟の場合には適用されないとすれば，なぜ責任追及訴訟等においてのみ適用されるのかを明らかにする必要がある。判例は，これらの訴訟類型が「元来提訴者各人が自己の個別的な利益を有しているものではない」ものであることを重視しているように読める[22]。したがって，この点をさらに検討する必要がある。

3. 問題解決の方向性

第1の問題を克服するための方法としては，まず，上訴権を行使しなかった共同訴訟人は自らの訴えを取り下げたものと擬制すると解するものがある[23]。たしかに，この方法によれば，上訴しなかった共同訴訟人の事件は訴訟係属に服しないこととなるので，前述の問題を克服することができる。しかし，この方法は，上訴権の不行使から訴えの取下げの効果発生を擬制するのは，効果発生の範囲が広くなりすぎる点，また，本来，訴えの取下げは相手方の同意が必要であるにもかかわらずそれを不要とする点に問題がある（261条2項）。さらに，取下げ後の再訴禁止効（262条2項）により，その後の訴訟の展開により上訴しなかった共同訴訟人が再度訴訟に関与することができない点にも問題が

---

21) 菱田・前掲注18)482頁。不利益変更禁止の原則は，上訴審が原審を取消しまたは変更する場合に当事者の不服申立て（の範囲）に拘束されることを意味し（304条），上訴審が原判決を取り消した上で原審に差し戻した場合の差戻審が当事者の不服申立て（の範囲）に拘束されることをも意味するわけではないからである。

22) 前掲注16)最判平成9・4・2において，より詳細には次のように述べられている。「住民訴訟においては，複数の住民によって提訴された場合であっても，公益の代表者としての共同訴訟人らにより同一の違法な財務会計上の行為又は怠る事実の予防又は是正を求める公益上の請求がされているのであり，元来提訴者各人が自己の個別的な利益を有しているものではない」。

23) 徳田和幸「多数当事者訴訟と上訴」青山善充先生古稀祝賀論文集『民事手続法学の新たな知平』（有斐閣，2009年）259頁以下など。

ある。すなわち，この見解によれば前述の第2の問題点を克服することができない。

　そこで，第1の問題と第2の問題を同時に解消することができる方法として，上訴をした共同訴訟人が，上訴をしなかった共同訴訟人のための任意的訴訟担当者となるとする見解が主張されている[24]。この方法によれば，上訴しなかった共同訴訟人の請求については上訴をした共同訴訟人により訴訟追行されるので，第1の問題は克服される。さらに，任意的訴訟担当の方法によれば，一旦訴訟追行の黙示の授権をした共同訴訟人も，その授権を撤回することができるため（30条4項参照），再び，共同訴訟人として自ら訴訟に関与することができ，その結果，第2の問題も克服できる。

　しかし，この見解は，そもそも，なぜ上訴をしなかった共同訴訟人が上訴をした共同訴訟人に対して訴訟追行の黙示の授権をしたと評価することができるのかが必ずしも明らかでない。また，この見解によれば，上訴をした共同訴訟人が原判決よりも不利な訴訟状態を作り出したときに，上訴しなかった共同訴訟人の訴訟追行権が復活すると述べるが，訴訟の展開に応じて訴訟追行権が喪失したり復活したりする措置を認めることは実務上困難ではないだろうか[25]。

　以上の問題点を克服するために，上訴しなかった共同訴訟人にとって原判決より不利な訴訟状態が生じない場合，すなわち，全部敗訴判決（請求の全部棄却または認容判決）の場合や，共同訴訟人が自己固有の権利でなくいわば公益的な権利を主張して訴えを提起している場合（例えば，責任追及訴訟や株主総会決議取消訴訟の場合）には[26]，上訴しなかった共同訴訟人は上訴した共同訴訟人に対して訴訟追行の黙示的授権（選定行為）を行い，訴訟を脱退したと評価できるが（30条2項），その後，選定者はいつでも選定行為を撤回し（同条4

---

24)　菱田・前掲注18)482頁以下。もっとも，これに類似する考え方は，上訴した共同訴訟人が，上訴しなかった共同訴訟人のための「緩和された選定当事者」となり，「審級限りでの訴訟担当者」として訴訟追行することを認める見解に，すでに見られている。井上・前掲注14)207頁。

25)　鶴田滋「必要的共同訴訟における上訴と脱退」大阪市立大学法学雑誌64巻1＝2号（2018年）77頁注66（同・前掲注6)『必要的共同訴訟の研究』所収）。

26)　これに対して，前掲最決平成23・2・17のような養子縁組無効の訴えの場合，判例は，縁組当事者の一方の親族であって，縁組無効判決により相続権・扶養義務等自己の権利義務に直接影響を受ける関係にある者にのみ，原告適格を付与しているため（最判昭和63・3・1民集42巻3号157頁），養子縁組無効の訴えの原告は，自己の利益のために訴えを提起していることになる。

項），共同訴訟人として訴訟に再び関与することができるとする見解が主張されている[27]。この見解によれば，上訴しない共同訴訟人を上訴人と扱わないことができる事件の範囲を明確にすることができるため，前述の第3の問題点をも克服することができる[28]。

4. [設問](3)へのあてはめ

以上の判例・学説の状況を踏まえれば，[設問](3)に対してはどのような解答をすべきであろうか。

まず，この場合には，民訴法40条1項の原則通り，上訴しなかった共同訴訟人 X_1 も上訴人となるとすることが考えられる（重点講義(下)323頁）。責任追及訴訟等における判例法理は，前述の通り様々な問題を包含しているため，さしあたり責任追及訴訟等に限定して適用されるべきであると考えるのである[29]。

これに対して，[設問](3)にも，責任追及訴訟等の判例法理が適用され，上訴をしなかった X_1 は上訴人とならない，とすることも考えられる。この立場による場合，なぜ[設問](3)の事例にこの判例法理が適用されるべきであるかを明らかにした上で，上訴人とならない共同訴訟人である X_1 の訴訟上の地位に言及する必要がある。前者については，株主総会決議取消訴訟においても，責任追及訴訟等と同様に，共同訴訟人「各人の個別的な利益が直接問題となっているものではない」訴訟類型であることを強調する必要がある。例えば，判例

---

27) 鶴田・前掲注25)68頁以下。この見解によれば，例えば， X_1 が実質的に全部敗訴を意味する請求の放棄を欲する場合，民訴法40条1項によりその効力は生じないが， X_2 が行う不利益な訴訟行為に介入する意思がないことが明らかであるため， X_1 は X_2 に自らの訴訟追行を黙示的に授権し訴訟から脱退していると評価できる。この考え方は， X_1 が上訴しなかった場合には原則としては当てはまらないが，本文で示したように，上訴しなかった X_1 固有の利益について原判決より不利な訴訟状態が生じない場合には， X_1 は X_2 に対する介入権を放棄しているものと捉えられ，それゆえ， X_1 が X_2 に自らの訴訟追行を黙示的に授権し訴訟から脱退していると評価することができる，とする。

28) これに対して，菱田・前掲注18)483頁以下，484頁注35は，上訴しなかった共同訴訟人は上訴人にならないという法理は，「共同訴訟人間に実体的な利害対立がある場合を除いては広く妥当し」，「住民訴訟，株主代表訴訟，株主総会決議無効確認等の会社関係訴訟のほか，人事訴訟も（本格的には個別の検討が必要であるが）当然には排除されない」と述べる。

29) もっとも，責任追及訴訟等における判例法理自体が現在では通用すべきではないとの立論もありうる。

は，(事例)のように，X₁への招集通知に瑕疵があることを理由にして X₂ が当該訴えを提起することを許すことを引き合いに出して[30]，株主総会決議取消しの訴えは，法令・定款を遵守した会社運営を求める訴えであり，そこで株主は自己固有の利益に還元されない利益を主張していることに言及すべきであろう[31]。後者については，X₁ が訴えを取り下げたものと擬制する，あるいは，X₁ が X₂ に対して自己の請求についての訴訟追行を黙示的に授権しているなどと述べる方法があろう。いずれの立場に従おうとも，他の見解との関係で自己の見解の正当性について言及する必要がある[32]。

Ⅴ．おわりに

　以上で解説を終える。本稿では，類似必要的共同訴訟の手続規律全般について解説をした。そのなかで，必要的共同訴訟人の一部の者による上訴の効力については，最高裁の判例法理が確立しているとは言えないため，様々な見解が対立しており，それゆえ(設問)(3)については様々な解答がありうることを指摘した。このような設問の場合には，問題の所在を適切に指摘し，自己の立場から一貫した叙述をすることが重要である。

---

30)　最判昭和 42・9・28 民集 21 巻 7 号 1970 頁。

31)　その他，（類似）必要的共同訴訟においては一般に責任追及訴訟等における判例法理が妥当すべきであると述べる方法もあろう。

32)　その他，株主総会決議取消訴訟が片面的既判力拡張の事案であることを理由に，これが類似必要的共同訴訟であるとしても，上訴をしない共同訴訟人の訴訟は移審せず確定するとすることも考えられる。この点については，重点講義(下)323 頁を参照。

■ **答案作成時の要点** ━━━━━━━━━━━━━━━━━━━━━━━

✓ 類似必要的共同訴訟の定義を示すことができるか。とりわけ，固有必要的
　共同訴訟との違いを **設問** (1)に即して説明することができるか。

✓ **事例** において X₁ と X₂ が類似必要的共同訴訟の関係に立つことを理由付
　けて説明することができるか。

✓ 必要的共同訴訟の手続規律，とりわけ民訴法 40 条 1 項の趣旨を， **設問** (2)
　に即して説明することができるか。

✓ 必要的共同訴訟人の一人による上訴の効力について，原則的な取扱いと，
　責任追及訴訟等における例外的な取扱いを理解しているか。とりわけ，責任
　追及訴訟等における判例法理の問題点を理解し，その問題点を克服するため
　の学説を理解しているか。その上で， **設問** (3)における取扱いを自己の立場
　から首尾一貫して説明することができるか。

23

事例

XはYから甲土地を令和元年5月10日の売買契約（YX契約）により買い受けたが所有権の移転登記をまだ受けていないとして，Yを相手方として処分禁止の仮処分を得た上で，Yを被告として，YX契約に基づく甲土地の所有権移転登記を求める訴え（本件訴訟，XY請求）を提起した。

Zは平成31年4月20日にYから甲土地を買い受ける契約（YZ契約）をYと結んだはずであったが，Yが所有権移転登記に協力しないので事情を尋ねたところ，Xから本件訴訟を提起されている旨を聞いた。

そこでZは本件訴訟に対し，Yを被告として自己への甲土地の所有権移転登記を求める請求（ZY請求）を定立し，独立当事者参加の申出（本件参加申出）をした。

設問

(1) Zによる本件参加申出は適法か。

(2) ZがYX売買契約の不存在ないし無効を主張して参加をする場合と，そのような主張をせずに参加する場合とで結論は異なるか。Xによる処分禁止の仮処分より前に，ZがYZ契約を原因とする甲土地の所有権移転登記について仮登記を得ていた場合はどうか。

■ **解説**[1] ━━━━━━━━━━━━━━━━━━━━━━━━━━━

Ⅰ．問題の所在

　[事例]（以下[事例1]という）のYX契約とYZ契約が共に有効に締結されている場合，YはXとZに甲土地を二重譲渡していることになる。かかる事案でXのYに対する売買契約に基づく移転登記請求訴訟にZがYに対する移転登記請求をして独立当事者参加をすることができるのか，が今回の主題である[2]。

　独立当事者参加は，「訴訟の結果によって権利が害されることを主張する第三者」による参加（詐害防止参加と呼ばれる）と，「訴訟の目的の全部若しくは一部が自己の権利であることを主張する第三者」による参加（権利主張参加と呼ばれる）に分かれる（47条1項）。[事例1]の参加はこのうちの権利主張参加である。権利主張参加の要件にいう「訴訟の目的の全部若しくは一部が自己の権利であることを主張する」とは，参加人の請求が本訴の請求と論理的に両立し得ない関係にあることをいう，と理解されている[3]。二重譲渡事例では，双方の売買が有効であれば，XY請求の訴訟物であるXのYに対する売買契約に基づく移転登記請求権も，ZY請求の訴訟物であるZのYに対する売買契約に基づく移転登記請求権も共に存在することになる。この点を捉えれば参加人の請求が本訴の請求と論理的に両立し得ない関係にはないとも思える。しかし，最終的に登記を得ることができるのはXとZのいずれかである。この意味では，両立し得ない関係にあるということもできそうである。どのように考えたらよいのであろうか。

　以下では，独立当事者参加の中でも特に権利主張参加に着目して**Ⅱ**にて基本

───────────────────────────

1) 以下の解説では，[事例]を離れて一般的にも参加の対象となる訴訟の原告をX，被告をY，参加人をZとして記述することがあるので注意されたい。

2) 独立当事者参加については，LQ 577頁以下，アルマ381頁以下，長谷部362頁以下，重点講義(下)495頁以下のほか，畑瑞穂「独立当事者参加」基礎演習253頁以下を参照。

3) LQ 579頁，アルマ383頁ほか。このような要件を満たす典型例としてはXのYに対する所有権確認請求に対し目的物の所有権は自己に帰属すると主張してZがX・Y双方に対して所有権確認請求を定立して参加するというものが挙げられている。LQ 577頁，加藤新太郎＝松下淳一編『新基本法コンメンタール民事訴訟法(1)』（日本評論社，2018年）150頁［菱田雄郷］。

的事項を確認した上で，**Ⅲ・Ⅳ**にて 設問 について検討することとしたい。

Ⅱ．権利主張参加

1．審判規律と制度趣旨

⑴ 審判規律——40 条の準用

上記の通り，独立当事者参加訴訟の審判規律について 47 条 4 項は 40 条を準用しており，この結果，既存原告・被告間の請求と参加人の請求との間には，合一確定（同時に，統一した内容の判決が出ること）が保証される。もっとも，独立当事者参加の局面での 40 条適用の意義やあり方は，本来の適用場面である必要的共同訴訟における 40 条適用のあり方と若干異なるので注意が必要である。すなわち，40 条の本来の適用場面では相互の連合関係を基礎に共同訴訟人間にのみ 40 条は適用になる（X が Y_1・Y_2 を訴えていて Y_1・Y_2 間に必要的共同訴訟人の関係が成立する場合では，Y_1・Y_2 間にのみ 40 条は適用になる。したがって Y_1 は Y_2 の自白は阻止できても X の自白は阻止できない。より詳細な適用関係については，本書事例 21「固有必要的共同訴訟」［青木哲］を参照）のに対し，47 条で準用される局面では相互の牽制関係を基礎に 3 当事者全員との関係で 40 条は適用される（X・Y・Z 全員の関係で 40 条は適用になる。したがって Z は Y の自白も X の自白も阻止できる）。

⑵ 制度趣旨

ここで問題となるのは，このように権利主張参加において既存原告の請求と参加人の請求との間で合一確定が保証される趣旨である。これについては，平成 8 年の民訴法改正の前後で議論の変遷がある。

平成 8 年改正前の民訴法は現行法と異なり参加人が既存当事者の一方に対してのみ請求を定立してする独立当事者参加（片面的参加）を明文では許容していなかった。この旧法下では権利主張参加に 40 条を準用する趣旨を，三面紛争を矛盾なく一挙に解決するためであるとみる考え方が通説であった（以下「三面訴訟説」という）。判例もこの考え方により，権利主張参加の要件として参加人が原告・被告の双方に請求を定立することを要求していた（要件としての三面訴訟性の要求）[4]。これに対し，X の Y に対する所有権確認請求と Z の

X・Y に対する所有権確認請求が裁判所による弁論の併合により併合審理されるようになる場合には 40 条は準用されないと理解されており，参加という Z のイニシアティブでのみ 40 条準用が発動することから，権利主張参加における 40 条準用の趣旨は，既存当事者間の訴訟の結果参加人が不利益を被ることを回避できるようにすることにあるとする考え方[5]（以下「第三者保護説」という）が少数であるが有力な反対説として主張されていた。

しかし，この状況は平成 8 年改正を機に一変する。新法 47 条 1 項が「当事者の双方又は一方を相手方として……参加をすることができる」とし明文で片面的参加を許容した結果，上記の三面訴訟説の維持が困難となったのである。なぜならば，片面的参加は参加人と既存当事者の一方との間には紛争が存在しないことを想定しており，したがって 40 条準用の趣旨を「三面紛争の一挙的解決」に求めることができなくなったからである。これに対応し，三面訴訟説に代わり第三者保護説が支持を増やすようになった。現在では第三者保護説によって三面訴訟説は克服されたと言ってもよいかもしれない[6]。

2. 独立当事者参加制度についての立法論的疑問

しかし，第三者保護説の台頭は権利主張参加制度に対する新たな疑問も生んだ。権利主張参加で守ろうとしている第三者の利益は 40 条準用を正当化するか，という疑問である。

(1) 権利主張参加を基礎づける参加人の不利益

まず，権利主張参加を基礎づける第三者の利益（すなわち，権利主張参加を認めることにより保護することが企図される参加人の不利益）とはどのようなものであろうか。権利主張参加が認められるのは，参加人の請求が本訴の請求と論理的に両立し得ない関係にある場合であった。このような場合に参加人 Z が

4）　最大判昭和 42・9・27 民集 21 巻 7 号 1925 頁。

5）　井上治典『多数当事者訴訟の法理』（弘文堂，1981 年）269 頁以下，高橋宏志「各種参加類型相互の関係」新堂幸司編集代表『講座民事訴訟(3)』（弘文堂，1984 年）253 頁以下。

6）　山本弘「主観的予備的併合と同時審判申出共同訴訟」法教 373 号（2011 年）128 頁以下，特に 133-134 頁。菱田雄郷「多数当事者論の新動向」論ジュリ 24 号（2018 年）49 頁以下，特に 54 頁も参照。もっとも，片面的参加の請求の立っていない当事者間にも潜在的な紛争があるとして三面紛争の一挙的な解決という制度目的は現行法下でも維持可能とする見方もある。LQ 578 頁参照。

X→Y訴訟で認容判決が出ることにより被る不利益としては，以下の三つが指摘されている：①X・Y間でX主張の権利を認める内容の判決が出ることが，Xの権利と相容れない権利を主張するZを当事者とする後訴に対して事実上Zに不利益な影響を及ぼすこと（いわゆる証明効）。②Xの請求が認容されることによりXの主張する権利に裁判所がお墨付きを与える結果となり，それが裁判所外でのZによる権利主張の事実上の妨げとなること（いわゆるお墨付き効果）[7]。③参加人の権利実現の困難化。具体的には，(a)XがZから甲土地を購入したが便宜上ZからYへの移転登記を経由したとしてYを被告に所有権に基づき真正な登記名義回復を原因とする移転登記を求める訴えを起こしたのに対し，ZがZ→X譲渡の詐欺取消しを理由にYを被告としてZからYへの移転登記の抹消を求める請求を立てて権利主張参加をする場合（ 事例2 ）を前提に説明すると，登記がYからXに移ってしまうと権利行使の相手方がYからXに移ることによりZの登記の実現がより困難になること，Xからさらに不動産が転々流通することもあり得るほか，その過程で権利外観法理が介在してZの権利実現が事実上不可能になることがあり得ること。また(b)XがZから債権を譲り受けたとして債務者Yに対する取立請求訴訟を提起したのに対し，Zが債権譲渡を争って自己への支払を求めて権利主張参加をする場合（ 事例3 ）を前提に説明すると，Xによる取立てによりYの資力が悪化したり，Xに対する弁済が受領権者としての外観を有する者（新民法478条）に対する弁済として扱われたり，そうでなくともYによるZに対する任意弁済の可能性が著しく低下する結果，Zの権利実現が困難になること[8]。

(2) 立法論的懐疑論

しかし，これらの不利益の回避が40条準用を基礎づけるとされることに対しては，近時有力な疑問が提起されている。すなわち，①②の不利益については，単なる事実上の不利益でありせいぜい補助参加を基礎づけるに過ぎないのではないか[9]，また，権利主張参加をみとめ40条を準用してもX・Y間で（Xの請求内容を実現するような）裁判外の和解をすること（すなわちXの請求内容

---

7) 菱田雄郷「独立当事者参加について」小島武司先生古稀祝賀『民事司法の法理と政策(上)』（商事法務，2008年）703頁注15。①と②の区別は難しいが，①は裁判上，②は裁判外の影響と区別すると分かりやすいかもしれない。

8) 以上につき，菱田・前掲注7)699頁。

を実現するような債権的義務をYがXに対して負うこと）は有効になし得，さらにその裁判外の和解が訴訟上主張されればそれが判決に反映されてしまう以上，証明効やお墨付き効果の発生は結局防げないのではないか，というのである[10]。また③については，X・YがXの請求内容を実現するような裁判外の和解をすること（およびその和解をYが履行すること）により同様の不利益は生じてしまうこと（したがって判決や訴訟上の和解だけを防いでも意味がないこと）が指摘されている[11]。

　これらの疑問は，X・Yは本来私的自治による訴訟処分権限（自白，請求の放棄・認諾，訴訟上の和解等により自分たちの訴訟を処分する自由）を有しており，40条準用はZに，かかるX・Yの訴訟処分権限（処分の自由）に対する介入を認めることを意味するが，上記のZの利益はかかる介入を正当化し得ないのではないかという問題意識に結びつき，結果，独立当事者参加訴訟に40条を準用する現行法の規律（この規律自体は大正15年の民訴法改正に始まる）は立法的過誤ではないか，という問題提起につながっている（以下，この問題意識に立つ見解を「立法論的懐疑論」という）[12]。

3．具体的解釈論の問題

　さらに2でみた制度趣旨の理解の変遷や立法論的疑問の出現は，要件と効果（審判規律）における具体的解釈論にも影響を及ぼしている。

　効果面への影響を詳説している紙幅の余裕がないので[13]，本書では，二重譲渡事例を手がかりに，要件面への影響を設問に即して観察することにしたい。

9）　山本弘「多数当事者訴訟」同『民事訴訟法・倒産法の研究』（有斐閣，2019年，初出1998年）301頁。

10）　三木浩一「多数当事者紛争の審理ユニット」同『民事訴訟における手続運営の理論』（有斐閣，2013年，初出1997年）192頁。

11）　三木・前掲注10)192頁。

12）　三木浩一「多数当事者紛争の処理」同・前掲注10)259頁（初出2006年），山本弘・前掲注9)302頁。さらに，この懐疑論は立法論として権利主張参加訴訟における40条準用の廃止という改正提案に結びついている。三木浩一＝山本和彦編『民事訴訟法の改正課題』（有斐閣，2012年）40頁参照。

13）　法学教室連載時の記事（470号〔2019年〕92頁）には，その概要を紹介しているのでよろしければ参照されたい。なお，本書のこの項目は，法学教室連載時のものから大幅にその内容を書き直している。

Ⅲ. 〔設問〕(1)の解決

1.「請求の非両立性」の意味

　〔事例 1〕で権利主張参加の要件が満たされるかが〔設問〕(1)の問題である。

　これについては学説上対立がある（判例としては Z が仮登記を得ていたという事例で権利主張参加を否定した旧法下の判例として最判平成 6・9・27 判時 1513 号 111 頁〔百選 105 事件〕がある）。否定説[14]は，日本民法の対抗要件主義の下では X の Y に対する売買契約に基づく移転登記請求権と Z の Y に対する売買契約に基づく移転登記請求権は権利として相互に両立する（双方共に認容され得る）として，〔事例 1〕のような二重譲渡事例では権利主張参加の要件である請求の非両立性を満たさないとする。これに対し，肯定説[15]は，二重譲渡事例でも Y からの移転登記は X と Z のいずれかにのみ為され得ることを理由に，請求の非両立性要件を満たすとする。

　この議論の焦点は，権利主張参加の要件である請求の非両立性を(a)判決の対象である訴訟物レベルで見る（すなわち XY 請求と ZY 請求の訴訟物たる権利関係が両立するかで判断する）か，(b)判決内容の履行により実現される結果レベル[16]で見るか，にある[17]。これを決定する要因は二つある。一つは本問における Z に権利主張参加を正当化するだけの利益があるか，もう一つは，Z に認められる主張立証の範囲はどこまでか，である。

14）　三木浩一「独立当事者参加における統一審判と同一確定」同・前掲注 10) 219 頁以下（初出 2001 年），山本弘「権利主張参加の要件について」同・前掲注 9) 315 頁以下（初出 2018 年），伊藤 706 頁，新堂 839 頁（同第 4 版で肯定説から改説された。ただし Z が YX 契約の無効を主張する場合には参加を許すとしているので，正確にはⅣ 1 にいう区別説というべきかもしれない。同 842-843 頁参照），旧法下の説として吉野衛「不動産の二重譲渡と独立当事者参加の許否」浅沼武 = 近藤完爾編『民事法の諸問題Ⅱ』（判例タイムズ社，1966 年）308 頁（こちらも正確には後述の区別説である）。

15）　重点講義(下) 504 頁以下，菱田・前掲注 7) 705 頁以下，上野泰男「いわゆる二重譲渡事例と権利主張参加について」井上治典先生追悼論文集『民事紛争と手続理論の現在』（法律文化社，2008 年）190 頁以下。

16）　重点講義(下) 505 頁は，これを「請求の趣旨レベル」と表現する。

17）　LQ 579 頁。

2. 二重譲渡事例の権利主張参加を正当化する利益

権利主張参加が参加人の利益保護のためにあるとすれば，まず権利主張参加を正当化するだけの利益が二重譲渡事例の参加人Zにあるかが問題となる[18]。そこで，権利主張参加を基礎づけるとされていた不利益（すなわちⅡ2(1)で見た不利益）が，二重譲渡事例で生じるのかを 事例1 を手がかりに見てみたい。

まず，不利益①（証明効）は，ZのYに対する移転登記請求訴訟との関係では生じない。YX契約の存在が認められても，それはYZ契約が存在することを否定しないからである。しかし，XがXY請求認容判決に基づき移転登記を得た後でZがXに対してYX契約の不存在等とYZ契約の存在を主張して真正な登記名義回復を原因とする移転登記を求める訴えを提起した場合，XY請求の認容確定判決があることは，このZ→X請求を審理する後訴裁判所の裁判官にとってZに事実上不利な心証形成要因になる可能性はある。

不利益②（お墨付き効果）はどうか。XY請求認容判決が確定した後でZがYにYZ契約に基づく移転登記を裁判外で求めた場合，Xに対して登記をするよう命じる確定判決を受けたことがYがZの要求に応じる可能性を事実上低めるという可能性は否めないし，Xに登記が移転した後でZがXに対して裁判外で自己への移転登記を求める交渉を持ちかけた場合に，Xが交渉に応じにくくなるという可能性も否めない。

不利益③（権利実現の困難化）はどうか。Xに登記が移った後もZはXを相手に，YX契約の不存在等を主張して権利追及をすることはできるが，権利追及の相手方がYからXになるという問題が生じる。Xからさらに不動産の転々流通が起き，外観法理の介在によりZが権利を失ってしまうこともあり得る[19]。ただし，この関連で，XがYに対し処分禁止の仮処分をかけている限り，ZがZ→Y訴訟に勝訴して自己への移転登記を受けてもXのYに対する請求が認容されるとその登記が抹消されて（民保58条），YからXへの移転登記が実現してしまい対抗要件を備えられてしまうので，Zとしては独立当事者参加によりXY請求認容を阻止しないと後がない，と指摘されることがあるが[20]，上記の通り，YからXへの移転登記が実現しても，ZはXを相手に

---

18)　菱田・前掲注7)706頁の留保を参照。

19)　山本弘・前掲注14)334頁注38。

YX 契約の不存在等を主張して自己への移転登記を求めることはできるので，独立当事者参加をしないと後がないとまでは言えないことには注意が必要である[21]。

　以上によれば，第三者保護説が権利主張参加の制度趣旨として想定している不利益は，いずれも二重譲渡事例でも生じる。

　二重譲渡事例では，上記の（**事例 2**）・（**事例 3**）と異なりこの事例に固有の問題として，さらに X が先に登記を得てしまうと対抗関係で Z が X に負けてしまうという不利益（以下「④の不利益」とする）も生じ得る。そして，肯定説はどちらかといえばこれを二重譲渡事例で権利主張参加を基礎づける利益として重視してきた[22]。確かに④の不利益は，Z の権利喪失に直結するという意味で，理解しやすい不利益である。もっとも，④の不利益が二重譲渡事例で権利主張参加を基礎づけることについては否定説から，(a)権利主張参加をしても XY 請求に理由があると判断される限り XY 請求認容判決が出ることを Z は防げず，同時に自己の請求が認容されたとしても最終的に X が先に登記を備えてしまうことを完全には防げないという意味で権利主張参加は④の不利益の回避手段として不徹底であり有効とは言いがたい（さらに X が処分禁止の仮処分を得ていればこの不利益は回避しようがない）[23]，(b)むしろ，訴え提起で後れを取った Z が，後れを取り戻す目的で権利主張参加を使うことを認めるのは登記取得を巡る自由競争を害するという弊害がある[24]，という強い異論がある。肯定説からは(a)に対しては，XY 請求棄却を導く手段を与えること自体が重要である，(b)に対しては，XY 請求と ZY 請求についての認容判決が同時に出るようにすることは，Y の認諾や自白といった不合理な事情により X が先に勝訴することを防ぐという合理性があるという再反論がなされているが[25]，この再反論が奏功しているかどうかは，吟味の必要があるように思われる[26]。

20)　重点講義㊦508 頁注 10 の 2，越山和広『ロジカル演習民事訴訟法』（弘文堂，2019 年）204 頁。

21)　山本弘・前掲注 14)333 頁以下，八田卓也「独立当事者参加訴訟における民事訴訟法 40 条準用の立法論的合理性に関する覚書」伊藤眞先生古稀祝賀論文集『民事手続の現代的使命』（有斐閣，2015 年）506 頁注 54。

22)　例えば重点講義㊦505 頁。

23)　山本弘・前掲注 14)330 頁。

24)　三木・前掲注 14)225 頁。

25)　上野・前掲注 15)206 頁。

そうすると④の不利益については，これを権利主張参加を基礎づける不利益と
して評価する立場と，そうは評価せず，Ｘの請求に理由があってもＸがＺに
先んじて認容判決を得ることができなくなること（以下，これを「❹の弊害」と
する）を却って権利主張参加の不許を導く弊害として評価する立場と，正反対
の２通りの立場があり得ることになる。もっとも④の不利益を権利主張参加を
基礎づける不利益として評価することができないとしても，権利主張参加を基
礎づけ得るとされた①〜③の不利益は，上記の通り二重譲渡事例でも生じる。

　これらを踏まえると，二重譲渡事例で権利主張参加を正当化する利益がある
かどうかについては，以下の２通りの立場があり得ると思われる。

　まず，④を権利主張参加を基礎づける不利益として評価できるとする立場は，
①〜④の不利益が権利主張参加を許容することを正当化すると判断することに
なると思われる。④の不利益をカウントせず，むしろ❹を弊害と評価する立場
でも，①〜③の不利益を回避するという権利主張参加の利益が❹の弊害を上回
るという利益衡量をする場合には，同じ判断に至ることになろう。

　それに対し，④をカウントせず，むしろ❹を弊害と評価する立場に立ち，そ
れが①〜③の不利益回避の利益を利益衡量で凌駕すると評価する場合には，二
重譲渡事例において権利主張参加の許容を正当化する利益は存在しない，との
判断が帰結されることになると思われる。そもそも①〜③の不利益は権利主張
参加を許容することを正当化しない，という評価をする立場も同様の帰結に至
る。

3. Ｚに認められるのはいかなる事実の主張立証か

　重点講義㊦507頁以下注10の2は，肯定説と否定説の間には参加人Ｚが権
利主張参加訴訟において何ができるかについての見解の相違がある，否定説は
ＺはＺＹ請求（・ＺＸ請求）に理由があるという主張立証活動しかできないと考
える（以下「限定説」という）が，肯定説は，それにとどまらずＸＹ請求に理
由がないことを導く主張立証活動もできると考える（以下「非限定説」という），
と指摘する。

26）　ＸＹ請求棄却によって回避されるのは④の不利益ではないし，Ｘの請求に理由があるにもかか
　　わらずその認容判決が確定するのがＺの介入によって遅れることに合理性があるとは言いがた
　　い，という再々反論をされる可能性があるからである。

　通常の訴訟では，当事者が自己の請求と無関係の主張立証活動をすることは
認められないと考えられ，それを踏まえると限定説は一つ筋の通った考え方で
ある。そして権利主張参加訴訟で Z が自己の請求を認容に導く主張立証活動
しかできないとすれば，訴訟物レベルでの非両立性が存在しない場合には，40
条の準用を認めても Z による自己の請求を理由づける主張立証活動は XY 請
求を棄却に導くことにつながらないため，40 条準用という効果を認める意味
がない。他方で訴訟物レベルでの非両立性が存在する場合には，Z が自己の請
求に理由があることの主張立証に奏功すれば同時に X の請求を棄却に導ける
ので，これと別に X の請求に理由がない旨の主張立証活動を認める必要はな
い。したがってその限度でのみ Z の XY 請求に対する介入を認めるというの
は一つのあり得る選択肢である。

　他方で，重点講義㊦507 頁以下注 10 の 2 は，詐害防止参加では非限定説的
な扱いがなされ，民訴法が効果面で詐害防止参加と権利主張参加を区別してい
ない以上，権利主張参加でも非限定説によるのが妥当であると指摘する[27]（参
加人の利益保護という側面から権利主張参加と詐害防止参加を連続的に捉える思考
がその背景にある）。この考え方によれば，Z は自己の請求と離れて直接 XY 請
求棄却を導く主張立証活動ができる以上，権利主張参加を認める場合を XY
請求と ZY 請求が訴訟物レベルで非両立である場合に限定する必要はないこと
になろう。これも筋の通った考え方であり，一つのあり得る選択肢である。

　限定説，非限定説のいずれをとるかは，通常の訴訟における扱いが権利主張
参加であること（とりわけその制度趣旨）により変容することを認めることが
正当化されるとみるか，にあることになろう。

4.　考察

　2・3 での検討を踏まえると，二重譲渡事例の解決としては以下の 3 通りの

---

[27]　これに対する否定説からの反論として山本弘・前掲注 14）331 頁以下がある。
　　なお，この関連で Z が X に所有権確認請求を定立すれば，X はこの請求に対し対抗要件の抗
　弁を出し，それに対する再抗弁として Z は YX 売買の不存在等を主張できることになる，とい
　う指摘がある（越山・前掲注 20）205 頁以下，同「演習」法教 387 号〔2012 年〕168 頁）。指摘の
　通りだと思われるが，このことは X の Y に対する売買契約に基づく移転登記請求と Z の X に対
　する所有権確認請求との非両立性は基礎づけるが，それにより XY 請求と Z の Y に対する売買
　契約に基づく移転登記請求とが両立し得なくなることにはならない。

考え方が導かれるように思われる。

(a) まず，2で二重譲渡事例で権利主張参加を正当化する利益が存在するという立場に立ち，3で非限定説に立つ場合には，実現される結果レベルで非両立性を捉えて二重譲渡事例における権利主張参加を肯定することになろう。

(b) 次に，2で二重譲渡事例で権利主張参加を正当化する利益が存在しないという立場に立ち，3で限定説に立つ場合には，訴訟物レベルで非両立性を捉えて二重譲渡事例における権利主張参加を否定することになろう。

(c) しかし，2で二重譲渡事例で権利主張参加を正当化する利益を肯定する立場に立っても，3で限定説に立つことも可能であり，この立場では，その限度で二重譲渡事例における権利主張参加を肯定するという帰結（制限的肯定説）を導く可能性が出てくるように思われる。具体的には，ZがYが不動産売買契約を締結したのはXではなくてZだと主張しているケースのように，Zの主張に従えばX→Y請求権とZ→Y請求権が両立しない，という場合に限って二重譲渡事例における権利主張参加を肯定する，というものである[28]。この立場は，請求の非両立性については，訴訟物レベルで考えるが，それを抽象的にではなくZの主張に即して具体的に考察する立場だということができる（訴訟物の非両立性が認められる場合を，法律上の非両立性に限定せず，事実上の非両立性も含める立場だということもできる）。ZがYが不動産売買契約を締結したのはXではなくてZだと主張していても，実際に審理をしてみればYはZともXとも不動産売買契約を締結していたと判明することはあり得，その場合Z請求もX請求も認容する判決が出ることになるが，それは審理をした結果の話であり，飽くまで訴訟物の非両立性はZの主張に即して考える，というわけである[29]。

なお，理論上は3で非限定説に立ちつつ，2で二重譲渡事例における権利主張参加を正当化する利益を否定することも考えられるが（❹の弊害が①〜③の

---

28) もっとも，Zが，同一の契約について，その当事者がXではなくZであったと主張する場合は明確であるが，それ以外に，本件のようにZがYX契約と異なるYZ契約を想定した上で，例えば誠実な人物であるYがZと契約しておきながらXとも契約を結ぶはずはないと主張しているような場合（YZ契約の存在をYX契約不存在の間接事実として主張している場合）も含むか，すなわち外延をどうするかという問題がある。

29) そして，実はこれが昔の肯定説であったとも考えられる。兼子一『新修民事訴訟法体系〔増訂版〕』(1965年，酒井書店) 414頁。

不利益回避の利益を凌駕すると判断するとそうなるであろう），実際にそう主張する文献は見当たらず，この立場を理論的に基礎づけるのも難しいかと思われる。

　設問(1)との関係では，(a)の考えをとれば参加肯定，(b)の考えをとれば参加否定が帰結されよう。**事例 1**では Z の主張に即しても YX 契約と YZ 契約は両立するので，(c)の考え方でも参加は否定されることになろう[30]。上記で示した論点について内在的に整合した理屈立てができていれば，結論はいずれであっても構わない。

　制度趣旨との関連では，(a)は第三者保護説を前提としており，(b)は立法論的懐疑論ないし三面訴訟説を前提としている。(c)は理論上は第三者保護説と三面訴訟説の双方から帰結され得るが，第三者保護説に立ってこれを主張する文献は現実には現在のところ存在しないようである（第三者保護説に立つ場合には，同じように不利益①～③が生じるにもかかわらず，Z の自己の請求を理由づける主張から XY 請求の否定が導かれる限度でのみ権利主張参加を認めることの合理性が問われるように思われる）。

　現在では否定説は立法論的懐疑論の主唱者によって強く主張されている。立法論的懐疑論は，仮に Z の権利主張参加を許しても，X の請求を実現するような（**事例 2**では Y が X に登記を移転する旨の）裁判外の和解が可能であること，すなわち X の請求を実現する債権的義務を Y が負うことを Z は防ぐことができないことをその疑問の中核に置いていた（Ⅱ 2(2)）。二重譲渡事例はかかる債権的義務（契約に基づき X に登記を移転する義務）を Y が当初から負っている事例である（かかる債権的義務を負っているからこそ XY 請求と ZY 請求は共に認容される）。独立当事者参加後に Y が登記を移転する債権の義務を負い得ることが 40 条準用の非正当化を導くのであれば，当初からかかる債権的義務を負っている事例で 40 条準用が正当化されるわけがない。このような思考が，立法論的懐疑論が二重譲渡事例で否定説に立つ背景にあると考えられる。この様な形で，三面訴訟説を取ることが困難になった現行法下においては，否定説は立法論的懐疑論と強い牽連性を有しているという側面があり，他方で肯定説は第三者保護説と分かちがたく結びついている。

30）　もっとも外延をどうするかによりこの立場でも本件で参加を肯定する余地がないでもないことにつき，前掲注 28）。

Ⅳ. 〔設問〕(2)の解答

1. Z は XY 請求を争って参加申出をする必要があるか

　肯定説に立つとしても，Z が XY 売買の不存在や無効を主張し XY 請求を争って参加するかどうかで参加の許否を区別するべきであろうか。区別するべきであるとする見解（Z が XY 請求を争って参加する場合に限って参加を認める見解。区別説）[31]と，区別するべきではないとする見解（非区別説）[32]が対立している。

　非区別説は，Z が本案について何を主張するかは参加後の問題であって，参加の許否の段階で考慮する事柄ではない（参加の許否は，133 条 2 項 2 号にいう請求の趣旨と原因でのみ判断するべき）ことをその理由とする[33]。

　他方で，区別説の問題意識は次の点にあると考えられる。二重譲渡事例で Z が XY 請求を争わずに参加申出をし，結局最後まで XY 請求を争わなかった場合には，まさに Z は XY 請求が認容される時期を遅らせるためだけに権利主張参加をしたことになる。このような権利主張参加は上述した①②③の不利益を防ぐことができない，権利主張参加としてはほぼ無意味な参加になる。④の不利益は防げるがこれが権利主張参加を基礎づけるかどうかには有力な異論があり，むしろ❹を弊害として捉えるのであればこのような参加は逆に否定するべきではないか。このような問題意識である。

　以上によれば④を権利主張参加を基礎づける不利益としてカウントできると考えるのであれば，非区別説で問題ないということになろう。④を権利主張参加を基礎づける不利益としてカウントできずむしろ❹が弊害だと考えた場合には，区別説に立つ余地が生じる。区別説に立つ場合には非区別説の上記指摘に応答する必要があるが，これについては XY 請求の成立を否定してはじめて「請求の非両立性」（条文の文言に即せば「訴訟の目的の全部もしくは一部が自己の権利であること」の主張）の要件が満たされると応答することになろうか。

　なお，制限的肯定説も非区別説の指摘を克服できる可能性があるが，第三者

---

31)　新堂 842-843 頁，吉野・前掲注 14）。
32)　重点講義(下)508 頁注 10 の 2。
33)　重点講義(下)508 頁注 10 の 2。

保護説に立つ限り「制限」的肯定がどのように正当化されるかという問題点があることは前述した。

2. Z が仮登記をしていた場合はどうなるか

　Z が X による仮処分よりも前に Y → Z の移転登記について仮登記（不登 105 条）を得ていた場合はどうか。上記不利益④（対抗関係で負けるという不利益）を二重譲渡事例の不利益として重視すると，仮登記の順位保全効（同 106 条）により X が先に移転登記を得ても Z が仮登記に基づく本登記を得れば X に勝つことができ，この不利益は生じない。このことから肯定説でも Z が仮登記を得ていた場合には権利主張参加は不適法になるとする見解が一般的である[34]。

　もっとも，④が権利主張参加を基礎づける不利益たり得るかには有力な異論もあった。他方，Z が仮登記を得ていても，①②③の不利益は（③は，仮登記がある分 X からの転々流通の過程で外観法理が介在する可能性は低くなるかもしれないが）生じる余地があることに変わりはない。④を権利主張参加を基礎づける不利益としてカウントしない立場に立つのであれば，仮登記の有無にかかわらず肯定説に立つ余地はあるように思われる。

V. まとめ

　権利主張参加の具体的解釈論は制度趣旨の理解と分かちがたく結びついているところがあるので，まずその連関をしっかりと押さえることが肝要である。立法論的懐疑論には相当の説得力がある。しかしこれに全面的に依拠してしまうと現行法の解釈論が成り立たなくなる。そのことが権利主張参加の理解を困難にしていることは否めないが，逃げずに議論の絡み合いに取り組んでもらいたい。

---

34)　重点講義(下)505 頁以下，菱田・前掲注 7)706 頁以下。そしてこの観点から前掲最判平成 6・9・27 の結論は正当であるとされる。

■ **答案作成時の要点** ━━━━━━━━━━━━━━━━━━━━━━━━

✔ 権利主張参加の要件としての請求の非両立性の指摘。

✔ 二重譲渡事例で権利主張参加を基礎づける不利益は生じるか，XY 請求認容判決と ZY 請求認容判決が同時に出ることがあることをどう評価するか。

✔ 権利主張参加で Z が主張立証できるのはいかなる範囲の事実か。

✔ 請求の非両立性をどのレベルで捉えるべきか。

✔ Z が XY 請求を争わない場合どうか。

✔ Z が仮登記をしていた場合どうか。

24

事例

　甲土地はもとＡが所有していたところ，ＡからＢへの所有権移転登記が経由された。Ａの唯一の相続人であるＸは，甲土地を相続したとして，Ｂに対し，所有権確認および真正な登記名義の回復のための所有権移転登記手続を求める訴え（以下「前訴」という）を提起した。前訴においてＸは，甲土地に関するＡＢ間の売買（以下「本件売買」という）につきＡの代理人として契約をしたＹの無権代理を主張したところ，Ｂがこれを争い，ＹはＡから代理権を授与されていたと主張しつつ，予備的にＹの表見代理を主張した。ＸはＢの予備的主張を争う意向を固める一方で，いずれＹを被告とする損害賠償請求訴訟を提起する可能性があると考え，第１回口頭弁論期日が終結した後，Ｙに対して訴訟告知をした（以下「本件訴訟告知」という）。ところが，本件訴訟告知を受けたＹは，代理権の存在を主張するため，Ｂ側への補助参加を申し出た。Ｘはこれに対して異議を述べたが，裁判所はＹの補助参加を許可した（以下「本件補助参加」という）。裁判所は，ＡがＹに「代理権を授与したとまで認定することは困難」と述べつつ，Ｙには表見代理が認められると判断し，Ｘの前訴請求を棄却する判決をした（以下「前訴判決」という）。前訴判決に対し，Ｘが控訴期間内に控訴しなかったため，同判決は確定した。

　その後，Ｘは，本件売買におけるＹの無権代理により損害を被ったとして，Ｙに対して不法行為に基づく損害賠償を求める訴え（以下「本訴」という）を提起した。本訴において，Ｙは，本件売買についてＡから代理権を授与された旨主張し，請求棄却判決を求める答弁をした。そこでＸは，前訴判決においてＡのＹに対する本件売買の代理権の授与は否定されているところ，Ｙの主張はこれに抵触するので許されないと反論した。

設問

(1)　Xは本件訴訟告知の書面に何を記載すべきか。

(2)　前訴の裁判所は，本件補助参加を許可したが，この判断は妥当か。

(3)　本訴において，Xは，前訴判決の効力により，Yの主張は許されないと述べている。本訴の裁判所は，この効力によってYの主張を排斥することができるか。

(4)　**事例**と異なり，前訴において，BはXが主張する，本件売買におけるYの無権代理を認めた（なお，表見代理の予備的主張はなかった）ため，裁判所はXの請求を認容したものとする（以下同様に「前訴判決」という）。その後，BがYを被告として無権代理人の責任追及として損害賠償を求める訴えを提起した（以下同様に「本訴」という）。本訴において，Bは，前訴判決の効力により，Yは本件売買につきAから代理権を授与されたと主張することは許されないと主張した。Bの主張の当否を検討しなさい。

■ 解説

Ⅰ. 問題の所在

　本問では，補助参加（42条以下）および訴訟告知（53条）を取り上げる[1]。 **事例** は，訴訟告知の目的論等に影響を与えた，仙台高判昭和55・1・28高民集33巻1号1頁を参考にしたものである。設問では，訴訟告知書の記載事項（ **設問** (1)），補助参加の利益（ **設問** (2)），訴訟告知に基づく参加的効力（ **設問** (3)），参加的効力の除外事由（ **設問** (4)）を問うている。

Ⅱ. 訴訟告知と補助参加

1. 訴訟告知

(1) 意義・目的

　訴訟告知（53条）は，訴訟係属中，当事者から，訴訟係属の事実を訴訟参加のできる利害関係人に法定の方式によって通知することをいう[2]。この定義が示すように，訴訟告知それ自体は，「訴訟係属の事実の報告」であり，訴訟参加の強制や第三者（被告知者）に対する裁判上の請求の性質を有するものではない[3]。

　訴訟告知には，次の二つの目的がある。第1に，係属中の訴訟の結果に法律上の利害関係のある第三者に対し，訴訟係属を通知して訴訟参加の機会を提供することである。第2に，告知者は，被告知者が参加することにより協力を得ることができるほか，被告知者が参加しなくても，告知者と被告知者の間に生ずる裁判の効力（53条4項。後述する「参加的効力」）により被告知者との間の

---

1) LQ 560頁以下，573頁以下，アルマ389頁以下，395頁以下，中野ほか597頁以下，607頁以下等。議論状況を知るには，佐野裕志「補助参加と訴訟告知の効力」伊藤眞＝山本和彦編『民事訴訟法の争点』（有斐閣，2009年）84頁以下，重点講義㊦425頁以下等を参照。

2) 新堂827頁，中野ほか607頁，アルマ395頁，松本＝上野811頁。多少表現が異なるが，伊藤698頁，LQ 573頁等も同旨である。

3) 兼子一原著『条解民事訴訟法〔第2版〕』（弘文堂，2011年）276頁〔新堂幸司ほか〕。

後訴を有利に展開できることである。前者を「被告知者のための訴訟告知」，後者を「告知者のための訴訟告知」という。これらの概念は，訴訟告知それ自体としては 1 個でありながら，これに結び付けられる効果に応じ，訴訟告知の目的を区別できるところに意味がある。

　訴訟告知制度は，補助参加制度とともに発展した経緯を持つ。訴訟告知の本来の目的は「告知者のための訴訟告知」，つまり，訴外第三者に対して告知者を補助するための参加（いわば「援軍」）を要請したことに基づき，実際には参加しなくても告知者と被告知者との間に裁判の効力（参加的効力）を及ぼすことにあった。もっとも，ドイツ法からこの制度を継受した後，旧々民訴法の大正 15 年改正により，同法で告知者と被告知者の間に求償賠償関係が存在することを求めていた規律が削除され，「参加することができる第三者」を相手として訴訟を告知できる旨の文言に変更された[4]。この改正により被告知者の範囲が拡張され，裁判の効力（参加的効力）の獲得を予定しない訴訟告知が明文で許容されたことから，「被告知者のための訴訟告知」が観念され，前述した訴訟告知の目的をめぐる議論（目的論）が生じた。実際，訴訟告知は様々な意図で利用されるが，経緯および効力の強さに照らせば，訴訟告知は「告知者のための訴訟告知」が主目的[5]であり，「被告知者のための訴訟告知」の側面もある[6]と整理すべきである。

(2)　参加することができる第三者

　訴訟告知は誰に対してなすべきか。民訴法 53 条 1 項は，「参加することができる第三者」を相手にすることができると規定する。「参加」とは，一般に，民訴法によって許容された訴訟参加一般を指す。したがって，補助参加（42 条。

4）　沿革については，佐野裕志「第三者に対する訴訟の告知」新堂幸司編集代表『講座民事訴訟(3)』（弘文堂，1984 年）279 頁以下，上田徹一郎＝井上治典編『注釈民事訴訟法(2)』（有斐閣，1992 年）277 頁以下［上原敏夫］等を参照。

5）　類型論として，中本敏嗣「訴訟告知に関する諸問題」判タ 578 号（1986 年）9 頁以下（藤原弘道＝山口和男編『民事判例実務研究(5)』〔判例タイムズ社，1990 年〕405 頁以下所収）を参照。本来型のほか，「付随型」等が指摘される。中本・前掲 9 頁によれば，付随型には，訴訟資料の収集・充実目的の訴訟告知，事実関係の解明による紛争の早期・画一的解決目的の訴訟告知がある。付随型は，本文にいう「被告知者のための訴訟告知」とはまた趣が異なるものと言えそうだが，訴訟告知による訴訟係属の了知を契機として付随型の上記目的が果たされる限り，無効と言うまでもないだろう。

6）　重点講義(下)479 頁注 65 も参照。

なお，共同訴訟的補助参加[7]を含む。以下同様）のほか，共同訴訟参加（52条），独立当事者参加（47条）が含まれる。

(3) 告知の理由および訴訟の程度

　訴訟告知書に記載すべき事項は，①告知の理由，②訴訟の程度である（53条3項）。①は，被告知者がその訴訟に参加する利益を基礎付ける事由のことである。被告知者が訴訟参加するかどうかを判断できるだけの情報が必要であるから，具体的には，係属中の訴訟の請求の趣旨，原因の要旨，被告知者の利害に関係する争点の内容を記載すべきである。さらに，訴訟の結果次第で，告知者と被告知者の間に法律上の争訟が生ずるおそれがあるときは，その内容も具体的に記載すべきである[8]。他方，②は，どこの裁判所に訴訟が提起されたか，訴訟はどこまで進行しているか（訴状送達を受けた，争点整理手続の最中である，中断している）等の状況のことである。 **設問** (1)については，①として，XのBに対する本訴の請求の趣旨および原因の要旨，争点として本件売買におけるYの代理権の有無の記載が必要であり，②として，例えば，第1回口頭弁論期日が終結し，争点整理前の段階である等と記載することになろう。

(4) 手続

　訴訟告知は，上記①および②を記載した訴訟告知書を受訴裁判所に提出して行う。訴訟告知書は一定の方式に従って作成される必要があるから，明らかに不適式であるときは，裁判所は告知者に不備を補正させた上で，被告知者に送達する。ただし，告知書の瑕疵は責問権喪失（90条本文）の対象になるから，被告知者が訴訟参加後，または，後日の告知者との間の訴訟で遅滞なく異議を述べないときは治癒される。訴訟告知書は，相手方にも送付しなければならないが（民訴規22条3項），送付の目的は被告知者が訴訟参加したときに異議（44条1項）を述べるかどうかの判断を準備させる点にあるため，送付がなくても訴訟告知が不適式になる訳ではない[9]。

7）　補助参加か，共同訴訟的補助参加かは，参加人の申出によるのではなく，裁判所が法令の解釈によって決定する。最判昭和40・6・24民集19巻4号1001頁。

8）　兼子原著・前掲注3)278頁［新堂ほか］。

9）　兼子原著・前掲注3)279頁［新堂ほか］。

2. 補助参加

⑴　補助参加の利益

　補助参加（42条）とは，訴訟の係属中，当事者の一方の勝訴について法律上の利害関係を有する第三者が，その当事者を補助して訴訟を追行するために，訴訟に参加することをいう[10]。このように補助参加は参加人が被参加人を勝訴させることを通じて自己の法的利益を保全する制度である。参加人は，代理人と異なり自己の計算で訴訟参加するため，当事者からの依頼なしに，さらにその意に反しても参加することができる。しかし，参加によって当事者の訴訟追行や訴訟の進行に支障が生ずる危険もあり，無制約な参加を許せば当事者の利益が害されるおそれがあることから，参加を正当化する理由として参加人には「訴訟の結果について〔の〕利害関係」（42条）が求められる。

　同条の「利害関係」は法律上の利害関係と解され，判例も同旨である[11]。（a）参加人の利害（利益）としては，事実上のもの・経済上のものは除外されるが[12]，法律上のものであれば，財産法上のものに限られず，身分法上のもの，公法上のもの（例えば，刑事関係）でも差し支えない[13]（以下「法的利益」という）。他方，（β）「訴訟の結果」は，係属中の訴訟の訴訟物についての判断と参加人の法的地位との間に論理的な先決関係がある場合に限定する見解（訴訟物限定説）と，訴訟物についての判断のほか，その前提となる事項（判決理由中で判断される事項のうち，主文の判断を直接基礎付けるもの）についての判

---

10)　兼子原著・前掲注3)237頁［新堂ほか］，LQ 560頁，中野ほか597頁。やや簡略だが，新堂810頁，アルマ389頁等も同旨。

11)　最判昭和39・1・23集民71号271頁は「専ら訴訟の結果につき法律上の利害関係を有する場合に限られ〔る〕」とし，最決平成13・1・30民集55巻1号30頁も，このことを前提に「法律上の利害関係を有する場合とは，当該訴訟の判決が参加人の私法上又は公法上の法的地位又は法的利益に影響を及ぼすおそれがある場合をいうものと解される」とする。

12)　親族等の身内を助けたいとの感情等は事実上の利害関係として除外される（大阪高決昭和47・9・28判タ288号328頁，東京高決昭和50・5・16判タ329号132頁）。また，当事者が敗訴して財産が減少すると利益配当が少なくなる，扶養が受けられなくなる等の経済上の利害関係も除外される（兼子一『新修民事訴訟法体系〔増訂版〕』〔酒井書店，1965年〕400頁，兼子原著・前掲注3)230頁［新堂ほか］等）。

13)　兼子・前掲注12)400頁，伊藤眞「補助参加の利益再考」民訴41号（1995年）16頁，兼子原著・前掲注3)230頁［新堂ほか］等。

断との間に論理的な先決関係がある場合をも含む見解（訴訟物非限定説）とが対立する。前者はかつての通説である。現在多数説を形成するのは後者であるが，近時は前者を再評価する見解[14]もある[15]。ともあれ，（γ）補助参加は，（α）と（β）の間の「関係」が認められるとき，つまり参加人の「法的利益」が「訴訟の結果」によって影響を受ける（そのような「関係」がある）ときに認められる。もっとも，（α）と（β）の関係性は，両者の間を論理的に説明できる限り認められる。この意味で事実上のものであり，伝統的には（α）が（β）の前提問題となる先決関係と解されてきた。ただし近時は，後掲平成14年最判（事実上の択一関係）が訴訟告知の効力の前提として必要な被告知者の補助参加の利益を否定したことに批判的な学説[16]と呼応した形で，（α）と（β）の間に択一関係があるときにも両者の間に事実上の関係を認める見解も有力化しつつある[17]。なお，係属中の訴訟の結果について判決効拡張規定がある場合，（α）と（β）の関係は法律上の関係として把握され，参加態様としては共同訴訟的補助参加[18]となる。

(2) 具体例

　では，「訴訟の結果」（β）の「（参加人の）法的利益」（α）に対する影響（利害）関係（γ）はどのような場合に認められるかにつき，具体例を見てみよう。【1】保証債務履行請求訴訟に主債務者が参加する場合，当該訴訟の判決で保証債務の存在（β）が認められると[19]，求償請求訴訟では，保証人の主債務者に対する求償権の存在（α）にとって（β）が先決問題になるため，両者の関係性（γ）が認められる。【2】同一事故の被害者Ｐの加害者Ｒに対す

---

14) 理由付けとして，①補助参加制度は一方当事者の勝訴を支援する以上，訴訟物単位であり，争点単位の支援は想定されていないこと，②訴訟物に利害のない者に上訴・再審の訴えを許すべきではないこと，③訴訟物非限定説では争点整理が終わるまで参加の利益を判断できないこと等が指摘されている。笠井正俊「補助参加の利益に関する覚書」井上治典先生追悼論文集『民事紛争と手続理論の現在』（法律文化社，2008年）215頁，LQ 562頁等。

15) 中野ほか598頁以下等。

16) 松本博之「判批」民商127巻1号（2002年）138頁，上野㤗男「判批」判評532号（判時1815号）（2003年）17頁等。

17) 勅使川原和彦『読解民事訴訟法』（有斐閣，2015年）219頁以下，同「判批」百選214頁等。

18) 最判昭和63・2・25民集42巻2号120頁。

19) 本来，保証債務は履行されない限り，求償権を行使できないが（民459条。なお，民460条の事前求償は別論），本文のように説明しておく。

る損害賠償請求訴訟に他の被害者 Q が参加する場合，当該訴訟の判決で P に対する R の損害賠償義務（β）が認められても，他の被害者 Q による損害賠償請求訴訟では，Q に対する R の損害賠償義務の存在（α）にとって（β）は先決問題ではないから，両者の関係性（γ）は認められない。訴訟物限定説に従うときは，これが結論となる。これに対し，訴訟物非限定説では，PR 間の請求認容判決の理由中で認定された R の過失の存在を（β）と捉えると，この（β）は QR 間の訴訟においても同一の資料を証拠として同様に認定される可能性がある。とすると，Q に対する R の損害賠償義務の存在（α）にとってこの（β）は先決問題であるから，両者の関係性（γ）が認められる。その他，村（大字）の決議に基づいて出納員の住民 S に対する寄付割当金請求訴訟の被告側に他の住民 T が参加したのを認めた大決昭和 8・9・9 民集 12 巻 2294 頁，株主代表訴訟の被告取締役側に会社が参加することを認めた平成 13 年最決（前掲注 11））も，【2】と同様，訴訟物限定説では参加の利益が否定されるが，訴訟物非限定説では肯定されると見られる[20]。

　以上を踏まえて 設問 (2)を考えよう。ここでは XB 間の前訴の判決において X の所有権（β-1），X の B に対する登記請求権（β-2）が認められると，本訴における X の Y に対する不法行為に基づく損害賠償請求権の存在，つまり参加人 Y の法的利益である，Y の不法行為責任（民 709 条）の不存在（α）の先決問題になるかどうかが問題である。まず（β-1）が認められると，Y の不法行為責任（α）が成立しないため，（β-1）は（α）の先決問題になると考えてよいだろう。他方，（β-2）が認められたとしても，登記請求権自体は Y の不法行為責任（α）を左右しないため，（β-2）は（α）の先決問題にはならない。ところが， 事例 の前訴では（β-2）のみならず（β-1）も訴訟物になっており，これにも前訴判決の既判力が生ずる。それ故，前訴の「訴訟の結果」全体としては（β）が（α）の先決問題になると言えなくはないが，やはり場合分けをした方が分かりやすい。

　まず，「訴訟の結果」を X の所有権の存在（β-1）とした場合を見てみよう。

---

20)　「訴訟の結果」の捉え方により，結論が異なり得る下級審裁判例もある。東京高決昭和 49・4・17 下民集 25 巻 1〜4 号 309 頁，東京高決平成 2・1・16 判タ 754 号 220 頁は肯定例（訴訟物非限定説に親和的）であり，東京高決平成 20・4・30 判時 2005 号 16 頁（百選 102 事件）は否定例（訴訟物限定説に親和的）である。

前訴判決でＸの所有権が認められると，Ｙとしては，①無権代理を原因とするＸに対する不法行為責任（民709条）を免れるという法的利益に基づいてＸに加担できる側面と，②Ｂからの無権代理人の責任（同117条）の追及を免れるという法的利益に基づいてＢに加担できる側面があるものと解される（①については後で詳論する）。以上は訴訟物限定説による結論であるが，訴訟物非限定説に従うときでも訴訟物であるＸの所有権（β-1）とＹの法的利益の間に関係性が肯定される限り，参加の利益があるため，結論は同じになる。そしてこの場合，Ｘが①の側面を考えてＹに訴訟告知をしていても，Ｙが①と②のどちらを選択するかは自由である。ここではＹが②を選択したために，Ｘにとっては想定外のこととして異議を述べたと考えられるが，ＹがＢ側に参加を申し出たことにつき，前訴裁判所が②の側面から参加の利益を認めることに支障はないものと解される。

　次に，「訴訟の結果」をＸのＢに対する登記請求権の存在（β-2）とした場合を見てみよう。前訴判決でＸのＢに対する登記請求権が認められても，Ｘの所有権は判決理由中で判断されるため，既判力は生じない。とすると，訴訟物限定説ではＹの参加の利益が否定される。これに対し，訴訟物非限定説では，判決理由中で認められたＸの所有権が判決主文の判断を直接基礎付けるものである限り，「訴訟の結果」をＸの所有権の存在（β-1）とした場合と同様，Ｙの法的利益に影響するから，Ｙには参加の利益が認められる。

　さて，上記の説明では，前述①に関するＹの法的利益を肯定してきたが，この点については，もう少し考察を深めておく必要がある。というのも，(事例)におけるＸの所有権の存否は，本件売買についてＹがＡの代理人として代理権を有するかどうか，または，表見代理が認められるかどうかに左右されるからである。すなわち，Ｙの有権代理もＹの表見代理も，Ｘの所有権の存否の判断を直接左右し得る主張であるところ，Ｘの所有権を否定する際には，どちらか一方が認容されれば足りる。したがってＹの表見代理が認められた場合には，もはやＹの代理権の存否はＸの所有権の存否の判断を左右しないため，判決理由中でＡがＹに「代理権を授与したとまで認定することは困難」と述べられた点は傍論にすぎない。確かにこの引用部分は，Ｙの無権代理を認定したものと読むことができない訳ではない。しかしながら，Ｙの表見代理の成否が争点として設定された審理においては，わざわざＹの無権

代理を認定する必要はない。換言すれば，Y の代理権が否定されたこと（Y の無権代理）から本件売買契約の効果の A に対する不帰属，よって A の所有およびX による相続を経て，X への所有権の帰属といった，Y の有権代理の成否が争点と設定された場合における推論は働かない。このように，たとえ Y の無権代理が認められても，Y の表見代理によって本件売買契約の効果は A に帰属する結果，X には所有権が認められないのであるから，この限りで X の主張は失当である。にもかかわらず X は Y の無権代理を前提として自己の所有権を主張している以上，A の代理人を自称する Y との協力関係の成立には困難なところがある。しかしながら，「訴訟の結果」と「法的利益」に関する前述①の関係は，X が敗訴して所有権が否定された場合に，X がその原因を Y の無権代理に求めて Y の不法行為責任を追及してくる可能性の除去という上記協力関係とは別の「スジ」に関するものである。そしてこの可能性は，まさに Y の表見代理が争点となったときに現実味を帯びる。以上のように考えれば，前述①のように，Y には，X からの責任追及を免れる目的で X を擁護するべく X 側に参加する利益が認められるものと解される。

⑶　補助参加人に対する裁判の効力

　第三者が係属中の訴訟の一方当事者に補助参加し，被参加人が敗訴した場合，敗訴判決の効力は補助参加人に対しても及ぶ（46 条）。なお，同条は，「〔補助参加に係る訴訟の〕裁判……の効力」は「補助参加人に対してもその効力を有する」と規定し，被参加人の敗訴に限定していないが，通説は「裁判の効力」を定めた規定の理論的根拠を後述のように参加人と被参加人の間における敗訴責任の分担に求めることから，上記が導かれる。

　さて「裁判の効力」の性質は，既判力とは異なり，敗訴責任の分担という公平の観念に由来し，それ故に特殊な判決効として既判力から区別され，「参加的効力」と呼ばれる。かつて「裁判の効力」を既判力とする見解があり，同旨の大審院判決もあった。しかし，沿革的には，旧々民訴法の時代から「裁判の効力」は条文の文言に従って参加的効力と解されており[21]，「裁判の効力」の規定が旧々民訴法 55 条 1 項の大正 15 年改正によって現行法 46 条と同様の文言（旧民訴法 70 条）になり，既判力説が台頭する余地が生じた後も，参加的効

---

21)　雉本朗造「判決ノ参加的効力」同『民事訴訟法論文集』（内外出版印刷，1928 年，初出 1918 年，1920 年）937 頁。

力説が支配的であった[22]。また，実質的にも，①既判力を及ぼすにはその者に対する手続保障が必要という建前からは補助参加人は当事者ではない以上，既判力を及ぼすには適さないこと，②「裁判の効力」の発生には明文で除外事由が規定されるが（46条参照），民訴法はかかる制約のある既判力を知らないこと等を考慮すると，参加的効力説が妥当である。判例（最判昭和45・10・22民集24巻11号1583頁〔百選103事件〕）も，「いわゆる既判力ではなく，それとは異なる特殊な効力，すなわち，判決の確定後補助参加人が被参加人に対してその判決が不当であると主張することを禁ずる効力」と判示したことにより，性質論は収束した[23]。以下では，「裁判の効力」を参加的効力と呼ぶ。

ところで，参加的効力説を前提にすると，「裁判の効力」と既判力の間には，以下の相違点がある。第1に，参加的効力は参加人と被参加人の間にのみ生じ，参加人と相手方の間には生じない（参加的効力の主観的範囲）。第2に，被参加人敗訴の場合にしか生じない。第3に，参加人の訴訟行為に関連して効力の発生が除外される事由が法定されている。第4に，確定判決の主文の判断に限らず，参加人の法律上の地位の先決問題になる理由中の判断にも生じる（参加的効力の客観的範囲）。第5に，後訴の当事者が援用しなければ裁判所は顧慮しない（職権調査事項ではない）。

Ⅲ．訴訟告知に基づく参加的効力

1．要件

⑴　訴訟告知と参加的効力の関係

民訴法53条4項は，被告知者が参加しなかった場合，「第46条の規定の適用については，参加することができた時に参加したものとみなす」と規定する。すなわち，民訴法46条は，被告知者が補助参加を行ったものと擬制することにより，補助参加人と同様，被告知者は「裁判の効力」（＝参加的効力）を受け

---

22)　兼子一『民事訴訟法概論』（岩波書店，1938年）128頁以下，同『民事法研究(2)』（酒井書店，1954年）55頁以下。

23)　最近，既判力自体も当事者間の公平に由来するとの立場から参加的効力もまた既判力と解する見解（新既判力説）も見られる。

ることを明らかにした規定である。被告知者に参加的効力が生ずる理由が補助
参加の擬制である以上，被告知者が実際に告知者の側に適時に補助参加した場
合，本条に基づく参加的効力は生じない[24]。これに対し，被告知者が相手方
の側に実際に補助参加した場合は，参加的効力の要件としての参加の有無をど
のように考えるべきか。(**事例**)の元になった昭和55年仙台高判は同様の事案
において訴訟告知に基づく参加的効力を認めたが[25]，被告知者が相手方に補
助参加した場合には相手方との間で実際の参加に基づく参加的効力が生じ，訴
訟告知に基づく参加的効力はその要件は満たしても生じないものとする見解が
多数説である[26]。

(2) 参加することができる第三者

　訴訟告知は，「参加することができる第三者」(53条1項)を相手にしなけれ
ばならない。前述した通りここでの「参加」は補助参加に限られないが，少な
くとも補助参加のできる第三者でなければ，訴訟告知は本来の効力を生じない。
したがって，第三者に補助参加の利益のあることが訴訟告知の要件となる[27]。
　もっとも，訴訟告知は訴訟の係属中に一方当事者の判断で行われ，訴訟告知
書の提出を受けた裁判所は，その適式性[28]を審査することはあっても，訴訟
告知の名宛人が補助参加の利益を有するかどうか(訴訟告知の適法性)を判断
し，それがなければ訴訟告知の申出を却下するようなことはない。現行法がそ
うした制度になっていないからである。したがって，訴訟告知書の提出を受け
た裁判所は，しばしば機械的に名宛人である被告知者に送達するのが実情とも
言われる[29]。この反面，被告知者に補助参加の利益があったかどうか(訴訟告

---

[24]　なお，現実に参加した時期が，「参加することができた時」よりも後れる場合には，なお本条
　　による参加擬制の効力を認める余地があることは別論である。
[25]　後掲の多数説と異なり，昭和55年仙台高判と同様，被告知者が相手方に実際に補助参加して
　　も訴訟告知に基づく参加的効力は生じるとする見解も見られる。松本博之「訴訟告知の効果の範
　　囲」龍谷法学46巻4号(2014年)761頁(775頁以下)。
[26]　LQ 576頁，重点講義(下)479頁等。
[27]　告知者と被告知者の関係は，被参加人と参加人の関係に当たると擬制することによって参加的
　　効力の規定が準用されるのであるから，被告知者が告知者に補助参加する利益がなければならな
　　い。
[28]　記載内容の不明確，不十分な点を釈明して補正させることにより，告知者の一方的な便宜的利
　　用を調整し，被告知者の地位に配慮する趣旨とされる。中本・前掲注5)12頁。
[29]　中本・前掲注5)13頁注16等。

知の適法性）は，前訴判決の確定後，告知者と被告知者の間で後訴が提起され，いずれかの当事者から参加的効力が援用されるに至ってようやく判断される。 設問 (3)の本訴がまさにこの場合である。

　では， 事例 のYは，X側に補助参加する利益を有するだろうか。この点については， 設問 (2)に関してⅡ2(2)で検討した通り，Yは，Xが前訴に勝訴して所有権が認められると，無権代理を原因としたXに対する不法行為責任を免れるという法的利益を有することから，YはX側に補助参加する利益が認められる。とすると，Xの訴訟告知に基づき，XY間にはXのBに対する前訴請求を棄却した確定判決の参加的効力が生ずる[30]。

(3)　参加的効力の範囲

　上記(2)の通り，本件訴訟告知に基づき，Yには前訴判決の参加的効力が及ぶ。では，参加的効力はいかなる範囲で発生するだろうか。まず，主観的範囲は，訴訟告知が行われたことが参加的効力の前提となる場合であるから，告知者と被告知者の間に生ずると考えることに基本的に問題はない。しかし，被告知者が告知者の相手方に参加した場合，前述(1)の多数説によれば，実際の補助参加による参加的効力が優先し，訴訟告知に基づくそれは生じないとされることに留意する必要がある。

　次に，客観的範囲であるが，前述したように（Ⅱ2(3)参照），参加的効力は判決主文の判断のみならず，判決理由中の判断にも生ずる。この点は，前掲昭和45年最判も「判決の主文に包含された訴訟物たる権利関係の存否についての判断だけではなく，その前提として判決の理由中でなされた事実の認定や先決的権利関係の存否についての判断などにも及ぶ」とする。しかし，判決理由中の判断と言っても，それだけでは茫漠としており，どのような認定・判断に拘束力が生ずるかは，具体的な事例に即して検討しなければならない。判例（最判平成14・1・22判時1776号67頁〔百選104事件〕）は，この点について指針を提供している。すなわち，「判決の理由中でされた事実の認定や先決的権利関係の存否についての判断とは，判決の主文を導き出すために必要な主要事実に係る認定及び法律判断などをいうものであって，これに当たらない事実又は論点について示された認定や法律判断を含むものではないと解される。けだし，

---

30)　訴訟告知は参加的効力にとって必要条件であるが，十分条件ではないとも言われる。これは，「被告知者の範囲≧裁判の効力が及ぶ者の範囲」の関係が成り立つことを意味する。

ここでいう判決の理由とは，判決の主文に掲げる結論を導き出した判断過程を
明らかにする部分をいい，これは主要事実に係る認定と法律判断などをもって
必要にして十分なものと解されるからである。そして，その他，旧民訴法 70
条〔現行法 46 条に相当〕所定の効力が，判決の結論に影響のない傍論において
示された事実の認定や法律判断に及ぶものと解すべき理由はない」とする。

　引用した判旨（とりわけ，二か所の下線部分で共通して述べられている内容）は，
一般論として異論のないところだろう。そこで，この判旨に従って 事例 を検
討すると，前訴判決の理由中における，A が Y に「代理権を授与したとまで
認定することは困難」であるとの判断は，主文の判断にとっては傍論にあたる
（Ⅱ 2⑵の後半を参照）。そうである以上，Y の無権代理の認定・判断には参加
的効力は生じないと解さざるを得ない。XY 間の関係についてより実質的に考
えても，本件売買において A の代理人を自称する Y には，Y をして無権代理
人とみる X の主張に同調する理由がない。つまり，X と Y の間には互いに協
同して主張立証を行う関係が成立しない以上，判決理由の中でも傍論にすぎな
い無権代理の判断に参加的効力を及ぼして Y を拘束し，後訴における Y の防
御活動を制約するのが公平とは言い難い。したがって Y は，前訴判決の参加
的効力に拘束されず，本件売買について A から代理権を授与された旨を主張
することができる。なお， 設問 ⑶とは直接関係はないが，Y の表見代理は，
前訴判決において X の請求を棄却する直接的な根拠となった認定・判断であ
るから，参加的効力が生じるものと解される。

2. 除外事由

　民訴法 46 条は，参加的効力の発生が妨げられる事由（除外事由）を規定す
る。①補助参加の時における訴訟の程度に従い訴訟行為をすることができなか
ったとき（1 号），②補助参加人の訴訟行為が，被参加人の訴訟行為と抵触し
たため，効力を生じなかったとき（2 号），③被参加人が補助参加人の訴訟行為を
妨げたとき（3 号），④被参加人が補助参加人のすることができない訴訟行為を
故意または過失によってしなかったとき（4 号）には参加的効力は生じない。
 設問 ⑷では，前訴の被告であり，被参加人である B が，X の主張する本件
売買における Y の無権代理を自白している。Y が B の側に補助参加すること
ができた（補助参加の利益が認められた）のは，B が請求棄却の答弁をした上で，

Xの主張を争って本件売買のYによる有権代理を主張する点では，Aの代理人を自称するYの利害と一致するからである。すなわちYは，このBの主張（抗弁）を擁護してBを勝訴させれば，自らの法律上の地位も保全される関係にある。しかし，Yは補助参加人である以上，その訴訟上の地位は被参加人Bに従属する。すなわち，YはBの訴訟行為に抵触する訴訟行為をすることができず，仮に行っても効力は生じない（45条2項）。したがって，前訴におけるBの自白は，BのみならずYにとっても不利な訴訟行為ではあるが，YはBの自白に抵触する行為，具体的にはXの主張を争ってA代理人Yの有権代理である旨の抗弁を提出することができず，仮にYが提出しても効力は生じない。これがYのBに対する従属性の帰結であり，この結果，Bの自白がYによって覆されずに維持され，よってBが敗訴した場合には，Bの敗訴責任をYと負担するべく参加的効力をYに及ぼすことは公平に反する。以上のように，前訴におけるBの自白に抵触するYの訴訟行為は，法46条の除外事由②に該当し，Yには参加的効力が及ばないから，本訴におけるBの主張は不当である。

■ **答案作成時の要点** ━━━━━━━━━━━━━━━━━━━━━━

㋐ 設問 (1)について
　✓ 参加の趣旨とは何か。訴訟の程度とは何か。
㋑ 設問 (2)について
　✓ 訴訟の結果に対する法律上の利害関係を判断する基準は何か。
㋒ 設問 (3)について
　✓ 訴訟告知に基づく参加的効力を判断する基準は何か。
㋓ 設問 (4)について
　✓ Ｂの自白に抵触するＹの訴訟行為は効力を生じないこと。この場合，法律上，参加的効力の除外事由に該当すること。

25

［解答時間 70 分］

事例

　X（賃貸人）は，甲土地について，Y（賃借人）との間で賃貸借契約（以下「本件賃貸借契約」という）を締結し，Yに引き渡した。Yは，甲土地上に乙建物を建築して，住居として使用していた。Xは，本件賃貸借契約において，Yとの間で，Yが甲土地を駐車場として使用する旨の合意（以下「本件合意」という）をしたことを理由に，Yに対して，建物を取り壊すよう求めたが，Yがこれに応じなかった。そこで，Xは，用法違反を理由に本件賃貸借契約を解除したことを主張し，甲土地上の乙建物を所有しているYを被告として，賃貸借契約の終了に基づき建物収去土地明渡しを求める訴えを提起した（以下「本件訴訟」という）。

　その後，Xは，Yが乙建物をZに賃貸し，引き渡したこと（以下「本件引渡し」という）を主張して，Zに対して，甲土地の所有権に基づき乙建物からの退去による甲土地の明渡しを求めて，訴訟引受けの申立てをした。

設問

　(1)　XのZに対する訴訟引受けの申立ては認められるか。

　(2)　Zに対する引受決定がされたが，Zはすべての期日に，準備書面を提出することなく欠席している。受訴裁判所は，引受決定後にされたYの証拠申出により，本件賃貸借契約を仲介したAに対する証人尋問を行い，その結果に基づいて，本件合意の事実は認められないという心証を得た。そのため，Yに対する請求について，Yの用法違反は認められず，請求を棄却すべきであるとの判断に至った。この場合，受訴裁判所は，Zに対する請求についても，上記のAに対する証人尋問の結果に基づき，本件合意の事実を否定して，請求を棄却する判決をすることができるか。

■ **解説**

I. 問題の所在

〔事例〕は，最判昭和41・3・22民集20巻3号484頁（百選109事件。以下「昭和41年判決」という）を参考にしている。

本問のテーマである訴訟承継[1]は，訴訟係属中に，当事者が死亡したり，係争物が譲渡されたりした場合に，当事者の相続人や係争物の譲受人などを当事者とする新たな訴訟を提起しなければならないことにならないように，相続人や譲受人などに従前の訴訟手続を引き継がせるための制度である（LQ 591頁）。

訴訟承継には，従前の当事者の法的地位が包括的に第三者に承継される場合（当事者の死亡など）における当然承継[2]と，従前の当事者の特定の法的地位が第三者に承継される場合における参加承継・引受承継がある。当然承継においては，当然に（参加の申出や裁判を要することなく），承継人が従前の訴訟の当事者の地位を承継し，訴訟上の請求も承継人の権利義務の主張に変更される[3]。これに対して，参加承継・引受承継においては，参加申出により，または申立てに基づく引受決定により，承継人が新たに定立される承継人の権利義務についての請求の当事者となる。いずれの場合にも，承継人が従前の当事者による訴訟追行の結果である訴訟状態[4]を引き継ぎ，承継前の弁論・証拠調べの結果や中間的な裁判は，相手方と承継人との間でも効力を有する[5]。また，消滅時効の完成猶予や期間遵守の効力が維持される（参加承継および引受承継について，

---

1) 訴訟承継について，アルマ400頁以下，LQ 591頁以下，長谷部384頁以下，高橋概論340頁以下を参照。

2) 当然承継について，本書事例6「任意的訴訟担当」［青木哲］Ⅲ1を参照。

3) 中野貞一郎「訴訟承継と訴訟上の請求」同『民事訴訟法の論点Ⅰ』（判例タイムズ社，1994年，初出1993年）154頁。

4) 訴訟状態とは，「それまでの主張・立証等の訴訟活動によって形成されてきた，勝訴の見込みと敗訴のおそれが交錯する浮動的な状態」をいう（中野・前掲注3)157頁）。補助参加に関して「訴訟の程度」（45条1項ただし書）と表現されるものである（越山和広『ロジカル演習民事訴訟法』〔弘文堂，2019年〕214頁）。

5) 山木戸克己「訴訟参加と訴訟承継」民事訴訟法学会編『民事訴訟法講座(1)』（有斐閣，1954年）300頁，306頁。

49 条・50 条 3 項・51 条）。

設問(1)では，どのような場合に訴訟引受けが認められるのかが問題にな
る。**事例**においては，従前の被告に対する請求がなお維持される場合であっ
ても，また，従前の被告に対する請求と承継人（引受人）に対する請求とで訴
訟物となる請求権が異なる場合であっても，引受承継を認めることができるの
かがポイントとなる。

設問(2)では，引受決定がされた場合に，従前の当事者間における引受原
因（**事例**では，乙建物の賃貸と引渡し）の発生前の主張や否認について，承継
人の援用なく，承継人に対する請求との関係でも訴訟資料となるのか，引受原
因の発生後になされた従前の当事者の申出による証拠調べの結果について，承
継人の援用なく，承継人に対する請求との関係でも証拠資料となるのかが問題
になる。

Ⅱ．参加承継と引受承継

1．係争物の譲渡と訴訟承継主義

訴訟の係属中に訴訟物たる権利関係やその目的物（係争物）が譲渡された場
合に，その結果生じる権利関係ないし紛争主体の変動を訴訟手続にどのよう
に反映させるのかについて，民訴法は，承継人を当事者として加入させ，従前
の訴訟状態を引き継がせるという方法（訴訟承継主義）を採用している。従前
の当事者に承継人のために訴訟追行をさせるという方法（当事者恒定主義）を
採用せず，承継人を当事者として加入させるのは，訴訟物たる権利関係やその
目的物について利害関係を有するに至った承継人に，訴訟追行の機会を与える
ためである（長谷部 389 頁）。また，承継人に従前の訴訟状態を引き継がせるの
は，承継人に対する訴訟を新たに開始しなければならないとすると，当事者の
一方に生じた事情により，従前の訴訟追行が無駄になり，有利な訴訟追行上の
地位が失われ，当事者間の公平に反するからである（長谷部 384 頁）。

他方で，訴訟承継主義によると，係争物が譲渡されたが，それが判明せず，
承継人を当事者として加入させることができなかった場合に，従前の当事者に
対する確定判決の効力は承継人に拡張されず，訴訟手続が無駄になるという問

題がある。この問題に対して，物の引渡請求訴訟や登記請求訴訟の原告は，係
争物に関する仮処分（民保23条）を利用することができる。例えば，所有権に
基づく物の引渡請求訴訟において，被告である占有者を仮処分債務者とする占
有移転禁止の仮処分（民保25条の2第1項柱書かっこ書）がされると，その後
に物の占有が第三者に移転しても，仮処分債務者の占有喪失を顧慮することな
く，仮処分債務者を被告としたままで請求認容判決を得ることができ[6]，その
確定判決に基づいて，仮処分につき悪意の占有者および善意の占有承継人に対
して，物の引渡しの強制執行をすることができる（民保62条。当事者恒定効）。

2. 参加承継と引受承継

参加承継・引受承継が認められるのは，訴訟係属中に第三者が「その訴訟の
目的である権利の全部又は一部を譲り受けた」場合（49条・51条）および「そ
の訴訟の目的である義務の全部又は一部を承継した」場合（50条・51条）であ
り（これらの事由〔要件〕を訴訟承継〔参加承継・引受承継〕の原因，承継〔参
加・引受〕原因という），前者の場合を権利承継，後者の場合を義務承継という。

参加承継は承継人が申出により訴訟に参加するのに対して，引受承継は相手
方（被承継人の相手方当事者）の申立てに基づく裁判所の引受決定により承継人
が訴訟の当事者となるものである。権利承継の場合には，承継人が参加するこ
と（49条）が想定されるが，相手方が権利承継人に対して引受申立てをするこ
ともできる（51条後半部分）。また，義務承継の場合には，相手方が承継人に
対して引受申立てをすることが想定されるが，義務承継人が参加すること（51
条前半部分）もできる。

参加承継・引受承継が認められると，承継人はその権利義務に係る新たな請
求について当事者となり，従前の当事者間の請求と，承継人の請求とが一つの
手続で審理・判決されることになる。このように参加承継・引受承継は主観的
追加的併合の特殊な形態である。また，前述したように，従前の当事者により
形成された訴訟状態が承継人の請求について引き継がれることになる。

6）　民事保全法制定前であるが，最判昭和46・1・21民集25巻1号25頁。

Ⅲ．参加承継・引受承継の原因

1．特定承継の態様

　参加承継・引受承継が認められるのは，訴訟の目的である権利の承継，または訴訟の目的である義務の承継があった場合である（49条1項・50条1項・51条）。承継には，売買や債権譲渡などの任意処分によるもの，強制競売（民執79条）や転付命令（民執159条）のような執行処分によるもの，代位取得のような法定の原因によるものを含む。また，権利義務の移転のほか，被承継人の権利を前提とする権利の設定（抵当権の設定[7]や賃借権の設定など）を含む[8]。

2．訴訟承継の根拠と承継人の範囲

　訴訟承継が認められる特定承継には訴訟物たる権利義務そのものの承継の場合と，訴訟物たる権利義務の目的物の承継の場合がある。前者の場合は，例えば，貸金返還請求訴訟の係属中に貸金債権が譲渡された場合である。

　後者の場合には，従前の当事者間の請求と承継人の（に対する）請求とで訴訟物たる権利義務の内容が同じ場合と，異なる場合がある。同じ内容である場合として，例えば，土地所有権に基づく建物収去土地明渡請求訴訟の係属中に，第三者が被告から建物所有権を取得したという場合がある[9]。**事例**は訴訟物たる権利義務の内容が異なる場合であり，被承継人に対する請求は賃貸借契約の終了に基づく債権的請求権であるが，承継人に対する請求は所有権に基づく物権的請求権である。このような場合についても昭和41年判決は，承継人に対する請求が従前の当事者間の請求内容を実現するために必要な請求であり，従前の当事者間における訴訟資料・証拠資料が承継人に対する請求に利用され

7）　不動産の所有権を主張する原告が所有権保存登記の登記名義人に対して提起した当該登記の抹消登記請求訴訟の係属中に，被告から当該不動産につき抵当権の設定を受けた抵当権設定登記の名義人に対する訴訟引受けの申立てを認めた裁判例として，大阪高決昭和38・5・30高民集16巻4号250頁がある。

8）　上田587頁。

9）　この場合にも，訴訟物たる権利義務が承継とともに同一性を維持して移転するわけではなく，承継人が新たに同一内容の義務を負うことになる。

るべきであるとして，引受承継を認めている。

　訴訟承継による訴訟状態の引継ぎについて，兼子一「訴訟承継論」[10]141 頁以下は，「訴訟物の譲渡の承継人が参加する場合は，前当事者の利益を承継し争の主体となりしが故であって，他の場合の如く独立の利益に基づくものでなく，随って在来の訴訟状態をその儘承認しなければならぬのである。」という[11]。このように，訴訟物たる権利義務についての利益主体による訴訟追行の結果を，係争物の特定承継によりその利益を承継した者が引き継ぐものとされる[12]。このことは「当事者適格の移転」として説明されたが，係争物の譲渡により従前の当事者の請求についての当事者適格が承継人に移転するわけではない（重点講義(下)566 頁）。また，従前の当事者間の請求と承継人の請求とで訴訟物たる権利関係が異なる場合もある。そこで，「紛争の主体たる地位の移転」という表現が用いられるようになった（重点講義(下)581 頁，582 頁注 25）。

　これに対して，「実体適格」（訴訟上主張された権利義務の帰属主体性のことをいう。「事件適格」ともいう）の承継により，訴訟承継を根拠づける見解も有力である[13]。この見解は，「権利承継人は権利承継の時点において存在するままの権利，したがって訴訟係属が生じたものとして権利が置かれている訴訟上の発展段階にある権利について実体適格を前主から承継し，免責的債務引受人は同じように訴訟の発展段階にある債務について実体適格を前主から承継すると解することができる。」という[14]。

3. 昭和 41 年判決

　昭和 41 年判決は，土地賃貸借の賃貸人が，土地上の建物を所有する賃借人

---

10)　兼子一「訴訟承継論」同『民事法研究(1)』（酒井書店，1950 年，初出 1931 年）1 頁。

11)　同書は，続けて，「彼の承継せる利益は要するに生成中の既判力の付着せるものなのである。」という。

12)　上田 587 頁は，係争物の特定承継において，承継人の法的地位が被承継人の法的地位（訴訟物たる権利関係に限定されない）に依存する場合に，係争物につき最も緊密な利害関係にあった被承継人による訴訟追行上の地位の承継を認めることができるという説明をする。

13)　松本博之「民事訴訟における訴訟係属中の係争物の譲渡」同『民事訴訟法の立法史と解釈学』（信山社，2015 年，初出 2010 年〜 2011 年）319 頁，鶴田滋「判決効拡張・訴訟承継における承継人概念──実体適格と訴訟追行権」法時 88 巻 8 号（2016 年）26 頁，29 頁以下。

14)　松本・前掲注 13)321 頁。なお，同論文は，給付訴訟の訴訟物につき，申立てと事実関係からなるとする二分肢説を前提としている。

に対して，無断増築による契約解除と契約の期間満了を理由とする建物収去土地明渡しを求める訴えを提起し，この訴訟の係属中に，土地賃借人からその所有する建物の一部を賃借し，これに基づき，当該建物の一部および建物敷地の占有を承継した者に対して，所有権に基づき建物からの退去を求めて引受申立てをしたという事案において，上記の者が引受承継における承継人に該当することを認めた。

その理由として，同判決は，第 1 に，「土地賃借人が契約の終了に基づいて土地賃貸人に対して負担する地上建物の収去義務は，右建物から立ち退く義務を包含するものであり，当該建物収去義務の存否に関する紛争のうち建物からの退去にかかる部分は，第三者が土地賃借人から係争建物の一部および建物敷地の占有を承継することによって，第三者の土地賃貸人に対する退去義務の存否に関する紛争という型態をとって，右両者間に移行し，第三者は当該紛争の主体たる地位を土地賃借人から承継したものと解される」ことを挙げ，「たとえ，土地賃貸人の第三者に対する請求が土地所有権に基づく物上請求であり，土地賃借人に対する請求が債権的請求であって，前者と後者とが権利としての性質を異にするからといって，叙上の理は左右されない」とする。本判決は，被承継人に対する請求と承継人に対する請求とで実体法上の請求権が異なっていても，建物および敷地の占有の承継により，承継人が建物収去義務に含まれる建物退去義務を負うに至ったことから，紛争の主体たる地位の移転を認めている。引受申立人である原告からみると，借地上の建物の占有の移転により，従前の請求（建物収去）を実現するために，承継人に対する建物退去を求める請求が必要となったことにより，引受承継の必要性が基礎づけられる。

同判決は，第 2 に，「これを実質的に考察しても，第三者の占有の適否ないし土地賃貸人に対する退去義務の存否は，帰するところ，土地賃貸借契約が終了していないとする土地賃借人の主張とこれを支える証拠関係（訴訟資料）に依存するとともに，他面において，土地賃貸人側の反対の訴訟資料によって否定されうる関係にあるのが通常であるから，かかる場合，土地賃貸人が，第三者を相手どって新たに訴訟を提起する代わりに，土地賃借人との間の既存の訴訟を第三者に承継させて，従前の訴訟資料を利用し，争いの実効的な解決を計ろうとする要請は，民訴法 74〔現行 50〕条の法意に鑑み，正当なものとしてこれを是認すべきであるし，これにより第三者の利益を損うものとは考えられ

ないのである。」という。ここでは，承継人に対する請求における承継人の抗弁（占有権原）が，相手方と被承継人の間の土地賃貸借契約が終了していないことを実体的な基礎としていることを前提に，この点に関する従前の当事者間の訴訟資料（主張資料）および証拠資料が承継人に対する請求に利用されるべきことから，引受承継が肯定されている。

4. 設問(1)について

　Yに対する請求の訴訟物は，土地賃貸借契約の終了を理由とする建物収去土地明渡請求権である。請求原因事実[15]は，［請求原因①］XY間で甲土地について本件賃貸借契約を締結したこと，［請求原因②］本件賃貸借契約に基づき甲土地の引渡しをしたこと，［請求原因③］XY間で甲土地の用法について本件合意をしたこと，［請求原因④］Yが甲土地上に建物を建て，住居として使用していること，［請求原因⑤］XがYに請求原因④の使用をやめるよう催告をしたこと，［請求原因⑥］Yが請求原因④の使用をやめなかったこと，［請求原因⑦］請求原因⑤の催告後相当期間が経過したこと，［請求原因⑧］請求原因⑦の相当期間の経過後XがYに対し本件賃貸借契約の解除の意思表示をしたことである。

　これに対して，Zに対する請求の訴訟物は，土地所有権に基づく返還請求権としての土地明渡請求権である。Zに対する請求の請求原因事実は，［請求原因ⅰ］Xが甲土地を所有していること，［請求原因ⅱ］甲土地上に乙建物が存在していること，［請求原因ⅲ］Zが乙建物を占有していることである[16]。これに対する抗弁事実は，まず，［抗弁ⅰⅱ］Yの借地権を基礎づける事実であり，これはYに対する請求の請求原因①および②の事実と共通である。これに加えて，Yの借地権を前提にZの敷地の占有権原を基礎づける事実として，［抗弁ⅲ］YZ間で乙建物について賃貸借契約を締結したこと，［抗弁ⅳ］抗弁ⅲの賃貸借契約に基づき乙建物を引き渡したことである。これに対する再抗弁

---

15) 司法研修所編『民事訴訟における要件事実(2)』（法曹会，1992年）106頁以下，田中豊『論点精解民事訴訟法──要件事実で学ぶ基本原理〔改訂増補版〕』（民事法研究会，2018年）400頁，越山・前掲注4)211頁以下を参照。

16) 大島眞一『新版 完全講義民事裁判実務の基礎 入門編〔第2版〕』（民事法研究会，2018年）201頁以下。

事実は，本件賃貸借契約の終了を基礎づける事実であり，Y に対する請求原因③から⑧の事実と共通である。

事例において，Z は，X の Y に対する土地賃貸借契約の終了を理由とする建物収去土地明渡請求訴訟の係属中に，Y から建物の占有を承継した者であり，訴訟物たる権利義務の承継を受けた者ではない。また，Y に対する請求における訴訟物が土地賃貸借契約の終了に基づくものであるのに対して，Z に対する請求における訴訟物は所有権に基づくものであり，旧訴訟物理論を前提とすると，訴訟物たる権利関係の内容が異なる。しかし，Y に対する請求が建物の収去と土地の明渡しを求めるものであるところ，Z が Y から建物の占有を承継したことによって，Y に対する請求権の実現のために，Z に対する請求の必要が生じたものであるから，Z に対する訴訟承継を認める必要がある。また，Z の建物の占有による敷地の占有権原は，Y の土地賃借権に基づくものであり，XY 間の土地賃貸借契約の終了を基礎づける事実（Y に対する請求原因③から⑧の事実）は，Z に対する請求における再抗弁事実と共通であり，Y に対する従前の訴訟における訴訟資料を利用しうる関係にあるので，Z は Y による訴訟追行の結果を引き継ぐべきであるということができる。

Ⅳ. 参加承継・引受承継の手続

1. 参加承継の手続

　参加承継は，承継人が独立当事者参加の方式で参加申出をしてする（49 条 1 項・51 条前半部分）。訴訟物たる権利について，自らが権利者であると主張する第三者が参加する権利主張参加と，自らが譲渡を受けたと主張する第三者が参加する参加承継とは類似するからである。

　参加人は，当事者として参加するので，相手方（被承継人の相手方当事者）に対して請求を定立する必要があり，従前の当事者による訴訟追行の結果が，参加人と相手方の間の請求に引き継がれることになる。

2. 引受承継の手続

　引受承継は，相手方の引受申立てに対する裁判所の引受決定により行われる

（50 条 1 項・51 条後半部分）。引受申立ては，期日においてする場合を除き，書面でしなければならない（民訴規 21 条）。引受承継により引受人が新たに当事者となるので，引受人を当事者とする請求が定立される必要がある（重点講義（下）573 頁以下参照）。(事例)のように，建物収去土地明渡請求訴訟の係属中の建物賃借人に対しては，建物退去土地明渡請求を定立することになる（松本＝上野 819 頁）。

引受申立てに対しては，当事者および引受人を審尋し，決定で裁判する（50条 1 項・2 項）。引受原因が認められない場合には，申立てを却下する[17]。引受決定に対しては，独立の不服申立てをすることができない。引受決定後に，引受原因の不存在が判明した場合[18]には，本案の問題として引受人に対する請求の当否の判断（引受人の権利義務が認められないので，通常は請求棄却判決であるが，債務不存在確認の訴えで被告債権者側の承継が認められない場合には請求認容判決）を示すべきである[19]。

V．参加承継・引受承継後の審理

1．訴訟状態の引継ぎ

訴訟承継により従前の当事者により形成された訴訟状態が，承継人の（に対する）請求について引き継がれる。従前の当事者により提出された訴訟資料（主張や否認）および証拠資料（証拠調べの結果）は，承継人の援用なく，承継人の（に対する）請求についても裁判資料となる。訴訟承継の原因となる特定承継が生じた後は，承継人に主張立証の機会が与えられるべきであるから，訴訟状態の引継ぎは承継原因が生じた時点が基準となる。

通説によると，承継人は訴訟状態の引継ぎを拒むことができず（訴訟状態承

17）　抗告（通常抗告）により不服申立てをすることができる。民訴法 328 条 1 項。

18）　この場合の問題について，山本克己「兼子一『訴訟承継論』における実体法的思考と訴訟法的思考」松本博之先生古稀祝賀論文集『民事手続法制の展開と手続原則』（弘文堂，2016 年）177頁，185 頁以下参照。

19）　昭和 41 年判決の事案においては，第 1 審において引受決定がされて承継人に対する請求認容判決がされ，この判決に対する控訴および控訴棄却判決に対する上告により，引受決定の当否が争われた。

認義務），例えば，被承継人がした自白については承継人も拘束される（撤回が制限される）[20]。これに対して，近時は，訴訟状態承認義務を否定し，訴訟状態の引継ぎを当然には認めない見解が主張されている[21]。この見解は，承継人の（に対する）新しい請求については，その両当事者に完全な当事者権ないし手続保障が与えられるべきであるという。しかし，従前の当事者による訴訟追行の結果が無駄になるおそれがあり，従前の当事者の有利な訴訟追行上の地位が，訴訟物たる権利義務や係争物の移転により失われることになるのは，相当でないと考える[22]。もっとも，訴訟状態承認義務を否定しても，同一手続で併合審理されることの効果として，従前の訴訟手続で得られた証拠資料を，承継人の援用なく，承継人の（に対する）請求に利用することができること（152条2項参照）が指摘されている[23]。

2.　参加承継後の審理の規律

　参加承継においては，参加人が独立当事者参加の形式により参加し，従前の当事者間の請求について，取下げ（261条）や脱退（48条・50条3項・51条）がなされない場合，民訴法47条により40条1項から3項が準用される。例えば，原告Gの被告Hに対する貸金返還請求訴訟の係属中に，貸金債権を譲り受けたと主張するIが参加する場合，権利主張参加の場合と同様に，参加人Iは，GがHに対して請求認容判決を得ることを阻止するために，GH間の訴訟追行を牽制することができる。もっとも，権利主張参加においては，参加前に従前の当事者が自白した場合，参加人が否認すると自白の効力が生じないと解される[24]のに対して，参加承継においては，参加人が従前の当事者間の自白に拘束されるという点で異なる。

---

20)　兼子一『新修民事訴訟法体系〔増訂版〕』（酒井書店，1965年）422頁，山木戸・前掲注5)300頁，伊藤716頁，722頁。

21)　新堂幸司「訴訟承継論よ，さようなら」新堂幸司＝山本和彦編『民事手続法と商事法務』（商事法務，2006年）355頁，378頁以下。

22)　重点講義(下)585頁以下注28の2。

23)　金美沙「訴訟承継論における『訴訟状態の拘束力』について」慶應法学17号（2010年）95頁，120頁以下。（狭義の）訴訟資料については，相手方が承継人の同意を得て一括援用をすることや，承継人が一括援用をすることができるという。

24)　山木戸・前掲注5)304頁は，旧民訴法62条（現行40条）は従前の当事者が参加前にした訴訟行為にも適用されるという。

3. 引受承継後の審理の規律

引受承継においては，民訴法50条3項により同時審判申出共同訴訟[25]の規律（41条1項および3項。以下「同時審判の規律」という）が準用される。準用の理由として，第1に，義務の承継において，被承継人に対する請求と承継人（引受人）に対する請求が法律上両立し得ない関係にある場合には，訴訟係属前の承継と同様に，訴訟係属中の義務の承継においても，同時審判の確保という効果を生じさせること，第2に，被承継人と承継人との間で義務の帰属について争いがある場合や，相手方が被承継人と承継人のいずれかに対して勝訴したいという場合には，判断が区々にならないようにする必要があることが挙げられている[26]。

上記の債権譲渡の例において，Hの引受申立てにより，譲受人Iに対して引受決定がされると，同時審判の規律の準用により，譲渡人Gの請求と譲受人Iの請求について同一手続で審理および判決がされる。このため，債権譲渡が認められないとしてGのHに対する貸金返還請求が認容されるとともに，債権譲渡が認められるとしてIのHに対する貸金返還請求も認容される（または，HのIに対する債務不存在確認請求が棄却される）という事態（相手方Hにとっての「両負け」）が回避される[27]。もっとも，引受原因である債権譲渡が認められないとして引受申立てが却下されると，譲受人から別訴を提起され，「両負け」の事態が生じうることになるから，同時審判の規律の準用による「両負け」の事態の回避が意味を持つのは，係属中の訴訟の裁判所が，債権譲渡を認めて引受決定をしたが，その後の審理の結果，債権譲渡が認められないという判断に至った場合，すなわち，引受原因を欠いていた場合である。

[事例]のように被承継人に対する請求と承継人に対する請求が併存しうる場合（重畳的承継の場合）には，両請求は「法律上併存し得ない関係にある場合」にはなく，「両負け」の回避の要請もないが，同時審判の規律が準用される[28]。

25) 同時審判申出共同訴訟について，アルマ126頁以下，LQ 543頁以下，長谷部336頁以下，高橋概論311頁以下を参照。

26) 法務省民事局参事官室編『一問一答 新民事訴訟法』（商事法務，1996年）64頁以下。

27) 民訴法41条は，「共同被告の一方に対する訴訟の目的である権利と共同被告の他方に対する訴訟の目的である権利」について定めているが，民訴法51条により50条3項が準用される場合には，共同原告となる被承継人の請求と承継人の請求についても同時審判の規律が準用される。

両請求が同一の利益の実現を目的とし，従前の当事者による訴訟追行の結果が承継人に対する請求に引き継がれるべき場合には，両者に対する請求は承継後も同一手続で審理されるべきであると考える[29]。

　引受承継における民訴法 41 条 1 項および 3 項の準用は，弁論および裁判の分離の禁止ならびに控訴審における弁論および裁判の併合という効果の準用であると解され，引受決定がされれば，申出を要することなく[30]（民訴法 50 条 3 項は，41 条 2 項を準用していない），同時審判の規律が準用される。

　同時審判の規律の準用は，引受決定後の従前の当事者間の請求と承継人の（に対する）請求が通常共同訴訟の関係にあることを前提としている[31]。通常共同訴訟において，共同訴訟人の一人の（に対する）主張や否認の効果は，他の共同訴訟人の（に対する）請求には及ばない（共同訴訟人独立の原則。39 条）が，共同訴訟人の一人の申出による証拠調べの結果（証拠資料）は，他の共同訴訟人に，当該証拠調べについて立会いの機会，再尋問の機会（152 条 2 項）など防御権が与えられることを前提に，他の共同訴訟人の（に対する）請求についての心証形成にも利用することができる（共同訴訟人間の証拠共通の原則）[32]。

4. 設問(2)について

　Z は答弁書その他の準備書面を提出することなく口頭弁論期日に欠席しているので，Z に対する請求の請求原因事実（請求原因①〜⑪）については擬制自

---

28)　重点講義(下)577 頁注 16，加波眞一「訴訟承継再論」高橋宏志先生古稀祝賀論文集『民事訴訟法の理論』（有斐閣，2018 年）245 頁，269 頁。これに対して，高見進「訴訟承継と同時審判」民訴 48 号（2002 年）33 頁以下は準用を否定する。加藤新太郎＝松下淳一編『新基本法コンメンタール民事訴訟法(1)』（日本評論社，2018 年）167 頁［菱田雄郷］は，41 条の準用を肯定するが，弁論の分離の禁止を解除する余地を認める。

29)　加波・前掲注 28)269 頁参照。

30)　竹下守夫ほか編『研究会 新民事訴訟法』（有斐閣，1999 年）88 頁［柳田幸三，福田剛久発言］。これに対して，高見・前掲注 28)29 頁，32 頁，35 頁以下は，同時審判の申出は必要であるが，訴訟引受けの申立てに当然に含まれ，口頭弁論の終結時まではいつでも撤回できるという。

31)　本書事例 20「通常共同訴訟，同時審判申出共同訴訟」［名津井吉裕］Ⅱ 1・2 参照。

32)　通常共同訴訟における審判の規律について，アルマ 125 頁以下，197 頁以下，244 頁以下，LQ 541 頁以下，長谷部 334 頁以下，高橋概論 308 頁以下を参照。詳細は本書事例 20［名津井］Ⅲを参照。

白（Ｘの所有権については，擬制権利自白）が成立する（159条3項・1項）。

　Ｚの占有権原を基礎づける事実のうち，Ｙの借地権を基礎づける事実は，Ｙに対する請求の請求原因①および②の事実と共通であり，これらの事実は引受原因（乙建物の賃貸と引渡し）が生じる前にＸがＹに対して主張しているので，訴訟状態の引継ぎによりＺの援用がなくても訴訟資料となる。

　また，Ｙの借地権を前提に，Ｚの敷地の占有権原を基礎づける事実（抗弁⃝ⅲおよび⃝ⅳ）は，Ｘが引受申立てにおいて引受原因として主張しているので，当事者間の主張共通の原則により，Ｚの援用がなくても訴訟資料となる。

　これに対して，Ｘは，再抗弁事実として，ＸＹ間の土地賃貸借契約の終了を基礎づける事実の主張をすることになるが，これはＹに対する請求の請求原因③から⑧の事実と共通である。従前の当事者間において，Ｙは，ＸＹ間で甲土地の用法について本件合意をしたこと（Ｙに対する請求の請求原因③）を否認しているので，その効果は訴訟状態の引継ぎにより期日に欠席しているＺにも及び，この事実について擬制自白は成立しない。

　Ｙの申出によるＡに対する証人尋問の結果は，Ｚにもその期日に立ち会う機会が与えられているので，共同訴訟人間の証拠共通の原則により，Ｚに対する請求についての心証形成にも利用することができ，裁判所が，本件合意が認められないと判断する場合には，Ｚに対する請求についても本件合意の事実を否定することができる。

■ 答案作成時の要点

㋐　**設問**(1)について

　✓　どのような場合に訴訟引受けの要件である「承継」が認められるか。

㋑　**設問**(2)について

　✓　訴訟状態の引継ぎにより，従前の当事者間でなされた主張や否認は，承継人の援用なく，承継人に対する請求にもその効果が及ぶこと。

　✓　訴訟引受け後は，従前の当事者間の請求と承継人に対する請求が通常共同訴訟であることを前提に，同時審判申出共同訴訟の規律（41条1項および3項）が準用されること。

　✓　通常共同訴訟において，共同訴訟人の一人の申出による証拠調べの結果は，他の共同訴訟人に対する請求との関係でも事実認定に用いることができること。

民事訴訟法における答案作成の作法 ④

鶴田　滋

　筆者がこれまでの授業経験からお伝えすることのできる答案作成の作法は，①論点主義に陥らない，②規範（要件）をきちんと理解する，③規範と事実を対応させる，の三つである。以下の事例問題に即して，その詳細について説明をする。

〔事例〕　Xは，甲土地の所有権に基づいて，甲土地上の乙建物を所有するYを被告として，乙建物の収去および甲土地の明渡請求と，甲土地の賃貸借契約終了後から甲土地の明渡しまでに発生する，Yの甲土地の不法占有（不法行為）に基づく賃料相当額の損害賠償請求を併合して訴えを提起した。この訴えに対して，Yは，甲土地の賃貸借契約の終了について争っている。

〔設問〕　この訴訟の事実審の口頭弁論終結の日の翌日以降に発生する，XのYに対する甲土地の不法占有に基づく損害賠償請求の訴えは，適法であるか。判例の考え方に従って検討しなさい。

---

1. 論点主義に陥らない

　この問題文を読めば，多くの方が，大阪国際空港事件（最大判昭和56・12・16民集35巻10号1369頁〔百選22事件〕）において展開された，将来給付の訴えにおける「請求権としての適格」について問うていると理解されるであろう。すなわち，民訴法135条は「およそ将来に生ずる可能性のある給付請求

権のすべてについて前記の要件のもとに将来の給付の訴えを認めたものではなく，主として，いわゆる期限付請求権や条件付請求権のように，既に権利発生の基礎をなす事実上及び法律上の関係が存在し，ただ，これに基づく具体的な給付義務の成立が将来における一定の時期の到来や債権者において立証を必要としないか又は容易に立証しうる別の一定の事実の発生にかかっているにすぎず，将来具体的な給付義務が成立したときに改めて訴訟により右請求権成立のすべての要件の存在を立証することを必要としないと考えられるようなものについて，例外として将来の給付の訴えによる請求を可能ならしめたにすぎない」との判例法理を知っているかどうか，さらに，この判例法理を上記の事例に当てはまるとどのような結論となるか，すなわち，「この訴訟の事実審の口頭弁論終結の日の翌日以降に発生する，X の Y に対する甲土地の不法占有に基づく損害賠償請求」に，将来給付の訴えの「請求権としての適格」が認められる否かについて論じるべきであることに気付くであろう。

しかし，ここでの〔設問〕は，「訴えは，適法であるか」である。読者の皆さんもご存じのとおり，民訴法 135 条によれば，「将来の給付を求める訴えは，あらかじめその請求をする必要がある場合に限り，提起することができる」。したがって，将来給付の訴えは，「あらかじめその請求をする必要がある場合」にのみ適法である。すなわち，将来給付の訴えが適法となるためには，将来給付の訴えにおいて主張される給付請求権の適格のみならず（権利保護の資格），狭義の訴えの利益（権利保護の利益）の要件も充たす必要がある。とりわけ，〔設問〕においては，判例によれば「請求権としての適格」は認められるため，「あらかじめ請求をする必要がある場合」に当たるかどうかを判断しなければ，訴えが適法であるかどうかを判断することはできない。それにもかかわらず，「請求権としての適格」の要件のみを検討して，その要件を具備することを示しただけで訴えが適法であると書く答案が多く見られる。このように，上記の〔事例〕が登場すれば，「請求権としての適格」の問題であると，早合点して答案を書くことは，論点主義であるとして戒められるべきである。

2. 規範（要件）をきちんと理解する

前述の通り，将来給付の訴えが適法となるには，判例によれば，将来給付の

訴えにおける「請求権としての適格」と「将来給付の訴えの利益（あらかじめ請求をする必要があること）」という二つの要件を充たす必要がある。しかし，この二つの要件の充足が必要であることを理解していない答案も多く見られる。すなわち，民訴法 135 条によれば，将来給付の訴えは，これをあらかじめ請求する必要がある場合に限り許される，と述べつつ，その具体的要件については，「請求権としての適格」に関するものを挙げる答案である。これは，権利保護の資格（対象）と利益という訴えの利益を判断する場合の二つの要件の違いを理解していないことに基づくものと思われる。たしかに，「請求権としての適格」は，民訴法 135 条に示されてない要件であるために，これを見落としがちではある。しかし，それでも，訴訟要件の有無の判断は，実務上非常に重要であるから，その要件をすべてチェックできるようになるべきである。

3. 規範（要件）と事実を対応させる

　将来給付の訴えの適法要件である「請求権としての適格」と「あらかじめ請求をする必要があること」の二つを指摘しているにもかかわらず，これを〔事例〕に当てはめる際に，それぞれの要件に対応しない事実を指摘して，その要件の具備の有無について論じる答案も多く見られる。

　例えば，民訴法 135 条の「あらかじめ請求をする必要があること」を指摘したならば，〔事例〕においてその要件に対応する事実，すなわち，「Y は，甲土地の賃貸借契約の終了について争っている」という事実を挙げなければならないにもかかわらず，「請求権としての適格」の要件に対応する事実を挙げるものが見られる。

　その他，将来給付の訴えにおける「請求権としての適格」の要件についての判例法理を知っていたとしても，この判例法理を適用すれば，なぜ〔事例〕のような土地賃貸借契約終了後の土地の不法占有に基づく損害賠償請求権に「請求権としての適格」が認められるのかを説明しない答案も多い。すなわち，この請求権と，飛行機の騒音による人格権侵害を理由とする損害賠償請求権は，いずれも継続的不法行為に基づく損害賠償請求権であるにもかかわらず，なぜ前者のみが「前記の期限付債権等と同視しうるような場合」に当たり，「請求権としての適格」の要件を充たすのかを理解していないのである。

　以上のような誤りが生じるのは，それぞれの規範（要件）の存在理由についての理解が不十分であるためである。正しい解答を答案に反映させるには，最終的には規範（要件）を覚える必要がある。したがって，そのための努力は惜しむべきではない。しかし，判例や通説がなぜそのような規範（要件）を採用しているのかを理解していないと，定期試験や司法試験の事例問題には対応できない。なお，この点を深く理解するために（も），有力説や少数説を理解する必要があることも，最後に付言しておきたい。

26

職権調査事項と上訴

［解答時間 90 分］

事例

　X₁ はＡの妻，X₂ はＡの長男，ＹはＡの次男である（X₂ およびＹの他にＡの子は存在しない）。Ａの死後，「Ａは，Ａ所有の甲土地をＹに遺贈する」旨の自筆証書遺言が発見された。そこで，X₁ と X₂ は共通の訴訟代理人Ｂを選任した上で，Ｙを被告として，Ａの遺言が無効であると主張して，甲土地が現にＡの共同相続人による遺産分割前の共有関係にあることの確認の訴え（以下，これを「遺産確認の訴え」と表記する）を提起した。これに対して，Ｙは，Ａ作成名義の遺言書は，Ａがその全文，日付，氏名を自書し，押印したとの抗弁を提出した（民 968 条 1 項）。この陳述に対して，X₁ はこの事実について否認したが，X₂ はこの事実の存在を認めた。さらに，X₁ と X₂ は，ともに，遺言当時Ａは意思能力を欠いていたためＡの遺言は無効であるとの再抗弁を提出したが（民 963 条），Ｙはこれを否認した。

　第 1 審裁判所は，審理の結果，Ａによって作成されたとする遺言書はＡの自筆によるものではなかったと認定したため，X₁ の請求を認容する判決を言い渡したが，この事実について X₂ は自白していたため，Ａは遺言時に意思能力を有していたと認定した上で，X₂ の請求を棄却する判決を言い渡した。なお，遺産確認の訴えは，共同相続人（遺産共有者）全員が訴訟当事者となるべきであり，かつ，合一確定の必要な固有必要的共同訴訟であることについて，第 1 審裁判所も当事者も気づかなかった。

　第 1 審判決に対して，Ｙが X₁ との関係でのみ控訴し，X₁ と X₂ は控訴も附帯控訴もしなかった。控訴審でも，遺産確認の訴えが固有必要的共同訴訟である旨を当事者の誰も主張しなかった。この段階で，控訴裁判所が，原判決が民訴法 40 条 1 項に違反していることに気づいた。なお，X₁ と X₂ の訴訟代理人Ｂは，Ａ自身が遺言書を自書し押印したとの事実の認否については，X₁ と X₂ の意向が異なるため，それに従った主張をしたが，その他の場面では，X₁ と

X₂のために同じ訴訟行為を行っていた。

　以上の状況を前提に，次の設問に答えなさい。

（設問）

　(1)　控訴裁判所は，職権で，合一確定の必要性を定める民訴法 40 条 1 項に違反するとして原判決を取り消すことはできるか。

　(2)　控訴裁判所は，原判決を取り消した上で，原審へ差戻しをせず，自判することはできるか。

　(3)　控訴裁判所が，原判決を取り消した上で自判すべきであると判断し，かつ，第 1 審裁判所と同じ事実認定をするに至った場合，どのような判決を言い渡すべきであるか。

■ 解説 ━━━━━━━━━━━━━━━━━━━━━━━━━━━━━━━━━━━━

Ⅰ. 問題の所在

本問では，遺産確認の訴えを例に取り，上訴に関する諸問題について解説をする。なお，本稿は，事例は異なるが，最判平成22・3・16民集64巻2号498頁を参考にして執筆した。

Ⅱ. 遺産確認の訴えにおける合一確定の必要性

1. 遺産分割審判の合憲性と遺産確認の訴えの必要性

まず，上訴の諸問題について解説する前に，遺産確認の訴えと必要的共同訴訟の関係について説明をする[1]。

判例（最判昭和61・3・13民集40巻2号389頁〔百選24事件〕）によれば，遺産確認の訴えとは，「当該財産が現に被相続人の遺産に属すること，換言すれば，当該財産が現に共同相続人による遺産分割前の共有関係にあること」の確認の訴えである。この訴えは，遺産分割審判の合憲性について判断する最高裁判所の判例（最大決昭和41・3・2民集20巻3号360頁）が，訴訟事件と非訟事件との関係について次のように説明したことから必要となった。

すなわち，前掲最大決昭和41・3・2によれば，遺産分割審判は，「民法907条2，3項を承けて，各共同相続人の請求により，家庭裁判所が民法906条に則り，遺産に属する物または権利の種類および性質，各相続人の職業その他一切の事情を考慮して，当事者の意思に拘束されることなく，後見的立場から合目的的に裁量権を行使して具体的に分割を形成決定し，その結果必要な金銭の支払，物の引渡，登記義務の履行その他の給付を付随的に命じ，あるいは，一定期間遺産の全部または一部の分割を禁止する等の処分をなす裁判」であり，その「性質は本質的に非訟事件であるから，公開法廷における対審および判決

---

1) この問題について簡潔にまとめられた文献として，福本知行「遺産確認の訴えと必要的共同訴訟」法教445号（2017年）24頁以下。

によってする必要なく，したがって，右審判は憲法 32 条，82 条に違反するものではない」。そのため，家庭裁判所は，遺産分割審判を行うために，その前提となる訴訟事項すなわち実体法上の権利関係（例えば，ある財産が共同相続人間の遺産分割の対象となっているか）について自ら判断したとしても，当該「前提事項に関する判断には既判力が生じない」ので，「これを争う当事者は，別に民事訴訟を提起して右前提たる権利関係の確定を求めることをなんら妨げられるものではなく，そして，その結果，判決によって右前提たる権利の存在が否定されれば，分割の審判もその限度において効力を失うに至る」とされる。

　そこで，遺産分割審判の前提問題について当事者間に争いがある場合には，これについての判断を前提に下された遺産分割審判の効力が後に失われないように，当事者は，遺産分割審判に先立って，その前提問題に関する民事訴訟を提起する必要が生じる。このことから，判例（前掲最判昭和 61・3・13）により，遺産確認の訴えが適法とされた。これにより，遺産確認の訴えに対する「原告勝訴の確定判決は，当該財産が遺産分割の対象たる財産であることを既判力をもって確定」するので，この確定判決により「これに続く遺産分割審判の手続において及びその審判の確定後に当該財産の遺産帰属性を争うこと」が許されなくなった。

2. 遺産確認の訴えにおける訴訟共同の必要性と合一確定の必要性

　ところで，遺産分割審判は，共有者間の共有関係の画一的な解消を目的とする共有物分割の訴え（民 256 条）と同様に，遺産共有関係を画一的に解消するための手続であることから，共同相続人（遺産共有者）全員が当事者となるべきものであり，かつ，「相続人の全員について合一にのみ確定すべきものである」と解されている（最決平成 15・11・13 民集 57 巻 10 号 1531 頁〔百選 A34 ②事件〕)[2]。

　前述の通り，遺産分割審判ではその前提問題となる訴訟事項である実体法上の権利関係の存否につき判断されてもこれについて既判力が生じないことから，これについて既判力を生じさせ，この点についての紛争を蒸し返さないように

---

[2]　共有物分割訴訟と遺産分割審判との類似性については，鶴田滋「共有者の内部紛争における固有必要的共同訴訟の根拠と構造」伊藤眞先生古稀祝賀論文集『民事手続の現代的使命』（有斐閣，2015 年）403 頁以下（鶴田滋『必要的共同訴訟の研究』〔有斐閣，2020 年〕所収）。

するために，遺産確認の訴えが存在する。また，遺産確認の訴えは，ある財産を遺産分割審判の対象としうるか否かを既判力により確定することを目的とするため，遺産分割審判の当事者となるべき共同相続人（遺産共有者）全員に強い利害関係がある。このため，遺産確認訴訟においても，遺産分割審判における当事者に関する手続規律を通用させないと，この訴訟の目的を達成することができない。そこで，判例（最判平成元・3・28民集43巻3号167頁〔百選100事件〕）は，遺産確認の訴えは，「共同相続人全員が当事者として関与し，その間で合一にのみ確定することを要する」固有必要的共同訴訟であるとする。

以上のことを前提とすると，[事例]では，Aの共同相続人であるX1，X2およびY全員が，遺産確認の訴えにおける訴訟当事者となるべきであり，かつ，全員について合一にのみ確定すべき固有必要的共同訴訟であると解すべきであったこととなる。したがって，この事件では，民訴法40条1項の規律により，X2の自白の効力は否定され，X1およびX2のYに対する請求は認容されるべきであったにもかかわらず，第1審裁判所がこれを看過したことになる。

3. 遺言無効確認の訴えとの違い

なお，判例は，遺産確認の訴えとは別に，遺言無効確認の訴えを適法とする（最判昭和47・2・15民集26巻1号30頁〔百選23事件〕）[3]。しかも，仮に[事例]の事件が遺言無効確認の訴えであるとすれば，固有必要的共同訴訟は成立しないとするのが判例の立場である（最判昭和56・9・11民集35巻6号1013頁）[4]。したがって，この場合，Aの遺言により自らの相続権を害されるX1およびX2はそれぞれ，Aの遺言により利益を得るYを被告として遺言無効確認の訴えを提起することができる。しかも，X1，X2いずれの訴えも確認の訴えの利益を有する。さらに，一方の訴えに対する判決の効力が他方に拡張される関係にもないため，X1とX2が共同原告としてYを被告とするAの遺言無効確認の訴えを提起したとしても，類似必要的共同訴訟は成立せず，通常共同訴

3）　過去の法律行為の確認の訴えの利益については，本書事例3「訴えの利益」〔八田卓也〕IV 1
　　を参照。

4）　遺産確認の訴えと遺言無効確認の訴えとの関係については，山本和彦「遺産確認の訴えと固有
　　必要的共同訴訟」ジュリ946号（1989年）53頁，岡成玄太「遺産分割の前提問題と固有必要的
　　共同訴訟」東京大学法科大学院ローレビュー9号（2014年）58頁以下を参照。

訟が成立する。以上から，仮に 事例 の事件が遺言無効確認の訴えであったとすれば，共同訴訟人独立の原則（39 条）により，X₂ の自白は肯定されるので，X₁ の請求を認容し，X₂ の請求を棄却した第 1 審裁判所の判断は正当であったことになる。

Ⅲ．上訴の要件――上訴の利益

　ところで，上訴固有の適法要件を上訴要件という。各上訴に共通の上訴要件は，①上訴提起行為が有効であり，所定の方式に従っていること，②上訴期間を徒過していないこと，③上訴の対象となった裁判が性質上不服申立ての対象となりうる裁判であり，その裁判に適した上訴が申し立てられたこと，④不上訴の合意や上訴権の放棄がないこと，⑤上訴を提起する者が上訴の利益を有すること，である（LQ 604 頁）。

　このうち，上訴の利益について，通説である形式的不服説によれば，原審における申立てと原判決とを形式的に比較し，前者が後者より大きければ上訴の利益があり，そうでなければ上訴の利益がないと判断される[5]。したがって，事例 の事件が遺言無効確認の訴えであり X₁ と X₂ が通常共同訴訟人の関係になる場合には（Ⅱ 3），原審において X₁ の請求棄却判決を申し立てたにもかかわらず，X₁ の請求認容判決を受けた Y と，原審において X₂ の請求認容判決を申し立てたにもかかわらず，X₂ の請求棄却判決を受けた X₂ に上訴の利益がある。これに対して，事例 の事件を固有必要的共同訴訟であると適切に把握した上で，第 1 審裁判所が X₁ と X₂ の請求を認容する判決を言い渡した場合には（Ⅱ 2），X₁ と X₂ の請求を棄却する判決を求めていた Y に上訴の利益がある。

　事例 のように，第 1 審裁判所が合一確定の必要性に反する判決を言い渡した場合にも，原則通り，X₁・Y 間では，原審において X₁ の請求棄却判決を申し立てたにもかかわらず，X₁ の請求認容判決を受けた Y に上訴の利益があり，

---

5)　これに対して，「第 1 審判決がそのまま確定すると，自己に不利な判決効が生じることになる第 1 審の当事者に控訴の利益が認められる」とする新実体的不服説も有力である（松本＝上野 832 頁）。しかし，この説によっても，この場面では，形式的不服説による場合と結論は変わらない。

X₂・Y 間では，原審において X₂ の請求認容判決を申し立てたにもかかわらず，X₂ の請求棄却判決を受けた X₂ に上訴の利益がある。したがって，(事例)では，Y が X₁ との関係で提起した控訴は，他の上訴要件を全て満たす限り適法である。

Ⅳ．上訴の効果──上訴不可分の原則

上訴期間内に上訴が提起された場合は，上訴の対象となった裁判の確定が遮断される。これを確定遮断効と呼ぶ（116 条・122 条）。さらに，上訴は，上訴の対象となった事件に関する原審の訴訟係属を消滅させ，上訴裁判所における訴訟係属を発生させる。これを移審効と呼ぶ。

通説によれば，上訴の効果である，確定遮断効および移審効は，当事者の不服申立ての範囲にかかわらず，原裁判全体に生じる。これは上訴不可分の原則と呼ばれる[6]。上訴不可分の原則は，一つの請求のうちのある部分について当事者が不服を申し立てた場合（例えば，1000 万円の貸金返還請求の全部認容判決に対して，被告が一部弁済を理由に 300 万円の部分のみについて不服を申し立てた場合）のみならず，請求の客観的併合がある場合にそのうちの一つの請求について当事者が不服を申し立てた場合にも適用される。上訴不可分の原則が妥当する根拠としては，上訴人は，原判決に対する不服を述べれば足り，不服の範囲は上訴状の必要的記載事項ではなく，上訴審の口頭弁論終結時までにこれを特定すれば足りるし，仮に不服の範囲を特定したとしても，その後口頭弁論終結時までに，上訴人は不服の範囲を変更することができるし，被上訴人は附帯上訴により不服の範囲を拡張することができるので，上訴の効果を原判決の全体に及ぼさざるを得ないことが挙げられている（LQ 606 頁，松本＝上野 836 頁）[7]。

これに対して，通常共同訴訟の場合には，上訴不可分の原則は適用されない。共同訴訟人独立の原則（39 条）が適用されるからである[8]。したがって，

6）　ただし，上訴不可分の原則の存在意義を根本から批判する見解として，松本博之『民事控訴審ハンドブック』（日本加除出版，2018 年）37 頁以下がある。

7）　これに関する議論については，徳田和幸「上訴（控訴）不可分の原則の根拠と妥当範囲」同『複雑訴訟の基礎理論』（信山社，2008 年，初出 2006 年）334 頁以下を参照。

［事例］の事件が遺言無効確認の訴えであり，X₁ の請求が認容され，X₂ の請求が棄却されたケースにおいて（Ⅱ3参照），Y のみが X₁ との関係で控訴し，X₂ が Y との関係で控訴も附帯控訴もしなかった場合には，X₁・Y 間の訴訟についてのみ確定遮断効・移審効が生じ，X₂・Y 間の訴訟は確定する。

必要的共同訴訟の場合にも，上訴不可分の原則は問題とならないが，合一確定の必要性のために，民訴法 40 条 1 項および 2 項の規律が適用され，共同訴訟人全員の事件について，確定遮断効・移審効が生じる。したがって，前述の Ⅱ2 のように，［事例］の事件が遺産確認の訴えであり，第 1 審裁判所が，X₁ と X₂ の Y に対する請求を認容したケースにおいて，Y が X₁ との関係でのみ控訴を提起した場合には，民訴法 40 条 2 項により X₂・Y 間の訴訟についても確定遮断効・移審効が生じる。この規律は，［事例］のように，第 1 審裁判所が合一確定の必要性を看過したケースにおいても当てはまる。したがって，［事例］のように X₁ の請求が認容され X₂ の請求が棄却されたケースでは，Y は X₁ との関係でのみ上訴の利益があるが，Y の X₁ との関係での控訴により，X₂・Y 間の訴訟についても確定遮断効・移審効が生じる（40 条 2 項）。ただし，このことが顕在化するのは，控訴裁判所が，第 1 審裁判所の判断の違法に気づいた場合に限られる。

Ⅴ．職権による第 1 審判決取消しの要否（［設問］(1)の検討）

1．第 1 審判決の取消しの要件

控訴裁判所は，第 1 審判決が不当である場合，原判決を取り消さなければならない（305 条）。第 1 審判決が不当であるとは，①第 1 審判決の判断内容が誤っていることだけでなく，②第 1 審の「判決の手続」（306 条）すなわち判決の成立過程に関する手続に法律違反があることや，③民訴法 306 条に該当しない場合でも，重要な訴訟手続の法律違反があるために，第 1 審判決の内容が結論的に維持できなくなることをも含む[9]。このうち③の要件は，公益性が強くないため，当事者の責問権の放棄または喪失（90 条）が認められる任意規定に違反

8）　もっとも，X₁・Y 間の訴訟，X₂・Y 間の訴訟それぞれについては，上訴不可分の原則が通用することはいうまでもない。

するだけでは充たされず，重要な訴訟手続の法律違反，とりわけ絶対的上告理由とされている事由（312条2項），または，判決に影響を及ぼすことが明らかな手続法違反（312条3項）があることを要する[10]。

[事例]では，第1審の「判決の手続」以外の法律違反である，民訴法40条1項違反があるために，共同訴訟人間で区々になっている第1審判決の本案に関する判断内容が結論的に維持できなくなっている。それゆえ，民訴法305条に基づいて，第1審判決が不当であることを理由に，控訴裁判所は原判決を取り消さなければならないように思える。しかし，[事例]では，控訴審に至っても当事者が，遺産確認の訴えが固有必要的共同訴訟である旨を主張していない。仮に，民訴法40条1項が任意規定であり，これについての当事者の責問権の放棄または喪失が認められるとすれば，同項違反は，「重要な」訴訟手続の法律違反に当たらず，控訴裁判所は，同項違反が判決に影響を及ぼすことが明らかであっても，原判決を取り消すことはできない。そこで，民訴法40条1項が強行規定であり，かつ，強行規定に違反することを理由に，控訴裁判所は職権で原判決を取り消すことができるのかが，次に問題となる。

2. 控訴裁判所による職権調査の必要性

ところで，訴訟においては，例えば，いわゆる抗弁事項を除く訴訟要件の存否，強行規定の遵守の有無などについては，公益的な見地から，当事者の申立てや異議がなくても，裁判所が職権でその事項を取り上げ調査しなければならない。このような事項は職権調査事項と呼ばれる[11]。裁判所がこの事項について調査義務を負うことは，事実審でも法律審でも変わらないため，上告裁判所は，原則として，上告理由において不服が申し立てられた範囲に限り，審理，判断しなければならないが（320条），この規律は，「裁判所が職権で調査すべき事項」すなわち職権調査事項には適用されない（322条）。したがって，[事例]において，合一確定の必要性を定める民訴法40条1項に違反するか否

9）　兼子一原著『条解民事訴訟法〔第2版〕』（弘文堂，2011年）1587頁，1589頁〔松浦馨＝加藤新太郎〕。ただし，本文のいずれかに該当するとしても，控訴審の口頭弁論終結時を標準として第1審判決を維持できる場合には，控訴は棄却されなければならない（302条2項）。

10）　秋山幹男ほか『コンメンタール民事訴訟法VI』（日本評論社，2014年）233頁，松本・前掲注6）470頁以下。

11）　秋山ほか・前掲注10）375頁，重点講義(下)7頁。

かが職権調査事項に当たる場合には，控訴裁判所は，民訴法 40 条 1 項違反の有無について，当事者によりその旨の申立てがなくとも職権で判断することができる。

3. 合一確定の必要性の職権調査事項該当性

(事例) に類似する事案である前掲最判平成 22・3・16 では，控訴審判決が合一確定の必要性に反することを，上告裁判所である最高裁判所が職権で取り上げ，これを理由に原判決を破棄している。この理由を最高裁判所は述べていないが，民訴法 40 条 1 項の定める合一確定の必要性が，訴訟要件に準じた公益的な規律，すなわち，強行規定であることから，この規定に違反するかどうかは，裁判所により職権で調査されるべきであると判断したと考えられる。具体的には次の通りである[12]。

判例によれば，入会権者全員が共同原告となるべき固有必要的共同訴訟である入会権確認訴訟において，入会権者の一部が漏れていたことを看過して本案判決をした原判決を，上告審が職権で破棄することができる（最判昭和 41・11・25 民集 20 巻 9 号 1921 頁）。入会権者全員の共同訴訟の必要性（訴訟共同の必要）は，訴訟要件の一つである当事者適格の問題であり，当事者適格が訴訟要件となるのは，当事者適格が紛争解決にとって役に立たない訴訟を排斥するという公益的な要素を含むからである。同様に，固有必要的共同訴訟において，共同訴訟人となるべき者全員が当事者となったにもかかわらず，共同訴訟人間で区々の判断がされることは，紛争解決にとって役に立たない判決を言い渡すことを意味し（Ⅱ 2 参照），これは公益に反する。そこで，固有必要的共同訴訟における合一確定の必要性（40 条 1 項）についても，訴訟共同の必要と同じ要請から強行規定として扱われ[13]，それゆえこの規定に違反するかどうかは，職権調査事項となると解される。

以上から，(事例) においても，控訴裁判所は，職権で，合一確定の必要性に

---

12)　詳細は，鶴田滋「判批」民商 143 巻 2 号（2010 年）220 頁以下を参照。

13)　なお，(事例) において第 1 審の口頭弁論期日において行われた X₂ の自白は，民訴法 40 条 1 項により効力を有しないにもかかわらず，第 1 審裁判所が，この強行規定を遵守せずに X₂ の自白を有効とする判決をしても，この判決は，無効となるわけではなく，上訴により取り消しうるにすぎない（松本＝上野 122 頁）。

反する第 1 審判決を取り消さなければならない。

VI. 差戻しの要否 （設問(2)の検討）

1. 控訴審における自判の原則

　控訴裁判所が第 1 審判決を取り消した場合，第 1 審における当事者の申立てに対する応答がなくなるために，何らかの措置が必要となる。控訴審は続審制を採るため，自らが請求についての審判を行うことが原則である。これを自判という。しかし，一定の場合には，自判をせずに，事件を第 1 審に差し戻すことが許される（307 条本文・308 条 1 項）[14]。そこで，設問(2)では，原判決を取り消した控訴裁判所は，自判または差戻しのいずれを選択すべきかが問題となる。

2. 必要的差戻しと任意的差戻し

　民訴法 307 条本文によれば，控訴裁判所は，訴えを不適法として却下した第 1 審判決を取り消す場合には，事件を第 1 審裁判所に差し戻さなければならない。これに対して，民訴法 308 条 1 項は，同 307 条本文に規定する場合のほか，控訴裁判所が第 1 審判決を取り消す場合において，「事件について更に弁論をする必要があるときは」，これを第 1 審裁判所に差し戻すことができる旨定めている。条文の体裁から，前者は必要的差戻し，後者は任意的差戻しと呼ばれる。もっとも，必要的差戻しの場合であっても，「事件につき更に弁論をする必要がないときは」自判することが認められているため（307 条ただし書），両者の違いは相対的なものにすぎない。これらの場合において，差戻しをすべきか否かの基準は，事実審の二審制について当事者が審級の利益を確保することができるかどうかにあると解される[15]。

---

14) その他，管轄違いにより原判決が取り消される場合には，事件を管轄裁判所に移送しなければならない（309 条）。
15) 秋山ほか・前掲注 10) 243 頁。

3. 設問(2)の検討

事例では，民訴法 307 条本文の要件には当てはまらないため，控訴裁判所は，「事件について更に弁論をする必要があるとき」に該当するとして民訴法 308 条 1 項に基づいて事件を第 1 審裁判所に差し戻すことができるかどうかが検討されなければならない。任意的差戻しが可能な場合の典型例としては，原判決が，第 1 審手続の重大な違反により取り消された場合に，改めて原審で適法な手続により審理を受ける機会を与えるために差し戻すことが考えられているため（LQ 619 頁）[16]。事例でもこれに該当しないかどうかが検討される。

この点について，前掲最判平成 22・3・16 は，共同訴訟人は「第 1 審及び原審を通じて共通の訴訟代理人を選任し，本件請求の当否につき，全く同一の主張立証活動をしてきたことが明らかであって，本件請求については，……既に十分な審理が尽くされているということができるから」，第 1 審への差戻しをせずに自判している[17]。事例でも，第 1 審および控訴審を通じて，X₁ と X₂ はそれぞれ共通の訴訟代理人 B を選任し，B が X₁ と X₂ の一致した意向にしたがって主張立証活動をしてきたと評価することができるのであれば，控訴裁判所は，遺産確認の訴えの当否について自判することができる。もっとも，前述の通り，この場合の差戻しの要否は，改めて原審で適法な手続により審理を受ける機会を当事者に与えるべきかという観点から，具体的な審理の経過に照らして実質的に判断すべきである。とりわけ事例では，X₁ と X₂ に共通の訴訟代理人 B がいるとしても，A 自身が遺言書を自書し押印したとの事実の認否について X₁ と X₂ が区々の主張をしていることから，民訴法 40 条 1 項により自ら行った自白の効力が失われる X₂ とその相手方である Y の審級の利益を保障するために，事件を原審に差し戻すべきであるかどうかを検討すべきである。しかし，事例では，民訴法 40 条 1 項の適用により，X₂ の第 1 審における自白の効力が失われるだけであり，X₂ にとって不利益な効果は生じない。

---

16)　具体例については，秋山ほか・前掲注 10)243 頁以下。

17)　ただし，この判例の事案では，原判決を破棄した上告裁判所が，民訴法 326 条に基づいて自判した裁判の内容が本文の通りであることに注意されたい。つまり，上告裁判所が破棄自判をする場合は，上告裁判所は，いわば控訴裁判所に代わって，第 1 審判決に対する控訴に応答する裁判をしなければならないため，第 1 審判決を取り消し自判する，第 1 審判決を取り消し第 1 審へ差し戻す等の裁判を自ら行わなければならない。

また，Yにとっても，X₂の自白した事実をX₁が否認しているため，この事実についての立証の機会が第1審においても与えられていた。以上から，（事例）において，控訴裁判所は，遺産確認の訴えの当否について自判すべきであると考える。

　なお，控訴裁判所が民訴法40条違反に気づくまでは，X₂は控訴審において当事者として関与する機会を逸している。そのため，控訴裁判所は，民訴法40条違反に気づいた時点で，口頭弁論期日にX₂本人またはX₂の訴訟代理人としてのBを呼び出し，場合によっては終結した口頭弁論を再開し（153条），X₂が主張立証活動をする機会を保障した上で，控訴裁判所は自判をすべきである。なぜなら，控訴裁判所は，証拠調べの結果，原判決と異なる事実認定をすることがありえ，その結果，原判決を取り消して，X₁およびX₂の請求を棄却する判決を言い渡す可能性があるからである[18]。

Ⅶ. 利益変更禁止・不利益変更禁止の原則と合一確定の必要性（（設問）(3)の検討）

　最後に，（設問）(2)において，控訴裁判所が原判決を取り消した上で自判すべきであると判断した場合に，第1審と同じ事実認定をするに至った控訴裁判所は，X₁およびX₂の請求についてどのような判決を言い渡すべきか。

　遺産確認の訴えは固有必要的共同訴訟であるから，自筆証書遺言の成立に関するX₂の自白の効力は否定されるので（Ⅱ2参照），X₁とX₂の請求はともに認容されるべきであろう。しかし，（事例）では，X₂・Y間の訴訟については，YがX₁・Y間の訴訟について控訴したため，民訴法40条2項により確定遮断効および移審効が生じてはいるものの，X₂によってもYによっても控訴または附帯控訴が提起されていないため，控訴裁判所が，X₂の請求を棄却した原

---

[18]　控訴裁判所が，民訴法40条1項違反に気づいたにもかかわらず，X₂を控訴審に実質的に関与させないまま，原判決を取り消し，X₁およびX₂の請求を棄却する判決を言い渡した場合に，X₂は上告申立てまたは上告受理申立てをしてこの判決の破棄を求めることができるだろうか。これについては，例えば，控訴裁判所が職権調査事項の看過に気づいたにもかかわらず弁論を再開しなかったことが民訴法153条違反を構成し（最判昭和56・9・24民集35巻6号1088頁〔百選41事件〕参照），これが原判決破棄の理由になるとすることが考えられる（高等裁判所に対する上告の場合は325条1項後段，最高裁判所に対する上告の場合は325条2項）。

判決を，X₂ の利益にまたは Y の不利益に変更することが許されず，Y の X₂ に対する控訴は棄却されなければならないのかどうかが問題となる。なぜなら，民訴法 304 条は，「第 1 審判決の取消し及び変更は，不服申立ての限度においてのみ，これをすることができる」と定めるが，X₂・Y 間の訴訟に関しては，当事者の不服申立てが存在しないからである。

　ところで，民訴法 304 条により，控訴裁判所は，不服を申し立てた当事者が変更を申し立てる範囲を超えて，その当事者にとって有利な裁判をすることができず，また，相手方の控訴または附帯控訴がない限り，当事者が不服を申し立てていない事項について，その当事者にとって不利な裁判をすることは許されない，とされている。前者は利益変更禁止の原則，後者は不利益変更禁止の原則と呼ばれる。これらの原則は，通説によれば，民事訴訟においては，処分権主義に基づき，裁判所は当事者の特定した申立事項に拘束されるため（246 条），控訴審においても，控訴裁判所は当事者の特定した不服申立ての範囲に拘束されることから根拠づけられる[19]。このように，利益変更禁止・不利益変更禁止の原則は，訴訟の対象となっている私法上の権利関係についての当事者の私的自治の原則の訴訟上の反映としての処分権主義に基づく。したがって，公益的な要請に基づいて存在する職権調査事項については，利益変更禁止・不利益変更禁止の原則は適用されない。前述の通り，民訴法 40 条の合一確定の必要性の規律も職権調査事項であるから，この規律の趣旨に合致する限りで，控訴裁判所は，当事者の不服申立ての範囲に拘束されない。

　判例も，前掲最判平成 22・3・16 において，「原告甲の被告乙及び丙に対する訴えが固有必要的共同訴訟であるにもかかわらず，甲の乙に対する請求を認容し，甲の丙に対する請求を棄却するという趣旨の判決がされた場合には，上訴審は，甲が上訴又は附帯上訴をしていないときであっても，合一確定に必要な限度で，上記判決のうち丙に関する部分を，丙に不利益に変更することができると解するのが相当である（最高裁昭和 44 年(オ)第 316 号同 48 年 7 月 20 日第二小法廷判決・民集 27 巻 7 号 863 頁参照）」と述べている。

19）　例えば，秋山ほか・前掲注 10）212 頁。ただし，有力説として，宇野聡「不利益変更禁止原則の機能と限界（2・完）」民商 103 巻 4 号（1991 年）580 頁。有力説に対する通説側からのコメントとして，垣内秀介「不利益変更禁止原則の趣旨をめぐる若干の考察」徳田和幸先生古稀祝賀論文集『民事手続法の現代的課題と理論的解明』（弘文堂，2017 年）458 頁。

　この法理が通用する根拠について本判例は明言していないが，調査官解説によれば，本判決が引用する前掲最判昭和48・7・20（百選106事件）が，独立当事者参加訴訟（三面訴訟）における合一確定の必要性について利益変更禁止・不利益変更禁止の原則が適用されないとするのは，合一確定の必要性が職権調査事項であるためであり，これと同じ法理が，必要的共同訴訟における合一確定の必要性にも適用される，とある[20]。

　実質的にも，(事例)において，利益変更禁止・不利益変更禁止の原則が適用され，Y の控訴が棄却された結果，X₁ の請求認容，X₂ の請求棄却という矛盾した内容の原判決が確定すれば，その後の遺産分割審判が円滑に進行しないことは明らかであろう。

　以上から，(設問)(3)においても，民訴法304条が存在するにもかかわらず，控訴裁判所は，原判決を，民訴法40条の要請にとって必要な限りで，X₂ の利益にまたは Y の不利益に変更することが許される。その結果，控訴裁判所は，原判決を取り消した上で，X₁ と X₂ の請求を認容する判決を言い渡すべきである。

Ⅷ. おわりに

　以上で解説を終える。本稿では，裁判所が固有必要的共同訴訟に関する手続規律の適用を誤るという極めて稀な事例を念頭において検討した。このような難しい事例であればあるほど，基本的な事項から丁寧に検討することが重要であることを指摘したい。

---

[20]　田中一彦「判解」最判解民事篇平成22年度(上)151頁。なお，畑瑞穂「判批」リマークス42号（2011年）106頁も参照。

■ **答案作成時の要点**

✓ 上訴の利益，上訴不可分の原則の具体的な内容および趣旨を理解しているか。さらに，**事例**に即して，誰に上訴の利益があり，どの範囲で事件に確定遮断効・移審効が生じるのかについて説明することができるか。

✓ **設問**(1)に即して，控訴裁判所はどのような場合に原判決を取り消すことができるのかについて，条文を示した上で説明することができるか。強行規定と任意規定の違いを理解しているか。合一確定の必要性が職権調査事項にあたるか否かについて，理由を付して説明することができるか。

✓ 控訴裁判所による原審への差戻しの要否について，条文を示し，適切な基準を提示した上で，**設問**(2)における具体的な帰結を述べることができるか。

✓ 利益変更禁止・不利益変更禁止の原則の具体的内容とその趣旨を，条文を示した上で説明することができるか。これらの原則と合一確定の必要性の規律の優先関係について理由を示した上で説明することができるか。以上のことを前提に，**設問**(3)における具体的な帰結を示すことができるか。

27

事例

　Xが大阪府T市に住所をもつYを被告として，次の二つの請求を併合した訴えを大阪地方裁判所に提起した。まず，Xは，主位的請求として，X所有の本件土地をYに 5000 万円で売却する旨の売買契約（以下「本件売買契約」という）を令和 2 年 9 月 23 日に締結し，本件売買契約に基づき，XからYの本件土地の所有権移転登記（以下「本件所有権移転登記」という）を済ませたにもかかわらず，本件売買契約の代金 5000 万円のうち手付金の 500 万円しか支払っていないと主張して，売買代金の残金 4500 万円の支払を求める請求を立てた。さらに，予備的請求として，仮に以上の主張が認められない場合には，便宜上Yが本件土地を買い受けたものとしてYを所有名義人とする所有権取得登記を経由したのであるから，本件売買契約が通謀虚偽表示により無効であることを理由とする本件土地の所有権移転登記の抹消登記請求を立てた。

　これに対して，Yは，主位的請求，予備的請求いずれについても請求棄却判決を求めた。その理由として，Yは，主位的請求については，Xから本件土地を 500 万円で買い受ける契約を締結したのであるから，本件売買契約の代金はすべて弁済していると主張し，予備的請求についても，本件土地の売買価格が 500 万円であることは取引通念上不当に廉価であるとは言えず，それゆえ，YがXから本件土地を 500 万円で買い受ける契約は，通謀虚偽表示によるものではなく有効であると主張した。

設問

※　各問は，相互に関連しないものとする。

　(1)　**事例**において，裁判所が，XY 間の本件売買契約の代金が 5000 万円であると認めた上で，Xの主位的請求を全部認容し，YはXへ 4500 万円の支払を命じる判決を言い渡した。これに対して，Yが控訴した。控訴裁判所は，

XY 間の本件売買契約は通謀虚偽表示により無効であるとの心証を抱いたため，Y の控訴を認容し，原判決を取り消したいと考えるに至った。この場合，控訴裁判所は，自判することはできるか。自判する場合，X の予備的請求について審理判断する必要はあるか。

　(2)　(事例)において，第 1 審裁判所は，XY 間の本件売買契約は通謀虚偽表示により無効であるとして，主位的請求を棄却し，予備的請求を認容する判決を言い渡した。これに対して，Y のみが控訴し，X は控訴も附帯控訴もしなかった。この場合に，控訴裁判所は，XY 間の本件売買契約の代金が 5000 万円であり，かつ，その契約が有効に成立しているとの心証を抱いたとすれば，どのような判決をすべきか。

■ **解説**

Ⅰ. 問題の所在

　本問では，請求の客観的予備的併合における上訴の諸問題について解説を行う。この問題を扱うためには，請求の客観的併合の態様を理解することが不可欠であるため，以下ではこの点から触れることとする。

Ⅱ. 訴えの客観的併合

1. 請求の客観的併合（複数請求訴訟）と訴えの客観的併合

　同一の訴訟手続において，複数の請求が審判される状態になっていることを請求の客観的併合または複数請求訴訟という（136条。伊藤639頁，長谷部72頁など。ただし，LQ 500頁は，これについては複数請求訴訟のみの名称を用い，松本＝上野717頁は，これを「訴えの客観的併合」または「複数請求訴訟」と呼ぶ）。請求の客観的併合は，以下の訴訟行為により発生する。まず，①一人の原告が一人の被告に対して訴えという訴訟行為を行うことにより，その訴訟手続において当初から複数の請求の審判を求める場合がある。これは，（固有の）訴えの客観的併合と言われる（伊藤640頁，長谷部72頁，松本＝上野717頁。これに対して，LQ 502頁以下は，この場合を請求の「客体的併合」と呼ぶ）。これは，訴えの当初から一つの訴訟手続に複数の請求が存在するため，「請求の原始的複数」とも呼ばれる（LQ 501頁）。

　請求の客観的併合は，①の訴えの客観的併合の場合のみならず，②当初は一つの請求の審判を求めていた原告が，訴えの変更により新請求を追加した場合（143条），③原告の提起した訴え（本訴）の係属中，被告が反訴を提起した場合（146条），④裁判所が，複数の訴えの弁論の併合を命じた場合（152条）などにも生じる。②は，訴えの変更という原告の訴訟行為により，③は，反訴という被告の訴訟行為により（これらは「訴訟内の訴え」とも呼ばれる〔LQ 35頁〕），④は，弁論の併合という裁判所の訴訟行為により，請求の客観的併合が

【表】請求の客観的併合（複数請求訴訟）と訴えの客観的併合の関係

態様	複数請求訴訟（請求の客観的併合）			
発生原因	訴えの客観的併合	訴えの変更	反訴	口頭弁論の併合

発生する。以上の②訴えの変更，③反訴，および，④弁論の併合は，ある請求の審理中に他の請求についての審判が開始されるので，「請求の後発的複数」とも呼ばれる（LQ 501 頁）[1]。

事例では，X が，民事訴訟という一つの訴訟手続において，Y を被告とする一つの訴えにより，複数の請求[2]について審理および判決を裁判所に求めている。したがって，（固有の）訴えの客観的併合により，複数請求訴訟（請求の客観的併合）が成立していることとなる。また，一つの訴訟手続において当初から請求の複数が生じていることから，請求の原始的複数が成立している（以上については，【表】を参照）。

2. 要件

（固有の）訴えの客観的併合は，原告の訴訟行為により複数請求訴訟を発生させるものであるが，このことにより被告にとって重大な不利益は生じないし，仮に，訴訟の遅延など併合審理により不利益が生じる場合には，裁判所は，弁論の分離（152 条 1 項）をすることができることから，訴えの客観的併合は比較的緩やかに許されている。すなわち，訴えの客観的併合の要件は，①数個の請求が同種の訴訟手続によって審判されうるものであること（136 条），②法律上併合が禁止されていないこと，および，③各請求について受訴裁判所が管轄権をもつこと[3]，の三つである（例えば，伊藤 640 頁以下）。

---

1) なお，中間確認の訴え（145 条）は，訴えの変更または反訴の特別類型である。したがって，これは「訴訟内の訴え」の一つであり，「請求の後発的複数」に分類される。

2) **事例**の場合，主位的請求も予備的請求も給付請求であるが，主位的請求が代金支払請求，予備的請求が土地所有権移転登記の抹消登記請求であり，原告の求める給付内容が異なるため，実務の採用する旧訴訟物理論によっても，学説において有力な新訴訟物理論によっても両請求は異なり，それゆえ，請求の客観的併合が成立している。

3) ただし，併合されている複数の請求のうちの一つについて受訴裁判所に管轄権があれば，他の請求についても併合請求の裁判籍（7 条）が認められるため，この要件を充たさないのは，一つの請求について法定専属管轄（13 条 1 項）がある場合に限られる。

　事例では，複数の請求はいずれも通常の民事訴訟事件で審理・判決されるべきものであるし，法律上併合が禁じられる事件でもなく，被告の普通裁判籍の所在地を管轄する大阪地方裁判所に訴えが提起されており，いずれの請求についても受訴裁判所が管轄権をもつことから，上記の 3 要件をいずれも充たしている。したがって，**事例**における訴えの客観的併合は適法である[4]。

Ⅲ．請求の客観的予備的併合

1．定義

　訴えの客観的併合により，原告は併合された複数の請求についての審判を申し立てるが，その申立てについて条件を付けることができる。しかし，通常は，原告は，条件を付けず，併合された他の請求が認容されるか否かとは無関係に，すべての請求について審判を求める。この併合形態を単純併合と呼ぶ。

　これに対して，原告は，数個の請求について，あるものについては無条件に審判を求め，他のものについて，前者の認容を解除条件として審判を申し立てることができる。この併合形態を予備的併合と呼ぶ。前者の請求を主位的請求，後者の請求を予備的請求という。予備的併合の場合，主位的請求が認容されれば，予備的請求についての審判がなされないのに対して，主位的請求が認容されなければ，予備的請求について審判がなされる。

　その他にも，原告は，数個の請求のうちいずれか一つが認容されることを解除条件として，他の請求についての審判を求めることができる。この併合形態は選択的併合と呼ばれる。選択的併合は，一つの請求が認容されれば，他の請求について審判がなされないという点では，予備的併合と同じである。しかし，予備的併合は，原告が主位的請求と予備的請求を定め，審判の順序を特定し，裁判所はこれに拘束されるのに対して，選択的併合の場合，裁判所は，当事者

4）　なお，訴えが併合要件を満たさない場合，訴えを不適法として却下することなく管轄裁判所に移送すべきものとするのが判例である（最判昭和 59・3・29 判時 1122 号 110 頁）。ただし，「主位的請求と同一の訴訟手続内で審判されることを前提とし，専らかかる併合審判を受けることを目的としてされた……予備的請求に係る訴えは，これを管轄裁判所に移送する措置をとる余地はなく不適法として却下すべき」であるとする（最判平成 5・7・20 民集 47 巻 7 号 4627 頁）。

の特定した複数の請求のいずれから審判してもよい点が，両併合形態の違いである。

2.　要件

　通説によれば，予備的併合は，(事例)のように，主位的請求と予備的請求が実体法上両立しない場合にのみ許される（伊藤 643 頁，新堂 758 頁，長谷部 74 頁，高橋概論 295 頁。LQ 507 頁は，複数の請求が，事実上論理的に両立しない場合にも予備的併合を適法とする）。仮に(事例)において単純併合のみ許されるとすれば，X は，一方の請求については XY 間の本件売買契約が有効であると主張し，他方の請求については XY 間の本件売買契約が無効であるという矛盾した主張を強いられる。また，このような場合に，予備的併合を許せば，後述の通り，両請求について同時に審判するので，訴訟資料・証拠資料が共通となり訴訟経済にかなうし，両請求について矛盾する判断がなされることが事実上防止され，原告にとっては両請求について矛盾する理由により敗訴判決を受けるおそれがなくなる。以上の理由から，複数の請求が実体法上両立しない場合に限り，予備的併合が許されている。

　これに対して，有力説は，民事訴訟において仮定的な主張をすることは許されるので，併合された請求が実体法上両立しない場合に両請求について（一見）矛盾する主張をすることは適法でありかつ不自然なことでもないので，併合される請求が実体法上両立しうるか否かにより併合形態が論理的に決まるわけではなく，原告が併合形態を選択できるとすれば足りるとする（松本＝上野 721 頁）。

　最高裁も，予備的併合の要件を通説のように限定しているわけではない[5]。さらに，実務上，原告の申立てから複数の請求が実体法上両立しないかどうかを判断することは困難であるために，広く予備的併合が許されているとの指摘もある[6]。以上から，実務は有力説に従っていると解することも可能である。

5）　手形債権と原因関係債権という，法律上両立する数個の請求について，原告の選択による予備的併合を許したものとして，最判昭和 39・4・7 民集 18 巻 4 号 520 頁。
6）　八木良一「複数請求訴訟」新堂幸司監修『実務民事訴訟講座〔第 3 期〕第 2 巻』（日本評論社，2014 年）161 頁。

3. 効果

予備的併合の場合にも，単純併合の場合と同様に，すべての請求について審判が申し立てられているのであるから（予備的請求については主位的請求の認容が解除条件となっているにすぎない），すべての請求についての審理が同一期日に並行して進められる。したがって，併合請求における訴訟資料および証拠資料は共通となる。

しかし，予備的併合の場合，裁判所は，原告が付けた条件に拘束されるため，単純併合の場合とは異なり，複数の請求について同時に行っている弁論を分離したり（152条1項），一部判決をしたり（243条2項・3項）することはできない（LQ 510頁）[7]。

Ⅳ. 上訴審による主位的請求認容判決の取消しと自判
（設問 (1)の検討）

1. 上訴の利益

ところで，上訴固有の適法要件を上訴要件と呼ぶ。そして，上訴は，不服申立ての対象となる裁判の種類に応じて，控訴・上告・抗告の三つに区別されるが，それぞれの上訴に共通の上訴要件として最も議論があるのは，上訴の利益（不服）である[8]。設問 (1)では，第1審裁判所は，Xの主位的請求を認容する判決を言い渡し，予備的請求の当否については判断しなかった。この場合において，どの当事者にどの事項について上訴の利益が認められるだろうか。

上訴の利益の判断基準としての通説である形式的不服説によれば，原審における申立てと原判決を形式的に比較し，前者が後者より大きければ上訴の利益があり，そうでなければ上訴の利益がないとされる[9]。したがって，Xは自ら

---

7) ただし，理論上，予備的併合において主位的請求を棄却する一部判決をすることが不適法であるとは完全には言い切れないとするものとして，秋山幹男ほか『コンメンタール民事訴訟法Ⅴ』（日本評論社，2012年）22頁，松本＝上野579頁以下。

8) 上訴要件と上訴の利益についての詳細は，本書事例26「職権調査事項と上訴」[鶴田滋] Ⅲ。

9) この点についても，本書事例26 [鶴田] Ⅲ。

の申立て通りの判決を受けている以上，上訴の利益はなく，Y は，いずれの請求についても請求棄却判決を求めていたにもかかわらず，主位的請求について請求認容判決を受けたのであるから，上訴の利益がある。それゆえ，(設問)(1)において Y が行った控訴は，他の上訴要件を充たしている限り適法である。

2. 控訴審における審判の対象

次に，(設問)(1)において Y が行った控訴により，どの範囲について，確定遮断効・移審効が生じ，どの範囲が，控訴審における審判対象となるのであろうか。

原判決に対する不服が上訴審の対象となるとする通説に従うと，Y による上訴の対象とされたのは，X の主位的請求認容判決のみである。そのため，主位的請求に対する原判決のみが上訴の対象となり，原判決において裁判されていない予備的請求については上訴審における変更可能性はないようにも考えられる[10]。

この点について，上訴不可分の原則が請求の客観的併合にも適用されることから，予備的請求についても確定遮断効・移審効が当然に生じるとも考えられる[11]。しかし，原審において裁判されていない請求についてまで上訴不可分の原則が適用されるのかどうかについては，疑問の余地がある。そこで，請求の客観的予備的併合の趣旨から，予備的請求の確定遮断効・移審効の発生が説明される。

例えば，伊藤 645 頁では次のように説明される。この場面における主位的請求認容判決は，原告の客観的予備的併合の申立てに対する全部判決である。すなわち，主位的請求が認容されなければ予備的請求についての審判を求める，

---

10)　この点を指摘し，X が予備的請求について予備的控訴または予備的附帯控訴を提起しない限り，予備的請求は移審せず（この見解は控訴不可分の原則を承認しないからである），仮に控訴裁判所が Y の控訴を認容し，主位的請求を認容する第 1 審裁判所の判決を取り消す場合にも，予備的請求を認容することはできないとするものとして，松本博之『民事控訴審ハンドブック』（日本加除出版，2018 年）503 頁。雉本朗造「請求ノ予備的併合及ヒ選択的併合」同『民事訴訟法の諸問題』（有斐閣，1955 年，初出 1916 年〜1918 年）143 頁以下も結論同旨。

11)　例えば，小島武司『民事訴訟法』（有斐閣，2013 年）721 頁を参照。なお，上訴不可分の原則については，本書事例 26 [鶴田] Ⅳ。

という原告の意思に拘束された第1審裁判所の裁判である。被告はこの裁判に対して不服を申し立てたのであるから，主位的請求のみならず，予備的請求についても確定遮断効・移審効が生じ，かつ，控訴審における審判の対象となる。

3. 原判決取消しの範囲と自判の可否

最後に，[設問](1)において，主位的請求認容判決を言い渡した原判決が不当であるとして，Yの控訴が認容された場合，控訴裁判所は，原判決を取り消さなければならない（305条）。ここで取り消された原判決は，前述の通り，主位的請求が認容されなければ予備的請求についての審判を求めるという原告の意思に拘束されたものである。したがって，控訴裁判所は，主位的請求のみならず予備的請求の当否について自判をするか，事件を原審に差し戻すかの判断をしなければならない[12]。控訴審は事実審であるため自判の原則があるものの，原審において予備的請求について裁判がなされていないため，控訴裁判所が予備的請求について初めて自判をすると，当事者の審級の利益を害しないかどうかが問題となる。

しかし，原告については，予備的請求は主位的請求が認容されなかった場合に審判されるという予備的併合を自ら選択したことにより，それが控訴審において初めてなされた場合にもこれを甘受する意思がある，すなわち審級の利益を放棄する意思があると認めることができる[13]。被告にとっても，もともと，控訴審においても訴えの変更により原告が請求を追加することが被告の同意なしに許されていることから（297条・143条），被告の審級の利益をそれほど重視する必要はない[14]。さらに，複数の請求が実体法上両立し得ない場合にのみ予備的併合を適法とする通説に従う限り，主位的請求と予備的請求の事実審理は重複するので，通常は，事件についてさらに弁論をする必要はないと考えられる（308条参照）。以上から，控訴裁判所は，主位的請求のみならず予備的請求についても自判することは妨げられない。最高裁の判例も同じ立場である[15]。ただし，複数の請求が実体法上両立する場合にも予備的併合を承認す

---

12) 差戻しの要否についての概略については，本書事例26［鶴田］Ⅵを参照。

13) 松本＝上野722頁，川嶋四郎『民事訴訟法』（日本評論社，2013年）745頁。

14) 大判昭和11・12・18民集15巻2266頁参照。

15) 最判昭和33・10・14民集12巻14号3091頁。

る有力説および実務によれば，任意的差戻し（308 条）をすることができる場合が多くなるであろう（松本 = 上野 723 頁）。

Ⅴ．上訴審による予備的請求認容判決の取消しと自判
（設問 (2)の検討）

1．上訴の利益

設問 (2)では，第 1 審裁判所は，X の主位的請求を棄却し，予備的請求を認容する判決を言い渡している。この場合において，どの当事者にどの事項について上訴の利益が認められるだろうか。

形式的不服説によれば，主位的請求について認容判決を申立て，それが原裁判所により棄却された X と，予備的請求について棄却判決を申し立てたにもかかわらず原裁判所により請求認容判決が言い渡された Y に，上訴の利益がある。すなわち，設問 (2)においては，主位的請求について X，予備的請求について Y に，それぞれ上訴の利益があり，X および Y はそれぞれ自らの敗訴の部分について適法な上訴を提起して，控訴裁判所に原判決を取り消させるまたは変更させる可能性を有している。

2．控訴審における審判の対象

次に，設問 (2)では，Y のみが控訴し，X は控訴も附帯控訴もしていない。この場合，Y が行った控訴により，どの範囲について，確定遮断効・移審効が生じ，どの範囲が，控訴審における審判対象となるのであろうか。

通説のように，原判決に対する不服が上訴審の対象となると解すると，Y による上訴の対象とされたのは，X の予備的請求認容判決のみであるから，予備的請求に対する原判決のみが上訴審の対象となり，X により不服申立てがされなかった主位的請求棄却の原判決は上訴審の対象にならず，これについても上訴不可分の原則により確定遮断効・移審効が生じるものの，主位的請求についての原判決は上訴審において変更される可能性はないと考えるのが自然であろう。これは，判例および通説の立場である [16]。これによれば，主位的請求が上訴審の審判の対象となり，これが変更可能となるためには，X の上

訴が必要となる。この意味で，判例および通説の立場は上訴必要説と呼ばれる。

　これに対して，(設問)(2)の場合であっても，Ⅹによる（明示の）上訴または附帯上訴を待つまでもなく，Ｙのみの上訴により，予備的請求認容判決のみならず主位的請求棄却判決についても，上訴審の審判の対象となり，上訴裁判所による原判決の取消しおよび変更が可能となる，と考える有力説が存在する。これは，主位的請求認容判決の当否が上訴審における審判対象となるためにⅩの上訴は不要であるという意味で，上訴不要説と呼ばれる（新堂761頁，高橋概論361頁）。

　この見解は，予備的併合は，主位的請求と予備的請求との間に実体法上の依存関係がある場合に，両請求の判断が抵触することを避けるために，すなわち紛争を一回的・画一的に解決するために認められる特殊な併合形態であるから，両請求の判断の抵触が生じないように，予備的請求認容判決に対して被告のみが上訴をした場合にも，主位的請求棄却判決についても上訴審の審判の対象となるべきである，と述べる[17]。さらに，このような措置を認めるための考え方として次の二つが主張されている[18]。一つは，「原判決は1個の全部判決であり，不服申立も全部に及んでいると解することができ，上訴審は，全部にわたって，調査・判断することができる」ことが考えられる[19]。もう一つは，原告が訴えの提起の際に予備的併合の訴訟形態を選択したのは，「主位的請求が認められるかまたは予備的請求が認められるかを統一的に判断して欲しい」との意思があるためであり，さらにこの意思は，「原審が認容した予備的請求が認められないならば，原点に戻って主位的請求が認められるかどうかをもう一度審理し直してくれ」という趣旨に翻訳可能であり，その結果，原告には，自ら明示的に上訴を提起せずとも「実質的な不服」が「顕在化」すると主張す

16)　伊藤645頁，長谷部414頁，松本＝上野723頁，上野泰男「請求の予備的併合と上訴」名城法学33巻4号（1984年）1頁，岡庭幹司「請求の客観的予備的併合と上訴」横浜国際経済法学21巻3号（2013年）197頁，最判昭和54・3・16民集33巻2号270頁，最判昭和58・3・22判時1074号55頁（百選111事件）。

17)　小室直人「上告審における調査・判断の範囲」法学雑誌16巻2＝3＝4号（1970年）131頁以下，新堂幸司「不服申立て概念の検討」同『訴訟物と争点効(下)』（有斐閣，1991年，初出1981年）245頁以下。

18)　林屋礼二「判批」判タ411号279頁。

19)　小室・前掲注17)132頁。

るものである[20]。

第1の見解に対しては，被告は，予備的請求についてのみ上訴を提起しただけであるにもかかわらず，別の請求である主位的請求について，しかも不利益な判決を受けていないすなわち上訴の利益がない請求について上訴審において審判の対象となるのは余りに不自然であるとの批判がある[21]。少なくとも全部判決であるという理由だけから，主位的請求をも上訴審における審判対象とすることは困難であろう。

第2の見解は，究極的には，明示の不服申立てのない原告に黙示の不服申立てがあることを承認するものである[22]。そうであれば，通常であれば，当事者が控訴や附帯控訴を提起するには，所定の期間内に所定の事項を記載した控訴状や附帯控訴状を提出するなど（285条・286条・293条3項），方式に従った明示的な訴訟行為をすることが求められるにもかかわらず，なぜ，そのような訴訟行為をせずとも，控訴または附帯控訴が提起されたと見なされ，その結果，主位的請求についての原判決の当否が控訴審の審判対象となるという，不服申立ての効果が発生することになるのか，という点について合理的な理由を説明することが求められる。この見解は，原告が不服申立てをする合理的意思を，原告が訴えの提起時に予備的併合の訴訟形態を選択したこと，および，この場合に予備的請求について勝訴した原告が主位的請求について勝訴するために自ら積極的に上訴を提起することは期待できないことから導き出そうとするが[23]，これで十分であるかどうか疑問である。むしろ，原告は「上訴審裁判所が，原裁判所と逆の考え方をとるかもしれないということを見込んでおかなければならない」のであり[24]，「主位的請求棄却・予備的請求認容判決に対して上訴の利益をもつ原告が上訴を行わなかったときには，もはや主位的請求についての審判要求を維持する意思を失っているとみなされる」（伊藤645頁注13）

---

20)　新堂・前掲注17)247頁以下。

21)　新堂・前掲注17)237頁，岡庭・前掲注16)208頁など。

22)　同種のものとして，予備的併合の訴え提起行為の中に予備的附帯控訴が含まれているとする見解（鈴木重勝「当事者救済としての上訴制度」新堂幸司ほか編『講座民事訴訟(7)』〔弘文堂，1985年〕16頁，川嶋・前掲注13)746頁），被控訴人の控訴棄却の申立ての中に黙示の予備的附帯控訴の申立てがあるとする見解（中野ほか558頁）がある。

23)　新堂・前掲注17)240頁。

24)　上野・前掲注16)20頁。

と解する方が自然ではないだろうか。

3. 上訴審による判決変更の範囲

設問(2)において，予備的請求について認容判決を言い渡した原判決が不当であるとして，Yの控訴が認容された場合，控訴裁判所は，原判決を取り消さなければならない（305条）。判例および通説（上訴必要説）によれば，ここで取り消されるべき原判決は予備的請求についてのものに限られる。したがって，控訴裁判所が，仮に主位的請求を認容することのできる事実を認定していたとしても，主位的請求についての原判決の当否は控訴審の審判の対象となっていない以上，主位的請求を棄却した原判決は維持される。すなわち，控訴裁判所は，自判する場合には，例えば，「原判決の予備的請求に関する部分の取消し，予備的請求棄却」の判決をしなければならない（LQ 511頁）。

仮に，控訴裁判所が，原判決の主位的請求に関する部分も取り消した上で，主位的請求認容の判決を言い渡した場合には，不服申立ての範囲を超えた裁判をすることになり，原告から見れば利益変更禁止の原則に違反し，被告から見れば不利益変更禁止の原則に違反することとなる（304条）。

なお，上訴不要説は，仮に主位的請求棄却・予備的請求認容の原判決が，控訴審において予備的請求棄却判決に変更されたとしても，一方が他方の代替物であり同価値であるから，被告にとって不利益変更にならないと述べる[25]。しかし，主位的請求において主張された利益と予備的請求において主張された利益が常に同価値であるとは限らず，むしろ，原告にとって経済的に価値の高いものの方を主位的請求に据えることが合理的であるし，さらにいえば仮に経済的に両請求が同価値であったとしても，原告が両請求のうち先に認容して欲しいものを自らの選択により主位的請求にするのであるから[26]，上記のような判決の変更は，原告にとって利益変更となり，したがって，被告にとっても不利益変更になりうる[27]。

---

25) 新堂・前掲注17)252頁以下。

26) **事例**では，本件売買契約の対象となった本件土地の価値が争点となっており，それが代金と等価値であるかどうか分からない以上，本件土地の所有権の確保よりも売買代金の確保に重点を置いているXの意思を重視せざるを得ないのではないだろうか。

4. 裁判所の釈明義務

　最後に，判例および通説である上訴必要説によった場合，(設問)(2)では，原告が，両請求について請求棄却判決を得る可能性があるために，控訴裁判所が，原告に対して控訴または附帯控訴を促す釈明権を行使すべきであると説かれる。最高裁は，原審である控訴審が，予備的請求を認容する判決を取り消す際に，主位的請求についての控訴または附帯控訴を促す釈明権を行使しなかった場合にも，釈明義務違反を構成しないとしたことがあるが，これは，控訴審の審理の結果によれば，仮に原告が控訴または附帯後訴をしたとしても，主位的請求を認容することができるような事案ではなかったことによる[28]。上告審における原判決破棄差戻しの理由としての釈明義務違反を構成するか否かにかかわらず，控訴裁判所は，(設問)(2)のようなケースでは，控訴審の冒頭に，原告による控訴または附帯控訴の可能性について指摘すべきであろう[29]。このことは，原告が本人訴訟の場合に特に当てはまる。

VI. おわりに

　以上で解説を終える。本問では，請求の客観的予備的併合の性質を理解するだけでなく，上訴の利益，上訴審における審判対象，利益変更禁止・不利益変更禁止の原則といった，上訴の基本問題を総合的に理解することが求められる。

---

27)　上野・前掲注16)22頁参照。なお，(設問)(2)のケースの最高裁判例（前掲最判昭和54・3・16，前掲最判昭58・3・22）は，甲請求と乙請求の選択的併合のケースで，甲請求を認容した原判決に対して被告のみが控訴し，原告は控訴も附帯控訴もしなかった場合にも，乙請求は控訴審の審判対象となるとした最判昭和58・4・14判時1131号81頁と整合しないとする見解がある。新堂・前掲注17)257頁〔補注〕参照。しかし，この判例は，(設問)(1)のケース（前掲最判昭和33・10・14）と比較すべきものであり（この点では判例の立場は一貫している），(設問)(2)のケースと比較すべきではないと考える。詳細は，岡庭・前掲注16)210頁。

28)　前掲最判昭和58・3・22について，井上治典「判批」民商89巻3号（1983年）421頁，岡庭幹司「判批」百選233頁など。

29)　上野・前掲注16)10頁。なお，上告審においても期日外釈明は可能であるため（313条・297条・149条1項），これを行うべきである。

■ **答案作成時の要点**

✓ 訴えの客観的併合の定義を述べることができるか。

✓ 請求の客観的予備的併合の定義，要件および効果について説明することができるか。

✓ **設問**(1)に即して，上訴の利益を有するのは誰か，控訴審における審判対象は何か，原判決が取り消されるのはどの範囲か，さらに，控訴審が原判決を取り消した場合自判をすることができるかについて，理由を示した上で説明することができるか。

✓ **設問**(2)に即して，上訴の利益を有するのは誰か，控訴審における審判対象は何か，原判決が取り消されるのはどの範囲か，さらに，控訴審が原判決を取り消し自判する場合，どのような判決を言い渡すべきかについて，理由を示した上で説明することができるか。

28

（事例）

　Y₁ と Y₂ は F 県に在住する同居の夫婦である。子はまだない。どこでどうし
ようとも Y₁ は無職だったが，ある起業を思いつき，その資金として 250 万円
を金融業者である X から借り入れた（以下この X の Y₁ に対する貸金債権を「本
件貸金債権」，元となる金銭消費貸借契約を「本件貸金契約」という）。Y₂ に相談
すれば反対されると思った Y₁ は，起業のことも X からの 250 万円の借入れの
ことも黙っていた。Y₁ は，X から連帯保証人を立てるように求められ，Y₂ に
無断で委任状を偽造の上 Y₂ の代理人として X = Y₂ 間の連帯保証契約を締結
した（以下この連帯保証契約を「本件保証契約」といい，この契約上の Y₂ の債
務を「本件保証債務」という）。Y₁ は起業に失敗し，返済期日が来ても X に借
りた 250 万円を返すことができなかった。そこで X は Y₁・Y₂ を共同被告とし
て，Y₁ に対し本件貸金債権の弁済として 250 万円を支払うよう，Y₂ に対し本
件保証債務の履行として 250 万円を支払うよう求める訴えを提起した（以下，
この訴えを「本件訴え」または「本件訴訟」という）。訴状を受理した裁判所は，
Y₁ = Y₂ 方に Y₁ 宛ての訴状と Y₂ 宛ての訴状（および両者宛ての第 1 回口頭弁
論期日呼出状）を送達した。双方の訴状ともに Y₁ がこれらを受け取った。し
かしことの発覚をおそれた Y₁ は Y₂ 宛ての訴状を Y₂ に渡さなかった。

　訴状の送達を受けた Y₁ は第 1 回口頭弁論期日前に X に接触し，話合いの場
を持った。その話合いの場で「Y₁ が 180 万円を支払う代わりに，X が債務の
残額を免除し X は Y₁・Y₂ 双方との関係で本件訴えを取り下げる」旨の合意
（以下「本件合意」という）が成立し，Y₁ は数日後に X 指定の口座に 180 万円
を振り込んだ。Y₁ としては，これで Y₁・Y₂ 双方の債務とも清算されたという
認識であった。

　その直後に Y₂ が仕事の関係で 3 か月間 K 県に出張に出ることになったため，
Y₁・Y₂ は F 県の住居を留守にして K 県の Y₂ の実家に居住することにした。Y₁

は何かあったら連絡してほしいと，K県のY₂の実家の住所をXに伝えた。しかし，Y₁・Y₂共に郵便局に転居届は出さなかった。

　Y₁からの180万円の払込みを受けたものの，Xは，本件訴えを取り下げなかった。代わりに，裁判所名義の「訴え取下げ通知書」と題した文書と封筒を偽造し，これをY₁・Y₂宛てにY₂のK県の実家の住所に郵送した。この「訴え取下げ通知書」と題する文書を受領したY₁は，Xが本件合意を守って本件訴えを取り下げたものと誤信し，答弁書も提出せず第1回口頭弁論期日にも欠席した。訴状を受け取らず本件訴訟の係属自体を知らなかったY₂も当然答弁書を提出せずに第1回口頭弁論期日に欠席した。

　その結果，第1回口頭弁論期日で弁論は終結し，Y₁・Y₂に対し連帯して250万円を支払うように命じる判決が出た（以下「本件判決」という）。本件判決の判決書は，F県のY₁・Y₂の留守中の住所に送達されたが受取人不在のため，最終的に書留郵便に付する送達によって送達され，送達から2週間の間に控訴の提起がなかったため確定した。

　その後XがY₁に対する強制執行の申立てに及んだところ，Y₂の出張が終わってF県の自宅に戻ったY₁・Y₂は本件判決を知るに至った。Y₂は弁護士に相談をし，本件判決の存在を知ってから約2週間後に自らに対する本件判決に対し再審の訴えを提起した。Y₁はXに対し220万円を支払って強制執行の申立てを取り下げさせたが，その後この220万円は，本件合意にもかかわらずXが本件訴えを取り下げず，かつ本件訴えを取り下げたかのようにY₁を欺罔して本件判決を騙取し，これを不正に用いて強制執行の申立てを行ったことにより支払を余儀なくされたものだと主張して不法行為に基づく損害賠償請求として220万円の支払を求める訴えを提起した。

（設問）

　(1)　Y₂の提起した再審の訴えについて，①再審事由が認められるか，②再審事由が認められるとしてこの訴えは適法か，を検討しなさい。

　(2)　Y₁の提起した損害賠償請求訴訟においてXは，本件判決が再審の訴えにより取り消されていない以上，本件判決の既判力によりこの訴訟の請求は棄却されるべきであると主張した。Xの主張の論拠が何であるかを明らかにした上で，その当否を検討しなさい。

■ 解説 ━━━━━━━━━━━━━━━━━━━━━━━━━━━━━━━

Ⅰ．問題の所在

　本問のテーマは「再審と送達」である。最後の設問ということで事案はやや複雑になっているが，本件で併合提起されている訴えを Y₁ に対する訴えと Y₂ に対する訴えに分割してみると，まず Y₂ に対する訴えの訴状は Y₂ と実質利害が対立する Y₁ に対する「補充送達」という形でなされており（補充送達の意義等，送達についての基本的な事項はⅡで確認する），結果 Y₁ は Y₂ に訴状を渡さず，Y₂ から訴訟関与への機会が奪われた。判決書の送達から 2 週間の経過により本件判決は確定していると考えられるが，Y₂ は訴状の送達に瑕疵があって手続関与の機会を奪われたとして再審の訴えを提起することはできるだろうか。再審の訴えの請求が認容されて確定すれば不服申立ての限度で原判決が取り消されるので（348 条 3 項），既判力も執行力も消え，Y₂ は X による強制執行を止めることができる（民執 39 条 1 項 1 号）。しかし，再審の訴えにより本案の再審理が開始するためには再審の訴えが適法であり（345 条 1 項），かつ，「再審事由」（338 条 1 項 1 号から 10 号）が存在する必要がある（345 条 2 項）。Y₂ がこれらの条件を満たしているかが問題となる。

　他方 Y₁ に対する訴状の送達は Y₁ 自身に対する交付送達によってなされており，そこに瑕疵がないことに疑いはない。しかし X は偽の「訴え取下げ通知書」なる文書[1]を Y₁ に送ることで Y₁ を騙して Y₁ から手続関与の機会を奪っており，この点に Y₁ との関係での手続の問題がある。Y₁ が再審の訴えを選択していたとしたら，Y₂ と同様再審事由があるかどうかや訴えが適法かどうかが問題となる。しかし Y₁ は再審の訴えにより自己に対する本件判決を取り消すことなく，X による欺罔行為が不法行為を構成するとして損害賠償を求める訴えを提起している。果たしてこの訴えに対して請求認容判決を得ることが本件判決の既判力によって妨げられることはないかが問題となる。

---

1)　訴えの取下げがあった場合において，相手方の同意を要しないときは，裁判所書記官が，訴えの取下げがあった旨を相手方に通知する（民訴規 162 条 2 項）。X はこの通知のための文書を偽造したことになる。この点，第 1 刷の記述に誤りがありました。お詫びし訂正します。

　以下では**Ⅱ**で　設問　との関係で問題となる限りで送達と再審の基礎を確認した上で，**Ⅲ**で Y₂ による再審の訴えについて，**Ⅳ**で Y₁ による損害賠償請求訴訟について，問題となる事柄を考察していく。

Ⅱ．送達と再審に関する前提知識

1．送達

(1)　送達概観

　送達とは，当事者その他の訴訟関係者に対し，訴訟上の書類を法定の方式に従って届ける裁判所による訴訟行為をいう[2]。民訴法上，一定の書類について送達が義務づけられているが，その中でも訴状と判決書が重要である（訴状につき 138 条 1 項，判決書につき 255 条 1 項）。送達と聞くと条文の規律も細かいし，無味乾燥で事務的なことだろうと敬遠したくなる読者も多いだろうが，訴訟の必要な局面で必要な攻撃防御方法を提出するには，訴状・判決書といった重要な訴訟上の書類に適時に目を通す機会を得ることが不可欠である。送達は手続保障の根幹をなす重要な制度であり，侮ってはならない。必ず条文と教科書の該当箇所に目を通して欲しい。

　送達を実施するのは裁判所であるが，送達に関する事務[3]の責任者となるのは書記官である（98 条 2 項）。そして具体的に送達の実施を担当する者（送達実施機関という）は，原則として執行官および郵便の業務に従事する者（99 条 1 項・2 項）であるが，裁判所書記官も，その所属する裁判所の事件について出頭した者に対して送達する場合（100 条），付郵便送達の場合（107 条），公示送達の場合（111 条）には自ら送達実施機関になる。

(2)　送達細論

　送達には(ア)交付送達，(イ)付郵便送達，(ウ)公示送達の区別がある。

　そして(ア)の交付送達はさらに，(a)受送達者本人に対する交付送達（　事例　の Y₁ に対する訴状の送達がこの送達である），(b)補充送達（本人が留守の場合に同居人等に対して交付する送達。106 条 1 項・2 項。　事例　の Y₂ に対する訴状の送達がこ

---

　2)　アルマ 162 頁。
　3)　その意義につき LQ 165 頁。

の送達である）に分かれる。送達する場所は原則として受送達者の住所等であるが（103条1項），住所等での送達ができない場合等には就業場所ですることもできる（就業場所送達。103条2項）。以上のほか，出会送達・差置送達もあるが省略する。

(イ)の付郵便送達は，交付送達ができない場合に可能になる（**事例**のY₁・Y₂に対する判決書の送達がこの送達である）。裁判所書記官が書留郵便等に付して発送することによってする送達であり（107条1項），発送の時に送達の効力が生じる（107条3項）。受送達者の住所は分かっているが(ア)の交付送達を受送達者の住居に対して実施しようとしても本人も同居人等も留守であり，かつ，就業場所が不明で就業場所送達も実施できない場合というのが付郵便送達が実施される典型的な場合である。

(ウ)の公示送達は，交付送達も付郵便送達も実施できない場合に可能になる（110条1項参照[4]）。受送達者の住所等が不明で，就業場所も不明だというのがその典型例である。公示送達は，書記官が送達すべき書類を保管し，いつでも送達を受けるべき者に交付する旨を裁判所の掲示場に掲示することによってなされ（111条），原則として掲示から2週間の経過によって送達の効力が生じる（112条1項）。

以上の送達の内，(ア)(b)の補充送達，(イ)の付郵便送達，(ウ)の公示送達は，本人が直接受け取らないにもかかわらず送達の効力が生じるため，問題が生じることがある。

2. 再審

再審とは，裁判の基礎となった手続や資料に重大な瑕疵がある場合に，確定した裁判の取消しまたは変更を求める不服申立てをいう[5]。確定判決に対する再審は，再審の訴えをもってする（338条1項柱書。決定または命令に対する再審は，再審の申立てによってする。349条1項）。再審の訴えの管轄は原則として不服申立てに係る原判決を出した裁判所に専属する（340条1項）。

再審の訴えが提起されると，再審の訴えの適法性および再審事由の存否を審

4）　より詳細には110条1項各号の条文と，LQ 169頁，アルマ162頁ほかの教科書の記述等を参照されたい。

5）　LQ 602頁。

理する再審開始決定手続が始まり（この手続は決定手続であり，口頭弁論による必要はない。87条1項ただし書），審理の結果再審の訴えの適法性と再審事由の存在が認められると再審開始決定が出される（345条1項・2項・346条1項）。再審開始決定が確定すると，再審原告による不服申立ての限度で本案の再審理が開始する（348条1項。この手続は判決手続であり，口頭弁論による必要がある。87条1項本文）。再審理は従前の手続の続行としてなされ，再審事由に関わるもの以外の従前の手続結果は有効なものとして存続する。原審口頭弁論終結後の事実に関する主張・立証も可能である。再審理の結果の結論が原判決と同一の場合には再審の訴えの請求が棄却される（348条2項）。原判決の結論が維持できないと判断された場合には原判決は取り消され，新たな判決が出される（348条3項）。

　上記の通り再審開始決定が出て本案の再審理が開始するためには再審の訴えが適法であり，かつ338条1項1号から10号までに列挙された再審事由が存在する必要がある。再審の訴えの適法要件として重要なのは，再審期間（342条）を徒過していないこと，当事者適格の要件を満たすこと，再審の補充性に反しないこと，である。当事者が控訴・上告により主張した，あるいは知りながら主張しなかった（つまり控訴・上告により主張できた）再審事由を理由として再審の訴えを提起することはできない。これが再審の補充性である（338条1項ただし書）。

3. 送達と再審の関係

　送達の瑕疵は手続保障の瑕疵に繋がり得るので，再審事由を構成する余地がある（詳細はⅢ1で考察する）。しかし，上記で重要だとした訴状と判決書でいえば，再審事由を構成し得るのは，その中でもとりわけ訴状の送達に瑕疵があり，それにより被告に第1審の手続への関与の機会が奪われた場合である。訴状の送達には瑕疵がなく，判決書の送達に瑕疵があるという場合には，第1審の判決に至るまでの手続自体には瑕疵がない以上，基本的には再審の訴えの問題とはならない。なお，判決書の送達が違法・無効であるという場合には，控訴期間自体が進行しないので，控訴期間経過前として通常の控訴（判決言渡し後送達前の控訴）という形で不服申立てができる（したがってこの場合には後述する追完の制限にも服さない）。

Ⅲ. Y₂ との関係

1. 再審事由はあるか？

Ⅱ2で見たとおり，再審開始決定が出るためには，再審事由が存在することが必要である。**設問** (1)の①がこれに関わる。**事例**における Y₂ に対する訴状の送達が，Y₂ と実質上利害対立があり，Y₂ に訴状を交付することが合理的に期待できない Y₁ に対する補充送達としてなされていることが，再審事由を構成するかが問題となる。具体的に問題となるのは338条1項3号（「法定代理権，訴訟代理権又は代理人が訴訟行為をするのに必要な授権を欠いたこと」）の該当性である。同号は直接的には代理人の代理権の欠缺を対象とするが，当事者に対する手続保障の欠缺が認められる場合一般に拡張解釈されてきた。訴状の送達に瑕疵があり，送達を受けた被告が訴訟に関与できなかった場合も手続保障に欠缺がある場合に該当するので，拡張解釈された3号該当性が認められる余地は十分にある[6]。

この点についての判例の考え方は以下の通りである。すなわち，利害対立がある者に対する補充送達も適法・有効である。しかし補充送達を受けた者と受送達者との間に利害対立があり，補充送達を受けた者から受送達者への訴訟関係書類の速やかな交付が期待できず，実際にも受送達者に対する交付がなかった場合には3号の再審事由になる[7]。これによれば**事例**の Y₂ との関係でも3号該当性は認められることになろう。

この判例理論に対しては，利害関係がある者に対する補充送達は端的に違法・無効だとして3号の再審事由があるとすればよい，との批判がある。曰く，最高裁は利害関係がある者に対する補充送達を違法としてしまうとそれを基礎に国家賠償請求が基礎付けられてしまうことを嫌ったと考えられ，それ自体に

---

6) 訴状送達が違法・無効であるとして再審事由を認めた判決として最判平成4・9・10民集46巻6号553頁（百選116事件）がある。訴状の補充送達が7歳9か月の子になされ，補充送達の要件である「書類の受領について相当のわきまえのあるもの」（106条1項。判決当時の旧法171条1項の文言でいえば「事理ヲ弁識スルニ足ルヘキ知能ヲ具フル者」）を満たさず違法・無効であると判断された。

7) 最決平成19・3・20民集61巻2号586頁（百選40事件）。

は合理性があるが，それは違法性概念の相対性を認める，すなわち訴訟法上の違法性と国賠上の違法性を区別することにより解決できる。判例理論だと，訴状の送達が適法な付郵便送達で，判決書の送達が利害対立者に対する補充送達のような場合に，判決書送達が適法・有効ということになってしまい，被告の救済手段がなくなる（ただし後述の控訴の追完を認める余地はある）という問題点がある，という[8]。

　事例のY₂との関係では，判例理論でもこの批判説でも本件のY₂への訴状の補充送達が338条1項3号の再審事由になるということで差異はない。

　もっとも，上記批判説の言うように訴状の送達が違法・無効だとすると，訴訟係属の効果が生じないことになり，したがって出された判決も無効ではないか，という疑問が生じる。これを認める余地は十分にあり，判例も否定していないと考えられる。しかし，当事者が再審という救済手段を選択した場合にこれを否定する理由はない。実際上も一見有効な外観を有する判決を明示的に取り消す利益はあるし，再審の訴えには訴え提起に伴う執行停止（403条1項1号）を利用できるというメリットもある。結局批判説の立場に立っても当然無効と再審の訴え双方のルートを認めるのが妥当であり，本件のY₂の再審の訴えを否定する理由はない[9]。

2. 再審の訴えは適法か？

　次に問題となるのは**設問**(1)②の再審の訴えの適法性である。**事例**との関係では，特に再審の補充性が問題となる。なぜだろうか。

　本件では判決書を本人は受け取っておらず見ていない。しかし判決書は付郵便送達により適法に有効に送達されており，これにより本人が送達を受けたことが擬制される（送達擬制）。本人が送達を受けたのであれば，それにより訴訟の係属と訴状送達の瑕疵を知ることができたはずであり，したがって控訴の提起により訴状送達の瑕疵を主張できたはずである。もっとも，実際には本人の「責めに帰することができない事由」で控訴の提起ができなかったことになるので控訴の追完（97条1項）は許される。このように，控訴の追完による主

8)　山本弘「送達の瑕疵と判決の無効・再審」法教377号（2012年）112頁以下，特に118頁，119頁。

9)　山本弘・前掲注8)115頁。

張が可能である以上，再審の補充性に触れる。以上のように解する余地がある
のである[10]。

　再審ではなく控訴の追完で行くべきだということに違和感を抱く読者もある
かもしれない。しかし，第1審手続に再審事由の瑕疵がない事案を想定する。
この事案で被告敗訴の第1審判決書が適法に被告に送達されたが，被告の「責
めに帰することができない事由」（97条1項）で被告が判決書に目を通すこと
ができず，控訴期間を遵守できなかった場合には，被告に控訴の追完が認めら
れるというのは自然である[11]。実際に最高裁は，原告が書記官を騙して訴
状・判決書の公示送達を実施させ被告の知らないうちに訴訟が開始し判決が確
定していたという事案で，この場合でも公示送達は違法・無効にならない[12]
ことを前提に（したがって訴訟は適法に係属し，控訴期間も判決書の送達により通
常通り開始・経過することになる），被告は自己の「責めに帰することができな
い事由」で判決書に目を通すことができず控訴期間を遵守できなかったとして
控訴の追完を認めている[13]。

　以上を再審事由がある場合に当てはめれば，再審事由がある場合にも判決書
の送達が有効である限りは第1審判決に対する不服申立ては控訴の追完による
ことが可能である以上，そちらのルートによるべきで，再審の訴えは再審の補
充性により不適法になる，というのも筋の通らない道理とはいえない。実際に，
下級審において，手続に再審事由の瑕疵がある場合でも判決書の送達が有効で
ある限りは第1審判決に対する不服申立ては控訴の追完によるべきであり，再
審の訴えの提起は補充性の原則により不適法になるという判決が現れていた
（最判平成10・9・10判時1661号81頁①②事件〔百選39事件〕の前訴判決，前掲

10)　山本弘・前掲注8)116頁，同「再審」基礎演習321頁以下，特に325頁。

11)　LQ 473頁。

12)　最判昭和57・5・27判時1052号66頁。この判例法理には批判が強い。また公示送達が裁判長
の許可に係らしめられていた平成8年改正前の旧法を前提とした理論であり，書記官の判断で公
示送達が可能になった現行法ではもはや妥当しないという見解が支配的である。山本弘・前掲注8)
121頁，LQ 474頁。下級審レベルではあるが，被告とメール上のやりとりがあり被告の住居所
を知り得たにもかかわらず原告が公示送達を申し立てたという事案で，この場合公示送達は無効
になり再審事由が認められるとした現行法下の裁判例として札幌地決令元・5・14判タ1461
号237頁（濱﨑録・法教472号〔2020年〕137頁参照）がある。

13)　最判昭和42・2・24民集21巻1号209頁（百選A12事件），最判平成4・4・28判時1455号
92頁。

最判平成 4・9・10 の原審判決がそうである。なお後述のように控訴の追完は被告の「責めに帰することができない事由」が消滅してから 1 週間を経過するともはや不可能になるが，この立場ではそうなったからといって再審の補充性がはずれ再審が適法になるわけではない。追完のために認められた法定期間を遵守できなかったのは被告の自己責任ということになるからである）。

　しかし，最高裁は前掲注6）最判平成 4・9・10 で，判決書の送達が有効になされた場合でも，「再審事由を現実に了知することができなかった場合」には補充性の原則の適用はないとした（実際の事案の解決としても，　事例　の Y₁・Y₂ に類似した利害対立のある関係に立つ者に対して判決書の送達が補充送達によりされて本人に判決書が渡されなかったという事案で「再審事由を現実に了知することができなかった」として補充性の原則の適用を否定した）。これによれば　事例　でも，Y₂ は有効な付郵便送達を受けているが実際には判決書に目を通しておらず「再審事由を現実に了知することができなかった場合」にあたるので，控訴の追完によらずに再審のルートで救済を求めることも許される，すなわち再審の補充性の適用はない。

　補充性の原則の適用を認める立場では，被告は控訴の追完により不服申立てをしていくべきである。これに対し最高裁は再審の訴えによる不服申立てを許容する。では控訴の追完と再審の訴えは救済ルートとしてどのように異なるか。まず不服申立ての期限が異なる。控訴の追完は控訴期間の遵守を妨げた事由が消滅してから（すなわち　事例　では Y₂ が本件訴訟の存在を知ってから）1 週間以内に提起する必要がある（97 条 1 項。Y₂ はすでにこれを徒過している）のに対し，再審の訴えによる場合，　事例　では 338 条 1 項 3 号の再審事由を主張することになるから期間の制限はない（342 条 3 項）。次に，審級の利益の観点からも違いがある。控訴の追完では不服申立ては控訴審に対してなされるので 2 審級しかないが，再審の訴えは原裁判所に対してなされるので 3 審級が保障される[14]。以上のように，再審の訴えを許容した方が被告の救済に資する度合いが遙かに大きい。とりわけそれまで訴訟の存在を知らなかった者に，それを知ってから 1 週間以内に弁護士を探し出して相談をして方針を決めて控訴の追完をすることを要求するというのは相当に酷なことであろう。

---

14)　以上につき山本弘・前掲注10）「再審」325 頁。

Ⅳ. Y₁との関係

　Y₁との関係では，**設問**(2)で損害賠償請求が本件判決の既判力に抵触しないかが問題とされている。

　Y₁に対する訴状の送達も判決書の送達も有効になされており，送達に法的問題はない（したがってこの問題を「再審と送達」の題目で取り上げるのには，若干看板に偽りあり，の観がある。この点はお詫びする）。しかし，Ⅹは偽の「訴え取下げ通知書」を送付してY₁を騙してY₁の手続関与を排除しており，これは338条1項5号の再審事由のほか，不法行為を構成する余地がある。なお，仮に**事例**でY₁が再審の訴えを提起していたとしたらこれは適法か。Y₂の場合と同じく判決書が有効に送達されている以上補充性の原則に抵触しないかが問題となるが，ⅢでみたとおりY₁は現実には判決書に目を通していない以上「再審事由を現実に了知することができなかった場合」にあたり，補充性の原則には抵触せず，再審の訴えは適法になろう。

　以上を前提に損害賠償請求が可能かどうかを考える。損害賠償請求が既判力に抵触するというⅩの主張の論拠は，次の点にあると思われる。すなわち，不法行為に基づく損害賠償請求権が成立するためには，損害の発生が必要である。**事例**におけるY₁の損害は，本件貸金債権が不存在であるにもかかわらず（Y₁としては本件合意に基づく180万円の支払により本件貸金債権は消滅したという立場だと考えられる），Y₁がこれに対する弁済として220万円を支払ったことによって生じている。したがって，本件貸金債権の不存在が損害発生の要件となり，Y₁が請求認容判決を得るためには本件貸金債権の不存在を主張・立証する必要がある。しかし，本件貸金債権を訴訟物とする本件訴訟について請求認容判決がⅩ・Y₁間で確定し，両者間で本件貸金債権が本件訴訟事実審口頭弁論終結時（基準時）に存在していたことについて既判力が生じている。そして本件貸金債権を訴訟物とする本件訴訟とⅩの欺罔行為を理由とする不法行為に基づく損害賠償請求権を訴訟物とするY₁による後訴とは，前訴の訴訟物たる権利関係の不存在が後訴の訴訟物の前提となるという意味で先決関係にある（矛盾関係だとする見解もあるが，既判力が作用するという結論に差異はない）。すなわち，(1)当事者がⅩ・Y₁で同一であり，(2)本件判決の既判力がY₁による

後訴に作用する以上，⑶本件判決の既判力の内容である「本件貸金債権が基準
時に存在していたこと」に矛盾する主張は既判力の消極的作用により封じられ
る。⑷本件合意による本件貸金債権の消滅は，基準時前の消滅を理由としてい
る以上，前記既判力の内容に矛盾すると考えられ，したがって既判力の消極的
作用によりその主張は封じられ，Y₁ は損害の発生を主張していないことにな
り Y₁ による後訴は主張自体失当として請求棄却に終わる[15]。

　これは理論的に非常に筋の通った立論であると考えられる。この理屈によれ
ば，Y₁ としては本件判決に対する再審の訴えを提起してその認容判決を得て
本件判決を取り消しその既判力を消滅させた上で損害賠償請求訴訟を提起すべ
きであるということになる。再審の訴えを通じて確定判決が取り消されない限
り，その既判力は後訴に作用するからである（それが，再審制度が既判力を覆滅
させるためのものであることの必然的な含意である）[16]。

　しかし，本件に類似した事案で再審の訴えを経由しない直接の不法行為に基
づく損害賠償請求を認容した最高裁判決がある[17]。事案は次のようなもので
あった。貸主 X は借主 Y に対し貸金返還請求訴訟を提起したが，その後 X・
Y 間で X が請求債権を一部免除し残額を Y が支払えば X は訴えを取り下げる
旨の裁判外の和解が成立し，Y がこの和解にしたがって弁済をした。しかし，
X は訴えを取り下げる義務を履行せず，自己の訴訟代理人にもこの事実を告
げなかったため，右訴訟の手続は，Y 不出頭のまま終結し，請求を認容する
判決が出た。Y がこの判決の送達を受けた後，X に対して改めて訴えの取下げ
を求めたところ，X の回答は要領を得なかったがその話し合いの場で X の夫
が X に対して訴えの取下げをすすめていたこともあり，X が訴えを取り下げ
るものと信じて Y は控訴を提起しなかった。しかし X は結局訴えを取り下げ
ずに判決を確定させ，この確定判決を債務名義として強制執行の申立てをした。
Y は請求異議の訴えを提起したが第 1 審で敗訴したため，執行債権を任意弁
済して強制執行の申立てを取り下げさせた。その後 Y はこの請求異議の訴え
の控訴審で，X が訴えを取り下げると嘘をついて Y を騙したことが欺罔行為

---

15)　山本弘・前掲注 10)「再審」328 頁。

16)　中野貞一郎「確定判決に基づく強制執行と不法行為の成否」同『判例問題研究　強制執行法』
　　（有斐閣，1975 年）94 頁以下，特に 101 頁。

17)　最判昭和 44・7・8 民集 23 巻 8 号 1407 頁（百選 86 事件）。

を構成し，その結果強制執行の申立てを取り下げさせるために任意弁済をするという損害が生じたとして不法行為に基づく損害賠償請求に訴えを変更した。控訴審は変更後の訴えに対し前訴判決の既判力を理由に請求棄却判決を出した。これに対してYが上告した。

　最高裁は以下のように判示して控訴審判決を破棄して事件を原審に差し戻した。「判決が確定した場合には，その既判力によって右判決の対象となった請求権の存在することが確定し，その内容に従った執行力の生ずることはいうをまたないが，その判決の成立過程において，訴訟当事者が，相手方の権利を害する意図のもとに，作為または不作為によって相手方が訴訟手続に関与することを妨げ，あるいは虚偽の事実を主張して裁判所を欺罔する等の不正な行為を行ない，その結果本来ありうべからざる内容の確定判決を取得し，かつこれを執行した場合においては，右判決が確定したからといって，そのような当事者の不正が直ちに問責しえなくなるいわれなく，これによって損害を被った相手方は，かりにそれが右確定判決に対する再審事由を構成し，別に再審の訴を提起しうる場合であっても，なお独立の訴によって，右不法行為による損害の賠償を請求することを妨げられないものと解すべきである。」

　この判決にしたがえば，**事例**でも「判決の成立過程において，訴訟当事者が，相手方の権利を害する意図のもとに，作為または不作為によって相手方が訴訟手続に関与することを妨げ……る等の不正な行為を行ない，その結果本来ありうべからざる内容の確定判決を取得し，かつこれを執行した場合」にあたるとして，Y₁による損害賠償請求訴訟が本件判決の既判力に抵触せずにその請求が認容される可能性はある，ということになる。

　この判例に対しては，いきなり実体請求（すなわち不法行為に基づく損害賠償請求）を許したとしてもその審理の内容は再審請求を通る場合と実質は変わりないし（不法行為の成立要件である加害行為を構成する欺罔行為は再審の訴えでは再審事由を構成し，加害行為と損害との因果関係を構成する事実〔訴求債権，**事例**で言えば本件貸金債権の不存在〕は再審の訴えでは本案の審理対象を構成するからである[18]），当事者の救済にも資するとして肯定的に評価する向きもある[19]。

---

18)　山本弘・前掲注8)115頁注7．同・前掲注10)「再審」328-329頁。

　他方で，[事例]の Y₁ が損害賠償を請求するにはその前提として再審の訴えの認容判決を得る必要があるとすると，本件での再審事由は 338 条 1 項 5 号に該当する以上，再審開始決定が出るためには①再審期間の制限（342 条 1 項・2 項）をクリアする必要があるほか，②有罪確定判決等が必要になる（338 条 2 項）。直接の損害賠償請求を認めることはこれらの制限の潜脱になるという批判がある[20][21]。なお，338 条 1 項 3 号の再審事由に該当する場合には，このような問題は生じない。

　理論的に判例の立場を基礎づけるとしたら，判示のような場合には判決が無効になるという構成が考えられる。判決無効は例外的な事象であり，厳格な要件のもとにのみ認められるとの位置づけをすれば，このような厳格な要件を満たす場合には上記①②のような再審の制限が迂回されることも正当化できるとの立論もあり得ないではないかもしれない[22]。

---

19)　新堂幸司「演習」法教〔第 2 期〕1 号（1973 年）180 頁。ただし，再審期間の制約を実質的に無視しない限度という制約付である。

20)　中野・前掲注 16)103-104 頁。

21)　以上につき，山本弘・前掲注 8)115 頁注 7，同・前掲注 10)「再審」328-329 頁。

22)　前掲最判平成 10・9・10 は，妻 Z による夫 Y 名義のクレジットカード利用にかかる貸金および立替金の支払請求訴訟をカード会社 X が Y を被告として提起したが，書記官からの Y 就業場所についての質問状に対し，十分な調査をしないまま就業場所は不明と X が回答したことにより訴状が付郵便送達により送達され，Y 欠席のもとに X の請求を全部認容する判決が出され，その判決書の送達は Z に補充送達され Z は判決書を Y に手渡さなかったため Y による控訴のないまま判決が確定し，当該確定判決を債務名義として X が Y に対し強制執行の申立てをし，Y は強制執行の申立てを取り下げさせるために任意弁済を余儀なくされた，という事案で，Y がこの任意弁済分を損害として X を被告として不法行為に基づく損害賠償請求訴訟を提起したのに対し，「当事者間に確定判決が存在する場合に，その判決の成立過程における相手方の不法行為を理由として，確定判決の既判力ある判断と実質的に矛盾する損害賠償請求をすることは，確定判決の既判力による法的安定を著しく害する結果となるから，原則として許されるべきではなく，当事者の一方が，相手方の権利を害する意図の下に，作為又は不作為によって相手方が訴訟手続に関与することを妨げ，あるいは虚偽の事実を主張して裁判所を欺罔するなどの不正な行為を行い，その結果本来あり得べからざる内容の確定判決を取得し，かつ，これを執行したなど，その行為が著しく正義に反し，確定判決の既判力による法的安定の要請を考慮してもなお容認し得ないような特別の事情がある場合に限って，許される」と判示して，Y の請求は前訴判決の既判力により棄却に終わるべきであるとした。この最判は本文のような立場を志向するものと位置づけられようか。なお，Y は第 1 審判決に至る手続に関与する機会を奪われたことを理由とする慰謝料も請求していたが，最高裁はこれについては前訴判決の既判力と矛盾するものではないとして，請求が認容される余地を認めている。この判決についてはアルマ 41 頁コラム 12，山本弘・前掲注 8)116 頁注 8 参照。

■ **答案作成時の要点** ━━━━━━━━━━━━━━━━━━━━━

㋐ 設問(1) ①について
　✓ 338条1項3号の再審事由はどの様な場合に適用になるか。
　✓ Y₂に対する訴状の送達をどう評価するか（違法・無効として再審事由あり／有効だが再審事由あり）。

㋑ 設問(1) ②について
　✓ 再審の補充性が問題となること。
　✓ 本件では再審の補充性の原則は発動するか。

㋒ 設問(2)について
　✓ Xの主張の根拠は何か（Y₁は本件判決の既判力により本件貸金債権の不存在を主張できないこと，本件貸金債権の不存在が不法行為に基づく損害賠償請求の根拠となること，等）。
　✓ それをどう評価するか（再審の制約の回避に言及し，首尾一貫していれば結論はいずれでもよい）。

Cases and Problems
on Civil Procedure

論点対応表

判例索引

事項索引

民事訴訟法の体系と本書事例で取り上げる論点との対応表

※**太字**：そのテーマをメインで扱う事例／細字：事例や解説内でそのテーマにも触れる事例

【総論】

訴訟と非訟 .... 事例 26

【裁判所】

管轄 .... **事例 18**

【当事者・訴訟代理人】

当事者の確定 .... **事例 4**

当事者能力 .... **事例 5**

当事者適格 .... **事例 6，事例 7**

訴訟能力 .... **事例 5**

訴訟代理 .... 事例 6

【訴え】

給付の訴えの利益 .... **事例 3**

確認の利益 .... **事例 3** 事例 26

訴訟物 .... **事例 1** 事例 2，事例 13，事例 14，事例 18，事例 27

訴えの提起とその効果 （二重起訴禁止） .... **事例 18**

【訴訟手続の進行】

期日・期間・送達 .... **事例 28** 事例 5

口頭弁論の併合・分離・制限等 .... 事例 18，事例 20

【弁論】

訴訟行為 .... **事例 12** 事例 14，事例 19

攻撃防御方法の提出時期 .... 事例 12

判例索引

■ 大審院・最高裁判所

■ 高等裁判所

■ 地方裁判所

事項索引

た　行

事例で考える民事訴訟法
Cases and Problems on Civil Procedure

2021 年 9 月 20 日　初版第 1 刷発行
2024 年 8 月 15 日　初版第 2 刷発行

法学教室
LIBRARY

著　者	名津井　吉裕
	鶴田　滋
	八田　卓也
	青木　哲

発 行 者　江草　貞治
発 行 所　株式会社　有斐閣

郵便番号 101-0051
東京都千代田区神田神保町 2-17
https://www.yuhikaku.co.jp/

印刷・株式会社暁印刷／製本・大口製本印刷株式会社
©2021, Natsui Yoshihiro, Tsuruta Shigeru, Hatta Takuya, Aoki Satoshi.
Printed in Japan

落丁・乱丁本はお取替えいたします。

★定価はカバーに表示してあります。

ISBN 978-4-641-13863-6